自然人的一生

	孕婦	孕婦不得吸菸、酗酒、嚼檳榔、施用毒品、非法施用管制藥品或爲其他有害胎兒發育之行爲（兒少 50 I）。
	胎兒	繼承、遺贈及侵權行爲之損害賠償請求權視爲既已出生。
	出生	因出生而取得權利能力（民6）。 胎兒出生後 7 日內，接生人應將其出生之相關資料通報衛生主管機關備查；其爲死產者，亦同（兒少 14 I）。
	滿6歲	6 歲以下兒童或需要特別看護之兒童及少年，不得使其獨處或由不適當之人代爲照顧（兒少 51）。 6-15 歲應受國民教育（國民 2 I），兒童並於入學時提出預防接種紀錄（傳 27V、學校衛生法 14 II）。
	未滿7歲	無行爲能力人（民 13 I）。
	滿7歲	限制行爲能力人（民 13 I）。
	未滿12歲	稱爲兒童及少年，受兒童及少年福利法保護（兒少2）。 對於無力撫育其未滿 12 歲之子女或受監護人者，視需要予以托育、家庭生活扶助或醫療補助（兒少 23 I ⑤）。
	滿12歲	滿 12 歲至未滿 18 歲（爲少年事件之少年）（少2）。
	未滿14歲	刑法上爲無責任能力人（刑 18）。
	滿14歲	滿 14 歲至未滿 18 歲，爲刑法上之限制責任能力（刑 18 II）。 如有犯罪會被處刑；即 14 歲以上，觸犯刑罰法律，經少年法院移送檢察官開始偵查之案件，稱爲少年刑事案件（少施3）。
	未滿15歲	以未滿 15 歲之未成年人爲被保險人訂立之人壽保險契約，其死亡給付於被保險人滿 15 歲之日起發生效力；被保險人滿 15 歲前死亡者，保險人得加計利息退還所繳保險費，或返還投資型保險專設帳簿之帳戶價值。前項利息之計算，由主管機關另定之（保 107 I，II）。
	滿15歲	15 歲至未滿 16 歲爲童工（勞44），雇主不得僱用未滿 15 歲之人從事工作（勞 45 I），未滿 16 歲之人受僱從事工作者，應有法定代理人同意（勞46）。 女有訂婚能力（民 973）。 少年年滿 15 歲或國民中學畢業，有進修或就業意願者，教育、勞工主管機關應視其性向及志願，輔導其進修、接受職業訓練或就業（兒少 34 I）。雇主對年滿 15 歲或國民中學畢業之少年員工應保障其教育進修機會（兒少 35）。
	未滿16歲	與未滿 16 歲之人爲性交易者，依刑法之規定處罰之（兒少性 22 I）。

滿16歲	女有結婚能力（民980）。 無論男女，均有遺囑能力（民1186Ⅱ）。
滿17歲	男有訂婚能力（民973）。
未滿18歲	未滿12歲之兒童及12歲以上未滿18歲之少年，受兒童及少年福利法保護（兒少2）。 兒童及少年不得為下列行為：一、吸菸、飲酒、嚼檳榔。二、施用毒品、非法施用管制藥品或其他有害身心健康之物質。三、觀看、閱覽、收聽或使用有害其身心健康之暴力、血腥、色情、猥褻、賭博之出版品、圖畫、錄影節目帶、影片、光碟、磁片、電子訊號、遊戲軟體、網際網路內容或其他物品。四、在道路上競駛、競技或以蛇行等危險方式駕車或參與其行為（兒少43）。 政府應規劃實施未滿18歲兒童及少年之醫療照顧措施；必要時，並得視其家庭經濟條件補助其費用（兒少27Ⅰ）。 未滿18歲之人不得出入酒家、特種咖啡茶室、成人用品零售業、限制級電子遊戲場及其他涉及賭博、色情、暴力等經主管機關認定足以危害其身心健康之場所（兒少47）。 引誘、容留、媒介、協助或以他法，使未滿18歲之人為性交易者，處1年以上7年以下有期徒刑，得併科新臺幣三百萬元以下罰金。以詐術犯之者，亦同（兒少性23Ⅰ）。以強暴、脅迫、恐嚇、監控、藥劑、催眠術或其他違反本人意願之方法，使未滿18歲之人為性交易者，處7年以上有期徒刑，得併科新臺幣七百萬元以下罰金（兒少性24Ⅰ）。意圖使未滿18歲之人為性交易，而買賣、質押或以他法，為他人人身之交付或收受者，處7年以上有期徒刑，併科新臺幣七百萬元以下罰金。以詐術犯之者，亦同（兒少性25Ⅰ）。 拍攝、製造未滿18歲之人為性交或猥褻行為之圖畫、錄影帶、影片、光碟、電子訊號或其他物品者，處6個月以上5年以下有期徒刑，得併科新臺幣五十萬元以下罰金（兒少性27Ⅰ）。引誘、媒介或以他法，使未滿18歲之人被拍攝、製造性交或猥褻行為之圖畫、錄影帶、影片、光碟、電子訊號或其他物品者，處1年以上7年以下有期徒刑，得併科新臺幣一百萬元以下罰金（兒少性27Ⅲ）。以強暴、脅迫、藥劑、詐術、催眠術或其他違反本人意願之方法，使未滿18歲之人被拍攝、製造性交或猥褻行為之圖畫、錄影帶、影片、光碟、電子訊號或其他物品者，處5年以上有期徒刑，得併科新臺幣三百萬元以下罰金（兒少性27Ⅳ）。 禁止兒童及少年充當不正當場所之侍應或從事危險、不正當或其他足以危害或影響其身心發展之工作（兒少48Ⅰ）。

		未滿 18 歲人不得處死刑或無期徒刑（刑 63）。
	滿18歲	18 歲以上之人與 16 歲以上未滿 18 歲之人爲性交易者，處 1 年以下有期徒刑、拘役或新台幣十萬元以下罰金（兒少性 22Ⅱ）。中華民國人民在境外與未滿 18 歲之人性交易者，亦處罰之（兒少性 22Ⅲ）。 男有結婚能力（民 980），未成年人已結婚者，有行爲能力（民 13Ⅲ），因此有訴訟能力（民訴 45）。 刑法上有完全責任能力（刑 18Ⅲ）。 得申請汽車學習駕駛執照及考領普通駕駛執照、輕型或普通重型機器腳踏車及職業駕駛執照（道安 57Ⅰ、60）。
	滿20歲	成年（民 12），有訴訟能力（民訴 45），有選舉權（憲 130）。 少年被告應羈押於少年觀護所，於年滿 20 歲時，應移押於看守所（少 71Ⅱ）。 考領大型重型機器腳踏車駕駛執照（道安 57Ⅰ），可考領職業駕駛執照（道安 60）。
	滿21歲	少年轉介輔導處分及保護處分之執行，至多執行至滿 21 歲爲止（少 54Ⅰ）。
	滿23歲	有公職候選人資格（憲 130）。
	滿26歲	有鄉（鎮、市）長候選人資格（公選 24Ⅰ）。
	滿30歲	有直轄市長、縣（市）長候選人資格（公選 24Ⅰ）。
	滿35歲	有被提名爲監察委員資格（監組 3 之 1Ⅰ）。
	滿40歲	有總統、副總統候選人資格（憲 45）。
	滿55歲	勞工工作 15 年以上年滿 55 歲得申請退休（勞 53）。
	滿60歲	公務人員任職 5 年以上年滿 60 歲可自願退休（公退 4Ⅰ①）。 勞工年滿 65 歲雇主得強制退休（勞 54）。
	滿65歲	公務人員屆齡退休（公退 5Ⅰ①）。 年滿 65 歲以上爲老人（老 2）。老人搭乘國內公、民營水、陸、空大衆運輸工具、進入康樂場所及參觀文教設施，應予以半價優待（老 22）。
	未滿80歲	失蹤滿 7 年後，即得死亡宣告（民 8Ⅰ）。
	滿80歲	80 歲以上者，失蹤滿 3 年後，即得死亡宣告（民 8Ⅱ）。 滿 80 歲人之行爲，得減輕其刑（刑 18Ⅲ）。 刑罰上不得處死刑或無期徒刑，本刑爲死刑或無期徒刑者，減輕其刑（刑 63）。
	遇特別災難	失蹤滿 1 年後，即得死亡宣告（民 8Ⅲ）。
	死亡	因死亡而喪失權利能力（民 6）。 所有資產與債權債務開始繼承。

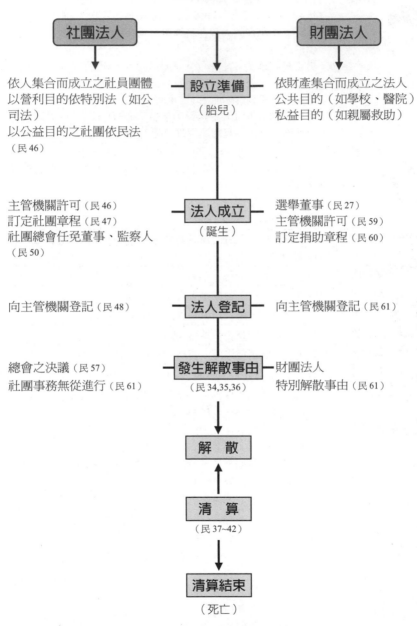

法人的一生

| 社團法人 | | 財團法人 |

依人集合而成立之社員團體
以營利目的依特別法（如公司法）
以公益目的之社團依民法
（民 46）

設立準備
（胎兒）

依財產集合而成立之法人
公共目的（如學校、醫院）
私益目的（如親屬救助）

主管機關許可（民 46）
訂定社團章程（民 47）
社團總會任免董事、監察人
（民 50）

法人成立
（誕生）

選舉董事（民 27）
主管機關許可（民 59）
訂定捐助章程（民 60）

向主管機關登記（民 48）

法人登記

向主管機關登記（民 61）

總會之決議（民 57）
社團事務無從進行（民 61）

發生解散事由
（民 34,35,36）

財團法人
特別解散事由（民 61）

解　散

清　算
（民 37~42）

清算結束
（死亡）

法學的知識・民主的基石

Law
法律叢書

圖表說明

法學概論
─為初學法律者而撰著─

（增修三板）

公平正義是法律的理念

Wer sich vor der Idee scheut, hat auch zuletzt den Begriff nicht mehr.
迴避理念之人，結果概念亦無法把握。
　　　　─歌德（Goethe）

Vigilantibus et non dormientibus, jura subveniunt.
The vigilant, and not the sleepy, are assisted by the laws.
法律幫助勤勉人，不幫睡眠人。

By Dr. Zui-Chi Hsieh

謝瑞智　著

維也納大學法政學博士

臺灣商務印書館

增修三版序

　　本書初版問世後，因係針對考試院高普特考命題之趨勢及通識之法理撰寫而成，頗能符合高普特考考生及從事學術研究之需要，故深受讀者好評。但因近年來法令修改極為頻繁，致撰著文稿需特別用心，而且從歷年之法學緒論及法學大意之考試中，發現其範圍幾乎包羅萬象，內容很難取捨，經殫思竭慮不斷改稿、濃縮簡化，並增列圖表解說，以便讀者從圖表輕易的解構複雜的法律關係。書後並附 2011、2012 年高普特考測驗題共 1,102 題，相信已足供讀者作考試準備之參考。

謝瑞智 謹識

2012 年 6 月

序

　　本書是筆者在各類書刊及《法律百科全書》所發表之文章，再依據現行法律規定，參照考試院高普特考命題及其趨勢，並以簡易的文字配合圖表說明撰寫而成。主要是針對我們在日常生活中，常發生各類民、商或刑事案件，如殺人、搶劫、離婚、繼承等，而我們個人也因就業或經營事業，開支票或借貸等問題而發生困擾；如有糾葛通常都是用一般常識判斷，私下協調解決。因為缺乏法律知識，常在談判中不知如何爭取權益，致吃虧不少，但很少因此商請律師處理。我們平時對警察局、看守所、法院等機關，常是陌生的，最好是敬而遠之，總認為自己的人生、生活，似乎與法律無關。

　　但是，當我們超速開車、違規停車或一時疏忽違反交通規則，就躲不掉警察的酒測、開罰單；在申報所得稅時，因疏忽漏報，就會遭受補報或罰款處分；少數藝人以為平時只要認真的唱歌、跳舞，帶給大眾歡樂就好，沒想到好奇吸兩口大麻，竟要遭遇強制驗髮，進勒戒所等，而登上頭版新聞。您不惹人，但詐騙集團卻會找上您。事實上法律是從國家的基本組織與人權的保障起，對每日生活的點點滴滴，巨細靡遺的都納入規範，所以認識法律何等重要！

　　又考試院舉辦的各種考試，法學緒論、法學大意與法學知識等對社會科學言，是一門重要的科目，三科的名稱雖異，內容卻相差無幾；為協助讀者參加考試之準備，書後並附有2008年高普特考測驗題共五百餘題，讀者若能對照本文研讀，當可瞭解各類考試之方向，並作重點準備，而收事半功倍之效。

謝瑞智　謹識

2009 年 5 月

凡　例

法學概論－包含法學緒論、法學大意　　謝瑞智博士著

目錄大綱

法學概論　　目　錄　　謝瑞智博士著

第一編　總　論

第一章　法律之本質

第一節　法律之社會性

　　希臘哲學家**亞里斯多德**（Aristotle, 384-322 B.C.）：「從人的本性言，人是社會性的動物。」英國作家丹尼爾·笛福（Daniel Defoe）所著「魯賓遜漂流記」（*Robinson Crusoe*）內敘述魯賓遜·克魯索靠自給自足在孤島過著孤獨生活，當然不需要法律來規範秩序。但自從魯賓遜救了一位當地的原住民 Friday 作為他的侍從以後，在這二人之間就產生了「法律規範」之關係。因此只要人與人相聚在一起，

亞里斯多德

形成了社會，為了過著安和樂利的社會生活，就有需要建立一套足以維持社會秩序之法律規範機制的必要。在一個國家內其關係就更複雜：

家族生活	宗教信仰	政治生活	文教生活	消費生活	勞動就業	犯罪與法律
婚姻與家庭生活關係	宗教禮拜、傳教與參與宗教組織	選舉代表，規範政府分權制衡	接受教育，從事藝文活動	規範生產、交易、消費	勞動契約與災害補償	犯罪與刑罰及被害的救濟

人際關係

六法全書
保障與規範

國際關係

國際公法	國際私法	國際條約	國際習慣	國際關係
國際公認之戰爭與和平法	國際間私人關係之法	聯合國憲章及國家間簽定條約	國際間通用之習慣	維持國家獨立與國際和平

第二節　自然法則與法律規範

自然的法則，因係受因果關係的支配，因此沒有人可以例外，也沒有人可以違反這個自然法則。但是以應然為內容的規範法則，就有違反的可能；例如每天新聞報導的殺人、酒醉駕車撞死人、金光黨的詐騙集團或竊盜、強盜等，都是對應然規範的違反。所以社會為營造安和樂利的社會生活，就有處罰犯罪行為之禁止規定，並為維護社會秩序，就有命令規定，以規範一般人之行為，因此「命令」與「禁止規定」乃是應然法則之必要內容。

一、規範的性質 — 是然（Sein）與應然（Sollen）

法律的本質是一種規範，前已述及，但當人類為營和平之社會生活，無論在自然界或人為的社會中，會有兩種規範產生：一為自然的法則，二為人為的規範。此二種稱為「**法學之方法二元論**」。

㈠**自然的法則**：此稱為「是然的法則」，又稱為必然的因果關係。例如將溫度降到零度以下，水就自然會結冰，人必須要死亡，這些都是受自然界的因果關係所支配。又如天體的運行也是如此。

㈡**人為的規範**：此稱為「應然的法則」，又稱為應為的規範。例如在自然因果關係下，人雖是會死，但汝不可殺人。因此規範上有禁止規定與命令規定；如不可殺人、不可偷盜、不可詐欺與靠右行走等均是。這些並非自然的因果關係，而是依據人為之規定。

二、法律與社會規範

　　法律是社會規範之一，以「應為」(Sollen；ought)來表示之。即以命令或禁止之規定，強制人民遵守；但在社會規範除了法律之外，還有其他社會規範，譬如習俗、道德、宗教教條、禮儀等均是。這種法律以外之社會規範，既稱為「規範」，如果有不遵守或不服從規範所規定之行為出現，這些規範為了貫徹執行規範之目的，可能也有各種不同的報應措施來對付違規者，這些制裁在傳統上有社會上之讚美或公開表揚，或加以批評、非難，或罰加害人分發香菸或檳榔給當地住民之方式，以表示歉意。其他如良心之譴責，發動輿論的批判，使其無法在該社會團體內生存。

> 例如有位鄭氏立委因偕女友赴美同居，經媒體報導後，致再選時落選，又某位司法官，發生誹聞，而自行辭職是。

　　在實施政黨政治之今口民主政治，有些政黨常以加入該黨組織作為升遷之條件，如與機關首長忤逆、不聽指揮就不予提拔，甚至於考績時給予低分，使其無法領取年終獎金，有時甚至團體內成員皆自

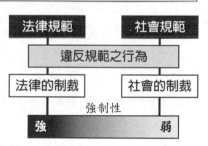

動將其隔離，使他無法在團體內生存等均為社會性之制裁。

　　但是這些社會規範之制裁，其強制性沒有法律規範之制裁的強烈、直接而有效，此為法律規範之特色。

第三節　法津的强制性

　　上述這些社會規範，無論是習俗、道德、宗教教條、禮儀或社會輿論等，如果行爲人有違反這些規範時，在嚴密的社會組織下，頂多被趕出村落，不讓他在村落內與大家營共同生活。在過去傳統的社會裏，常發現有敲鑼打鼓，大聲向鄉親道歉之情形。但在今日工商社會，人與人之間都很陌生，這種傳統部落的懲罰方式，已失效力。因此有登報道歉或公開在電視上道歉之情形。不過這些只是輿論或良心上之譴責而已。以今日國際交通之發達，一看情勢對己不利，立即捲款潛逃至國外者恆有之，如 2008 年 3 月間爆發外交醜聞之巴紐案，外交掮客金氏，於取得外交部匯款後（折算新台幣 10 億元），就輾轉赴美逃之夭夭。

　　由此可見，道德、習俗或輿論等各種制裁手段，對於一位狡猾邪惡的歹徒，並非最有效，如檢調當時若能及時將他攔截，發布通緝，被騙的 10 億台幣就可水落石出，因此以法律的強制力，來對付奸詐之歹徒仍最爲有效。道德、習俗之制裁與法律之制裁有何不同？

不同基準	社 會 規 範	法　　　　律
制裁之標準	社會規範之制裁在各人的良心，社會的共同意識。	法律都預先規範犯罪的情形，並與刑罰的重輕配合。
制裁之預告	事先未預告，只是以道德教育，事先教誨。	法律都事先預告違反什麼法律，可能會受何種制裁。
制裁之主體	行使的主體分散在各方。	以憲警強制、檢察官起訴法官判刑，並強制執行。
強制性與效力強弱	由各人良心自我判斷，缺乏強制性。	有強制性，效力最強。

第二章　法律之功能

一、保障人民的自由權利與維護社會秩序的功能

通常我們生在這個世界，與他人交往，從來沒有體會到有法律之存在，只是按照自己平日的生活習慣，日出而作，日落而息，在家裏聽從父母的指導告戒。所謂「鞭扑不可弛於家」，在社會上就依照一般習俗、長輩的引導輔助，學校老師的教導，誠心與人交往，總不覺得有何窒礙難行之處。但是一旦與他人發生磨擦糾紛，譬如交通事故，或買賣物品計價錯誤，或你不惹人，卻有詐騙集團找上門，這時就需要公權力介入來解除這個不意的痛苦，而公權力介入排解紛爭的是非標準在那裏？那就要靠法律來發揮功能了。

所以規範社會秩序的規範有兩種：一是社會規範，一是法律規範。

二、社會規範

社會規範有習俗、倫理、道德、宗教、教育等在發生作用，其中以道德與宗教最有效力，道德教條在「從善去惡」，宗教教誨在愛人無私，崇尚眞理，相信報應輪迴，如有不從，將受社會輿論的譴責，或排擠在社會生活之外。

三、法律規範

法律是由立法院決議通過，總統公布，而成立者。它是規範人民在法律上之權利義務。因此，是公認是非判斷之標準，如有違反法律之規定者，因破壞社會秩序，國家就以公權力強制施以制裁，法律之制裁有刑罰上制裁、民事損害賠償與行政上之制裁等，就是藉國家之強制力，以維持社會秩序，維護人民安和樂利的生活。

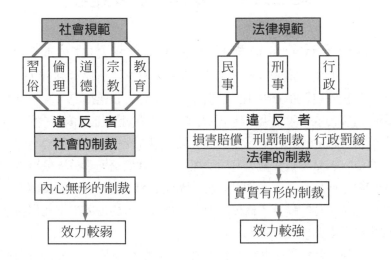

第三章 法律之目的

第一節 法律之總體目的與個別目的

所謂「法律之目的」，就是法律所要達成的目標。國家頒發法律，在總體上是在調整國民之利益，維持社會秩序，保衛國民之權益，保障人權與教育人民為目的。因此耶林（Rudolf von Jhering, 1818-92）說：「目的是法律之創造者」，即法律如沒有設定目的，或脫離目的，法律就不存在，是故法律是有一定的目的。譬如憲法是在維護國家總體目的，刑法是為維護社會一定秩序，防止犯罪，以保護一定法益之不被侵害為其目的。因此刑法之殺人罪（刑 271），對於殺人者課以一定刑罰，以制止殺人行為

耶 林

之發生，而維持社會秩序，並保護個人生命法益為目的。又如老人福利法第 1 條：「為維護老人尊嚴與健康，安定老人生活，保障老人權益，增進老人福利，特制定本法。」凡此均在說明每一種法律的制定，都有其目的。

第二節 法律之理念

德國法學家**拉特布魯福**（G. Radbruch, 1878-1949）在其法律哲學一書中認為法律之理念有三，即正義、法律安定性與目的合理性[1]。

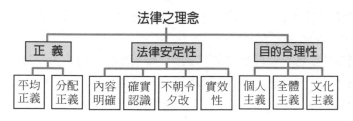

拉特布魯福

---

[1] Gustav Radbruch, Rechtsphilosophie, 1956 S.168

一、正義

正義就是公正的意思。凡是法律必須
要有正義的要素。在法律之正義，如「正
義女神」所顯示，有公正、無私與執法三
要素；所謂「公正」，即右手執秤，以示
公正審判；「無私」，即蒙上雙眼以示大公
無私；「執法」，即左手執劍以示貫徹執
法。依亞里斯多德的說法，所謂正義是：

謝瑞智・詮釋

正義女神

公正	右手執秤 以示公正審判
無私	蒙上雙眼 以示大公無私
執法	左手執劍 以示貫徹執法

㈠**平均正義**：人人都要平等處理，即人與人之關係都要平等，謂之「平
均正義」，譬如在買賣契約，商品與貨物價格要有相等之價值，稱為正義。
亦即買主與賣主之間是基於平等關係。

㈡**分配正義**：即依照人的價值、能力、功績而公正的分配比例，如《漢
書》上說：「凡爵列官職，賞慶刑罰，皆以類相從者也。一物失稱，亂之
端也。」謂之「**分配正義**」。例如勞動基準法對童工夜間工作之禁止（勞
48），女工分娩前後之停止工作（勞50）等，都是考慮年齡或性別所設定之
特別規定。

二、法律安定性

係指法律本身需要安定，即法律不能輕易變更，其次是維持和平有
秩序之社會生活，雙重意義。欲確保法律之安定性，必須具備下列要件。

㈠**法律內容必須明確而人民能確實認識**：例如法王路易十六說：「朕即
國家」，希特勒說：「法律要依公益執行，公益就是我意」，如此即人民將
無法預先知道法律的規定，所以希特勒一震怒，大量的猶太人就要集體
被屠殺。

㈡**法律不得朝令夕改，或輕易變更**：法令如輕易變更，將使人民對法
律失去信賴感，使民無所適從，而威脅法律之安定性。

㈢**法律須有實效性**：如刑法所禁止之行為，須有刑罰之對應，而此罰
則與制裁，必須有實效，如無實效，人們將為所欲為，殺人、放火無所
顧忌。

三、目的合理性

㈠**法之目的也是國家之目的**：拉特布魯福認爲法之目的與國家之目的是不可分，蓋「法在其本質之部分乃是國家之意思，國家在其本質之部分乃是法律制度之故。」由此可以想像有關個人主義、全體主義與文化主義之問題。

㈡**個人主義、全體主義與文化主義之內容**：

1.個人主義認爲個人人格爲最高之價值。國家、法律與文化等均爲服務個人而存在。個人之自由爲終極之目的。

不過如徹底推行個人主義，法律當須爲實現相互對立之不同個人的要求而制定，那是不可能之事，最後可能造成無政府狀態。因在自私自利之人類本性下欲維持社會之和平安定，不能沒有完整之法律制度。

2.全體主義認爲全體才是最爲重要，個人或文化均應爲成全國家或法律之目的犧牲，國民或民族乃爲其終極之目的。

如徹底貫徹全體主義，就會造成極權國家之政治，納粹或日本軍閥所推行之全面管制、集體虐殺都是記憶猶新之事；這時，個人或文化均將全部爲國家至上、民族至上而犧牲。

3.文化主義認爲人類的作品爲最高之價值，個人、國家或法律均應爲服務文化而存在，文化才是終極之目的。

絕對文化主義者堅持爲了創作優異之藝術作品，就是餓死也是不得已之事。譬如房屋在燃燒時，屋內有一位小孩與國畫大師蔡草如的名畫「觀世音菩薩像」，有人卻選擇先救「觀世音菩薩像」，這就是強調目的合理性之偏差所在。

蔡草如　　　　　觀世音菩薩像

㈢**結論**：英國法制史家、比較法學者梅茵（Maine, Sir Henry James Sumner, 1822-88）受到德國歷史法學派薩維尼（Savigny）的影響，耶林（Jhcring）

之「羅馬法的精神」與達爾文「進化論」之刺激，基於歷史法與比較法而認爲人類原始社會的最初集團就是家庭，由家庭而宗族，集宗族而部落，集部落形成國家。

梅　茵　　　　近代文明形成原因之秩序與自由，從羅馬法而探求其發展過程認爲是「**從身分到契約**」（from **薩維尼** status to contract），而此身分之拘束力與契約自由到廿一世紀之相對性關係，是對近代市民法的成立有重要的作用。

在個人主義盛行的時代，民法的契約行爲支配整個法律體系，國家也在社會契約論下，重視基本人權，個人人格應爲最高之價值，國家或文化都應爲個人之存在而服務。爲發展個人人格，文化固然必需，爲提升個人之生活品質，社會、國家與法律乃爲必要之惡（國家法律雖屬必要，但因限制人民的自由行動與徵稅，並對違法者處刑，所以也是邪惡的）。

在英國倫敦中央刑事法院（the Central Criminal Court）上寫著，「**保護貧民的小孩，處罰違法者**」（Defend the Children of the Poor & Punish the Wrongdoer），就是強調尊重個人人格價值爲正義之代表，最爲傳神之寫照。

第四章　法學之派別

研究法學因方法之不同，乃形成派別，較著名者列舉說明如下：

一、分析法學派（analytical jurisprudence）

廣義是從事法律規範或法律制度之分析，爲理論法學之一；狹義是由邊沁開始，以奧斯丁（John Austin, 1790-1859）爲創始者之英美法理學的一個潮流。奧氏將自然法與立法論排除於法學範圍之外，完全以經驗法學爲基礎，而確立分析法學，他分析法律與道德之區別，而認爲「惡法亦可成爲法律」，因此違反道德之法律仍應有效。

奧斯丁

二、歷史法學派（historical jurisprudence）

一稱沿革法學派，即將法律現象對照歷史上發生之事實，以闡明其原理，認爲法律爲歷史上之附屬物，也是民族精神（Volksgeist）的產物。法律之成長必循一定之歷史程序，人類不能以理性創造之。歷史法學派就是以法律之發展爲基礎，對其變化過程加以說明而批判爲目的。其創始者爲德國法學家薩維尼（Karl Friedrich Von Savigny, 1779-1861），並由普弗達（Georg Friedrich Puchta, 1798-1844）集大成。

薩維尼

三、比較法學派（comparative jurisprudence）

即以兩種以上不同社會與國家之法律制度爲對象，作比較研究以達闡明法學理論之效。比較法學派盛行於法國，倡導者爲拉伯爾（Edouard Lambert）與德國之倡導者巴可芬（Johann Takob Bachofan）。

四、社會法學派（sociological jurispudence）

主張法律規範是一種社會規範，蓋人類的本能在營社會之共同生活，個人既無法離開社會而獨立生存，因此必須用社會學的方法來研究

法律。

　　因此社會法學認爲在法律之規範性構造之外,應以社會的、現實的功能或判例爲研究之重點。人既然活在社會之中,即應以社會爲重點,在考慮並達成社會目的之下,以制定、解釋與適用法律。法律不是一種概念的結構性法學(Begriffs-Konstruktionsjurisprudenz)而是目的的利益法學(Zweck-Interessenjurisprudenz)。法律應對照實際社會生活,將其以「活的法律」來加以研究與適用,才是社會法學的方法。

五、自由法運動(Freirechtsbewegung)

　　即十九世紀末至二十世紀初期所興起之反概念法學的法律思想。康德洛維茲(Hermann Ulrich Kantorowicz)在《爲法學之戰鬥》(*Der Kampf um die Rechtswissenschaft, 1906*)內所提倡之一種法學運動。康

氏指出因法律有缺陷,而法官有創造法律之特性,因此法官應從制定法之支配而解放,而主張自由法論或自由法運動,此以耶爾利赫(Eugen Ehrlich, 1862-1922)爲代表。自由法運動抨擊概念法學信奉實證法

康德洛維茲

之完整性與自足信的形式論理,並強調活生生之法的探究與法應擁有創造機能。

　　自由法論一方面因矯正概念法學的缺點,另一方面扮演法學界朝向自然法或法社會學運作之重要的角色。

耶爾利赫

但自由法論之主張會造成法官或審判之主觀的感情,因此會受到「感情法學」(Gefühlsjurisprudenz)或「人情主義」(humanitarisme)之影響而成爲無政府主義之「印象主義」(impressiomisme)的批判,也不能忽視。

六、自然法學派(Naturrechtslehre)

　　即認爲基於人類或人類之本性而成立之規範,稱爲「自然法」。而人類本其良知,可識別行爲之善惡的一種永恒不變的法則存在,而這一個法則是一種高層次之法律規範,國家法律只有在不違背其原則下,才有效力。自然法學派在法律之研究方法上屬於一種思辨性與哲學性,因此,又稱爲「哲學派」(Philosophical School)蓋德國法學家拉特布魯福(G.

Radbruch）認為自然法是超法律的法（übergesetzliches Recht），故又稱為「超實證法」。

七、實證法學派（德：Jurisprudenz）

法律實證主義具有多義性，具體上是由英國古典的分析法學（如邊沁、奧斯丁）、德國歷史法學（薩維尼）、與德國概念法學（拉班）、一般法學（墨爾克）、與法國註釋學派（留蘭多）等人所形成。在這些法律實證主義學派之主張下，完全否定自然法之存在，只認為實定法才是唯一的法律體系。這種實定法一元論之主張，實際上是以實證主義與經驗主義之哲學思想為背景，由於資本主義經濟之發展，社會乃極力要求能建立完整之近代法體系，以便在法治主義之法的支配下，能達成法律之預測可能性，以保障交易之安全。

八、利益法學派（德．Interessenjurisprudenz）

此用語由德國學者黑庫（Philipp von Heck, 1858-1943）於 1905 年的論文中首先使用，彼不從概念之構成上探討，而從利益衡量之中以發現法之涵義為目的。即從各種相衝突之利益中，比較衡量，其中選擇最重要之利益為優先適用之謂。利益法學雖以主張法之目的與社會利益之耶林為先驅者，但主要仍以黑庫及劉梅林（Max von Rümelin, 1861-1931），米勒－耶爾茲巴哈（Rudolf Müller-Erzbach, 1874-1959）為倡導者。利益法學在財產關係雖可適用，如買賣關係之糾紛，可以比較衡量買主與賣主雙方之利益，以為解決，但關於夫妻、親子等親族關係，並不能單靠利益之衡量就可解決。蓋此利益法學因對利益之衡量不是很清楚，因此從該學派乃發展出「民族利益」之概念，而為納粹帝國所利用。

九、純粹法學派（維也納學派）（德：reine Rechtslehre）

此係凱爾遜（Hans Kelsen）所創設。彼排斥法學之意識形態與政策，另一方面區分是然（Sein）與應然（Sollen）並拒絕社會學的方法論，以樹立實證法規範之純粹的體系。法律之位階理論就是其體系之一部分。彼認為法律是在位階之體系下，完全以法律規範來統合社會各種行為，如

不依照法律規範來行事，則無法律效力。任何自然現象或社會現象均非法律之範圍，亦不能影響法律之效力，以應純粹之要求。以凱氏為中心之純粹法學的附和者，乃形成維也納法學派（Wiener Schule der Rechtstheorie）。

十、馬克斯主義法學派

馬克斯（Karl Marx, 1818-83）以及恩格斯（Friedrich Engels, 1820-95）利用黑格爾（Georg Wilhelm Friedrich Hegel, 1770-1831）之觀念論與費爾巴哈（Feuerbach, 1804-72）之唯物論，建立其歷史

恩格斯（左）與馬克斯

費爾巴哈

唯物論之理論基礎。馬克斯目睹十九世紀工業革命後，工農階級之悲慘遭遇，馬氏認為無產階級除了枷鎖以外已無任何財物可供丟棄，而在他們面前是可以取勝的世界存在，遂於 1848 年發表《共產黨宣言》，於 50 年出版《資本論》（*Das Kapital*）。

依馬氏之理論，人類之思想是生產關係（生產物質時之生產方法）之反映，此為下層構造，其上之上層構造為國家與法律。

在資本主義社會之生產方式是由少數的資產階級（富有者）獨占工廠與機器等生產手段，購買貧窮之無產階級的勞動力而生產商品物質，資產階級因自由競爭的結果，部分資產階級也會敗於競爭而成為無產階級，以致於富者集中在少數人手

悲慘的勞工們，
女工只擁有開水壺與杯子。

中，乃造成激烈的階級鬥爭，資產階級終會被打倒，而成立勞工與農民之獨裁政權，最後階級與法律均不存在，人人都可滿足自己需要之共產主義社會將會到來，這是歷史之必然的結果。爲迎接這樣的歷史，必須打倒資產階級，乃是歷史唯物論之推論過程。法律是生產關係之上層構造，資本主義社會有營造這種社會的功能。法律學在認識這種歷史之必然趨勢，在法律之領域內亦應努力，使社會主義早日實現，爲馬克斯主義之法學。

十一、新康德主義法學派

於 1870 年前後新抬頭之新康德派哲學（Neukantianismus）在「回歸康德」（zurück zu Kant）之口號下。謝霖（Friedrich Wilhelm Joseph von Schelling, 1775-1854）乃排斥黑格爾式觀念論哲學之無責任的思考方式，欲圖在哲學上注入學術的嚴密性，並對自然科學飛躍的發展與實證主義精神的提升，爲確保精神科學與文化科學之自律性而倡導康德哲學。

此哲學運動也對法學方法論產生重大之影響。新康德法學之基本立場在於認識論方面，即以法認識之方法爲對象，以法律規定爲土張，此即構成土義之法認識，以及區別是然（Sein）與應然（Sollen）的方法二元論。主張純粹法學之凱爾遜，雖是無法歸類之獨立的思想家，因擁有上述兩種主張，故被認爲仍屬於新康德主義的法學家。

第五章　法　系

綜觀世界各國法制，可大別爲五個法系：

一、 大陸法系	以羅馬法爲中心，經融合日耳曼法、教會法與習慣法在歐洲大陸發展而成。凡歐、陸各國，我國與日本均屬之。
二、 英美法系 （海洋法系）	以日耳曼法爲基礎，並融合衡平法與普通法發展而成。凡美國、英國、加拿大、澳洲等都採英美法系。英美法系是以具體的事實，累積判例發展而成，故又稱判例法主義。
三、 中華法系	以儒家之仁義道德倫理等爲中心，禮教與法治並行，立法以義務爲主，不重視權利義務的相對性，較重視中央政府權力之維持。目前在中國大陸則受其影響，仍採中央集權之統治形態，對韓國、越南有重大影響。
四、 印度法系	以婆羅門法及佛教法爲中心，婆羅門法之摩奴法爲基礎，相信「輪迴轉生說」，自十八世紀英國統治印度後，因採當地法之習慣，婆羅門法乃得繼續發展。
五、 回回法系	以阿拉伯地區爲發祥地。回回法系之法源爲可蘭經、言行錄、法理詮釋。目前中東各國、非洲、南亞、東南亞各國都屬回回法系。

世界法系分佈圖

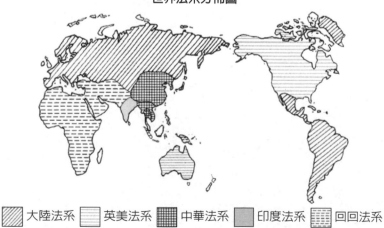

第六章　法律與命令之概念

第一節　法律概說

一、法律與人民之關係

㈠人民何以需要知道法律：

1.日常生活受法律之保護與管制：當人類在營社會共同生活之時，每天生活起居，無不與法律發生關連，如早晨用早餐的食物、閱讀書報的報刊，無不是經買賣契約而購入，乘坐公共汽車是經運送契約，到公司上班又是僱傭契約，在外散步時又受到交通法規之管制，上理髮廳時，又受承攬契約的保護，到月底付房租時又受租賃契約之約束，到一定年齡上學校時，又須依教育法規辦理。總之，在此法治社會時代，一個人的日常生活無不受到法律之保護與管制，所以學習法律乃格外有其必要。

2.個人的權利義務受法律之規範：人類因無法自外於社會而單獨生活，當須與他人構成某種生活關係。在國際社會中，個人因歸屬於某一領域內而成為該國之國民，當須服從該國之法制。做為一個國民，自然擁有其必要的權利與義務，在家庭組織中，有夫婦關係與親子關係，這些角色與地位，都受到法律之規範，如擁有法律知識，就能瞭解自己擁有多少權利，應負擔多少義務。

3.推行民主必須以法治為基礎：一般法學家咸認，民主政治欠缺法治，必將成為暴民政治，而法治欠缺民主亦將成為獨裁政治，因此民主與法治關係密切。而實行法治之關鍵就是人人知法，才能制定完美無缺之法律，然後始能要求人民守法。無論政府機關執行法律，或人民行使政權，都能依法推動，法治精神必能發揮，民主政治才能落實。

㈡國民與法律之關係：國民各種生活與法律關係密切，有的受到法律之保護，有的受到法律之管制，茲分述之：

1.國民與國家間的法律關係：

⑴享受權利負擔義務以法律明定：在民主國家之人民均享有各種
自由權利，並應負擔各種義務，有些是以憲法保障，有些是以
法律規定，這些關係都是屬於法律關係。因此國家對於其國民，
不論是享受權利或負擔義務，均須以法律爲依據。

⑵國民有行使創制及複決法律之權：依憲法規定人民有創制及複
決權。凡人民認爲某種事項有制訂成法律之必要者，就可以提
議，經投票直接制定法律，稱爲創制權。如對已通過之法律，
認爲有修正或廢止之必要者，就可以經投票以決定其存廢，稱
爲複決權。這些都須以法律規定之。

2.國民相互間的法律關係：國民相互間，除了受習俗或道德之規範
外，其涉及權利義務之糾紛發生爭執，而需提起訴訟時，則須由司法機
構依據法律裁判解決之。

3.人民須養成守分守法之習慣：

⑴國民應有善盡本分之觀念：國家爲人民之集合體，國家是人民
所組成，因此欲使國家興隆，必須人人善盡國民之本分，依憲
法之規定，人民有納稅的義務、受國民教育之義務與服兵役之
義務。

⑵國民應養成守法的習慣：在人民的心目中首先須有法律的存
在，就是要有法律的意識，表裏一致的服從法律之規定，以奠
定民主法治的基礎。

二、法律之定義

欲瞭解法律之眞象，須從廣、狹兩方面說明之：

㈠**廣義**：法律者，可泛稱爲社會生活之規範，違反者應受社會所認可之
外力制裁，此種制裁不僅是國家之強制手段，也包括社會制裁在內。因此
廣義的法律：泛指憲法、立法機關通過的法律，行政機關訂頒的規章，判
例及未有成文規定之一般習慣等而言。一般認爲係**實質意義的法律**。

㈡**狹義**：法律是人類社會中，依一定之制定程序，以國家權力強制實
行的社會生活規範。茲分析之：

　　1.法律是社會生活之規範：人類在共營社會生活中，必須建立共同信守的行為規範，俾人民知所適從，以維持和諧之社會秩序。

　　2.法律是強制實行之規範：法律須要大家來共同遵守，如有人不遵守，即須有某種方法予以強制。法律的強制手段，包括民事強制執行，刑罰的制裁，行政上的強制處分等，以貫徹法律規範之實施。

　　3.法律是以國家權力強制實行的規範：法律是以國家權力為憑藉而強制人民遵守之規範，如果法律脫離國家權力，則法律將失去內容，其存在價值將與道德宗教無異。

　　4.法律是依一定之程序而制定之規範：我們所稱的法律須經立法院通過，總統公布（憲170）。此又稱為形式意義之法律。應以法律規定之事項，不得以命令定之（中法6）。

三、法律之定名

　　法律得定名為法、律、條例、或通則（中法2）。惟其標準依「行政機關法制作業應注意事項」說明如下：

法律名稱	內　　　　容	舉　　　　例
(一)法	凡法律所規定之事項，不論為民刑事或行政事項，或一般典章制度，如屬於全國性、一般性或長期事項之規定，均得定名為法。	如民法、刑法等。
(二)律	如屬於戰時軍事機關之特殊事項之規定者，均可定名為律。	如戰時軍律。
(三)條例	如屬於地區性、專門性、特殊性或臨時性事項之規定者，則可定名為條例。	地區性如臺灣省內菸酒專賣條例；專門性如獎勵投資條例；特殊性如警械使用條例；臨時性如戡亂時期貪污治罪條例。
(四)通則	如屬於同類事項共通適用之原則或組織之規定者，則可定名為通則。	如地方稅法通則、監獄組織通則。

<h1 style="text-align:center">第二節　命令概說</h1>

一、命令之意義

　　命令（德：Verordnung；法：règlement）是不經過國會之議決，完全由行政機關所制定者，廣泛稱為命令；以與國會制定公布之法律相區分。依民主法治之發展，經立法程序通過之法律乃擁有優越之地位，命令是依法而制定，效力較低。因此，**所謂命令，係國家機關依其法定職權或基於法律之授權，而強制實行之公的意思表示。**

　㈠**命令係國家機關之公的意思表示**：命令是國家機關就其主管業務之職權範圍內，對所屬機關或人員所表達之意思。這種意思表示，不以行政機關為限，即立法、司法、考試及監察機關，只要在其職權範圍內，均可發布命令。

　㈡**命令是強制實行的意思表示**：命令應具有強制性，以便順利實行，故所屬機關或人民，有服從之義務，如有違反，自得加以制裁，以維護國家法令之尊嚴。

　㈢**命令是國家機關依其法定職權或基於法律之授權所為之意思表示**：政府機關發布命令須有法定職權或有法律之授權始可（中法 7），否則，如有濫用職權，或有逾越職權而發布命令，其命令應不發生效力，其因此而受有損害之人民亦得請求合理之救濟。

二、命令之種類

　㈠**以命令之形式為標準**：以命令之形式為標準，可分為單純的命令與法規命令：

　　1.單純命令：就個別事件為抽象或具體的宣告或指示，事件終了，其命令隨即消滅。如政府機關公布法令、人事任免令，以及上級機關對所屬機關所為之訓令、指示等是。

　　2.法規命令：即行政機關基於法律授權所頒訂之對外發生法律效果之一般抽象的規定，稱為法規命令。此類命令之形式，亦有類似法律的條文規定及特定名稱，依中央法規標準法第 3 條之規定，此類法規命令

有七種（依行政機關法制作業應注意事項）：

名稱	意　　　　　　義	舉　　　　例
規程	屬於規定機關組織、處務準據者稱之。	如組織規程、處務規程。
規則	屬於規定應行遵守或應行照辦之事項者稱之。	如土地登記規則。
細則	屬於規定法規之施行事項或成就法規另作補充解釋者稱之。	如施行細則、辦事細則。
辦法	屬於規定辦理事務之方法、時限或權責者稱之。	如實施辦法、處理辦法。
綱要	屬於規定一定原則或要項稱之。	如計畫綱要、組織綱要。
標準	屬於規定一定程度、規格或條件者稱之。	如審查標準、處理標準。
準則	屬於規定作為之準據、範式或程序者稱之。	如實施準則、設置準則。

　　(二)**以命令之性質為標準**：以命令之性質為標準，可分為委任命令、執行命令與緊急命令：

1. 委任命令	乃各機關依據法律的授權，所頒布的命令。如法律條文中常規定「本法施行細則，由某機關定之」。又如法律規定「某辦法另定之」，則該機關根據這規定所發布之命令係由於法律之授權，故又稱之為「委任立法」。
2. 執行命令	指各機關本於法定職權，基於執行業務的需要，不待法律明文委任，即得發布命令，以為法律之執行。蓋一般法律往往僅做概括性規定，至執行技術或細節問題，則委由行政機關以命令補充之。以選舉法為例，立法機關制定選舉法後，內政部尚須發布各種細則、辦法或釋令以資補充，始能達到舉辦選舉之目的。此即中央法規標準法第 7 條所定「各機關依其法定職權訂定之命令」。
3. 緊急命令	係總統為避免國家或人民遭遇緊急危難或應付財政經濟上重大變故，得經行政院會議之決議發布緊急命令，為必要之處置。但須於發布命令後 10 日內提交立法院追認，如立法院不同意時，該緊急命令立即失效（憲修 2III）。 (1)發布原因：為避免國家或人民遭遇緊急危難或應付財政經濟上重大變故。 (2)發布時間：任何時間均可發布。 (3)發布程序：得經行政院會議之決議發布緊急命令，為必要之處置。

(4)發布後之處理：須於發布命令後 10 日內提交立法院追認，如立法院不同意時，該緊急命令立即失效。

(5)總統於立法院解散後發布緊急命令，立法院應於 3 日內自行集會，並於開議 7 日內追認之。但於新任立法委員選舉投票日後發布者，應由新任立法委員於就職後追認之。如立法院不同意時，該緊急命令立即失效（憲修 4VI）。

三、命令之效力

命令既為政府機關基於國家統治權而強制實行的公的意思表示，因此接到命令者，自有服從之義務，但下列情形仍須注意：

㈠**命令不得牴觸憲法或法律**：其有牴觸者無效，此為中央法規標準法第 11 條及憲法第 172 條所規定，惟緊急命令，可以牴觸法律，但不得牴觸憲法。

㈡**須為其職務範圍內，所發之命令但不得牴觸上級機關命令**：依中央法規標準法第 11 條規定：「……下級機關訂定之命令不得牴觸上級機關之命令」。而依公務員服務法第 2 條規定：「長官就其監督範圍以內所發命令，屬官有服從之義務。但屬官對於長官所發命令，如有意見，得隨時陳述」。

㈢**不同長官所發命令之效力**：依同法第 3 條：「公務員對於兩級長官所發命令，以上級長官之命令為準，主管長官與兼管長官同時所發命令，以主管長官之命令為準」。但對於特定事項，兼管長官有指揮命令權者，則就該特定事項，應優先於其主管長官之命令服從之，如警察分局長，對檢察官就偵查犯罪所為之指揮命令與其上級長官之警察局長之命令不一致時，以服從檢察官之命令為準。

㈣**人民對於機關發布之命令得依法請求救濟**：人民對於機關所發布之命令，如認為有違法或不當，致損害權利或利益，得提出申請，聲明異議、請願、訴願、及行政訴訟，以為救濟。

第三節　法律與命令之關係與區別

一、法律與命令之關係

　㈠**法律須以命令而公布**：法律制定以後，必須由總統以命令公布，始得施行而生效。且法律施行區域或施行日期，常有授權行政機關以命令定之者，足見二者關係之密切。

　㈡**應以法律規定之事項，不得以命令定之**：基於權力分立原則，行政機關未有法律授權，不得行使立法權（中法6）。

　㈢**命令須依據法律而訂定**：訂定命令，必須根據法律之規定，例如依據私立學校訂定私學校法施行細則，此為母法與子法之關係。

　㈣**命令解釋或補充法律之不足**：法律所未規定，或規定未臻完備事項，各機關在法律容許之職權範圍內，得訂頒命令，或加以解釋，以為補充，故二者有相輔相成之關係。

　㈤**命令不得牴觸法律**：除緊急命令外，命令不得牴觸法律，如有牴觸，該命令則失去效力。二者有表裏一致之關係。

　㈥**命令適用法律上之原理原則**：如法律之解釋、法律之效力及特別法優於普通法，新法優於舊法等原則，命令自亦予以適用，二者又有相互貫通之關係。

二、法律與命令之區別

	不同項目	法　　　律	命　　　令
形式上	定名不同	法、律、條例、或通則（中法2）。	規程、規則、細則、辦法、綱要、標準或準則（中法3）。
	制定及修改機關不同	法律之制定及修改由立法機關負責。	命令之發布及修正則由行政機關本於職權為之。
	制定及修改程序不同	法律須經過一定之立法程序，並由總統公布。	命令則依行政程序發布，政府機關可依法在其職權範圍內修改之。
	公布程序不同	法律經立法機關通過後，必須由總統公布，並須經行政院院	命令除由總統或行政機關發布外，無須依照上述副署之程

		長的副署，或行政院院長及有關部會首長的副署，始能生效。	序。
實質上	意義不同	法律係指經立法院通過，總統公布之法律（憲170）。	國家機關依法定職權或法律之授權，而強制實行之公的意思表示。
	規定內容不同	法律所規定者為中央法規標準法第5條規定者。	重要事項必須以法律規定者，則不得以命令定之（中法6）。
	效力強弱不同	法律僅在不牴觸憲法之範圍內有其適用，其效力較命令為強。	命令不得牴觸憲法及法律，牴觸者無效，故效力較弱。
	法律位階不同	法律居於主體地位，為高位階。	命令居於法律上次要地位，為低位階。

第七章　法律與其他社會規範

第一節　法律與習俗

一、原始社會由習俗規範社會生活

　　人類在原始未開發之時代，因管制社會之制度尚未完全建立，人類只在模倣他人行為中成長而成為「習俗之奴隸」，因此，當時社會尚無法律制度，只由一般習俗負規範之責。

二、法律與習俗之區分

　　隨著社會之發展，社會各種制度的建立，習俗乃朝兩個方向分化。一方面朝人類的內部心理上發展者，就成為人格的道德性；另一方面朝社會的外面性發展者，就成為法律秩序。這就是「**道德的內面性**」與「**法律的外面性**」，兩種區分標準的起源。習俗原是人類基於與生俱來的模仿，在現實社會中無意識間形成之社會生活的準則，因此它不過是一種社會公認的慣行，一般通稱為習慣；並不如法律以國家權力為後盾，藉各種制裁手段以為強制執行之社會生活規範。因此，一個社會如以習俗為社會規範，對於違反習俗者，社會雖可視其「異物」或加以杯葛抵制，但終究不如法律將其以刑罰加諸當事人身上時，那種使人畏懼之效力。

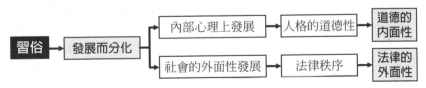

第二節　法律與倫理及道德

一、法律與倫理

　　㈠**倫理的最小限度**：法律與道德究竟處在何種關係？耶利納克（Georg

Jellinek）謂：「法是倫理的最小限度（das ethische Minimum）」（又稱爲最低限度的倫理）；即在爲數眾多的道德教條之中，法律往往選擇其中危害道德教條最嚴重的「勿殺」、「勿盜」等作爲法律規定的處罰對象，故稱爲「倫理的最小限度」。

⑵**倫理的最大限度**：另外經濟學者史莫勒（Schmoller），他是從制裁的方面著眼，蓋道德並無制裁，而法是附隨著制裁；當道德教條被選中訂入成爲法律條款時，接著就有法律之制裁，此時道德就能發揮其最大限度之效用，這時的法律就成爲「倫理的最大限度（das ethische Maximum）」。

二、法律與道德

㈠**法律與道德的關係**：法律與道德都是在規範人類能和平的過著社會生活爲目的，因此兩者在規律人與人之關係，維持社會秩序上有相當密切之關連。因法律係規律人類之外部行爲爲主，而道德則在規律內心的意思。譬如在你的內心雖有殺害他人之惡意，但只要不採取行動，並不會受到法律的制裁；但這種邪惡之心態，卻明顯的違反道德。此外，法律有時也會考慮人之內心的動態以爲衡量刑罰之基準；如以故意傷害他人身體或以過失傷害他人身體，兩者的處罰在刑法上就有輕重之分。因爲法律是以道德爲基礎制定而成，是故法律與道德關係密切。

滿20歲為成年……　法　律　……夫妻之一方以他方有不
　　　　　　　　　　　　　　　　治之惡疾而請求離婚。
勿殺、勿盜……　法律與道
　　　　　　　　德的重疊　……誠實信用、扶養父母
孝親、仁慈………　道　德　……為親報仇

1.內容一致性：法律與道德的關係如兩個相交的圓圈，在兩圓重疊之相交部分代表兩個領域之共同點，其情形有二：

　　⑴法律與道德均禁止：如殺人、傷害、竊盜。

　　⑵法律與道德均許可：誠實信用、扶養父母。

　　2.內容不一致：兩個相交圓圈不重疊之各部分，代表各別擁有的獨特領域，其情形有二：

　　　　⑴法律許可道德禁止：如夫妻之一方以他方有不治之惡疾者（民1052⑦），得向法院請求離婚。無配偶間的性行爲，也是法律所

不禁止，但道德不允許之適例。

　　⑵法律禁止道德許可：如爲親報仇，雖觸犯刑章，但在道德觀點，
　　　認爲是孝親。

　　3.內容無關：而這種獨特領域也包含法律所規定之內容與道德無關
之部分，如民法第 12 條規定滿 20 歲爲成年，這只是爲確立個人之權利
義務所做之技術性規定，與道德無關。

	基本理念	目　　的	兩者區分
法　律	正　義	維持社會秩序實現公平正義	法律之外面性 法律之他律性 法律之強制性
道　德	求　善	塑造完整之人格	道德之內面性 道德之自律性 道德無強制性

㈡**法律與道德的區分：**

	法　　　　律	道　　　　德
1. 產生不同	是由國家機關的制定，或由社會當作習慣加以施行，而這些都是基於經驗之事實而成立者。	主要是由先驗性之理性爲源泉而產生，並無任何機關以一定程序來制定。
2. 對象不同	法律所規範者，都以現實在實施中，或可能實施之事實爲內容，其要求之水準係以擁有一般判斷力之平均人（Durchschnittsmensch）爲對象，因此法律是以倫理之最小限度爲規範範圍。	道德則脫離事實，超越世俗，不以平均人爲規範之對象，而純粹是以平均人仍難以遵守之理想的完人爲要求之對象。因此道德所規範的範圍是無限的。
3. 作用不同	法律所支配之領域爲人之身體外表的動靜。	道德所支配之領域爲人之內心的意思作用，此即「法律之外面性、道德的內面性」。
4. 內容不同	法律所規範的內容包括權利義務的兩面關係，人與人間，何種情形下，可享受權利，應負擔義務。	道德所要求者都以能善盡義務爲重心。如孝親、仁慈、講信、犧牲小我、殺身成仁。
5. 制裁不同	法律具有強制性，而此強制性往往透過國家機關的公權力予以實現，效力大。	道德雖往往委之於各人良心之自我判斷與反省，最多透過社會之清議，以爲制裁，其效力較弱。

第三節 法津與宗教

一、法律與宗教之關係

㈠**法律、道德、宗教相互關連**：在原始的社會，人類都認爲法律是由天或上帝而來，帶有神聖性，並認爲法律、道德與宗教三者，係必然性的相互關連，事實上有些法律甚至可溯及到上帝的律法，如摩西十誡，而印度的摩奴法典（Code of Manu）雖包括有民法、刑法與海法，但也包括了不少宗教的規範。而回教之可蘭經同時也是國家法律，在歐洲到了中古世紀，其法律往往都以神授法賦予權威，裁判常從神判獲得啓示。因此，在古代的社會，法律、宗教、道德三者可謂已混爲一體。

㈡**信教之自由**：法諺引用馬太福音第 22 章第 21 節說：「凱撒的物當歸凱撒，上帝的物當歸上帝」，而引申爲「政治歸政治、司法歸司法」，由此建立政教分離之原則。因此宗教信仰乃是個人私事，只要不違背公序良俗，國家法律，國家對其不應加以干涉，國家對於宗教應持超然中立之地位，依憲法第 7 條：「人民無分宗教，在法律上一律平等。」又第 13 條規定：「人民有信仰宗教之自由。」以爲更進一步之保障。

㈢**宗教對法律之影響**：在信仰宗教自由受到憲法保障以後，宗教對於法律的作用，已大大的降低，惟仍有不少宗教之色彩遺留法律之中，如宣誓制度，褻瀆祀典的處罰等均是。目前仍有不少天主教國家以法律禁止離婚，亦嚴格禁止任何原因之墮胎。因此，宗教與法律之關係，實不容忽視。

二、法律與宗教之區分

	法　　　　　律	宗　　　　教
㈠**產生不同**	法律是基於國家權力而制定。	宗教多是托由神意而創立。
㈡**對象不同**	法律之規範係以全國人民爲對象。	宗教之規範係以教徒爲對象，不限於一國之人民。
㈢**作用不同**	法律所支配之領域爲人之身體外表的動靜。	宗教所支配之領域爲人之內心的信仰。

四内容不同	法律規範主要爲人與人之關係，而宗教之對象主要爲人與神之關係。	法律所禁止或許可者未必爲宗教禁止或許可；如法律採一夫一妻制，信仰回教者卻容許一夫多妻制，又宗教因反對崇拜偶像而禁止向國旗或國父遺像敬禮者。
五制裁不同	法律之制裁具有強制性，而此種強制性往往透過國家公權力予以實現，效力較大。	宗教之制裁，均假託於神之未來的制裁，效力較弱。

第四節　法律與禮儀

一、禮與法之關係

　　以禮爲本，以刑爲用，中國固有法律體系，原以禮爲本以刑爲用啓其端，則以儒家賦予生命，以法家造就其軀體。緣儒家以禮爲規範，從根本感化人民，而以王道任之；法家以法爲目的，藉嚴刑峻罰之執行，而以霸道出之。刑禮分庭，剛柔並立，以爲治國之兩道方策。

二、禮與刑相輔相成

　　自古儒家思想首重禮之作用，認爲禮有其失，則各種罪惡叢生，禮記經解云：「婚姻之禮廢，則夫婦之道苦，而淫辟之罪多矣；鄉欲酒之禮廢，則長幼之序失，而爭鬥之獄繁矣；喪祭之禮廢，則臣子之恩薄，而倍生忘死者多矣；聘覲之禮廢，則君臣之義失，諸候之行惡，而信畔侵凌之敗起矣。」其次乃輔以刑罰，故「化之弗變，德之弗從，傷義以敗俗，於是乎用刑矣」，亦即「德禮之所不格，則刑以治之」是也。

三、禮與刑合而爲一

　　蓋儒家雖將禮列爲治國之本，但因儒說迂闊而遠於事實，致難見用。而實際統治爲收取急效大都傾向功利主義，因此戰國時代，各國皆漸次頒定刑典，而各國刑典爲魏李悝所本，撰定法經六篇，商鞅受之相秦，韓非、李斯皆爲秦所用，使秦成爲依法爲治之統一國家。到了漢代雖仍重霸，仍不得不雜以王道。於是禮刑合一論乃應運而生。

四、禮與法之不同

	禮	法
(一) 產生 不同	禮者理也，乃淵源於人之自然理性，此由人與人間之互動關係中自然產生之社會規範。故禮記・樂記說：「禮者天地之序也。」	法律是由國家公權力所制定，並藉強制力以為實現。
(二) 性質 不同	禮以倫理、道德為本質；禮與法雖均為人類外表行為之規範，惟禮為自律性規範。	法以強制為本質。法則為他律性規範，具有定紛與息爭之作用。
(三) 內容 不同	禮所規範者都是一般生活習俗為多，從應對、進退到婚、喪、喜、慶或宗教儀式上。	法則凡人類在社會生活上的一切行為，包括人與人間之關係，個人與社會、與國家之一種權利義務關係均為規範之對象。
(四) 約束 不同	禮之拘束從人之內在思想至外表行為，其範圍甚廣，如孔子說：「非禮勿視，非禮勿聽，非禮勿言，非禮勿動。」又說：「非禮則無以節天地之神焉，非禮則無以辯君臣上下長幼之位焉。」	法律所拘束僅以外表行為為限，其範圍較狹。

第五節　法律與政治

一、法律與政治之關係

(一)**法律在規範政治與社會秩序**：法律原有廣、狹兩義：廣義的法律，指所有法律與**法規**，包括習慣法及一切自然法，而狹義的法律，專指人為的國家制定法而言。國家須藉法律以保障個人權益，維持社會秩序。又憲法所規定者，為國家之根本組織制度，及其運用之形式，因此一切政治設施及行為，均不得逾越此種規定之範圍。足見政治與法律之密切關係。

(二)**民主政治以法治為重要條件之一**：民主政治之涵意有四：即民意政治、責任政治、法治政治與政黨政治。在法治政治下，不論是統治者或被統治者，均須受到法律之管理，沒有法律管理的民主，會變成暴民政治；沒有法律管理的政府會專權擅斷。就是透過法律的位階支配政府及社會各階層，這個法律的位階就是以憲法為最高，依其順序為法律、命令、判決及執行。這就是一般通稱的「受法律支配」（Rule of Law）的原則。

二、法律與政治之區別

	法　　　律	政　　　治
(一)產生不同	法律之制定、修正與廢止都由立法機關依法定程序為之。	政治之措施變更，在民主國家由政黨依政黨政治方式透過從政黨員發動，在極權國家則由獨裁者發動之，並無一定嚴格之程序。
(二)形態及性質不同	法律有形式的條文規定，亦有判例可循，其性質亦比較固定。	政治則為無形的動態作用，其性質亦容易變動。

第六節　法律與經濟

一、經濟影響法律

　　所謂經濟是在解決財貨之生產、分配、消費及勞務之經濟生活問題。面對法律與經濟問題加以討論，而主張法律與經濟之因果關係者，為馬克斯與恩格斯之唯物史觀。依其觀點：認為歷史進化的中心是由物質決定的，即人類由原始社會到現在，都是由經濟上之生產力與生產關係的變化與發展，來決定人類社會的制度和文明，因此法律不過是受經濟之上層構造所決定，只要經濟有所變動，法律也將跟著變動。唯物論過份強調經濟之重要性，實則經濟不過是社會現象之一。事實上法律也在規範社會生活，因此法律與經濟相互影響才是正確。

二、法律規範經濟生活

　　德國法學家史塔莫洛認為從理論上言，法律是先於經濟而存在，法律與經濟相結合以形成社會生活的內容，但這種結合是邏輯性的（共同生活之）形式與素材之關係，從而應由形式來決定素材。因此，只有法律來規範經濟，決無可能會有經濟決定法律之情事（Stammler, Wirtschaft u. Recht, 1924）。尤其欲保障經濟上交易之安全，促進社會之和諧，達成經濟上穩定成長，法律之規範亦極重要，如協調勞資關係，解決貿易糾紛，所有權及債權之確保，契約之履行，債務之清償，經濟犯罪之追訴，在在均須依賴法律之規範其有效執行。如果沒有銀行法與票據法之公布、銀行與票據之交易當不可能進行。

三、法律與經濟相互影響

總之，人類之社會生活，除了物質生活外，尚有精神生活，因此吾人當然不能過份重視唯物史觀所謂「經濟絕對影響法律」之主張，但也不得過份強調法律與經濟之關係並非任何一方可決定地方，而是居於相互影響之關係[1]，如果忽視經濟之影響力而單方面從事法律之研究，固然是無法達成任何目的，相反的，如忽視法律之因素，而單方面從事經濟之研究，亦必將徒勞而無功。

第七節　法律與實力

法律乃是維護社會秩序的一種強制規範，故須有權力機構為其後盾，這種權力機構就是國家。法律擁有其拘束力，而拘束力是蘊涵在法律內部之客觀性力量，這種客觀性力量，乃是賦予各人以一定行為之義務的力量，與有拘束各人之行為之力量；因此人人須按照法律的規定而採取行為，這就是法律之拘束力。

在所有規範之中，除法律規範之外，尚有宗教規範、道德規範、習俗規範等多種形態。人不能殺人、不得偷盜等道德規範，均可從內心拘束各人，其他如進教堂就要脫帽等習俗規範亦復如此。一個人如不履行規範，當有適當之制裁時候。在道德上如一個人不照約定履行，彼將失去社會之信任，可能會被社會排除在社會生活之外。這些雖屬無形，仍屬制裁之一種。但此種制裁不過是違反道德義務所為之一種道德性制裁，這種制裁當與法律之強制力有下列不同：

㈠違反法律以外之各種規範時雖有制裁，但這些制裁之內容並未事先以明文特別規定；反之，違反法律規範之強制，都事先以明文規定。

㈡非法律規範之制裁其行使的主體都是分散在各方；而法律規範之制裁，則由檢警及司法機關為行使之主體，並以刑罰或強制履行。因此耶林說：「欠缺強制之法律，其本身乃是自相矛盾，與不燃燒之火，不發揮光亮之光的意義相同。」就是此意。

---

[1] Max Weber, Wirtschaft u. Gesellsehaft, 1922. S.383.

第八章　法律規範

第一節　法律規範之構造

　　法律乃是人類社會中，依一定之制定程序，以國家權力強實行的社會生活規範。因此在法律規定中，一定有禁止與命令規定，以及容許一定行為之規定，及如何制裁，與由何機關制裁等規定。因此一般法學乃將法律之結構分為行為規範、裁判規範與組織規範及三者之重疊構造敘述。

一、行為規範

　　所謂規範者，為實現某種價值，必須遵守之法則之謂。即在指示人民對於社會上何者應為，何者不應為，而必須遵守之行為準則，稱為行為規範（Aktnorm, rule of conduct）或實踐規範。法律規範亦與其他社會規範相同，具有行為規範之特質：如法律上常以「凡人不可殺人」，「債務人應清償其債務」等以禁止或命令一定行為之方式以為規定，即屬行為規範之特徵。但作為行為規範之法律規範，與其他道德、宗教等社會規範之不同處在於對特定之構成要件，乃附以特定之法律效果。如舉刑法上對殺人者，處死刑、無期徒刑（刑 271）等規定為例。這一規定是以不可殺人之行為規範為前提，萬一發生殺人案件時（構成要件），殺人者則將被處死刑等刑罰之處分（法律效果）。因此，法律規範，不僅是對一定之行為加以禁止或命令而已，並對違反此禁止或命令者，給予一定之制裁以與其他社會規範相區分。因此，一般社會規範如欲成為法律規範，尚須透過組織規範制定，始能發生法律效果。通常民刑法可列為行為規範之範圍。

二、裁判規範

　　法律規範除了行為規範外，另一特徵為裁判規範（Entscheidungsnorm）。裁判規範者，對於違反行為規範者，科以制裁之際，所適用之裁判基準

之謂。蓋法律具有解決紛爭之功能，而解決紛爭之最後手段只有訴之於法院，由法院適用法律以為解決。此際，如無裁判規範，將無以瞭解法律規範之構造。因此，須有一般私人不遵守行為規範，而當事人無法依照法律所定之基準獲得解決時，乃由法官依照裁判規範對違反者施以強制或制裁。因此裁判規範係對負有裁判任務之法官而設。但裁判規範須藉國家公權力之組織體系以為實現，亦即須以組織規範為其後盾，才能發揮裁判規範之功能。通常訴訟有關之法律，可列為裁判規範之範圍。

三、組織規範

　　在組成法律體系之法律規範中，不屬於行為規範或裁判規範，而專事規定各種法律之成立、適用與執行之權限機構的法律規範，亦即具有統合行為規範與裁判規範而規定國家機關與社會團體之組織結構及其權限之規範，稱為組織規範。欲使法律組織之國家社會能統一而長久存在，並確保社會生活之圓滿運作，就須有完整之組織規範，以便發揮規範這些社會單位之組織結構的功能。

　　因此，組織規範遂成為法律體系之中心。尤其當統治機構日漸龐大或社會生活日趨複雜化之際，組織規範乃日漸重要。其最基本之法律，則依據憲法而發展之各機關之組織及其權限之有關法律，此中央法規標準法第 5 條第 4 款已明定「關於國家各機關之組織」應以法律規定之；如總統及五院之組織法、法院組織法、公務員及地方自治有關之法律與公司法等均屬此類法律之適例。

四、法之重疊構造

　　以上法律規範有行為規範、裁判規範與組織規範等三個層面。但事實上這三個規範係互相關聯而複合組成，此稱為法律規範之重疊構造。蓋行為規範與裁判規範係因組織規範之存在始得成立。又因適合於組織規範或行為規範，始得依裁判規範而下判斷。因此決非三個規範各自獨立並分布在特定條文之內。

第二節　六法概說

　　一般指憲法、民法、商法、刑法、民事訴訟法及刑事訴訟法而言。其源於法國之五法典（cing codes），即按照民法（Code Napoléon，1804 年），商法（1807 年），民事訴訟法（1806 年），治罪法（刑事訴訟法 1808 年），刑法（1810 年）的順序而合稱為五法典。因為法國早年沒有特別具有法典形式的憲法，至 1946 年第四共和國雖然有憲法之頒布，但因基於一般的習慣，所以一直沿用五法典的名稱。其後日本學者箕作麟祥於明治初年在「佛蘭西法律書」內將法國法典譯成日文時，把憲法典併入其中，並依民法、訴訟法（民事訴訟法）、商法、治罪法（刑事訴訟法）、刑法的順序排成六法。我國在清末民初編纂法典時也仿其制，而稱為「六法全書」或「六法判解」。近年來有不少國家係採民商合一制度，因此，我國於民國 16 年起草民法時，亦採民商法合一之方式，因此目前在坊間所出售的六法全書也是憲法排在第一位，並沿用傳統之民、商、刑之順序。近年來，因社會經濟發展迅速，有在六法之外制定各種特別法的必要，又近代國家在「福利政府」的名目下，行政範圍日益擴大，行政規章日多，故今日所稱的六法當然只成為法律學上的一種慣用名詞而已。

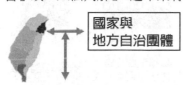

國家與地方自治團體

國家與地方自治團體與國民之關係

私人相互間之關係

公	法
憲法	國家機關的組織與人民權利之保障
刑法	犯罪與刑罰之法律
刑事訴訟法	國家行使刑罰權有關程序的法律
民事訴訟法	民事裁判有關程序之法律

私	法
民法	個人交易與個人權利義務及身分有關之法律
商法	商務有關交易之法律

第三節　「惡法亦法」與「惡法非法」

一、惡法亦法－實證法的主張

惡法之問題自蘇格拉底（Sokrates, 470-399 B.C.）之裁判，對於「暴君之濫殺」，乃成討論之中心；尤在二次大戰時，針對納粹之暴政，人民應否服從惡法，又成為法學家探討之重點。主張「惡法亦法」（Dura lex, sed lex）者，認為如允許自認惡法者擁有抵抗權，勢將招致無政府狀態。為了避免混亂之發生，不得不忍受不正之秩序狀態；但早年印度之甘地為反對英國之殖民統治，而發起不合作運動，就是「惡法非法」之觀點。針對惡法允許人民有抵抗權之主張原係淵源於自然法論者，所以二次大戰後，大部份價值相對主義者，如拉特布魯福（G. Radbruch），則認為法律是否違反正義之價值，應委之於個人良心之確信，故未否定抵抗權之存在。

拉特布魯福　　　蘇格拉底

實證法應受自然法之管制　　法律是絕對的

但我國大法官對 68 年爆發的「一銀押匯冤獄案」，以釋字第 670 號認定冤賠法第 2 條第 3 款如受害人「因故意或重大過失行為」致遭冤獄就不賠的規定是違憲，但要等 2 年後才失效。聲請解釋之柯、張二人雖纏訟約 30 年，最後獲判無罪確定，然二人仍無法獲得冤賠。何以大法官明知是違憲惡法，卻採取過渡法方式讓其繼續存續 2 年，以肆虐百姓？事實上，過渡法是當法律從修改舊法過渡到新法，為適應新情勢所設之制度，現在大法官雖明知是違憲的惡法，卻對眼前的冤案未作處理，難道對該受害人毫無悽愴之心？這種認定「惡法亦法」的作法，能說是維護正義的司法嗎？

二、惡法非法－自然法的主張

惟二次大戰後，鑑於希特勒以惡法屠殺猶太人，法學界乃重燃自然法理論，而認為針對惡法，法官應起而否認。但在極權政體下，如未建立法官得依良知抵抗之體制，有法官敢挺身反對？不怕被迫害嗎？

第九章　法律之淵源

　　法律以多種形式而存在，這種法律之形式稱為法源。即在解釋法律適用法律之際，所引用之規範之意。有兩種形態出現：以文章之形態完整出現者，稱為成文法，此即直接淵源。不以文章之形態完整出現，只散見於各種規範內者，為不成文法。此又稱為間接淵源，茲列表如下：

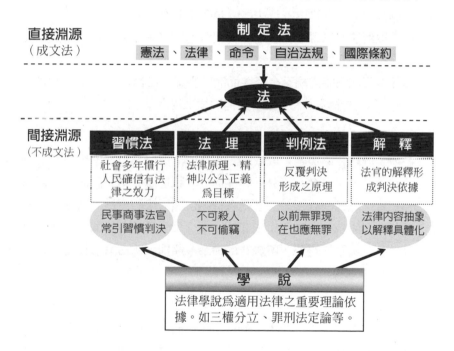

第一節　直接淵源

一、憲法

　　憲法為一國之根本大法，規定國家之基本組織，政府之職權，及其相互關係，人民之基本權利義務與基本國策等，因憲法的效力是最高，

立法機關須依憲法規定制定有關的法律。故各國的法律都以憲法為其主要法源。

二、法律

依據憲法第 170 條規定:「本憲法所稱之法律,謂經立法院通過,總統公布之法律。」即指國家所制定的成文法而言。法律之所以為法源,有三種情況:

㈠**子法以母法為法源**:如大學規程是以大學法為母法而產生的。學位授予法施行細則是以學位授予法為母體而產生的。

㈡**新法以舊法為法源**:如舊刑法為現行刑法之法源,很多法律都是經過立法修改遞嬗而成。

㈢**法律以其他法律之規定為條件而制定條文**:如證人保護法第 1 條第 2 項規定:「本法未規定者,適用其他法律之規定。」

三、命令

政府基於法律之規定,或依事實之需要,得依一定程序發布命令,強制人民而為服從。命令可分為委任命令,執行命令與緊急命令。緊急命令為總統之職權。委任命令就是各機關依據法律的授權,所頒布的命令。委任命令的效力,幾乎與法律同。執行命令就是各機關本於法定職權,基於執行業務的需要,所發布的命令。此即說明命令之作用只在補法律之不足。

四、自治法規

自治法規係指地方自治事項的法令規章而言。即地方自治團體,依憲法或地方制度法規定,得自為立法並執行,或依法律及上級法規之授權,所制定之自治法規,自治法規經地方立法機關通過,並由各該行政機關公布者,稱自治條例。自治法規由地方行政機關訂定,並發布或下達者,稱自治規則(地 25)。直轄市、縣市、鄉鎮市辦理上級機關委辦事項,得訂定委辦規則,委辦規則應由函報委辦機關核定後發布之。

惟自治法規有下列限制:

㈠自治條例與憲法、法律或基於法律授權之法規或上級自治團體自治條例牴觸者，無效。

㈡自治規則與憲法、法律、基於法律授權之法規、上級自治團體自治條例或該自治團體自治條例牴觸者，無效。

㈢委辦規則與憲法、法律、中央法令牴觸者，無效。（地30）

㈣該自治法規之效力，應該只能適用於該自治區以內，而不能在其他自治區域內生效。

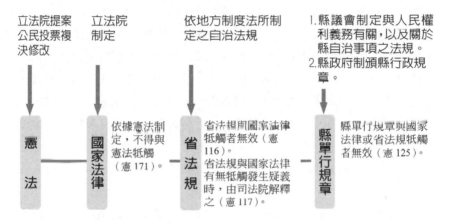

立法院提案　　立法院　　　　依地方制度法所制　　1.縣議會制定與人民權
公民投票複　　制定　　　　　定之自治法規　　　　　利義務有關，以及關於
決修改　　　　　　　　　　　　　　　　　　　　　縣自治事項之法規。
　　　　　　　　　　　　　　　　　　　　　　　　2.縣政府制頒縣行政規
　　　　　　　　　　　　　　　　　　　　　　　　　章。

憲法　**國家法律**　依據憲法制定，不得與憲法牴觸（憲171）。　**省法規**　省法規與國家法律牴觸者無效（憲116）。省法規與國家法律有無牴觸發生疑義時，由司法院解釋之（憲117）。　**縣單行規章**　縣單行規章與國家法律或省法規牴觸者無效（憲125）。

五、條約

㈠**條約之意義與性質**：條約（Treaties）是國際法主體之間，為規定彼此的法律關係而締結的合約。

㈡**條約與國內法**：條約既為國與國間所締結之契約，其簽訂須由締約國互派全權代表簽字。經簽字以後，尚須經過批准與互換批准書後，才能生效。

第二節　間接淵源

一、習慣

㈠**意義**：習慣者，就法律所未規定之事項，無背於公序良俗，為社會一般人確信其有法之效力之多年慣行之事實。從歷史上言，習慣法是先

於制定法而存在，如今因社會發展之需要，雖制定法已支配所有的社會活動，但習慣仍有其特殊之地位。譬如在國內法之領域，涉及民事與商事問題，常常運用習慣法以為解決；在刑事案件上，因罪刑法定主義之關係，習慣雖無法成為法源，但在闡述法理時間接上雖會運用到，不過在刑法原則上仍不能依習慣或法理來判決，如法律無明文規定，仍應以無罪結案。

㈡**承認習慣具有法之效力**：習慣發生法之拘束力的根據何在？上述四種學說均有所偏。因此，須具備下列四要件始有法之效力：

1.須為成文法所未規定之事項：法律之規定無論如何嚴密，然世事變化無窮，總有掛一漏萬，而法官又不能以法律之不備為由拒絕裁判，故法律之適用，如有習慣以補成文法之不足，尚可彌補此缺陷，故我民法第 1 條規定：「民事，法律所未規定者，依習慣；無習慣者，依法理。」

2.須為多年慣行之事實：習慣之成立就客觀言，須有多年慣行之事實。

3.須人人確信其有法之效力：習慣之成立就主觀言，尚須一般人確信其有法之效力。

4.須無背於公序良俗：民法第 2 條規定：「民事所適用之習慣，以不背於公共秩序或善良風俗為限」。法律行為如違背公序良俗時，應無效。

二、法理

即「事物之本質」的法則，又稱為條理或事物之自然狀態之謂。所謂道理，亦即社會一般通用的道理，通常以公序良俗、誠實信用的原則等表示之。最廣義是與自然法同義而使用，此種自然法不外指理性、正義、衡平等，為實證法存立之根據，作為評價實證法尺度之用。狹義是運用在啟蒙主義性、合理主義性之自然法內之事物內在的規範，具體言之，為補充法律之欠缺、法律漏洞，作為解釋上及裁判上之基準。故「無習慣者，依法理」(民1)，使法理有補充法律之效力。法理之適用方式如下：

㈠法律無規定，又無習慣可為依據時，可依類似案件之解決方法處理之。

㈡外國法律及判例其不與我國社會習俗相違背者，可作爲法理而成爲
判決之基礎。

㈢運用法理時應依據下列原則判斷之：「適合事物與自然之原理」，「多
數人所承認之共同生活之原理」，「由社會之法秩序所引導之道理」，「事
物之本性」等。

㈣法理之爲法源，雖適用於民事法，但仍爲行政法所適用之基準，至
於刑事法，依據罪刑法定主義之原則，不得援用法理爲論罪科刑之依據。
我國刑法第 1 條規定：「行爲之處罰，以行爲時之法律有明文規定者爲
限。」就是排除法理之適用。行政刑罰當應適用此原則。

三、判例

法院對於訴訟案件所爲之判決，成爲以裁判同類案件所沿用的慣
例。所謂「相同事件，應相同處理」之原則，即在承認「判例之拘束力」
下，因遇有相同或類似案件受到前判決之拘束，而致同樣的判決反覆執
行，判例之效力乃與法律同，此即「法官之創造法律」（judeg-made-law），
故成爲法律之重要淵源。判例之所以有拘束力而能發揮法源之功能，其
理由爲：

㈠**裁判的實際**：在大陸法系國家都相信「多數的法官才是公正的法
官」，因此層級愈高法官人數愈多。如下級法院不依上級法院之判例判
決，上訴時易被撤銷。

㈡**法理上之理由**：

1.爲法律之安定性：如對同樣或類似案件有不同的判決，即人民將
欠缺對法律之信賴感。

2.基於法律本身所內在之平等的要求：法律本身之目的是在促進公
平正義。如對相同或類似案件有不同之判決，豈非違背平等之原理？

㈢**法律之規定**：在我國判例是否與法律具有同一之拘束力，法規上雖
無具體之規定，惟我國最高法院之判例，對各級法院仍有拘束力，而判
例之選取與變更係基於法律之規定；依法院組織法第 57 條規定：「最高
法院之裁判，其所持法律見解，認有編爲判例之必要者，應分別經由院

長、庭長、法官組成之民事庭會議、刑事庭會議或民、刑事庭總會議決議後，**報請司法院備查**。最高法院審理案件，關於法律上之見解，認有變更判例之必要時，適用前項規定」。是說明最高法院變更判例須經一定程序，可見判例對各級法院之裁判仍有拘束力，故謂係屬補助性法源。

四、法律解釋（英：interpretation of law）

　　中央或地方機關就其職權上適用同一法律或命令發生見解歧異，本院依其聲請所爲之統一解釋，除解釋文內另有明定者外，應自公布當日起發生效力。……惟引起歧見之該案件，如經確定終局裁判，而其適用法令所表示之見解，經本院解釋爲違背法令之本旨時，是項解釋自得據爲再審或非常上訴之理由（司釋188）。

五、學説

　　學說係指學者就法律問題所主張之見解，本無法律之效力，然學說常對制度及政策產生影響，並採爲編纂法典之參考。如古代羅馬特奧德士二世（Theodosius II）採用烏爾皮安奴斯（Ulpianus）等五大法學家之學說，賦予法律上之效力。又如孟德斯鳩（Montesquieu）之三權分立學說，風行歐美，成爲各民主國家之重要政治制度。而我國　孫先生之五權憲法理論亦被採爲制憲之依據，如憲法前言：「依據　孫中山先生創立中華民國之遺教……制定本憲法」。故學說亦爲法源之一。

孟德斯鳩

第十章　法律之類別

第一節　基於法律制定程序而分

一、成文法與不成文法之意義

區分基準	名　稱	內　　容	種　　類
法律是否經制定程序與公布為準	成文法（人定法）	由國家依公權力以一定的程序及形式而制定公布的法律。	憲法、法律、命令、自治法規及國際條約。
	不成文法	未依一定程序制定公布，而由國家認許凡具有法律效力者。即成文法以外，具有法律效力者。	如社會上習慣、法律之原理、法院的判例、學說等。

二、區別

區分基準	成　文　法	不　成　文　法
有無經立法程序而不同	由國家依一定之立法程序而制定之法律。	未經一定之立法程序，而由國家認許有法律效力者。
有無完整法典而不同	在形式上有制成條文之完整法典。如憲法、法律等。	雖有文字記載，但並無制成條文之完整法典。如習慣、法理、判例學說等。
是否為一般性規定而不同	通常都以一般性抽象性之條文以為規定，以便適用於複雜之實際社會。	通常都以具體而個別案件以為認定者為多。

第二節　基於法律施行之範圍而分

一、國內法與國際法

㈠**意義**：就法律所制定之主體與法律實行之範圍為區別標準，法律可分為國內法（municipal law）與國際法（international law）。

　　1.國內法：係規範特定國家內部關係之法律，在該國主權所及之領域內（領土、領海、領空）有其法規之效力之謂。

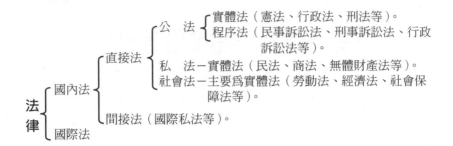

公　法 ─ 實體法（憲法、行政法、刑法等）。
程序法（民事訴訟法、刑事訴訟法、行政訴訟法等）。
私　法 ─ 實體法（民法、商法、無體財產法等）。
社會法 ─ 主要為實體法（勞動法、經濟法、社會保障法等）。
間接法（國際私法等）。

2.國際法：係規範在國際社會裏國家間之關係的法律，即有規範國家相互間之關係之效力之謂。格老秀斯（Hugo Grotius, 1583-1645）係基於自然法論建立國際法之基礎，故被稱為「現代國際法之父」。

3.國際法與國內法之關係：兩者常互為淵源，兩者常互為補充，而且國際法常有賴國內法之制定，以實現其效力。因此國內法可輔助國際法的執行。

(二)區別：

區別基準	國　　內　　法	國　　際　　法
1.當事人不同	國內法關係之當事人係一國內之政府與人民。	國際法關係之當事人係國家。
2.有無整理成法典之不同	國內法規之大部分都已整理成具體之法典，使政府及人民有所遵循。	除了條約之外，大部分只有原理原則，尚未整理成具體之法典。
3.有無立法機關的不同	有立法機關依一定程序制定法律。	國際法之大部分為習慣法，這些習慣法都是在各國合意之基礎上成立者。

4.制裁方式的不同	運用國家權力，對違法者藉行政及司法之強制力執行懲罰。	在國際社會並無任何強制管轄權，以維護國際法之執行，只能由被侵權國家或國際組織採取交涉、調停、報復乃至戰爭等行為。
5.效力範圍的不同	國內法一旦公布，除了特別法外，國內有廣泛之拘束力。	只對依明示或默示而合意之國家有拘束力，對於未參與制定條約之第三國無國際法上之效力。

(三)**國際公法與國際私法：**

　　1.國際公法：國際公法又可分為三種：

　　　(1)平時國際公法：即在國家沒有戰爭之和平關係時，在國際社會所適用之法律。

　　　(2)戰時及中立國際法：國家間發生戰爭狀態時，在交戰國間發生作用之法，及規定在交戰中未參與戰爭之國家的權利義務之法。

　　　(3)戰爭中止之國際法：戰鬥之終止與戰爭終了有關之國際法規則。

　　2.國際私法：當某件牽涉到個人之事項，同時隸屬於兩個或兩個以上的管轄權時，兩種或兩種以上的國內法，往往有不同或相反的規定，而成為「法律之衝突」，這時就運用國際私法的規則，以避免、減少或解決這種衝突。例如我國現行的涉外民事法律適用法，即屬國際私法。從該法之性質言，應屬國內法而非國際法，並偏於程序法，蓋國際私法並非直接規定權利義務之法則，而是規律權利義務之適用範圍，在性質上應為公法，此外，國際私法尚有規定各國法院之管轄權者，因涉國家主權，故為公法應無疑義。因此國際私法雖冠有「國際」二字，雖屬公法，但並非國際公法。惟如國際私法的規則，經各國同意，規定在國際立法條約裏，即應視為國際法的一部分。

二、直接法與間接法

(一)直接法	直接法者，即對一定社會所發生之法律關係，直接加以規律之謂。故又稱為「實質法」。如憲法、刑法、民法、商事法、民事訴訟法、刑事訴訟法等法律之大部分都是針對一定社會所發生之法律關係直接加以規律者，所以都是直接法。
(二)	間接法者，對國內外之法律發生競合時，規定應適用那一種法律

間接法	之準據法之謂。其代表者爲國際私法。如一國人民與他國人民在法律關係上，如何適用所在地法或其本國法，即依國際私法加以決定。具體而言，如中國之男子與英國之女子在德國結婚，或中國人與日本人在英國有買賣行爲時，究竟要適用那一國之法律，就要視國際私法之規定。因此國際私法雖冠有「國際」二字，但並非國際法，而應屬於國內法之間接法。

三、公法、私法與社會法

將法律分爲公法（public law, öffentliches Recht）與私法（private law, Privatrecht），乃是羅馬法以來一般法學之傳統。如將公法與私法之區別應用在我們的日常生活裏，則可以說：

種　類	內　　　容	舉　例
公　法	係規律縱的關係，即上下垂直線生活關係之法律體系之謂，亦即規律國家與個人關係之法律，屬於公法。	如憲法、行政法、刑法或訴訟法等。
私　法	即規律橫的關係，即水平線上左右之生活關係之法律體系之謂。亦即規律私人相互關係之法律屬於私法。	如民法、商事法等均屬之。
社會法	社會法（social Law, Sozialrecht）者，既非公法、又非私法，而是綜全公法與私法屬於第三個法律領域，可以說是爲實現個人之實質平等，保護經濟上之弱者，從社會本位之立場，針對近代資本主義之私法原理，給予公法性質之修正的法律體系之謂。	如經濟法、社會保障法等是。

第三節　基於法律效力範圍或實用範圍而分

一、普通法與特別法

以法律適用的優先順序爲區別標準，法律又可分爲普通法（general law, allgemeines Recht）與特別法（special law, partikulares Recht）：

㈠**普通法**：即指全國任何人、任何地、任何事項，皆可適用之法律，稱爲普通法。

㈡**特別法**：即指適用於特定人、特定地、特定事項的法律，稱爲特別法。

㊂**特別法之制定原因**：特別法的產生，是為應付社會情勢的特殊需要而設，茲述其原因如下：

特別法原因	內　　容	舉　　例
1.**人的原因**	一國之法律原應適用於國家領域內之全體國民，但在國家政策上往往為某種目的對特殊身分或地位之人適用特別的規定，科以特殊義務。	如為維持良好之軍紀，對於軍人違反軍紀或犯罪者，即適用陸海空軍刑法與軍事審判法，至於一般人則適用刑法與刑事訴訟法。
2.**時的原因**	當國家或社會一時遭遇緊急危難，普通法律不足以應付時，國家常需頒布限定在特定時期適用的特別法。	如以前的動員戡亂時期貪污治罪條例，則特別為戡亂時間澄清吏治而設之規定。
3.**地的原因**	在國家廣大遼闊的土地下，往往各地民情風俗不盡相同，因此僅有一部普通法有時不足應付，尚須制定適合該地適用之特別法規。	如臺灣省內菸酒公賣暫行條例，則只適用於臺灣省是。
4.**事的原因**	特別法常為解決特殊事件所發生之問題為多。	如一般之智慧財產權，因一般民法無法處理，故乃頒布著作權法以為特別之保障，並促進著作權之發展，即為適例。又如公司法與金融控股公司法，則為普通法與特別法之關係。

㊃**特別法優於普通法原則之適用**：中央法規標準法第 16 條規定：「法規對其他法規所規定之同一事項而為特別之規定者，應優先適用之，其他法規修正後，仍應優先適用」。此即「特別法優於普通法」適用之原則。惟在適用時應注意下列原則：

　　1.特別法與普通法競合時，應優先適用特別法：

　　　⑴注意特別法概念之相對性：普通法與特別法之概念乃屬相對性；譬如公司法為民法之特別法，但對證券交易法而言，公司法又成為普通法，而證券交易法乃成為公司法之特別法矣。又如陸海空軍刑法係普通刑法之特別法，但同時又為戰時軍律之

普通法。因此這裏所謂之特別法係包括特別法之特別法而言。

(2)適用特別法之情形有二：

①普通法與特別法有屬於同一法規者：如殺害直系血親尊親屬罪應適用刑法第 272 條之特別較重規定，而不用同法第 271 條普通殺人罪之規定。

②有屬於不同法規者：如公務員犯貪污罪，刑法及貪污治罪條例均有處刑規定，但貪污治罪條例在量刑及假釋之規定與刑法之規定不同，自應優先適用貪污治罪條例。又軍人婚姻條例對於民法親屬編關於婚姻規定之情形。

2.特別法與普通法競合時，僅與普通法牴觸之部分，優先適用特別法而已：縱使普通法公布在後，除非明文廢止特別法之規定，否則，仍應適用「特別法優於普通法之原則」，而不能認爲該特別法當然廢止。中央法規標準法第 16 條後段規定：「其他法規修正後，仍應優先適用」，即是此意。

二、原則法與例外法

(一)意義：

1.原則法	是指關於一定事項，可以一般性原則性適用的法律。
2.例外法	是指關於一定事項，排除原則性的規定，而適用特殊的例外規定的法律。

(二)適例：

1.規定在不同條文：

(1)原則法：民法第 6 條規定：「人之權利能力，始於出生，終於死亡」。是規定原則上，在一般情形下，人之權利能力，應於出生時開始，至死亡結束。

(2)例外法：民法第 7 條規定：「胎兒以將來非死產者爲限，關於其個人利益之保護，視爲既已出生」。是爲前述第 6 條出生之例外。而民法第 8、9 條之死亡宣告，即爲終期之例外。

2.規定在同一條文：通常都以「但書規定」或「除外規定」兩種方式表示之。

⑴但書規定：如刑法第 21 條規定：「依所屬上級公務員命令之職務上行為，不罰。但明知命令違法者，不在此限」。本條前面之不罰要件為原則規定，其後段但書為例外規定。

⑵除外規定：如憲法第 130 條規定：「中華民國國民年滿二十歲者，有依法選舉之權，除本憲法及法律別有規定者外，年滿二十三歲者，有依法被選舉權」。本條後段「年滿二十三歲者，有依法被選舉之權」係原則規定，但其例外在於「除本憲法及法律別有規定者外」，如憲法第 45 條：「中華民國國民年滿四十歲者，得被選為總統、副總統」是。

㈢**區別實益**：原則法與例外法之區別效果及實益有三：

1.在法學原理之認識上有相當之實益：在法律之根本原理下，原則法表示一般原則，但有特殊情形時，則排除原則的規定，而設立例外的規定。這時例外法排除原則法的適用。在原則法與例外法之間，並不如普通法與特別法，具有補充之關係。

2.例外法須從嚴解釋：自羅馬法以來之法律格言，認為在原則法雖允許類推與擴張解釋，但在例外法則須採較嚴格之解釋，而不得有擴張或類推解釋。蓋例外法係一般原則的例外規定，如允許其擴張或類推解釋，因適用例外之情形過多，而終至否定原則法的規定。

3.關於裁判上舉證責任問題：在裁判上舉證責任，則適用原則法之舉證責任在於原告，而適用例外法之舉證責任在於被告。

第四節　基於法律是否強行而分

一、意義

依照法律效力是絕對性或相對性，而將法律分為強行法（imperative law）與任意法（dispositive law）：

㈠ 強行法	因法律規定之內容關係到「公共秩序」，因此，不問當事人之意思如何，而必須適用之法律，稱為強行法。如憲法、刑法、訴訟法等。又如公職人員財產申報法規定：「公職人員應於就職三個月內申報財產，每年並定期申報一次」是。

(二) 任意法	因法律規定之內容未關係到「公共秩序」，可以依當事人之意思，任意予以排除適用之法律，稱爲任意法。如民法、商事法等。

二、區別標準

　　過去一般咸認凡是公法大率爲強行法，私法大都可因私約變更者，因此可謂是任意法。但至近代，公法私法之內容已漸趨複雜，公法已非必盡爲強行法。如刑法爲公法，但刑法內有關傷害、通姦等，係「告訴乃論」規定；而民事訴訟法之「合意管轄」規定，兩者雖屬公法，但均可依當事人之意思變更適用，故爲任意法。

　　此外，如民法爲私法，但民法內亦不乏有強制性規定者，如未成年人之訂婚或結婚應得法定代理人之同意（民 974、981）。結婚應以書面爲之，有 2 人以上證人之簽名，並應由雙方當事人向戶政機關爲結婚之登記（民 982）。此皆不許以私約變更，皆屬強行法。

　　因此欲分辨何者爲強行法，何者爲任意法，不能依整個法規之性質，祇能依整個法規中各個條文之性質爲準。

三、強行法與任意法之內容種類

　　(一)強行法依其內容的性質可分為強制法規與禁止法規：

　　　1.強制法規：乃強制當事人爲某種行爲之法，如兵役法中規定人民有服兵之義務，各種稅法中規定人民有納稅之義務。

　　　2.禁止法規：乃禁止爲某種行爲之法，如刑法禁止人民犯罪，公務員服務法禁止公務員經營商業（公服 13）等。

　　(二)任意法依其內容的性質可分為補充法規（ergänzende Vorschrift）與解釋法規（Auslegungsregel）：

　　　1.補充法規：乃當事人意思欠缺時，依法律之規定補充適用之。如關於夫妻財產制，夫妻未以契約訂立財產制者，除本法另有規定外，以法定財產制，爲其夫妻財產制（民 1005）。

　　　2.解釋法規：乃於當事人意思不明時，予以解釋之法規。如甲買受乙之物品，關於價金之交付，當事人未有規定時，應適用民法第 371 條之規定，其價金應於標的物之交付處所交付之。

四、強行法與任意法之區別實益

強行法與任意法區別之實益：即在法律效果之不同。

㈠**違反強行法之規定者：**

1.其行為無效：法律行為違反強制或禁止之規定者，無效（民71）。如結婚不具備法定方式者，無效（民988 I）。違反重婚禁止之規定者，其結婚無效（民988）。

2.其行為得撤銷者：男未滿18歲，女未滿16歲而結婚者，當事人或其法定代理人，得向法院請求撤銷之（民989）。

3.無效並處罰：如違反民法第983條親屬結婚之規定者，無效。如其親屬為直系或三親等內旁系血親，尚須處以5年以下有期徒刑(刑230)。

㈡**違反任意法之規定者：**如當事人間別無異議，其行為亦屬有效。

第五節　基於產生之相互關係而分

一、意義

就法律產生的相互關係而言，法律又可分為母法與子法。其涵義為：

㈠**母法**	凡一種法規為其他法規成立之根據者，稱為母法。
㈡**子法**	凡一種法規係根據其他法規而產生者，稱為子法。

二、母法與子法之種類

母法與子法又因相互關係之範圍與性質之不同，而可分為：

㈠**廣義的母法與子法**：即基本法與附屬法。基本法與附屬法之區別有兩說：

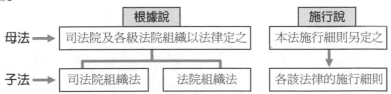

1.根據說：凡一種法規為他法之根據，稱為基本法，此基本法即為母法。凡一種法規係根據他法而制定者，稱為附屬法。亦即子法。例如

憲法第 82 條規定：「司法院及各級法院組織，以法律定之。」而司法院組織法第 1 條乃規定：「本法依憲法第八十二條制定之。」亦即「憲法」為「司法院組織法」制定之依據，是為基本法。而「司法院組織法」即為子法。

　　2.施行說：凡一種法規規定某一特定法規如何施行者，為附屬法。而該特定法規為基本法。如學位授予法第 16 條規定：「本法施行細則，由教育部定之」。而「學位授予法施行細則」第 1 條則規定：「本細則依學位授予法第十六條之規定訂定之」。即學位授予法為基本法，即母法；其施行細則為附屬法，即子法。

　　㈡**狹義的母法與子法**：固有法（indigenous law）與繼受法（adopted law）。

1. **固有法**	凡一國法律之完全基於其國內之法源而成立者，稱為固有法。如中國清朝以前歷代公布之律例為固有法。
2. **繼受法**	凡一國法律承襲或模仿外國法制而制定者，稱為繼受法。如清末變法維新後的法律，因係參考西歐法制而來，故為繼受法。
蓋繼受之事實，發生系統之關係，其所淵源之外國法，稱為母法，繼受而成之法，稱為子法。固有法與繼受法之區分對於法制史之研究、法律政策學的考察與法律解釋學之探討，有重要的意義。	

三、母法與子法之關係

　　㈠**淵源關係**：即母法與子法間有產生之淵源關係，此關係有兩種情形：
　　　　1.根據母法之全部條文，以產生子法者。
　　　　2.根據母法之部分條文，或其中一個條文以產生子法者。
　　㈡**補充關係**：即子法之規定係在補充母法規定之不足。而構成母法子法之關係。

四、母法與子法之區分

區分基準	母　　法	子　　法	舉　　例
內容繁簡	母法規定以原則性為多。	以具體而涉及個別事項為多。	憲法第 158 條為教育文化之母法；大學法為憲法之子法。

時間先後之不同	法律之制定係母法先行制定。	母法制定後，子法再依據母法制定。	如票據法為有關票據之母法；票據法施行細則為票據法之子法。
效力強弱之不同	母法效力較強，因此子法不得與母法牴觸，母法修正或失效，子法也隨之修正或失效。	子法因依據母法而制定，因此修正或廢止，子法也受其影響，反之子法如有修正或廢止，並不影響母法之效力。	如民法親屬編修改後，親屬編之子法的施行法，當應隨著修改以為配合；反之民法親屬編施行法即使有修改，對親屬編之本法亦無影響。
區別實益	在瞭解彼此間的淵源關係及補充關係，與相互間效力的強弱。		

第六節　基於法律與時之關係而分

時際法與過渡法之分類，係以法律與時之關係為區分之標準：

一、時際法（intertemporales Recht, Zwischenzeitrecht）

即關於法律之時的效力之法。亦即如遇法律有變更時，常一個法律關係介於新法與舊法雙方之關係之際，決定應適用新法或舊法之法律，謂之時際法。亦即解決法律之時間上衝突之法律，一般均依法律效力不溯及既往之原則處理。即任何人，非依據行為前所制定公布之法律，不受處罰。因此，如行為時屬於適法行為，其後法律雖已變更成為違法行為，仍不得溯及既往，加以處罰。惟行為後所變更之新法，如對行為人有利（如科刑較輕時），自得為溯及之適用。

二、過渡法（Übergangsbestimmug, Übergangsgesetz）

當法令之制定發生改廢情形時，規定如何由舊法過渡到新法之法律，謂之過渡法。依憲法第 175 條第 2 項規定：「本憲法施行之準備程序，由制定憲法之國民大會議定之」，而國民大會乃據此制定「憲法實施之準備程序」，其第 1 項規定：「自憲法公布之日起，現行法令之與憲法牴觸者，國民政府應迅速分別修正，或廢止，並應於依照本憲法所產生之國民大會集會前，完成此項工作」。此均為過渡法之適例。過渡法係國家在

廢止舊法規而制定新法規時，為顧慮人民對法律之「信賴保護原則」而訂定。

第七節　基於法律內容性質為基準而分

一、實體法

乃直接規定人之權利義務之實體關係，即規定權利義務之發生、變更、效果與消滅之法律之謂。如民法、刑法、商法等是。

二、程序法

乃規定為實現實體法上之權利義務所應採取之手段或手續有關之法律之謂。有些程序法之手續採取訴訟方式，故稱為訴訟法。如民事訴訟法、刑事訴訟法等均是。惟尚有與訴訟無直接關係之非訟事件法、提存法等，亦屬程序法，此外，各種法律之施行法亦為程序法。程序法如有修正，其效力通常採取程序從新原則。

三、正當法律程序（Due Process of Law）

即國家與國民之關係的基本原則，為保障基本人權之重要法理。亦即任何人不因公權力之濫用權力，沒有提出任何正當理由而被逮捕或被處以刑罰之處罰。此亦為憲法上之最重要人身自由原則，此法理是淵源於英美的法制：

㈠**英國大憲章**（Magna Carta）：英國 1215 年大憲章第三十九章英王約翰不隨意拘捕的承諾。

㈡**依美國憲法增補第 5 條規定**：「任何人不得未經正當法律程序使喪失生命、自由或財產。」增補第 14 條規定：「任何州不得制定或執行剝奪

美國公民之特權或豁免權之法律。」正當法律程序條款適用在程序上之權利時，即政府限制人民之自由權利時，所應遵循之正當程序，稱為「程序上之正當程序」。另外，對未為憲法明文規定之各種重要權利的保障，稱為「實質上之正當程序」。程序上正當程序是保護人民接受公正裁判之權利，並保障行政機關裁決程序之正當性。美國以外大部分國家所指之正當法律程序，是指程序的正當性而言。在美國自十九世紀末葉對正當法律程序已有擴大解釋，其所指的內涵不僅指程序方面，同時在實質方面亦要求立法機關應制定適切之維護人權之法律。

　　實質的正當程序，對於未明文規定之基本權利，如隱私權或墮胎等社會權之保障有相當之貢獻。這些權利，因人權章典未加規定，乃依實質的正當程序而受到保障，美國憲法增補第 9 條規定：「不得因本憲法中列舉某種權利，而認為人民所保留之其他權利可以被取消或輕忽。」實質正當程序的法理，尤其在解釋未有法律明確規定之人權上，具有默示的含意推定之作用。

　　找憲法上之正當法律程序在程序是規定在第 8 條，即司法或警察機關對人民之逮捕、拘禁、審問、處罰均須依法定程序始得為之。

第十一章 法律之制定、修正及廢止

第一節 法律之制定

一、法律之制定機關

㈠**立法院**：立法院為國家最高立法機關（憲62）。再依憲法第 170 條：「本憲法所稱之法律，謂經立法院通過，總統公布之法律」。

㈡**地方議會**：直轄市、縣（市）議會，鄉（鎮、市）民代表會為地方立法機關（地33）。

㈢**人民行使創制複決權**：依憲法規定，人民有創制複決權（憲16），其行使以法律定之（憲136）。目前已訂有公民投票法。

二、應以法律規定之事項（中法5）

㈠憲法或法律有明文規定，應以法律定之者。

㈡關於人民之權利、義務者。

㈢關於國家各機關之組織者。

㈣其他重要事項之應以法律定之者。

三、法律之制定程序

㈠**提案**：立法委員提出之法律案，應有 30 人以上之連署。其他提案除別有規定外，應有 20 人以上之連署（立議8），又行政院、司法院、考試院、監察院均有提法律案之權。

㈡**審查**：審查法案之權，屬於各委員會。委員會對於每一法案審議完畢後，應向院會提出審議報告。

㈢**議決**：

　　1.法律案及預算案應經三讀會議決外，其餘均經二讀會議決（立職7）。

　　2.議案經討論後，主席應即提付表決，如當場不能表決時，主席應即宣告定期表決及表決日期，並於表決前 3 日通知之（立議34）。

3.會議之決議，以出席委員過半數之同意行之；可否同數時，取決於主席（立職6）。

㈣**公布**：總統於收到法律案後，應於10日內公布之（憲37,72）。

㈤**施行**：法律應規定施行日期，或授權以命令規定施行日期（中法12）。

㈥**生效日期**：

1.法規明定自公布或發布日施行者，自公布或發布之日起算至第3日起發生效力（中法13）。

2.法規特定有施行日期，或以命令特定施行日期者，自該特定日起發生效力（中法14）。

惟依地方制度法第32條：「自治條例經地方立法機關議決後，函送各該地方行政機關，地方行政機關收到後，除法律另有規定，或依第三十九條規定提起覆議、第四十三條規定報請上級政府予以函告無效或聲請司法院解釋者外，應於三十日內公布。自治法規、委辦規則依規定應經其他機關核定者，應於核定文送達各該地方行政機關三十日內公布或發布。」

四、法規命令之制定

㈠**禁止以命令規定之事項**：應以法律規定之事項，不得以命令定之（中法6）。

㈡**命令之發布**：各機關訂定之命令，應即送立法院（中法7）。

第二節　法規之修正

㈠**修正之原因**：法規有下列情形之一者，修正之（中法20）：

1.基於政策或事實之需要，有增減內容之必要者。

2.因有關法規之修正或廢止而應配合修正者。

3.規定之主管機關或執行機關已裁併或變更者。

4.同一事項規定於二以上之法規，無分別存在之必要者。

㈡**修正之程序**：法規之修正，準用有關法規制定之程序（中法20II）。

第三節 法規之廢止

一、廢止之原因

㈠**定因廢止**：法規有下列情形之一者，廢止之（中法21）：

　　1.機關裁併：因機關裁併，有關法規無保留之必要者。

　　2.規定事項已完成：法規規定之事項已執行完畢，或因情勢變遷，無繼續施行之必要者。

　　3.有關法規之廢止：法規因有關法規之廢止或修正致失其依據，而無單獨施行之必要者。

　　4.新法已施行：同一事項已定有新法規，並公布或發布施行者。

㈡**定期廢止**：即法律定有施行期限者，期滿當然廢止，此謂之附期限立法。其廢止不須經立法院之決議，僅由主管機關公告之即可（中法23）。

二、廢止程序及失效日期（中法22）

㈠法律之廢止，應經立法院通過，總統公布。

㈡命令之廢止，由原發布機關為之。

㈢依前二項程序廢止之法規，得僅公布或發布其名稱及施行日期；並自公布或發布之日起，算至第3日起失效。

三、法規改廢失效之例外

　　即「**從新從優主義之原則**」，各機關受理人民聲請許可案件適用法規時，除依其性質應適用行為時之法規外，如在處理程序終結前，據以准許之法規有變更者，適用新法規。但舊法規有利於當事人而新法規未廢除或禁止所聲請之事項者，適用舊法規（中法18）。

第四節 法規之延長

一、法律之延長

　　法律定有施行期限，主管機關認為需要延長者，應於期限屆滿1個

月前送立法院審議。但其期限在立法院休會期內屆滿者，應於立法院休會 1 個月前送立法院（中法 24 I）

二、命令之延長

命令定有施行期限，主管機關認為需要延長者，應於期限屆滿 1 個月前，由原發布機關發布之（中法 24 II）。

第十二章　法規之效力

第一節　關於時之效力

一、法規效力之發生

法規因公布施行而發生效力，其情形有三：

㈠**自公布日或發布日施行者**：法規明定自公布或發布日施行者，自公布或發布之日起算至第 3 日起發生效力（中法 13）。此時應將法規公布或發布之當日算入（司釋 161）。如於 5 月 1 日公布，應算至 3 日生效。

㈡**施行日期另定者**：法規特定有施行日期，或以命令特定施行日期者，自該特定日起發生效力（中法 14）。

㈢**不同之施行日期及區域者**：法規定有施行區域或授權以命令規定施行區域者，於該特定區域內發生效力（中法 15）。

二、法規效力之廢止

㈠**法規因廢止而失其效力**：

　1.法律之廢止，應經立法院通過，總統公布（中法 22 I）。

　2.命令之廢止，由發布機關為之（中法 22 II）。

　3.法規之廢止，得僅公布或發布其名稱及施行日期；並自公布或發布之日起算，至第 3 日起失效（中法 22 III）。

　4.法規定有施行期限者，期滿當然廢止，並由主管機關公告之（中法 23）。

㈡**新法（後法）優於舊法（前法），新法公布後舊法當然失效，但有例外**：

　1.從新從優原則：關於同一事項，遇法律變更時，則新法（後法）應優先於舊法（前法）而適用之。惟如舊法規有利於當事人，而新法規未廢除或禁止所聲請之事項者，適用舊法規（中法 18）。我刑法第 2 條亦有類似規定。

2.特別法優於普通法原則：至新法與舊法之關係有涉及普通法與特別法之關係者，新（後）普通法不得變更舊（前）特別法：新（後）法為普通法，舊（前）法為特別法時，如新（後）普通法未明文規定廢止舊（前）特別法時，則不適用新（後）法優於舊（前）法原則，而適用特別法優於普通法原則。其他可參看「普通法與特別法」之說明。

三、法規之暫停適用

法規經公布施行後，已發生效力，惟因出於社會情勢的變遷，一時不能適用者，得暫停適用其一部或全部（中法 19 I）。若停止適用之日期屆滿或依第 2 項規定「恢復適用」，則自恢復適用之日起，發生效力。

四、法規不溯既往原則

㈠**法規不溯既往原則之涵義**：即法規之效力只能適用於公布施行後所發生之事項，而不能溯及法律實施以前所發生之事項謂之法規不溯既往之原則（Prinzip der Nichtrückwirkung）。其理由有二：

1.既得權（vested right）之尊重：依舊法而取得之權利稱為既得權。即在舊法之法律關係下所取得之權利，不因新法之公布施行而受到變更或被剝奪，仍然要受到新法之尊重，故亦稱為**既得權不可侵之原則**。如新法之效力能溯及被剝奪之，則一切權利皆無保障，有違法律之安定性。

2.在舊法時代所為之合法行為：如新法之效力能溯及既往而課罰，非但人民之自由易受侵害，且動搖人民遵守法律之心理，使法律失其威信，故由公平正義及實利的觀點言，法律當應嚴守不溯既往之原則。

㈡**法規不溯既往原則之例外**：立法機關基於國家政策或社會之需要，如認為舊法時代有不合理之現象，而有溯及既往之必要時，得於法律中明定溯及既往而為適用。其情形為：

1.民法：

⑴民法總則施行法第 3 條、第 16 條至第 18 條。

⑵債編施行法第 2 條至第 8 條、第 10 條至第 13 條。

⑶物權編施行法第 2 條、第 4 條至第 8 條、第 9 條至第 13 條。

⑷親屬編施行法第 2 條、第 4 條至第 12 條。

　　(5)繼承編施行法第 2 條、第 4 條、第 6 條至第 8 條。

　　2.刑法：依刑法第 2 條第 1 項規定：「行為後法律有變更者，適用行為時之法律；但行為後之法律有利於行為人者，適用最有利於行為人之法律。」本條乃**從舊從輕主義之規定**，其前半段則為例外承認溯及既往之規定。即以從新主義為原則，從輕主義為例外。如遇新舊法無輕重之分時，概從新法。

刑　法　之　變　更		法律之適用	依　　　據
甲	行為　　　法律變更　　　裁判 ├──────┼──────┤ 無處罰規定　　　五年以下徒刑	無罪	禁止溯及處罰
乙	行為　　　法律變更　　　裁判 ├──────┼──────┤ 五年以下徒刑　　十年以下徒刑	五年以下徒刑	行為時法有利於行為人，故適用行為時之法律
丙	行為　　　法律變更　　　裁判 ├──────┼──────┤ 五年以下　　　　拘役或罰金	拘役或罰金	行為後之法律有利於行為人者，適用最有利於行為人之法律（刑 2 後段）。

　　3.行政命令：原則上適用新法規；但舊法規有利於當事人，而新法未廢止或禁止，則適用舊法規，稱為「**從新從優原則**」(中法 18)。

第二節　關於人之效力

一、立法主義

(一) 屬人主義	即以國籍為基準，即凡屬本國的人民，不問其在國內，或國外，均適用該國法律之主義。反之，如係外國人，雖住在該國，亦不受該國法律之支配，謂之屬人主義。
(二) 屬地主義	即以一國之領土為基準，即凡在該國領土之內，不問其為本國人，或外國人，一概適用該國之法律謂之屬地主義。
(三) 折衷主義	即併用前述兩種主義之方式謂之折衷主義。通常以屬地主義為主，輔以屬人主義之國家為多，我國亦採此方式立法。

二、屬人主義

依屬人主義（System of personal law），凡我國國民不問其居住於國內或國外，均應適用我國法律為原則。但有下列例外：

㈠**國家元首**：憲法第 52 條：「總統除犯內亂或外患罪外，非經罷免或解職，不受刑事上之訴究。」

㈡**民意代表**：

1.免責特權：立法委員在院內所為之言論及表決，對院外不負責任（憲 73）。至於地方議會，依其組織法，亦有類似規定。

2.逮捕拘禁之限制：立法委員除現行犯外，在會期中，非經立法院許可，不得逮捕或拘禁（憲修 4Ⅷ）。

㈢**現役軍人與其他特定事項**：如軍人犯罪及審判，不適用普通刑法及刑事訴訟法，而適用「陸海空軍刑法」及「軍事審判法」。

㈣**無行為能力人的例外**：

1.民法規定未滿 7 歲之未成年人及受監護宣告（禁治產）之人，無行為能力，不能產生法律效果（民 13、15）。

2.刑法規定未滿 14 歲及因精神障礙或其他心智缺陷者，其行為不罰（刑 18、19）。

㈤**本國人僑居外國之例外**：依屬人主義，僑居外國之我國人仍應受我國法律之支配為原則。但事實上只有下列兩種情形受我國法律之支配：

1.憲法上之權利義務：如參政權及納稅與服兵役義務。

2.刑法上規定之特定犯罪：

(1)如在領域外犯內亂罪、外患罪、偽造貨幣罪、偽造有價證券罪、偽造文書印文罪（刑 5）。

(2)我國公務員在外國犯瀆職罪、脫逃罪、偽造文書罪及侵占罪等（刑 6）。

三、屬地主義

依屬地主義（System of territorial law），凡在我國領域內，無論其國籍如何，一律適用我國法律為原則。但有下列例外：

(一) 國際法上 之例外	在國際法或國際慣例上有所謂「治外法權」（extraterritoriality），凡外國人不受住在國法律之支配（如課稅權、警察權等），尤其是不受裁判之權，而只受其本國法律支配之國際法上特權之謂。凡享有治外法權之人，即不受我國法律之支配。其種類爲： 1.外國元首：外國元首及其家屬隨從，均享有治外法權，不受駐在國法律之支配，此爲敦睦邦交及維持國際和平所必需。惟如已遜位或卸職，即難享有治外法權。至隨從人員以外國人爲限。 2.外交使節：凡與本國有邦交之國家，其所派遣之大使、公使、特使及其家屬隨從，亦享有治外法權，故不受駐在國刑事追訴。惟隨從人員亦以外國人爲限。惟外交官有違法行爲者，駐在國可循外交途徑，通知其本國政府予以撤換，或通知其立即離境。 3.外國軍隊、軍艦、軍用飛機：外國之軍艦、軍用飛機，如獲允准而屯駐領域內者，依國際法上原則，爲尊重外國，視爲該國主權之延伸，享有外交豁免權，不受我國法律之支配。 4.外國領事：領事爲外國商務代表，並負有管理僑民之責，原非爲代表國之使節，故其身分與外交官不同，不能享有治外法權之優遇。惟近代國際慣例，基於互惠原則，爲便於其獨立行使職務，仍許其享有治外法權。 5.聯合國人員：聯合國組織派駐各國之工作人員，依國際慣例，亦享有治外法權。
(二) 國際條約 之例外	如領事裁判權。

第三節　關於地之效力

一、採屬地主義爲原則

即一國之法律以該國之領域爲其支配之範圍，而不能擴及他國，亦即一國法律之效力，只能及於國家領域之全部爲原則。

(一)**領陸**：民國主權所及之疆域中陸地部分。

(二)**領海**：我國領海爲 12 海里，經濟海域爲 200 海里。

(三)**領空**：即國家領陸及領海之上空。

二、屬地主義之例外

在下列情形下，我國的法律亦可及於國外： 1.本國船艦或航空機； 2.中華民國駐外使館； 3.中華民國軍隊佔領地； 4.無主地。

三、屬人主義

即刑法除採屬地主義為原則，又以屬人主義為例外：

㈠刑法第 6 條：「本法於中華民國公務員在中華民國領域外犯下列各罪者適用之：㈠第一百二十一條至第一百二十三條、第一百二十五條、第一百二十六條、第一百二十九條、第一百三十一條、第一百三十二條及第一百三十四條之瀆職罪。㈡第一百六十三條之脫逃罪。㈢第二百十三條之偽造文書罪。㈣第三百三十六條第一項之侵占罪。」

㈡刑法第 7 條：「本法於中華民國人民在中華民國領域外犯前二條以外之罪，而其最輕本刑為三年以上有期徒刑者，適用之」。

四、保護主義與世界主義

㈠**國外犯罪之適用**：則雖係外國人在中華民國領域外犯之者，蓋其所侵害者為我國之生存、公務、信用、財經等重要法益或侵害我國人民法益情節較重者，故適用中華民國之法律，學說上稱為保護主義，如所犯為鴉片或海盜之萬國公罪，稱為世界主義，不論何國皆得處罰（刑 5）。

1.內亂罪。

2.外患罪。

3.第 135 條、第 136 條及第 138 條之妨害公務罪。

4.第 185 條之 1 及第 185 條之 2 之公共危險罪。

5.偽造貨幣罪。

6.第 201 條至第 202 條之偽造有價證券罪。

7.第 211 條、第 214 條、第 218 條及第 216 條行使第 211 條、第 213 條、第 214 條文書之偽造文書罪。

8.毒品罪。但施用毒品及持有毒品、種子、施用毒器具罪，不在此限。

9.第 296 條及第 296 條之 1 之妨害自由罪。

10.第 333 條及第 334 條之海盜罪。

㈡**國外對國人犯罪之準用**：第 7 條之規定，於在中華民國領域外對於中華民國人民犯罪之外國人，準用之（刑8）。

五、基於政治、經濟、社會或其他理由，而明定以某特定地區爲範圍者

依中央法規標準法第 15 條規定：「法規定有施行區域，或授權以命令規定施行區域者，於該特定區域內發生效力」。此即法律限於在特定區域始發生效力之依據。

第十三章　法律之解釋

第一節　概　說

一、意義

解者，析言事理之意；釋者即說明。所謂解釋，乃指析言其事理，而加以說明之意。因此法律解釋之意義，指對原則規定的法律條文，依立法精神及意旨，析言其文義及事理，加以適切的說明之謂。

二、法律解釋的必要性

法律的規定不但相當龐大而且也很周密。因為法律條文為應付各種不同情形的變化，所以法律規定的內容就不得不朝向一般性、抽象性與定型化。另一方向社會實際的紛爭或案件的發生往往變化萬端。而法律規定也會有缺漏，所以需要解釋，解釋時，又因解釋者個人主觀之不同，而有各種不同主張，所以法律的解釋就成為運用法律之重點。

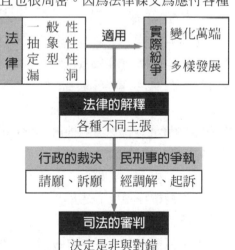

三、解釋的作用

(一)闡釋法文疑義	依各國立法慣例，為應付千變萬化之社會，法條文字結構，咸以簡明扼要為尚，如民法上「公序良俗」之不確定概念，其涵義如何，疑問滋生，此時法官自應運用解釋，闡明法之原意。
(二)補充法律	現代各國因採委任立法制度，法律條文多採一般原則性之規定，面對此繁雜之社會，執難規定罄盡，而有賴解釋予以補充。如刑

的不足	法正當防衛之「過當」，則須依解釋補充之。
(三) 統一解釋 國家法令	社會現象變化萬端，故難以制定完整無缺之法律，故在適用法律時，難免意見分歧，而有賴統一之解釋，使適用時有所依據，而免發生爭議。
(四) 推陳出新 的作用	社會現象日新月異，法律為適應社會變遷之事實，不宜朝令夕改，而有賴解釋以推陳出新。如「死亡」一辭，近年來已有腦死之判定，以應人體器官移植之需要。

第二節　法律解釋之方法

法律之解釋，因實施解釋主體之不同，其效力亦異，其效力較高者，為國家機關所為之解釋，此稱為有權解釋，其他之解釋，則為學理解釋。茲列述之：

一、有權解釋

所謂有權解釋，又稱為強制解釋或法定解釋，蓋由國家機關所為之有權解釋（ authentic interpretation ），效力最高，此種解釋毫無疑問當優先於其他解釋，以適用於具體事實。此有立法、行政、司法三種解釋。

(一)**立法解釋**：即由立法機關以法律的書面來解釋法律之謂。

(一)**有權解釋**（強制解釋或法定解釋）
- 立法解釋
- 行政解釋
- 司法解釋
  - 法官審判解釋
  - 質疑聲請解釋

(二)**學理解釋**
- 文字解釋
- 文理解釋
- 論理解釋
  - 系統解釋
  - 擴張解釋
  - 縮小解釋
  - 反面解釋
  - 當然解釋
  - 補正解釋
  - 歷史解釋
- 立法者意思之解釋
- 目的論解釋
- 類推解釋

　　1.直接解釋：即以法律規定直接對某用語解釋者，稱為直接解釋。

　　　(1)憲法第 170 條：「本憲法所稱之法律，謂經立法院通過，總統公布之法律」。

　　　(2)民法第 66 條：「稱不動產者，謂土地及其定著物。不動產之出產物，尚未分離者，為該不動產之部分」。

　　　(3)刑法第 10 條：「稱以上、以下、以內者，俱連本數或本刑計算」。

⑷商法公司法之解釋「公司之種類」，海商法之解釋「船舶」等均是。

2.間接解釋：即雖未以法律條文直接解釋，但規定某事件的意義時，以間接解釋其他事件的意義者，稱爲間接解釋。

⑴在法律條文中明示法文之意義，以間接解釋其他事項者：如：

①民法對「侵權行爲」並未有明確之規定，但依民法第 184 條第 1 項：「因故意或過失，不法侵害他人之權利者，負損害賠償之責任，故意以背於善良風俗之方法，加損害於他人者亦同。」

②刑法對「過失犯」一詞，並未明白直接規定，但依刑法第 14 條：「行爲人雖非故意，但按其情節應注意，並能注意，而不注意者，爲過失；行爲人對於構成犯罪之事實，雖預見其能發生而確信其不發生者，以過失論。」

⑵藉法文之例示規定，以概其餘：如憲法規定「中華民國人民，無分男女、宗教、種族、階級、黨派，在法律上一律平等」條文所揭男女等不過擇要爲例示之規定，提供認定平等之準據，其他如職業、貧富等雖有區別，亦應一律平等待之。

㈡**行政解釋**：行政解釋者，即行政機關執行法令時，所爲關於法令的解釋之謂。

1.行政機關之解釋應僅限於其職權範圍內，始得爲之。

2.行政解釋僅以法令爲限。

㈢**司法解釋**：即指司法官或司法機關適用法規時所爲的解釋之謂。依我國現制，司法解釋有可能由法官適用法律時加以闡明解釋，或聲請司法院解釋，依憲法第 78 條規定：「司法院解釋憲法，並有統一解釋法律及命令之權」，故有無牴觸，其最終之決定係由司法院掌理。

1.解釋之種類：

⑴審判解釋：乃法院就訴訟案件適用法律加以闡明的解釋，此包括行政法院法官在審理行政爭議案件或公務員懲戒委員會委員在具體懲戒案件中，就欲適用之法律所爲之解釋在內。

(2)解釋憲法：由司法院大法官會議行使之（大法官4）：

①解釋憲法事項：下列解釋之事項，以憲法條文有規定者爲限。

A 關於適用憲法發生疑義之事項。

B 關於法律或命令，有無牴觸憲法之事項。

C 關於省自治法、縣自治法、省法規及縣規章有無牴觸憲法之事項。

②聲請解釋，有下列情形之一者，得申請解釋憲法（大法官5）：

A 機關聲請：中央或地方機關，於其行使職權，適用憲法發生疑義，或因行使職權與其他機關之職權，發生適用憲法之爭議，或適用法律與命令發生有牴觸憲法之疑義者。

B 人民聲請：人民、法人或政黨於其憲法上所保障之權利，遭受不法侵害，經依法定程序提起訴訟，對於確定終局裁判所適用之法律或命令，發生有牴觸憲法之疑義者。

C 立委聲請：依立法委員現有總額三分之一以上之聲請，就其行使職權，適用憲法發生疑義，或適用法律發生有牴觸憲法之疑義者。

D 法院聲請：最高法院或行政法院就其受理之案件，對所適用之法律或命令，確信有牴觸憲法之疑義時，得以裁定停止訴訟程序，聲請大法官解釋。

③自動解釋：依憲法第 144 條規定：「省自治法制定後，須即送司法院，司法院認爲有違憲之處，應將違憲條文宣布無效」。

(3)統一解釋法令：由司法院大法官會議行使之（司組3）。

①統一解釋法令事項：有下列情形之一者，得聲請統一解釋法令（大法官7）：

A 中央或地方機關，就其職權上適用法律命令所持見解，與本機關或他機關適用同一法律或命令時所已表示之見解有異者，得聲請統一解釋，但該機關依法應受本機關或他機關見解之拘束，或得變更其見解者，不在此限。

B 人民、法人或政黨於其權利遭受不法侵害，認確定終局裁判

　　　　適用法律或命令所表示之見解，與其他審判機關之確定終
　　　　局裁判，適用同一法律或命令時所已表示之見解有異者。
　　　　但得依法定程序聲明不服，或後裁判已變更前裁判之見解
　　　　者，不在此限。此項聲請應於裁判確定後 3 個月內爲之。

　2.司法解釋之界限：司法解釋是以解釋憲法及統一解釋法律及命令
爲其職權，但並非漫無限制，仍有其一定之界限。如：

　　⑴統治行爲或政治問題：即涉及統治基本之高度政治性問題，除
　　　非極爲明顯之違憲，否則不宜作爲司法權之對象。

　　⑵憲法制定權力問題：憲法制定權力乃最高之法源，當不應受實
　　　體法或程序法上之限制。

　　⑶團體內部的自律權問題：團體內部之事項，應委由該團體內部
　　　自律處理，不宜爲司法審查對象。

　　⑷憲法特別規定：此乃其固有特權，不宜爲司法權行使之對象。
　　　①依憲法第 40 條總統之司法赦免權。
　　　②依據憲法第 52 條總統之刑事豁免權。
　　　③國大代表及立委之不逮捕特權。

　　⑸國際法上一定事項：國際法上外國元首、外交使節、外國軍隊、
　　　軍艦、軍用飛機或聯合國人員均有治外法權，故不爲司法權行
　　　使之對象。

　　⑹行政裁量事項：如司法院釋字第 319、346、414 號解釋均認爲
　　　凡屬行政裁量事項，並非憲法所不許。

二、學理解釋

　㈠**文字解釋**：對於深奧難懂之字句遍尋各類辭典予以適切解釋之謂。

　㈡**文理解釋**：文理解釋（grammatical interpretation）者，依據條文結構及
文法，逐文逐句推敲適用上有關的法條，而闡明其意義，此爲解釋法律
最初步且最主要之方法。又有將法律條文的文理或字義所爲之解釋，稱
爲文義解釋。

　㈢**論理解釋**：

1.意義：論理解釋（logical interpretation, logische Interpretation）者，又稱爲推理解釋，蓋爲補正右述文理解釋之缺陷而設。

2.論理解釋之方法：

(1)系統解釋：又稱爲體系解釋，即解釋法文應注意法律全文及其與其他法令之關連性亦即綜觀系爭之法律條文前後相關關係，或相關法條之涵意，藉以闡釋規範意旨者，稱爲系統解釋或體系解釋。如民法第 75 條：「無行爲能力之意思表示無效。」解釋法文時，如僅注意本條，則無行爲能力人似已別無意思表示之方法；但觀民法第 76 條：「無行爲能力人，由法定代理人代爲意思表示，並代受意思表示」，則可知無行爲能力人，亦有表示意思之方法。又如刑法第 278 條第 3 項處罰重傷罪的未遂犯，此未遂犯的解釋，必須根據刑法第 25 條未遂犯的規定解釋之。此即體系解釋。

(2)擴張解釋（extensive interpretation）：將法律之多義性語句參照法律的目的，予以擴大解釋的幅度，使法律的意義，更爲完備。如民法第 3 條親自簽名一語，應解爲除本人外，代理人以本人名義，代爲簽名亦符法律之規定。又如釋字第 42 號：「憲法第十八條所稱之公職涵義甚廣，凡各級民意代表、中央與地方機關之公務員及其他依法令從事於公務者皆屬之。」此即爲擴張解釋。

(3)縮小解釋（restrictive interpretation）：即將法文之字句依通常之文理方法解釋將會使法律之意義擴大，而使法律之原意無法確定時，則予縮小其意義，而爲解釋；又稱限縮解釋。如「禁止車馬通行」之規定，係指汽車、貨車等而言，嬰兒車雖亦稱爲車，但由法律之目的言，應不在限制之列。

擴張解釋
驢馬或騾馬均不可通行

禁止車馬通行

反面解釋
人可通行

類推解釋
鹿不可通行

縮小解釋
乳母車可通行

又如「人民服兵役之義務」，若將其中的人民限定爲男性國民，即是運用限縮解釋。

⑷反面解釋（contrary interpretation）：即從法律所規定之反面的意義來加以解釋之謂。如民法第 973 條規定：「男未滿十七歲，女未滿十五歲者，不得訂定婚約」。反之，如男滿 17 歲，女滿 15 歲者，即得訂定婚約是。又如前述「禁止車馬通行」之規定，從反面言，則人當然可以通行。

⑸當然解釋：即法文所規定的事項，其字面雖未明示，但依論理之法則，認爲某些事項當然包括在內之一種解釋。如刑法規定滿 80 歲人之行爲，得減輕其刑（刑 18Ⅲ）。從其法意而言，當然適用於 80 歲以上之任何年齡之人。又「舉輕以明重」或「舉重以明輕」均屬之。譬如其道路上標示「重型車輛准予通行」，在解釋上小型車亦應容許通行，此稱爲「舉重以明輕」方法之適用。

⑹補正解釋：法文字句有明顯之錯誤或疏漏等情事，則將其字句予以補正或變更，以合於法律眞意之解釋。又稱爲變更解釋或更正解釋。

⑺歷史解釋（historical interpretation）：即探求字義的演進，立法的原意與沿革以追溯原有意義之解釋謂之歷史解釋。又稱爲沿革解釋。如大法官解釋案件，應參考制憲、修憲及立法資料（大法官 13）就是歷史解釋。

㈣立法者意思之解釋：亦有學者將立法者意思之解釋納入歷史解釋，即參考立法史及立法過程之資料，藉以探究立法者立法時之價值判斷，以便探求法律條文之眞意之謂。

㈤目的論解釋：立法者之解釋既有不足，而法律公布施行後，法律脫離立法者而成爲客觀的獨立存在，法律之涵意，必須客觀的決定，此除了文理、論理之解釋外，必須從整體法律規範出發，以闡明規範意旨或其目的之解釋技術乃應運而生，此即目的論解釋。

㈥**類推解釋**（analogical interpretation）：即就法律所未規定之事項，援引其類似事項之規定，比附適用之謂，故亦稱類推適用。類推解釋通常用在**填補法律的漏洞**。法官適用法律時，以解釋填補法律的漏洞，稱為**司法造法**，通常概念法學反對司法造法，但自由法運動主張司法造法。

1.類推在民法上之應用：法諺所謂：凡有同一理由者，即有同一法律之存在，因此，對於類似之事物，判決也是類似的。如前述之「禁止車馬通行」，即以類推解釋認為如以鹿拉著雪撬也應予禁止是。

2.類推解釋與刑法：類推解釋之比附援引，應為罪刑法定主義所禁止。

第三節　法規解釋之生效

行政主管機關就行政法規所為之釋示，係闡明法規之原意，固應自法規生效之日起有其適用。惟在後之釋示如與在前之釋示不一致時，在前之釋示並非當然錯誤，於後釋示發布前，依前釋示所為之行政處分已確定者，除前釋示確有違法之情形外，為維持法律秩序之安定，應不受後釋示之影響。財政部曾函示說明：「本函發布前之案件，已繳納營利事業所得稅確定者，不再變更；尚未確定或已確定而未繳納或未開徵之案件，應依本函規定予以補稅免罰」，符合上述意旨，與憲法並無牴觸（司釋287）。

第十四章　法規之適用

第一節　概　說

一、意義

法律之適用從**廣義**言之,是指實現法律規範之內容的一切行為。**狹義**是指法律效果之強制實行的行為(即刑罰及民法的強制執行);即就具體發生的生活現象,檢驗是否與法規範之要件符合,並尋找其法律效果之過程。法律的適用隨時都在日常生活中予以實現,而法律適用之典型且最終的決定,就須透過司法的解釋或法院的裁判加以實現。

二、法律適用的三段論法

大前提:適用於事實之法律規定。
　　　　如面對殺人者處死刑,無期徒刑或 10 年以上有期徒刑(刑 271)。

小前提:確定犯罪事實。
　　　　如某甲有殺人事實之確定。

結　論:將事實與法律規定對照引導出「處刑」之結論。
　　　　即某甲應處以刑罰。

三、法律與裁判

所謂「裁判」,簡言之,就是某人對權利義務所發生之爭執,或者是某種犯罪行為應否處罰,由國家機關的法院依法予以裁判決定之意。

譬如以汽車駕駛員撞上行人為例,此時被害人可能會向駕駛員請求支付醫療及損害賠償,另一方面駕駛員也有可能因故意或過失撞傷或撞死人,而須受刑罰處罰。這時法院首先須確定事故發生的事實(事實認定),再依法決定駕駛者應對被害人支付損害賠償或應對加害人科處刑罰。這些決定就是一般所謂「裁判」。

㈠**事實認定**：法官對事件的裁判，首先須確定事實的經過，誰是誰非。尤其是刑事裁判，事實不容誤解，一定要查個水落石出，才不致造成冤屈。在現代民主先進國家，一般擔任審判的法官都擁有判斷問題之自由心證，即依據各種證據資料，認定事實之時，對其可靠性，可否作為證據，依據自己的認知擁有自由判斷的權力。事實認定之後，法官就應依據事實適用法律，所以現代的法官必須是「依據法律獨立審判，不受任何干涉」始可。

㈡**確定事實之方式**：法律係對照個別的具體事實，加以適用者，欲確定事實真相就須蒐集證據，證據雖有人證與物證之分，但往往因證據難以蒐集，且易湮滅。因此，法律為避免舉證之困難，或基於公益之理由，在判定一定之事實是否存在，乃有「推定」與「擬制」兩種方式以為輔助：

1.推定（Presumption, Vermutung）：即對於某種事實之存在或不存在、不明確時，法律乃依照一般之經驗法則，加以推論認定之意。在法文常有「推定」字語，即屬此類。如民法第 1063 條：「妻之受胎，係在婚姻關係存續中者，推定其所生子女為婚生子女」。

2.擬制（Fiction, Fiktion）：為使法律能對生活關係合理的規範，不問是否真實，對一定事實之存在，依據法律的政策，加以確定之意。擬制係較前述之推定更進一步，為法律能順利適用的價值觀上判斷，將所期望之事，藉立法之手段予以決定。這種擬制，則法條上用**「視為」加以表示**。如民法第 7 條：「胎兒以將來非死產者為限，關於其個人利益之保護，視為既已出生。」

㈢**法官與裁判**：裁判為什麼非常重要；當雙方有所爭執，各方都有主張時，裁判就要以第三人的立場依法公正的判決。譬如在舉行棒球比賽，投手投的明明是好球，裁判偏袒一方判為壞球時，不僅影響比賽的結果，有時會引發觀眾的不滿，而導致打群架之情形。因此，不論是民事、刑事或行政訴訟，裁判一定要原告與被告對等，按照法律規定的程序，尊重當事人的權益下，法官以中立、公正之態度進行裁判，因此為使法官能獨立審判，就要確保司法權之獨立，司法要達到獨立審判，司法官一定要遵守本身的職業倫理。

在歐洲十六世紀有一則笑話：有位原告送了一輛車給法官，被告送了二匹馬給法官，結果官司打下來，原告敗訴，原告很感慨地稅：「唉！我的車到那裡去了呢？」法官說：「車子跟著馬走了。」因為兩匹馬之價格要比車來得貴[①]。當然要法官具有正義、智慧、剛毅、節度的四種美德，才能做出公正的審判。因此法官的養成教育、法律知識的精進與人格訓練就特別重要。

第二節　一般適用法律原則

一、法律的準用與類推適用

準用（英：application mutates mutandis；德：etsprechende Anwendung；法：application correspondante），關於規定某種事項，法律規定施以適當之修正而援用其他法律或其他條文之規定者，謂之準用。準用也是適用之一種。所謂「類推適用」，就是對於某種事項，將規定之法規，適用於類似之其他事項之謂。這與為避免重複之規定，將某種法規的條項加以適當之修正，以轉用於其他事項之「準用」類似，因準用須要修正，而類推適用就不加修正為兩者之不同。

惟有時在法條中雖無「準用」之規定，而以其他文字，仍可表示準用之意義者，如民法第 419 條第 2 項規定：「贈與撤銷後，贈與人得依關於不當得利之規定，請求返還贈與物。」此之「得依」就是「準用」之意。因此準用主要為避免反復之煩雜的立法技術上理由而使用者為多。不過解釋上之準用與類推適用之界限為何，往往相當不明而常兩者混同使用。

二、視為

即不同性質之事物，在一定之法律關係下，作為同一事物，而發生同一之法律效果之謂。這是由於法律之擬制而產生，如受失蹤宣告者，視為死亡（民8）。則為解決失蹤者所遺留下來的法律關係，將失蹤宣告視

---

① Gustav Radbruch, Einfuehrung in die Rechtswissenschaft, 1964, S. 180.

爲死亡，以發生婚姻關係之終結與繼承之開始等法律效果。但失蹤宣告與事實不同（如被宣告失蹤者仍生存時），只要失蹤宣告未被撤銷，仍無法消滅死亡的結果。此點與推定有所不同。又如居所視爲住所，也是適例。此即法律上稱爲「擬制」（見本章第一節）。

三、行政機關適用法律之原則

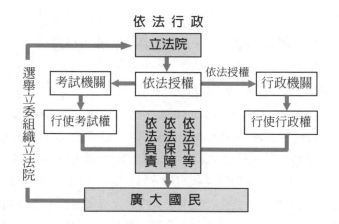

㈠**依法行政原則**（德：Gesetzesmässigkeit der Verwaltung）：

　　1.法治行政之原則：行政機關在執行法律與人民之關係言，應依法律及一般法律原則，而法治行政原則之基本內涵有三，即「依法平等」、「依法保障」與「依法負責」。

　　2.依法行政之內容：即行政必須基於法律之規定而行使，以保障人民權益，提高行政效能，增進人民對行政之信賴（行程1）。其內容爲：

　　　　⑴立法院制定法律原則：法律須經立法機關通過，總統公布（憲170），非有法律之授權，行政機關不得制定法規（中法4）。

　　　　⑵法律優位原則：即法律具有優越於命令等其他法律形式上之效力之謂。因此命令與憲法或法律牴觸者無效（憲172）；省法規或縣單行規章與國家法律牴觸者無效（憲117,125）。應以法律規定之事項，不得以命令定之（中法6）。

　　　　⑶法律保留原則：有四種涵義：

　　①應以法律規定之事項：下列事項應以法律定之（中法5）：

　　　A 憲法或法律有明文規定，應以法律定之者。

　　　B 關於人民之權利、義務者。

　　　C 關於國家各機關之組織者。

　　　D 其他重要事項之應以法律定之者。

　　②凡行政權之發動必須以法律為依據，因此「無法規即無行政」（Keine Verwaltung ohne Gesetz），此即法律之「全面保留原則」。

　　③行政機關運用行政權，除法律技術性或執行事項外，如警察實施臨檢之要件、程序及對違法臨檢行為之救濟，均應有法律之明確規範。

　　④即憲法第23條對人權保障有「依法律」之附加限制，此即憲法上法律之保留。

　⑷行政機關適用法律得發布命令之原則：法律之規定，僅屬原則性，不能詳及細目，故行政機關執行法律時，得制頒法規命令，擬定執行細則，以補執行法令之需要。

　⑸確立行政救濟制度之原則：為保障政府之依法行政，一旦人民權益受行政機關之違法或不當處分，致遭受損害時，應有保護措施，使被害人能獲得適當之救濟。

　㈡**比例原則**（德：Verhältnismässigkeitsprinzip）：即國家為達成行政目的所採取之手段與人民所受之侵害，必須符合一定之比例，其目的在禁止機關過度行使公權力。德國學界與司法實務將比例分為適合性、必要性與合比例性等三原則。此即行政程序法第7條所定：

　　1.採取之方法應有助於目的之達成。（此即適合性）

　　2.有多種同樣能達成目的之方法時，應選擇對人民權益損害最少者。（此即必要性）

　　3.採取之方法所造成之損害不得與欲達成目的之利益顯失均衡。此即合比例性，又稱衡量性，學者多以「**用大砲打麻雀**」（mit Kanonen auf（od. nach）Spatzen schießen.）亦即殺雞用牛刀來形容違反比例原則。

　　如槍砲彈藥刀械管制條例規定，在犯特定規定之罪，經判處有期徒

刑者，應於刑之執行完畢或赦免後，令入勞動場所強制工作，此種保安處分之措施含有社會隔離，拘束身體之自由之性質，故其規定之內容，應受憲法第 23 條比例原則之規定（司釋 471）。

又道路交通管理處罰條例規定，因駕車逃逸而受吊銷駕駛執照處分者，不得再行考領駕駛執照，此項規定與比例原則有關（司釋 531）。

㈢**誠實信用原則**（德：Treu u. Glauben；法：bonne foi）：民法規定「行使權利，履行義務，應依誠實及信用方法」（民 148 II）。一般稱為**帝王條款**。因此一般法院常將誠信原則與公平原則合用為判決之基準。依據本原則所保護之信賴與信用，在國際合作上已屬於相當重要之地位。依行政程序法第 8 條：「行政行為，應以誠實信用之方法為之，並應保護人民正當合理之信賴。」

㈣**信賴保護原則**（德：Grundsatz des Vertrauensschutzes）：即人民因法律之規定、行政機關之行政處分或行政措施而獲取權益者，因對該項權益之存在已有信賴，在既得權的尊重下，當不能隨意將該規定或處分等予以廢止或撤銷，以免人民對國家行為產生疑慮，而降低國家之公信力。但如因維護公共利益而需改變該規定或處分時，必須兼顧人民之私益，並應有緩衝之規定或補償之措施；如有爭執，人民當可依據「信賴保護原則」主張其權利。依行政程序法第 117 條規定：「違法行政處分於法定救濟期間經過後，原處分機關得依職權為全部或一部之撤銷；其上級機關，亦得為之。但有下列各款情形之一者，不得撤銷：㈠撤銷對公益有重大危害者。㈡受益人無第一百十九條所列信賴不值得保護之情形，而信賴授予利益之行政處分，其信賴利益顯然大於撤銷所欲維護之公益者。」

㈤**利益迴避原則**（Prinzip der Interessenvermeidung）：公務員執行行政行為應力求公正、公平，公務員處理行政事件時，必須公正無私，始能確保當事人權益，並維護行政機關之威信。凡處理行政事件之公務員除了法律規定外，有利益衝突情形，或有可能使行政程序發生偏頗之虞者，公務員應行迴避，以促進廉能政治、遏阻貪污腐化暨不當利益之輸送等。

1.公職人員利益衝突迴避法之規定：所謂「利益衝突」，指公職人員執行職務時，得因其作為或不作為，直接或間接使本人或其關係人獲取

利益者（第5條）。公職人員知有利益衝突者，應即自行迴避（第6條）。

　　2.公務員服務法：公務員執行職務時，遇有涉及本身或其家族之利害事件，應行迴避（第17條）。

　　3.行政程序法均規定在行政程序中，應行迴避之情形（第32、33條）。

　　4.民事、刑事及行政訴訟法也有法官、書記官及通譯迴避之規定（第19、21條）。

　㈥**禁止溯及既往原則**（德：Rückwirkungsverbot）：即法律之效力只能適用於公布施行後所發生之事項，而不能溯及於法律實施以前所發生事項之謂。中央法規標準法第18條：法律變更時，應適用「從新從優原則」，而行政罰法第5條也規定，法律變更時應適用最有利於受罰者。民法總則、債編、物權、親屬、繼承等施行法第1條也都有明定。而刑法第2條也有規定。因此，原則上「法律不溯既往原則之適用範圍得適用於一切法律領域。」

四、司法機關適用法律之原則

　㈠**不告不理之原則**：在刑事訴訟法上如無提起公訴，法院對於事件不得自行審判之原則。

　㈡**一事不再理原則**：法院對於訴訟案件之判決，一經宣告或確定，除再審、覆判、上訴或非常上訴外，不得就同一內容的案件，重新為同一的訴訟之謂。刑事訴訟法上對於同一犯罪行為，經處罰一次後不得再行第二次處罰，此為禁止雙重處罰之原則，亦稱為「一罪不二罰原則」。

　㈢**受理訴訟者須為法院**：法院組織嚴密，專司審判之法官均具有專業知識，且審判獨立，足以確保審判公平，故由法院負保障人權之專責，最為適宜。人民提起訴訟後，法院必須依法定程序，予以公正之審判，不得任意拒絕或無故擱置。

　㈣**法院以公開審判為原則，秘密審判為例外**：法院組織法第86條規定，訴訟之辯論及裁判之宣示，應以公開法庭行之。

　㈤**司法審判必須獨立，法院之判決應敘述理由**：如憲法第80條規定：「法官須超出黨派以外，依據法律獨立審判，不受任何干涉。」

五、中央法規標準法規定適用法規之原則

㈠**特別法優於普通法**：法規對於其他法規所規定之同一事項，而為特別之規定者，應優先適用之。其他法規修正後，仍應優先適用（中法 16）。

㈡**法規修正後之適用或準用**：法規對某一事項，規定適用或準用其他法規之規定者，其他法規修正後，適用或準用修正後之法規（中法 17）。

㈢**從新從優原則**：各機關受理人民聲請許可案件適用法規時，除依其性質應適用行為時之法規外，如在處理程序終結前，據以准許之法規有變更者，適用新法規。但舊法規有利於當事人而新法規未廢除或禁止所聲請之事項者，適用舊法規（中法 18）。

㈣**法規之停止適用或恢復之程序**：法規因國家遭遇非常事故，一時不能適用者，得暫停適用其一部或全部。法規停止或恢復適用之程序，準用本法有關法規廢止或制定之規定（中法 19）。

第十五章　法規之制裁

第一節　法規之制裁概說

　　法規之制裁者，即國家對於違反法規或命令規定者所加之強制力之謂。蓋法規一旦公布施行，就須人人遵守，如有不從，國家乃給予適當之懲罰，以實現法規所要求之狀態。這種懲罰係抑制人類所欲求之快樂，使其精神肉體產生痛苦，以確保法規上國家權力之強制性與有效性爲手段。因此，這種制裁並非道德性、宗教性或社會性之制裁，而是依照法律或命令規定之要件所實施之制裁。因此，**法規之制裁也可說是基於法規的實施所加之懲罰或強制之謂。**

第二節　憲法上之制裁

　　依憲法的規定，制裁對象爲國家元首，行政院各部會首長及民意代表等，其制裁方式爲：

一、彈劾

　　彈劾者，對於違法失職之公務人員，舉出事實證據，依法提出彈劾案，由監察院移送於懲戒機關之謂。所謂違法，指職務上違背法律行爲；失職，指廢弛職務或瀆職失職等行爲。

　　㈠**總統、副總統的彈劾**：立法院對於總統、副總統之彈劾案，須經全體立法委員二分之一以上之提議，全體立法委員三分之二以上之決議，聲請司法院大法官審理（憲修 4Ⅶ），經憲法法庭判決成立時，被彈劾人應即解職（憲修 2Ⅹ）。

　　㈡**中央及地方公務人員及司法院或考試院人員**：須經監察委員 2 人以上之提議，9 人以上之審查及決定，始可提出，再由司法院公務員懲戒委員會，議決其懲戒（憲修 7Ⅲ）。

二、罷免

罷免者，即人民對於所選出之議員或官吏，有違法失職或不稱職情事，在其任職屆滿以前，依投票表決方式，使其去職的一種權利。

(一)**對總統、副總統之罷免案**：須經全體立法委員四分之一之提議，全體立法委員三分之二之同意後提出，並經中華民國自由地區選舉人總額過半數之投票，有效票過半數同意罷免時，即為通過（憲修 2IX）。

(二)**對民意代表及各級地方政府首長之罷免**：中央及地方各級民意代表，及各級地方政府首長均得由原選舉區依法罷免之（憲133）。

第三節　行政法上之制裁

因違反行政法規所為之制裁，稱為行政法上制裁。又可分為三種：

一、對行政機關之制裁

即對行政上之救濟所為之處分。分為：

(一)**撤銷或變更原處分**：

1.訴願法：人民對於中央或地方機關之行政處分，認為違法或不當，致損害其權利或利益者，得提起訴願，請求救濟，如原處分機關認為訴願有理由，得自行撤銷或變更原處分，其上級機關亦得依職權撤銷或變更原處分（訴1、80）。

2.行政訴訟法：凡人民因中央或地方機關之違法行政處分，認為損害其權利，或法律上之利益，經依訴願法提起訴願而不服其決定，或提起訴願逾 3 個月不為決定，或延長訴願決定期間逾 2 個月不為決定者，得向高等行政法院提起撤銷訴訟（行訴 4）。如原處分為違法處分，人民提起行政訴訟後，行政法院如認為有理由，得以判決撤銷或變更原處分或決定。

(二)**損害賠償**：

1.民法：人民得依民法第 186 條之規定，向公務員請求損害賠償；即「公務員因故意違背第三人應執行之職務，致第三人之權利受損害者，

負賠償責任。其因過失者，以被害人不能依他項方法受賠償時爲限，負其責任。」

2.國家賠償：凡公務員違法侵害人民之自由或權利者，除依法律受懲戒外，應負刑事及民事責任，被害人就其所受損害，並得依法律向國家請求賠償（憲 24）。

3.行政訴訟之損害賠償：人民因行政機關之違法處分，致損害其權利，經依法定程序提起行政訴訟，並得於同一程序中，合併請求損害賠償或其他財產上給付（行訴 2）。

二、對公務員之懲戒與懲處

㈠對文職公務員之制裁：

1.懲戒原因：對文職公務員之制裁，除由監察院提出彈劾案與糾舉案外，公務員如有違法或失職情事應受懲戒（公懲 2）。

2.懲戒處分之種類：依公務員懲戒法第 9 條之規定有：⑴撤職；⑵休職；⑶降級；⑷減俸；⑸記過；⑹申誡。

3.對公務員之懲處：依公務人員考績法，公務人員之懲處分申誡、記過、記大過、免職。

上項休職、降級、減俸及記過之處分，對政務官不適用之。即**對政務官之懲戒處分，只有撤職及申誡**兩種。

㈡對武職公務員之制裁：則依「陸海空軍懲戒法」懲戒之。

三、對人民之制裁

即人民違反行政法規或行政處分時，國家所加之處罰，可分爲兩種：

㈠行政罰：行政罰者，行政機關或法院，基於國家之一般統治權，對於違反行政法上之義務者，所科之制裁。此違反行政法上義務之處罰，亦爲行政處分之一。

1.警察罰：對於人民違反警察法規或處分，所爲之處罰。（如社會秩序維護法）

主罰：⑴拘留：1 日以上，3 日以下，加重時合計不得逾 5 日。

⑵罰鍰：新臺幣三百元以上，三萬元以下，遇有依法加重

時合計不得逾新臺幣六萬元。

　　(3)申誡：以書面或言詞爲之。

　從罰：(1)沒入：①查禁物；②因違反本法行爲所生或所得之物，
　　　　均以屬於行爲人所有者爲限。

　　(2)勒令歇業：永久勒令其停止營業活動。

　　(3)停止營業：其期間爲 1 日以上，20 日以下。

2.財政罰：對違反財政上義務所爲之處罰，其處罰之種類多爲：

　(1)罰鍰。

　(2)加收滯納金。

　(3)停止營業及沒入。

　(4)情節重大者，並得依法移送司法機關科處徒刑或拘役。

3.經濟罰：對違反國家經濟法規義務者的處罰，如對違反工廠法、
管理外匯條例、礦場安全法等之處罰。

4.軍政罰：對違反軍政上義務所爲的處罰，如違反妨害兵役治罪條
例等之處罰。

5.其他各種行政上處罰：

　(1)電影檢查法：對違反者得處以罰鍰、沒入、扣押電影片或停業
　　處分。

　(2)戶籍法：對於無正當理由不於法定期間爲登記之申請者，或申
　　請人爲不實之申請，均處以罰鍰。

　(3)各種懲戒處分：如律師、醫師、建築師、會師師等違反其專業
　　法規，得予申誡、罰鍰、停業或撤銷其資格等處分。

　㈡**行政上強制執行**：所謂行政上強制執行，即依法令或本於法令之行
政處分，負有行爲或不行爲義務，經於處分書或另以書面限定相當期間
履行，逾期仍不履行者，由執行機關依間接強制或直接強制方法執行之
（行執 27）。行政執行，由原處分機關或該管行政機關爲之。但公法上金
錢給付義務逾期不履行者，移送法務部行政執行署所屬行政執行處執行
之（行執 4）。其執行方法（見第二編第二章行政法）。

第四節　刑法上之制裁

一、刑罰種類

有主刑及從刑。主刑有死刑、無期徒刑、有期徒刑、拘役、罰金；從刑有沒收、褫奪公權、追徵、追繳或抵償。

二、保安處分

在刑法上之保安處分有拘束人身自由之保安處分與矯正處分兩種：

㈠**拘束人身自由之保安處分**：此如強制工作。此係以剝奪受處分人之人身自由為其內容，在性質上帶有濃厚自由刑之色彩，故有罪刑法定主義衍生之不溯及既往原則之適用，故於刑法第 1 條明文規定，以求允當。

㈡**矯正處分**：對於應施以矯正處分之病態行為人，如刑法第 91 條之 1 強制治療處分，為防止其病態行為惡化，坐視其繼續害社會之安全，以免違背保安處分防衛社會之宗旨。因此不當然適用罪刑法定主義。

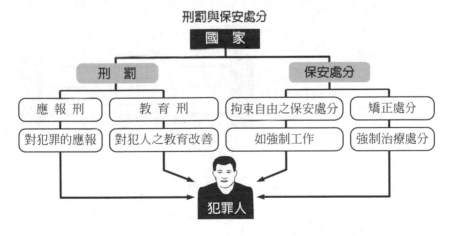

刑罰與保安處分

第五節　民法上之制裁

因違反民法上義務所為之制裁，稱為民法上制裁。此種制裁與前述之刑法上或行政法上之「公法制裁」由國家主動對違反者予以制裁者不

同。這種民法上制裁，原則上須經當事人之請求，始予處理。此又稱爲私法制裁。其方式爲：

一、權利上之制裁

㈠**停止權利的行使**：即停止其民法上應享之權利。如民法第 1090 條規定：「父母之一方濫用其對於子女之權利時，法院得依他方、未成年子女、主管機關、社會福利機構或其他利害關係人之請求或依職權，爲子女之利益，宣告停止其權利之全部或一部。」

㈡**法人之解散**：即對於法人人格權之消滅。如民法第 36 條規定：「法人之目的或其行爲，有違反法律、公共秩序或善良風俗者，法院得因主管機關、檢察官或利害關係人之請求，宣告解散。」

㈢**法律行爲之無效**：無效者，法律行爲在法律上不發生效力之謂。如民法第 71 條規定：「法律行爲，違反強制或禁止之規定者，無效」。民法第 72 條規定：「法律行爲，有背於公共秩序或善良風俗者，無效。」

㈣**法律行爲之撤銷**：撤銷者，法律行爲經撤銷後，失其法律上效力之謂。如民法第 92 條規定：「因被詐欺或被脅迫，而爲意思表示者，表意人得撤銷其意思表示……」。又民法第 74 條規定：「法律行爲乘他人之急迫、輕率或無經驗，使其爲財產上之給付，或爲給付之約定，依當時情形顯失公平者，法院得因利害關係人之聲請，撤銷其法律行爲或減輕其給付」。

㈤**契約之解除**：即當事人之一方不依契約規定履行其義務者，其相對人得依法解除其契約，使契約之效力自始消滅之謂。如民法第 254 條規定：

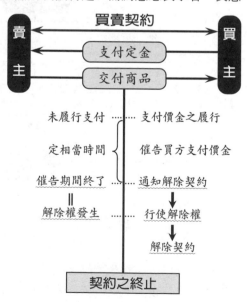

「契約當事人之一方遲延給付者，他方當事人得定相當期限，催告其履行，如於期限內不履行時，得解除其契約」。又如民法第 440 條規定：「承租人租金支付有遲延者，出租人得定相當期限催告承租人支付租金，如承租人於期限內不爲支付，出租人得終止契約」。

二、財產上之制裁

㈠**損害賠償**：因故意或過失致損害於他人者，由法院判決，使加害人負回復或填補被害人損害之責。如民法第 184 條規定：「因故意或過失，不法侵害他人之權利者，負損害賠償責任。故意以背於善良風俗之方法，加損害於他人者亦同」。

　　1.賠償之方法有二：

　　　⑴回復原狀：物質上損害，如車船碰撞之修復。至於物質以外如名譽被侵害者，並得請求爲回復名譽之適當處分（民195）。

　　　⑵金錢賠償：不能回復原狀或回復顯有重大困難者，應以金錢賠償其損害（民215）。

　　2.要求賠償之項目：要求損害賠償之權利，限於下列二項：

　　　⑴對人侵權行爲之賠償請求權：

　　　　①生命身體損害之賠償：不法侵害他人致死之賠償（民192），或不法侵害他人之身體或健康者，對於被害人因此喪失或減少勞動能力或增加生活上之需要時，應負賠償責任（民193）。

　　　　②非財產上損害賠償：不法侵害他人之身體、健康、名譽、自由、信用、隱私、貞操，或不法侵害其他人格法益而情節重大者，被害人雖非財產上之損害，亦得請求賠償相當之金額（民195）。

　　　⑵對物侵權行爲之賠償請求權：不法毀損他人之物者，被害人得請求賠償其物因毀損所減少之價額（民196）。

㈡**返還利益**：無法律上之原因而受利益，致他人受損害者，應返還其利益。雖有法律上之原因，而其後已不存在者，亦同（民179）。不當得利之受領人，除返還其所受之利益外，如本於該利益更有所取得者，並應返還。但依其利益之性質或其他情形不能返還者，應償還其價額（民181）。

三、其他之制裁

㈠**強制履行**：義務人怠於履行義務，對於不能以金錢賠償或代替履行時，得經法院之判決，直接強制其履行義務之謂。此與強制執行不同。如強制名藝人履行拍片之義務是。

㈡**強制執行**：債務人如不履行其法定義務，債權人得請求法院強制其履行，以保護私權之謂。依強制執行法之規定行之。

㈢**拘提管收**：拘提管收爲對人之執行。拘提乃強制到場應訊之處分，拘提之對象，如並有管收之法定原因，得予管收。否則於訊問完畢後，應即釋放飭回。拘提、管收，除強制執行法及管收條件列有特別規定外，準用刑事訴訟法關於拘提、羈押之規定。

如有下列情形之一者，執行法院得依法拘提管收債務人：

1.債務人受合法通知，無正當理由而不到場者，執行法院得拘提之（強21）。

2.債務人有下列情形之一者，執行法院應命其提出擔保，無相當擔保者，得拘提管收之（強22）：

　　⑴顯有履行義務之可能故不履行者。

　　⑵顯有逃匿之虞者。

　　⑶就應供強制執行之財產，有隱匿或處分之情事者。

　　⑷於調查執行標的物時，對於法官或書記官拒絕陳述者。

　　⑸違反第20條命債務人報告其財產狀況之規定，不爲報告或爲虛
　　　僞之報告者。

前項情形，執行法院得命債務人提供擔保，無相當擔保者，管收之。其非經拘提到場者亦同。

第一項各款情形，必要時，執行法院得依職權或依聲請，限制債務人住居於一定之地域，但已提供相當擔保者，應解除其限制。

前項限制住居，應通知債務人及有關機關。

管收期限不得逾3個月。有管收新原因發生時，對於債務人得再行管收一次（強24）。

第六節　國際法之制裁

一、公力制裁

㈠**一般干涉**：依聯合國憲章第 39 條規定：「安全理事會應斷定任何和平之威脅，和平之破壞，或侵略行為之是否存在，並應作成建議或抉擇依第 41 條及第 42 條規定之辦法，以維持或恢復國際和平及安全」，其第 41 條即為一般干涉，其規定為：「安全理事會得決定所應採武力以外之辦法；此項辦法得包括經濟關係，鐵路、海運、航空、郵、電、無線電，及其他交通工具之局部或全部停止，以及外交關係之斷絕」。

㈡**軍事干涉**：依上述第 42 條規定：「安理會如認為第 41 條所規定之辦法為不足，或已經證明為不足時，得採取必要之空、海、陸軍行動，以維持或恢復國際和平及安全；此項行動包括聯合國會員國之空、海、陸軍示威封鎖，及其他軍事行動」。如聯合國安理會決議干涉韓戰，即為適例。

二、自力制裁（自助）

㈠**戰爭前之手段**：

1. 外交關係的斷絕（Severance of Diplomatic Relations）：兩國間發生爭端，無法用和平方法解決時，即可宣布斷絕外交關係，以表示己國的憤怒，並促起他國的反省與覺悟。在外交關係尚未斷絕之前，最溫和方式是暫時召回外交代表，爭端有解決希望時，隨時返回任所。較嚴重者，即外交代表離去時，作不再回任之表示。但是使館仍然存在，由館員代理館務。或交由第三國的外交代表代理。

2. 陸海軍的示威（Military of naval Demonstration）：陸海軍之示威，往往具有說服或懾服對造國之作用，而使國際爭端獲得解決。如 1938 年 8 月至 9 月間，德國動員以強迫英法兩國，接受其關於捷克問題的要求。

3. 報復（Retorsion）：報復是一國以相同的或類似行為，對付他國的不禮貌、不友誼或不公平的行為之謂。任何一國，其行政、立法或司法之措施可能對他國產生不友誼或不公平之處置。他國如認為自己忍著不

利影響時，便可用報復之方式，以尋求解決。如本國僑民在他國忍受著差別待遇，如護照簽證之嚴屬，或船舶的不許入港，關稅的不利等，本國往往採用報復的方式以對抗該國。

4.報仇（Reprisals）：報仇原有平時報仇與戰時報仇之分。平時報仇是強制解決國際爭端的一種方法，而戰時報仇是作戰時採用的對抗手段。在此是平時報仇而言。即一國爲對抗他國之國際侵權行爲而對該侵權國所作之非法的損害行爲。這種行爲，雖然違背國際法，但是因其爲平時報仇之故，例外地爲國際法所允許。平時報仇可分爲積極的報仇，如拿捕與扣押侵權國的船貨與國民，或是封鎖、轟擊，或佔領侵權國的領域等，與消極的報仇，如拒絕償付債務，停止條約的履行等均是。

與上述報復不同之點爲：

報　　　　復	報　　　　仇
報復所對抗者爲一種有失國際友誼之行爲，如不禮貌，不友誼或不公平行爲等。	報仇所對抗者，是一種違反國際法之行爲，即所謂國際侵權行爲。
報復的行爲，是不違反國際法的。	報仇的行爲原是違反國際法，只是爲對抗另一個先已發生的國際侵權行爲，乃例外地爲國際法所允許。
報復的行爲總與所報復之原來所爲相同或類似。	報仇的行爲，卻較原來的侵權行爲，往往更爲嚴酷。

5.平時封鎖：十九世紀以前，國際法上的封鎖，均屬戰時封鎖。1831年法國因其僑民在葡萄牙被損害，而封鎖塔加斯（Tagus）河口，以索取損害賠償。這是平時封鎖成爲平時報仇的手段之始。

6.經濟制裁：即斷絕兩國間貿易或財政之關係；禁止兩國人民之一切來往；及防止對造國人民與任何他國人民之間的一切財政、商業、個人之關係。

㈡戰爭：戰爭是解決國際爭端的最後手段，由國家間使用武力決鬥，其情形最爲慘酷，使長期建立之文明歸於毀滅。依聯合國憲章是禁止侵略性戰爭，但允許防衛性戰爭。

第十六章　權利與義務

第一節　法津關係與法津事實

一、法律關係與權利義務

　　社會是人與人之間的結合關係，而各人之生活關係也可以作政治的、經濟的、社會的與道德的各種角度來觀察。這個生活關係如由法律來加以規範與評價，就稱為法律關係，譬如說甲、乙間如締結買賣鐘錶的契約，即賣方給與鐘錶，而買方給與代金，這時買方取得鐘錶，而賣方則取得代金，這就是法律關係。

　　因此，法律關係之主體，當然是抽象的「人」，而這個人，吾人稱之為「人格」（Person）。在今日之法律制度下，這個法律關係的主體是個人的「**自然人**」與人的結合或財產之結合的「**法人**」兩種，而「**物**」只不過是規範關係的客體而已。

　　這種法律關係，如從各人之主觀立場而論，在自己之生活範圍內，一面排除他人之干涉，獨占性的支配、使用與處分自己所擁有的物質，並在一定的原因下，要求他人為一定的作為與不作為，以維護自己之利益。但在另一方面，法律也要求自己不得侵犯他人之獨占性的生活範圍，在一定的原因下，也強制自己為一定的作為與不作為，以維護他人之權益。前者對自己而言，是一種權利，而後者即為義務。

　　在買賣契約簽定以後，就構成了買賣雙方之權利義務關係；在買方支付價金下，賣方就應移轉標的物，而這種買賣關係，均透過法律規範，以保障其確實履行。因此法律關係，**也就是權利義務之變動關係**。這種權利、義務與法律關係，三者可謂是處於三位一體（trinity）的關係。所以法律關係的終止、解除或撤銷，都可使法律關係消滅。

二、法律事實

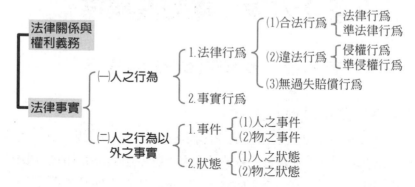

　　法律所規律的社會生活關係，稱爲「法律關係」。而社會生活中發生法律效果所需之一定條件，就是法律要件。法律關係之形成及法律效果之發生，必須法律要件完備。而法律要件之構成，有時只有單一之事實，如胎兒一出生就發生親屬關係，人之死亡就發生繼承關係；但有時必須具備數個事實，譬如契約之成立則須具備兩個法律事實，其一爲要約之意思表示，其二爲承諾之意思表示。此種構成法律要件之事實，稱爲「法律事實」。

　　㈠**人之行為**：人之行爲者，即人類有意識表現於外之身體動靜也，在動的方面，稱爲積極行爲或作爲，在靜的方面，稱爲消極行爲或不作爲。人之行爲，有發生法律上效力者，稱爲法律上行爲，其不發生法律上效力者，稱爲事實上行爲。因此，人之行爲，又可分爲法律上行爲與事實上行爲：

　　1.法律行爲：

　　⑴合法行爲：即爲法律所容許之行爲。此種行爲又可分爲二：

　　　①法律行爲（Rechtsgeschäft）：即以意思表示爲要素，使生法律效果之行爲。有單由意思表示而成立者，如諾成行爲是；亦有於意思表示外，尚須有其他事實，始能成立者，如要物契約是。

　　　②準法律行爲（geschäftähnliche Handlung）：即法律行爲以外之合法行爲，得適用法律行爲之規定者。

　　⑵違法行爲：即爲法律所禁止而不容許之行爲。又可分爲兩種：

　　①侵權行為：即故意或過失不法侵害他人權利之行為。如毆傷

　　　　他人，侵占他人財產、毀壞他人名譽、剝奪他人自由是。

　　②準侵權行為：即侵權行為以外之違法行為，如給付遲延、債

　　　　務不履行是。

　(3)無過失之賠償行為：即行為人加於他人之損害，雖非違法，亦

　　　無過失，仍須依損害賠償責任之行為。如無行為能力人或限制

　　　行為能力人之行為，須負損害賠償責任者（民 187III）。又如防衛

　　　過當（民 149），避難行為逾越危險可能致之損害（民 150），自助

　　　行為，聲請被駁回或聲請遲延（民 152）。

　2.事實行為：即基於事實上之狀態或經過，法律因其所生之結果，

特付以法律上效力之行為。如住所之設定與廢止（民 20、24）。無主物先占

（民 802），遺失物之拾得（民 807），埋藏物之發現（民 808），以及添附物之

歸屬（民 814）等是。

(二)人之行為以外之事實：

　1.事件：乃指具體的事實而言。有關於人與關於物二者：

　(1)關於人之事件：如人之出生為享有權利能力之原因，死亡為消

　　　滅權利能力之原因是。

　(2)關於物之事件：如天然孳息之分離，為取得物之所有權之原因

　　　（民 766），標的物之消滅為喪失物之所有權之原因是。

　2.狀態：指人或物之客觀狀態而言。亦有關於人與關於物者。

　(1)關於人之狀態：如人之失蹤（民 8），成年（民 12），精神障礙或

　　　其他心智缺陷（民 14）等是。

　(2)關於物之狀態：如附合（民 812），混合（民 813），加工（民 814）

　　　等是。

第二節　權利之概念

一、權利之要素

　　權利之要素有三：

㈠**權利主體**：擁有權利之人稱爲權利之主體。

㈡**負有義務之人**：被主張權利之人，係負有義務之人。

㈢**標的或權利之客體**：此兩種概念之意義是相同，都是受權利主體所支配之各種權利的對象或內容而言。除了財物之外，也包括各種權利、利益，以及作爲或不作爲在內。

　　如以甲擁有土地所有權而言；即甲爲權利之主體，而社會一般人對甲之土地所有權，則負有不得妨害所有權人權利行使之不作爲的義務。因此，社會之一般人在此屬於義務人，而權利之內容爲不作爲，至於權利之標的，則爲土地有關之利益。

二、權利之分類

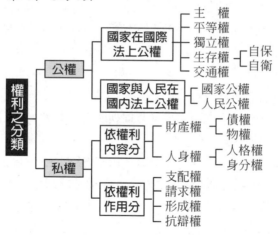

　　權利因標準之不同，而有各種不同之分類，在這些分類中，最基本之分類，依公法與私法之概念的區分，而大別爲公權與私權。

　㈠**公權**：即爲公法上之權利，又可分爲國際法上之公權與國內法上之公權；前者之公權，則爲眞正意義之公權。

　　1.國際法上之公權：有下列五種：

　　　⑴主權：即國家在國際法上，不服從任何國家之限制之謂。此種限制並非事實上之限制，而是法律上之限制。因此在事實上，一國在政治上或經濟上服從他國之限制或影響，但在法律上，

無論在任何情形下，國家主權仍然存在之謂。

(2)平等權：即在國際法上可以要求享受與其他國家相等的權利與義務，並有參加國際會議之權利，在決議時擁有相同價值之投票權。

(3)獨立權：即國家不受任何外力或外國的干涉，依照自國之政策與方針獨立的、自由的行動之權利之謂。此為國際法上之權利。因此國家在不受外國干涉下，擁有自由與外國締結條約、交換外交使節、領土的取與割讓等權。

(4)生存權：有自保與自衛：

①自保：國家自保的對內意義；是有組織自己的自由，有發展自己的自由，它可採用最適宜於自己之政制，可以訓練軍隊、開發天然資源、振興工商業、提倡科學與藝術。對外的意義是：可以與他國交際，訂立同盟條約，或互助協定。

②自衛：國家遇有外來的危害，足以威脅其生存時，它可採用必要之自衛手段。此即保衛自己之權利。

(5)交通權：國家得與外國維持外交關係之權利。在外交關係上得與外國交涉外交事宜，交換外交使節，如無正當理由，不得拒絕之。

2.國家與人民在國內法上公權：有國家本身之權利與人民對國家所擁有之權利；前者稱為國家公權；後者稱為人民公權。

(1)國家公權：即國家為本身之存續而擁有之權利與國家為統治國民所具有之權利。從權利之作用而言，有行政、立法、司法、考試及監察權。

(2)人民公權：即人民對於國家或地方自治團體所擁有之權利，從權利之內容言有：平等權、自由權、生存權、工作權、受益權、參政權。

㈡**私權**：即個人之生活關係，亦即在私法上關係所擁有之權利，稱為私權。其種類為：

1.依權利之內容及目的而分：

⑴財產權：是以經濟及財產利益爲目的之權利，則爲社會性與經濟性之生活關係的基本權利。此有債權、物權、準物權、無體財產權。

　①債權：即債權人對債務人得請求爲一定給付行爲之權利。亦即由債務人之給付行爲而實現之權利。主要爲債權之請求權、契約、無因管理、不當得利、侵權行爲而發生。民法規定之典型契約有買賣、互易、贈與、租賃、借貸、僱傭、承攬、旅遊、出版、委任、經理人及代辦商、居間、行紀、寄託、倉庫、運送、承攬運送、合夥、隱名合夥、合會、指示證券、無記名證券、終身定期金、和解、保證、人事保證等。

　②物權：即權利人直接去支配、管領特定物，而享受其利益的權利。依民法所定之物權只有八種：所有權、地上權、永佃權、地役權、抵押權、質權、典權、留置權。除此之外，依**「物權法定主義之原則」**，當事人不得任意創設物權的種類（民 757）。又民法第 758 條規定，不動產物權，依法律行爲而取得、設定、喪失及變更者，非經登記，不生效力。

⑵人身權：即以人身上的利益爲內容，與人身不可分離的權利，稱爲人身權。可分爲人格權與身分權。

　①人格權：即爲存於權利人自己身體上之權利，即以人格爲標的之權利。人格權和個人人格相終始。**姓名權爲人格之表現，**故如何命名爲人民之自由、應爲憲法第 22 條所保障（司釋399）。他如：身體權、自由權、名譽權、貞操權、信用權、商標權、秘密權等均是。人格權爲專屬權，專屬於權利人一身，不得爲移轉或繼承之標的。

　②身分權：即存在於特定人身分關係上之權利，其主要係存在於親屬的身分關係上，亦可稱爲親屬權。身分權和權利人的身分相終始。如家長權，以具有家長身分之權利人始得享有，另外尚有親權、夫權、妻權、監護權、繼承權等均是。身分權與人格權同爲專屬權，專屬於權利人一身，不得爲移轉或

繼承之標的。

2.依權利之作用而分：支配權、請求權、形成權、抗辯權。

(1)支配權：即得直接支配權利客體之權，亦即權利人得直接使權利發生作用之權利。民法中之物權均為支配權，如抵押權、所有權、商標權等。親屬權中亦有支配權者，如夫妻之同居權，親權人之保護教養及懲戒權等是。

(2)請求權：即請求他人為一定的作為或不作為的權利。有由債權發生關係者，如債權人對於債務人請求履行債務是；有由物權關係發生者，如所有人請求他人勿占有其所有物是。亦有由親屬關係發生者，例如親屬權受到他人妨害時，請求除去其妨害是。

(3)形成權：即由當事人一方之意思，能直接創設、改變或消滅某種法律關係的權利，謂之形成權。形成權係一種獨特之權利，由權利人一方之意思為之，相對人並不負何等義務。

(4)抗辯權：抗辯權是對抗他人行使請求權的一種對抗權。

第三節　權利之發生、變更與消滅

一、權利之發生

權利之發生，亦稱權利之取得（acquisition, Erwerb），即權利附著於其主體之現象之謂。可分為：

㈠**原始取得**：原始取得者，非基於他人既存之權利，而由於獨立之事實，取得之權利，亦稱權利之絕對的發生。如：

1.因先占而取得無主物之所有權（民802）。

2.因拾得遺失物而取得遺失物之所有權（民807、810）。

3.因發見埋藏物而占有者，取得埋藏物之所有權（民808）。

4.因附合、混合、加工而取得添附物之所有權（民812~814）。

5.因善意受讓占有動產，而取得動產之所有權（民801）。

6.因取得時效而取得他人之物之所有權（民768至770）。

7.因除斥期間之屆滿（出典人於典期屆滿後，經過2年，不以原典

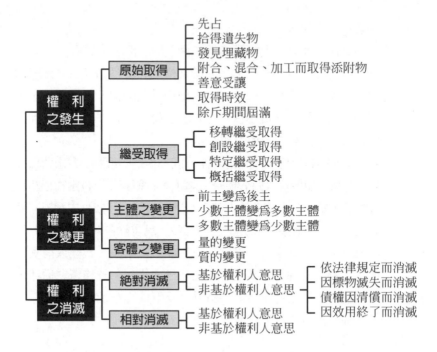

價回贖者）典權人即取得典物之所有權（民 923）。

　　㈡**繼受取得**：繼受取得者，非由於獨立之事實，而係基於他人既存之權利而取得其權利，亦稱權利之相對的發生。此種取得，以他人權利之存在爲前提，舊權利人稱爲前主或被繼受人，新權利人稱爲後主或繼受人。繼受取得，有基於取得人之意，依法律行爲而取得者；如因買賣而取得標的物之所有權。亦有非基於取得人之意思，而由法律規定而取得者；如因繼承而取得遺產之所有權等是。

　　繼受取得因其取得形態之不同，又可分爲下列二種：

　　1.移轉繼受取得與創設繼受取得：

　　　⑴移轉繼受取得：就他人既有之權利，不變更其內容，完全移轉於新權利者，而取得該權利之謂。此種繼受取得，其前後權利之內容完全相同，只變更其權利主體而已。如購置房屋，買受人自應取得出售人就該房屋同一之權利也。

　　　⑵創設繼受取得：就他人既存之權利上創設新權利而取得該新權

利之謂。此種繼受取得，在前主仍保有其原權利，只特爲後主創設新權利。因後權利係基於前權利而取得，可以說後權利爲前權利內容之一部，故仍不失爲繼受取得。如於他人土地所有權設定地上權、永佃權、典權、抵押權、質權等均是。

　　2.特定繼受取得與概括繼受取得：

　　　⑴特定繼受取得：係基於各個原因，而分別取得各個權利之謂。如因買賣而取得所有權，因贈與而取得不動產所有權等是。

　　　⑵概括繼受取得：係基於一個原因，將多數權利，概括的視爲一體，而繼受取得之謂。如因繼承而取得被繼承之財產是。

二、權利之變更

　　權利之變更者（modification, Abänderung），即在不影響權利之本質下，變更權利之形態之謂。因其變更形態之不同，又可分爲：

　　㈠**主體之變更**：權利主體之變更者，即權利之本身不變，僅變更權利人之謂。此種變更有下列情形：

　　　1.前主變爲後主：如因買賣而變更物之所有人。

　　　2.少數主體變爲多數主體：如個人之遺產，由子女共同繼承是。

　　　3.多數主體變爲少數主體：如共有人中之一人，拋棄其共有是。

　　㈡**客體之變更**：權利客體之變更者，即權利之主體不變，僅變更權利之標的之謂。又分爲：

　　　1.量的變更：如債務因一部清償而減少。

　　　2.質的變更：如普通債權，變爲損害賠償債權。

三、權利之消滅

　　權利之消滅（loss, Verlust），即權利與其主體脫離之現象之謂。通常有下列兩種情形：

　　㈠**絕對消滅**：權利之絕對消滅者，即權利之本身，客觀的失其存在，亦即權利人在形式上實質上均喪失權利之謂。故又稱爲客觀的消滅。其情形如下：

　　　1.基於權利人意思：如權利因拋棄，致原權利人喪失其權利是。

2.非基於權利人意思：

　　⑴依法律規定而消滅：如權利因除斥期間屆滿，原權利不復能行
　　　　使其權利是。

　　⑵因標的物滅失而消滅：如房屋因失火燒毀，其所有權因而消滅
　　　　是。

　　⑶債權因清償而消滅：當事人將債務清償，債權自然消滅。

　　⑷因效用終了而消滅：如消費借貸，借用人因借用物依借貸目的
　　　　使用完畢而消滅。

㈡**相對消滅**：權利之相對消滅者，即權利本身不消滅，僅與原來之權
利主體分離，而移屬於新權利主體之謂。按其性質，僅為權利主體之變
更或權利之移轉而已。其情形為：

　　1.基於權利人意思：如物權之移轉，債權之讓與。

　　2.非基於權利人意思：如因權利人之死亡，致財產被繼承是。

第四節　義務之概念

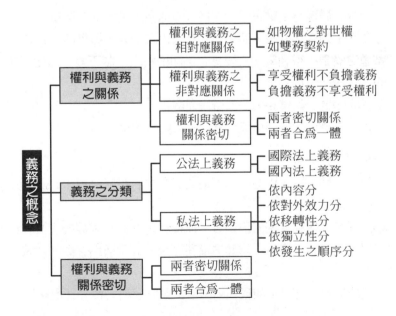

一、權利與義務之關係

(一)權利與義務之相對應關係：

1.如物權之對世權（絕對權）：即權利人得請求一般人不得侵犯其權利，因此一般人即負有不得侵犯其權利之「不作為義務」，如有違反，即負有返還他人所有物、停止妨害或損害賠償之責任。

2.如雙務契約：一方當事人所享有之權利，係因其本身負有義務所產生之對價關係。如買賣行為，買受人有請求出賣人移轉買賣標的物之權，而買受人也應相對的有支付價金之義務。

(二)權利與義務之非對應關係：

1.享受權利不負擔義務：如前述之形成權，只由當事人一方之意思，可使已成立的法律關係發生得、喪、變更，而相對人並不負何等義務。如民法第170條規定：「無代理權人以代理人名義所為之法律行為，非經本人承認，對於本人不生效力」。此種承認權屬於形成權，本人行使承認權並無對應義務。本人於承認後，雖發生權利義務關係，然此係法律規定所生之結果，並非因行使承認權所生之對應義務。

2.負擔義務不享受權利：如公法上義務之右側通行，或納稅義務等均只有負擔義務而不能相對應的主張任何權利。

(三)權利與義務關係密切，合為一體者：

1.兩者密切關係：如在公法上人民有受國民教育之權利義務，而國家為普設中小學，就須向人民征收各種賦稅以備支出，因此人民就有依法納稅之義務。

2.兩者合為一體者：如民法上之親權、夫妻之同居義務、與公法上之選舉權、人民有受國民教育之權利與義務等均是。

二、義務之分類

義務之分類亦與權利之分類相同，具有公法上義務與私法上義務之分。

(一)公法上義務：

1.國際法上義務：國家之為國際法上之主體，應有下列義務：

　(1)對他國不干涉之義務。

(2)紛爭之和平解決之義務。

(3)禁止行使武力之義務。

(4)保障人權之義務。

(5)對他國以違法手段獲得之領域禁止承認之義務。

(6)國際法尊重之義務。

2.國內法上義務：個人在統治關係下依法律應履行之義務：

(1)納稅之義務。

(2)服兵役之義務。

(3)受國民教育之權利與義務。

(二)**私法上義務**：私法上義務者，即依據私法上之規定而發生之社會生活上的義務。

1.依義務之內容分：積極義務、消極義務。

2.依義務之對外效力分：絕對義務(對世義務)、相對義務(對人義務)。

3.依義務之移轉性分：專屬義務、移轉義務。

4.依義務之獨立性分：主義務、從義務。

5.依義務發生之順序分：第一義務、第二義務。

第五節　行使權利履行義務之基本原則

權利之行使者，權利人為享受權利之利益，以實現權利內容所為之行為也。法律之承認權利，不僅在保護權利人個人權益，蓋亦為維持社會秩序及增進公共利益，故權利人行使權利，當須符合法律賦予權利之本旨。此種本旨，依民法第148條規定：「權利之行使，不得違反公共利益，或以損害他人為主要目的。行使權利，履行義務，應依誠實及信用方法」。今可分析成下列兩種原則：

一、消極原則

(一)**禁止違反公共利益之原則**：現代法律思想，承認權利社會化之理論，因此法律除了保護權利個人之利益外，並以維持社會秩序及增進公共利

益爲目的。憲法第 23 條亦有增進公共利益之規定。而民法亦有「權利之行使，不得違反公共利益」之規定，可謂係本於憲法注重權利之社會化所設的延伸。因此行使權利應以不違反公共利益爲正當之界限。

㈡**禁止權利濫用之原則**：即對於行使權利，如超越其應有之範圍，就予禁止之謂。民法第 148 條第 1 項後段規定，權利之行使，不得以損害他人爲主要目的，是探德國之立法例。因權利之濫用而加損害於他人者，被害人當可請求回復原狀或損害賠償。

二、積極原則

㈠**誠實信用之原則**：依民法第 148 條第 2 項規定：「行使權利，履行義務，應依誠實及信用方法」。所謂誠實信用之原則，有下列兩種涵意：

1.「誠實」的意義：即對於法律關係的維持與履行，應誠實爲之，此不但當事人間的信用利益，即使第三人或公衆信用利益，亦應保護。

2.「信用」的意義：相對人對於其所相信者，應不被欺騙，對於正當利益之期待者，應不予以失望。權利人或義務人之任何一方，應顧及他方利益，並衡量他方所期待於另一方者爲何。

㈡**誠信原則之適用範圍**：誠信原則爲法律最高指導原則，在學理上稱爲「**帝王條款**」（königlicher Paragraph）由此原則的支配，可得知下列規定符合誠信原則：

1.脫法行爲的禁止：所謂脫法行爲，係指表面上迴避強行法之禁止規定，而事實結果竟能達到與強行法規所禁止之同一目的之法律行爲。如債權人以折扣或其他方法，巧取利息限制以外的利益。此不應生法律效力。

2.詐欺、脅迫及不正當行爲的禁止：人類經營社會共同生活，人與人間之法律行爲必須出於誠實信用，不得有詐欺、脅迫及不正當行爲之存在。因此，因被詐欺或被脅迫而爲意思表示者，表意人得撤銷其意思表示。但詐欺係由第三人所爲者，以相對人明知其事實或可得知者爲限，始得撤銷之（民 92 I）。

　　3.告知及通知義務：契約訂立時或訂立後，有告知的義務或通知的必要而行為人怠於告知或通知者，當使相對人陷於不利，尤其保險契約上的告知義務更不可或缺。違反告知或通知義務，致相對人受有損害時，除法律另有規定外，依誠信原則，負損害賠償責任。

　　4.暴利行為之禁止：即法律行為，係乘他人之急迫、輕率或無經驗，使其為財產上之給付或為給付之約定，依當時情形顯失公平者，法院得因利害關係人之聲請，撤銷其法律行為或減輕其給付（民 74 I）。由於暴利行為人的給付與被害人的對待給付，在客觀上顯失均衡，而暴利行為在主觀上亦有不良的意思動機。無論主觀的意思或客觀的給付，均明顯表示：暴利行為亦屬違背誠信原則的一種。

　　5.公平原則之遵守：符合誠信原則之另一規定，為法律之公平的規定，如民法第 359 條規定：「買賣因物有瑕疵，而出賣人依前五條之規定，應負擔保之責者，買受人得解除其契約或請求減少價金。但依情形，解除契約顯失公平者，買受人得請求減少價金。」此即為其適例。

第十七章　我國法制發展簡史

歷史發展的綱目

清朝以前的法律

我國法系是由數千年文化孕育而成，以禮儀及道德為法律之基礎，其中充滿儒家之仁義道德及禮治，歷代的立法都在強化政治權力者維護政權為目的。

清末變法

近代化運動

一、君主立憲憲法的頒布。

二、民法、刑法的起草。

民國肇建

一、頒布約法。

二、軍閥制憲。

三、民刑商法之編纂。

國家分裂

一、中華民國撤守台灣。

　㈠1947 年公布中華民國憲法：強調基本人權及五權分立。

　㈡公布動員戡亂時期臨時條款。

　㈢廢止動員戡亂，公布憲法增修條文。

　㈣實施政黨政治，造成兩次政黨輪替。

二、1949 年中華人民共和國在大陸成立。

　㈠公布中華人民共和國憲法。

　㈡公布社會主義法制。

　㈢實施改革開放，促進經濟發展。

歷代法律的演進

一、創始時期：我國法系是由數千年之文化孕育而成，以道德為法律之
基礎，其中充滿儒家的仁義道德倫理等思想和禮治觀念。中國法典
始於唐之「堯典」，虞之「舜典」，而夏之「禹刑」，商之「湯刑」，
為近代刑法的張本。

二、成熟時期：自周初至戰國末年；即民國紀元前三千年至二千年間。

　㈠**周禮**：周代典章制度，詳於周成王初年完成之周禮。周禮一書可謂
是集公、私法及實體法與程序法的大成。

　㈡**刑法典之頒布**：降及春秋時代，各國大抵皆有其法。戰國末年，周
威烈王 19 年，約紀元前 407 年，魏文侯之師李悝彙集諸國刑典而著「法
經」六篇，李氏因此被頌為我國法典創作之鼻祖。其六篇為「盜法」、「賊
法」、「囚法」、「捕法」、「雜法」、「具法」。

三、光大時期：自秦漢至唐代，約紀元前 246 年至紀元 905 年，中華法
系繼續發揚光大，終有「唐律」之頒布。

四、因襲時期：

　㈠自五代，經宋、元、明、至清末，
計一千年間，各朝法制大體上均因襲
唐律而發展，故稱因襲時期。

　㈡清律大體上係繼受明律，而源自
唐律之刑法原則性規定，在清律也未
加改變。「大清律例」則是歷代最後
一部刑法典，係從 1644 年（順治 8 年入
關）起，迄 1740（乾隆 5 年）頒布，其
內容涵蓋二千餘年，立法、司法之精
粹發展而成。

五、變革時期：自清末變法至今日，
可謂為變革時期。

　㈠**清末**：光緒末年，歐美近代思想

故唐律疏議部份內容

的浸透，帝國主義的入侵，終於使中國拋棄固有法制，而興起變法自強運動，乃特設「修訂法律館」。當時曾派兩位修訂法律大臣，參考各國法律，制定中外通行之新法。一位為**伍廷芳**，另一位為**沈家本**。變法的內容大致係繼受大陸法系之歐陸法制，而大陸法系係繼受自羅馬法，尤其民法是繼受德國、瑞士等國民法，並聘請日本法學專家，直接模仿日本法。

沈家本

　　1.憲法方面：清廷為緩和革命浪潮，偽裝君主立憲，於光緒 32 年 8 月頒發「憲法大綱」二十三項，至宣統 3 年又頒「十九信條」，是為君主立憲之始。

　　2.刑事法方面：清末曾修訂律例而擬訂「大清新刑律」及「刑事訴訟法」。當時則參考德、日刑法，並邀請岡田朝太郎參與起草。

　　3.民事法方面：由家族本位改採個人本位，並起草民律草案、商律草案及民事訴訟法。當時是邀請日本專家志田鉀太郎及松岡正義等參與起草。

　㈡**民國肇建**：

　　1.憲法方面：民國 15 年北伐成功後先試行五權之治。民國 25 年 5 月 5 日頒布五五憲草，至抗戰勝利，於民國 36 年元月 1 日公布現行憲法，同年 12 月 25 日施行。現行憲法是以三民主義為立國基礎，實行五權憲法之統治形態，已成為獨創之中華法系。

　　2.民刑商法方面：刑民商各法之編纂，多為完成前清未竟之業。迨民國 17 年立法院成立後，民法及商事法於 18 年公布，刑法於民國 24 年公布。

　㈢**日治時期之台灣**：日本依據馬關條約佔據台灣後，並未實施明治憲法，而由國會授權在台總督公布《六三法》，賦予臺灣總督制定「律令」的權限。「律令」與帝國議會通過的法律，擁有同等效力。於是 1898 年 8 月頒發《保甲條例》，採「知情不報」的連坐處分，於 1898 年 11 月頒布《匪徒刑罰令》七條，凡獨犯者處死，其後又頒《犯罪即決令》。1944 年實施徵兵制，徵調台灣人參戰達二十萬七千多人，有三萬三百餘人戰死或

病死。民商事項，早期適用台灣民間習慣，後期日本之民商法直接適用於台灣。因此 2010 年 12 月 12 日大法官以 668 號解釋認為，日治時期懸而未決繼承問題，終戰後到 11 日前，已由親族會議選定繼承人者，可依日治時期法律，由選定繼承人接收遺產，但從今天起仍未選定者，須依現行民法繼承制度。

六、國家分裂：

㈠**制定憲法**：第二次世界大戰後，國民政府召開政治協商會議，不久於 1947 年公布中華民國憲法，旋國共分裂，造成武裝鬥爭，結果國民黨政府因軍事失利，中央政府乃於 1949 年秋遷至台灣。政府到了台灣後，將六法全書全部引進台灣，因受中共攻台之威脅，遂頒布動員戡亂時期臨時條款。實施至 1991 年才廢止，同年乃公布憲法增修條文，並經七次修憲。

憲法採自由、民主、法治與政黨政治原則，總統、副總統由人民直選，於公元 2000 年造成第一次政黨輪替，由民進黨取得總統寶座，迄公元 2008 年由國民黨取得執政權，造成第二次政黨輪替，2008 年 11 月前民進黨籍總統陳水扁以貪污與洗錢之嫌疑罪名被羈押。

㈡**中共制定憲法**：中共遂於 1949 年 10 月在北京成立「中華人民共和國」，並頒布「憲法」，因中共仿造蘇俄制度，實行共產主義，但法治政治並未發展。嗣鄧小平上台之後，朝「**改革開放**」路線革新，經濟成長雖一日千里，但仍實行社會主義法制下，內陸一帶之經濟成長仍相當落後，到 2008 年因三聚氰胺之毒奶事件，造成台灣從中國大陸進口之食品都含有該類毒物，以致中國海協會會長陳雲林於 11 月初抵台訪問時，遭民進黨發動群眾走上街頭，要求陳雲林會長道歉賠償。

因此將來中國之經濟發展到某一個程度，就應強化政治與法治的改革，使政府能依法行政，人民得依法接受約束，並朝民主開放的政策邁進，在增進兩岸交流頻繁之政策下，拉近與台灣民主發展之距離，使兩岸之關係能有積極之互動與進展。

第十八章　法律體系

法律體系（Legal system; Rechtssystem），就是個個法律規範或法規，在一定之法律原理下，統一而組成之整體之謂。在此個個法律規範或法規必須保持相互調和之關係，而無自相矛盾或牴觸之情形。法律體系可分為國際法體系與國內法體系。國內法體系**凱爾遜**（H. Kelsen）之說法，他從純粹法學之理論認為，法律可依其效力之高低與適用範圍的大小形成完整的位階構造，依其順序，依序為：㈠基本規範，㈡一般規範，㈢個別規範。

亦即以基本規範為最高，而基本規範賦予憲法以法源，再來就是一般規範，此一般規範依其順序為法律、命令、到個別規範之具體的私人契約、司法判決或行政處分，並將其付諸執行。此際，高位階的法律規範統攝低位階的法律規範，由此構成整個法律體系，以維持法律秩序的統一性。

凱爾遜

在這個關係下，由靜態方面觀察，居於下位之個別規範，是由上位之一般規範賦與效力者；如由動態方面觀察，是較抽象的上位規範透過較為具體的下位規範，以實現其規定之過程。即法律是由憲法賦予效力，以實現憲法之意旨，命令是由法律賦予效力，以實現法律之規定，裁判亦復如是。

凱氏所著
純粹法學

因此，法律不能牴觸其上位之憲法，命令不能牴觸憲法及法律，而法官則須依據法律及命令來判決。此種構造體系稱為「法律之位階理論」（Stufenthorie des Rechts），或稱為「法律之層級構造理論」。茲以下表說明之：

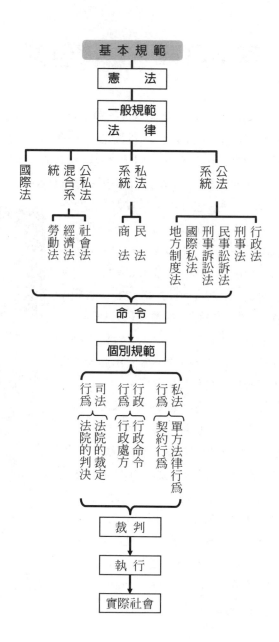

第二編　各　論

第一章　憲　法

第一節　憲法概說

一、憲法之基本原則

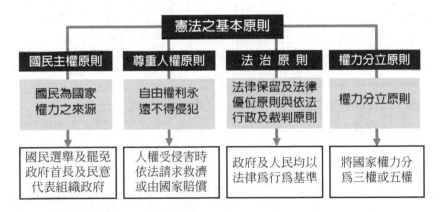

（一）**國民主權原則**：國家主權屬於國民全體，政府首長及各級民意代表均由人民定期選舉，並得由人民罷免以組織政府。

（二）**尊重人權原則**：依法行政須依正當法律程序，人民自由權利永遠不得侵犯。人民權益受侵害時，可依法請求司法救濟，或請求國家賠償。

（三）**法治原則**：即國家之政治並非由人來支配統治，而是「法之支配」（rule of law）的原則，而在「法律之前人人平等」之原則下，須嚴守下列原則：

　　1.法律保留及法律優位：法律必須由立法機關制定。下位規範的命令不得抵觸上位規範的法律。

　　2.依法行政及依法裁判：行政必須基於法律之規定而行使，司法必須依法裁判。

　　㈣**權力分立原則**：我國採五權分立，就是將孟德斯鳩的行政、立法、司法三權，加上中國歷史上固有的二權，則考試權與監察權合爲五權。而將五權各別獨立，分別由五個機關掌理，以確保人民之政治自由。

二、憲法之意義

　　㈠**實質意義**：即不問憲法成立之形態爲何，只要是基於立憲主義而形成之法律規範體系，均得稱爲實質意義之憲法。孫中山先生說：「憲法者，國家之構成法，亦即人民權利之保障書也。」即不問該憲法是以成文形態，或以習慣法之形成而成立，只要有實質的內容都屬之。當今各國憲法都以採用成文憲法之

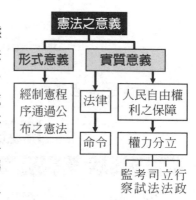

形態，而英國雖採不成文之形態，但仍應包含在實質憲法之內。

　　㈡**形式意義**：即不問國家根本法具有何種實質內容，只是從法律之外表形式觀察而認爲具有憲法形態就可認爲憲法之情形。

三、憲法與法律、命令之區別及關係

	憲　法	法　律	命　令
意義不同	即規定國家的基本組織與權限、人民的權利義務及基本國策之根本大法。	經立法院通過，總統公布之法律(憲170)。	國家機關，依其法定職權或基於法律之授權，而強制實行之公的意思表示。
定名不同	以憲法爲名。	法、律、條例、通則(中法2)。	規程、規則、細則、辦法、綱要、標準或準則(中法3、7)。
制定不同	由立法院提議，公民投票複決。	立法院制定。	機關所發布之命令有時呈報上級機關核准，或有權機關之核備或通過。

修改不同	憲法由立法院通過，再由公民複決。	立法院三讀通過。	依行政程序發布或修改。
規定內容不同	國家之根本性、原則性且較概括性者，使政府與人民有遵奉之依據，但無實行性。	(一)憲法或法律有明文規定應以法律定之者； (二)人民之權利、義務者； (三)關於國家各機關之組織者； (四)其他重要事項應以法律定之者。故均具有實行性。	重要事項必須以法律規定者，則不得以命令定之 (中法5、6)。
效力強弱不同	為根本法，效力最高。	法律只在不牴觸憲法之範圍內有其適用，故效力較弱。	命令不得牴觸憲法及法律，牴觸者無效，故效力最弱。惟總統發布戒嚴或緊急命令，則得改變法律。

四、憲法之分類

分類基準	類　別	內　　　容	舉　例
(一)以法典形式為準	1.成文憲法	凡將人民權利義務，國家根本組織等有關事項，以一種或數種文書規定者，稱為成文憲法。如中華民國、美國、日本等國憲法。	
	2.不成文憲法	凡人民權利義務，國家根本組織等有關事項，僅散見於各種單行法規，以及習慣法中者，稱為不成文憲法。因其大部分係由歷史上各時期的習慣、風俗及法庭判例等彙集而成，故又稱「彙集的憲法」。	
(二)以修改程序為準	1.剛性憲法	凡修改憲法的手續較修改普通法律為難，而其修改的機關亦與普通法律不同者，稱為剛性憲法。	美國 中華民國
	2.柔性憲法	凡憲法修改的機關，由普通立法機關負責，而修改的程序與普通立法程序相同者，稱為柔性憲法。	英國憲法
(三)以制定主體為準	1.欽定憲法	由君主以單獨之權力，制定憲法，頒布施行者，稱為欽定憲法。	如路易十八所頒布之憲法，1889年日本明治憲法。

	2. 民定憲法	由人民直接或由其選出代表間接制定的憲法，稱爲民定憲法。	中華民國憲法
	3. 協定憲法	憲法非由君主以其獨斷之權力制定，而是依君主與人民，或與人民之代表機關雙方協議而制定之憲法，稱爲協定憲法。	如1830年法王路易菲力普（Louis Philippe, 1773-1850）與國會協定的法國憲法，1215年英國大憲章。
(四) 以實質 內容爲 準	1. 三權憲法	即將行政、立法、司法三權各自獨立規定於憲法中，分別由三種機關行使，相互制衡者，稱爲三權憲法。	美國、日本
	2. 五權憲法	即將國家的行政、立法、司法、考試、監察五種治權各別獨立規定於憲法中，分別由五個機關分工合作行使者，稱爲五權憲法。	中華民國

第二節　憲法之前言與總綱

一、憲法前言

　　我憲法前言：國民大會受全體國民之付託，依據　孫中山先生創立中華民國之遺教，爲鞏固國權，保障民權，奠定社會安寧，增進人民福利，制定本憲法，頒行全國，永矢咸遵。第 1 條規定：「中華民國基於三民主義，爲民有、民治、民享之民主共和國。」所以爲民主政體與共和國體。也是國內法。

二、憲法總綱

(一)主權	即國家之主權，屬於國民全體。因此，在一個獨立之國家下，其主權應屬於全體國民（憲2）。
(二)國民	依憲法第3條規定：凡有一國國籍，即爲該國國民（憲3）。
(三)領土	即國家領土，依其固有疆域，非經全體立法委員四分之一之提議，全體立法委員四分之三之出席，及出席委員四分之三之決議，提出領土變更案，並於公告半年後，經自由地區選舉人投票複決，有效同意票過選舉人總額之半數，不得變更之（憲修4V）。

	國家固有疆域如何界定純屬政治問題，其界定之行爲，學理上稱之爲統治行爲（司釋 328）。
(四)民族平等	即各民族一律平等（憲 5）。
(五)國旗	國家國旗，定爲紅地，左上角青天白日（憲 6）。

第三節　基本人權與義務

一、基本人權的意義

　　人民的權利（human rights），泛稱「人權」，即指作爲一個人爲其生存所必要而應享有基本自由權利的總稱。基本人權之觀念，原是爲對抗國家爲目的，故起於以自然法原理爲背景之天賦人權思想，即人一出生，就有天賦不可讓渡及不受侵犯之權利，人權並非國家所賦予，故謂人權具有「固有性」。此外人權之特質在不容公權力之侵犯，此即「不可侵犯性」，並具有不受種族、性別或身分之差別而受影響，所以具有「普遍妥當性」。

基本人權
固有性　不可侵犯性　普遍妥當性

二、人民的基本權利義務

(一)平等權：

1.法律之前人人平等	無分男女、宗教、種族、階級、黨派，在法律上一律平等（憲 7）。此平等係相對平等，非絕對平等。是基於憲法之價值體系及事物之本質得爲差別對待。
2.男女實質平等	國家應消除性別歧視，促進兩性地位之實質平等（憲修 10 VI）。如性別工作平等法規定：生理假併入病假計算（性平 14）。
3.教育機會均等	國民受教育之機會一律平等（憲 159）。警察大學限制色盲者報考，與教育機會均等並無牴觸（司釋 626）。

(二)自由權：

1.人身自由權	(1)意義：即人民的身體，不受國家權力非法侵犯之意（憲8）。 (2)正當法律程序：即政府限制人民之權利時，應遵循正當之法律程序，此包括程序上及實質上之正當程序。 (3)罪刑法定主義：即犯罪與刑罰，均以法律明文規定，非有明文規定，不得定罪科刑之制度。

	(4)提審制度：凡人民被非法逮捕或拘禁者，無論本人或親友，請司法機關向執行逮捕拘禁之機關，於24小時內將被拘禁者，移送該管法院審問。本人或他人亦得聲請該管法院，於24小時內向逮捕之機關提審。審理結果，如屬有罪，依法判處，如屬無罪當即釋回。
	(5)警察之臨檢：除法律另有規定外，警察人員執行場所之臨檢勤務，應限於已發生危害或依客觀、合理判斷易生危害之處所、交通工具或公共場所為之，其中處所為私人居住之空間者，並應受住宅相同之保障；對人實施之臨檢則須以有相當理由足認其行為已構成或即將發生危害者為限，且均應遵守比例原則，不得逾越必要程度。臨檢進行前應對在場者告以實施之事由，並出示證件表明其為執行人員之身分（司釋535）。
2.外面行為之自由	(1)言論講學的自由： ①言論是口頭發表意見之方式，除了個人發表意見外，新聞媒體的報導、評論，也是發展意見之管道。尤其人民參與政治、發表對政治之見解，如無充分之自由，不能形成人民之總意志，將不配稱為民主國家。 ②學術研究之自由，發表研究成果、學術內容的講授，以及學生之學習等均應享有充分自由，不受國家權力之妨害，係針對學術自由及大學自治所設計之制度性保障。 ③藥物廣告係為獲得財產而從事之經濟活動，涉及財產權之保障，並具商業上意見表達之性質，惟因與國民健康有重大關係，基於公共利益之維護，應受較嚴格之規範（司釋414）。 (2)著作出版自由：即人民可藉文學、科學、藝術或其他學術範圍之創作，自由表達意見，不受國家權力非法干涉之意。出版自由，即指人民以文書、圖畫用機械印版或化學方法印製，而供出售或散布，以表達其思想意見之自由。 (3)秘密通訊自由：即人民意思之傳達，得以秘密方式為之，不受公權力或私人侵犯之意。此種基本人權屬於消極防禦權性質。 (4)集會結社自由：近代民主國家，除個人生活外，尚有團體生活，且民主政治亦惟賴集體意見之表達，以求實現，惟有承認集會與結社自由，始能保障人身自由與意見自由。 ①團體生活之方式有二：一為集會、一為結社。 　A 集會為多數人基於共同目的於一定場所一時性的聚合；

	故屬暫時性團體生活。 B 結社爲特定多數人之一種永久性之結合；故爲恒久的團體生活。 ②集會遊行須申請許可：集會遊行法第 11 條第 1 款規定違反同法第 4 條規定者，爲不予許可之要件，乃對「主張共產主義或分裂國土」之言論，使主管機關於許可集會、遊行以前，得就人民政治上之言論而爲審查，與憲法保障表現自由之意旨有違；同條第 2 款規定：「有事實足認爲有危害國家安全、社會秩序或公共利益之虞者」，第 3 款規定：「有危害生命、身體、自由或對財物造成重大損壞之虞者」，有欠具體明確，對於在舉行集會、遊行以前，尚無明顯而立即危險之事實狀態，僅憑將來有發生之可能，即由主管機關以此作爲集會、遊行准否之依據部分，與憲法保障集會自由之意旨不符，均應自本解釋公布之日起失其效力（司釋 445）。 　　此外，內政部訂定之「社會團體許可立案作業規定」第四點，關於人民團體應冠以所屬行政區域名稱之規定，逾越母法意旨，侵害人民依憲法應享之結社自由，應即失其效力（司釋 479）。
3.經濟自由權	(1)居住遷徙自由：即任何人可以到達任何地方，找到自己所喜愛之工作，發揮自己的專長，促進工作效率。在經濟活動之自由下，勞工提供勞力從事勞動，須有居住與遷徙之自由，才有可能實現。此爲職業選擇自由之最重要條件之一。 (2)財產權之保障：人民工作所得，累積財富就須有財產權之保障，其旨意在確保個人依財產之存續狀態行使其自由使用、收益及處分之權能，並免於遭受公權力或第三人之侵害，俾能實現個人自由、發展人格及維護尊嚴（司釋400）。
4.社會權	(1)生存權：即人民要求國家應確保人民之生存及生活之必要條件之權。亦即人民有生存能力，且目前已能生存者，國家固不得剝奪之生存之權，人民因生計發生困難時，有請求國家救助之權，且對於無生存能力之人，如老弱傷殘之生理上弱者，國家應積極予以救助。 (2)工作權：擁有勞動能力之人，如無法就業，有要求國家提供工作機會，如國家無法提供工作機會，則要求政府支付最低生活之權。 ①禁止非視覺障礙者不得從事按摩業，涉及憲法上工作權之限

	制。 ②法律規定犯擄人勒贖妨害性自主罪經判決罪刑確定者，不准辦營業小客車駕駛人執業登記，係涉及職業選擇自由。
5.**受益權**	(1)受教權：即國民有平等的接受基本教育之權。人民有了教育，可強化國民素質、提升人民參與政事能力，加強民主法治，配合政府推行國家政策。 (2)行政上受益權：人民為了自身利益，依一定的行政程序，要求政府為一定之行政行為，以給予特定利益的權利。有： ①請願權：人民對於國家政策、公共利害或對其權益的維護，得向職權所屬的民意機關或主管機關請願。 ②訴願權：即人民對於中央或地方機關的行政處分，認為違法或不當，致損害其權利或法律上之利益者，得在一定期間內，以書面向原處分機關或其上級請求撤銷或變更原處分之權利。 (3)司法上受益權：即人民之生命、自由、權利遭受不法侵害時，得向獨立之司法機關提起訴訟，請求給予公平裁判之權利。有三種： ①民事訴訟權：即私人間的生活關係，所產生的紛爭或利害之衝突，藉國家之裁判權依法而強制地解決調整的程序。 ②刑事訴訟權：即國家適用刑事法規，認定犯罪，確定刑罰範圍之一切程序。 ③行政訴訟權：為保障人民權益，確保國家行政權之合法行使，增進司法功能，依行政法院正式的訴訟程序所實施的訴訟。 (4)國家賠償請求權：凡公務員違法侵害人民的自由或權利者，除依法律受懲戒外，應負刑事及民事責任。被害人民就其所受損害，得依法向國家請求賠償。
6.**其他自由權利**	凡人民之其他自由及權利，不妨害社會秩序公共利益者，均受憲法之保障（憲22）。如隱私權是。依釋字第399號：「姓名權為人格權一種，應為憲法第二十二條所保障。」

三、參政權

㈠**選舉方法**：憲法所規定之各種選舉，除本憲法另有規定者外，以普通、平等、直接及無記名投票之方法行之（憲129）。

㈡選舉權與被選舉權之資格：

選舉權資格	1.積極條件	⑴區域選舉之選舉人資格： ①中華民國國民年滿 20 歲者，有依法選舉之權（憲 130）。 ②須在選舉區繼續居住 4 個月以上（公選 15）。 ⑵原住民選舉人之資格：以具有原住民身分並有上述選舉人資格者，爲選舉人。
	2.消極條件	中華民國國民，年滿 20 歲，受監護宣告尚未撤銷者，則無選舉權（公選 14）。
被選舉權資格	1.積極條件	就是取得候選人應有的條件（公選 24）： ⑴中華民國國民年滿 23 歲，有依法被選舉之權（憲 130）。但直轄市長、縣（市）長候選人須年滿 30 歲；鄉（鎮、市）長候選人須年滿 26 歲（公選 24 I）。 ⑵政黨： 　①選舉人年滿23歲，得由依法設立之政黨登記爲全國不分區及僑居國外國民立法委員選舉之全國不分區候選人（公選24II）。 　②僑居國外之中華民國國民年滿 23 歲，在國內未曾設有戶籍或已將戶籍遷出國外連續 8 年以上者，得由依法設立之政黨登記爲全國不分區及僑居國外國民立法委員選舉之僑居國外國民候選人（公選 24III）。
	2.消極條件	就是取得候選人資格所不可具有的條件，消極資格則在汰惡去蕪，以達到「選賢與能」的目的。我國選罷法第 34 條及第 85 條之規定有能力上、道德上與職務上原因及其他原因： 1.能力上原因：凡受監護或輔助宣告，尚未撤銷者，各國均規定沒有候選人資格（公選 26 I ⑨）。 2.道德上的原因：因有犯罪行爲，而被法院依法褫奪公權，或曾犯某種罪刑，或曾受某種懲戒，而特加限制者，其項目爲（公選 26）： 　⑴動員戡亂時期終止後，曾犯內亂、外患罪，經依刑法判刑確定。 　⑵曾犯貪污罪，經判刑確定。 　⑶曾犯刑法第 142 條、第 144 條之罪，經判刑確定。 　⑷犯前三款以外之罪，判處有期徒刑以上之刑確定，尚未執行或執行未畢。但受緩刑宣告者，不在此限。 　⑸受保安處分或感訓處分之裁判確定，尚未執行或執行未畢。 　⑹受破產宣告確定，尚未復權。 　⑺依法停止任用或受休職處分，尚未期滿。

(8)褫奪公權，尚未復權。

(9)被罷免後，自解除職務之日起，4 年內不得為同一公職人員候選人；其於罷免案宣告成立後辭職者亦同（公選 92 I）。

3.職務上原因：下列人員不得登記為候選人（公選 27）：

(1)現役軍人。

(2)服替代役之現役役男。

(3)軍事學校學生。

(4)各級選舉委員會之委員、監察人員、職員及鄉（鎮、市、區）公所辦理選舉事務人員及投票所、開票所工作人員。

　　(三)**公職人員選舉罷免訴訟**：憲法第 132 條規定：「選舉應嚴禁威脅利誘，選舉訴訟，由法院審判之」。選舉罷免訴訟是一種特別訴訟，現在尚無此類特別程序之依據，不過我們可以將它歸納為下列二種訴訟說明之：

　　1.刑事上選舉罷免訴訟：欲使妨害選舉罷免之行為，受到刑事處分，就應依照刑事訴訟法，循普通刑事訴訟的程序追訴處罰。

　　2.民事上選舉罷免訴訟：即準用民事訴訟法所提起之訴訟：

　　(1)選舉或罷免無效之訴：係因選舉委員會辦理選舉、罷免違法，足以影響選舉或罷免結果，檢察官、候選人、被罷免人或罷免案提議人，得自當選人名單或罷免投票結果公告之日起 15 日內，以各該選舉委員會為被告，向管轄法院提起選舉或罷免無效之訴（選 118 I）。選舉委員會辦理全國不分區及僑居國外國民立法委員選舉違法，足以影響選舉結果，申請登記之政黨，得依前項規定提起選舉無效之訴（選 118 II）。選舉或罷免無效之訴，經法院判決無效確定者，其選舉或罷免無效，並定期重行選舉或罷免。其違法屬選舉或罷免之局部者，局部之選舉或罷免無效，並就該局部無效部分，定期重行投票（選 119）。

　　(2)當選無效之訴：

　　①當選無效之訴，係因當選票數不實，足以影響選舉結果，或對於候選人、有投票權人或選務人員，以強暴、脅迫或其他非法之方法，妨害他人競選、自由行使投票權或執行職務者。此外，有第 97 條、第 99 條第 1 項、第 101 條第 1 項、第 102 條第 1 項第 1 款、刑法第 146 條第 1 項、第 2 項之行為者，

由選舉委員會、檢察官或同一選舉區之候選人，得以當選人為被告，自公告當選人名單之日起 30 日內，向該管轄法院提起當選無效之訴（選 120）。

②全國不分區及僑居國外國民立法委員選舉之當選人，因政黨得票數不實，而足認有影響選舉結果之虞，或有第 120 條第 1 項第 2 款、第 3 款所列情事之一者，其他申請登記之政黨得依第 120 條第 1 項規定提起當選無效之訴（選 120II）。

③當選人有第 29 條第 1 項所列各款之一或第 2 項規定情事者，選舉委員會、檢察官或同一選區之候選人得以當選人為被告，於其任期或規定之日期屆滿前，向該管轄法院提起當選無效之訴（選 121 I）。

④全國不分區及僑居國外國民立法委員選舉之當選人，有前項情事時，其他申請登記之政黨亦得依前項規定提起當選無效之訴（選 121II）。

⑤當選無效之訴經判決無效確定者，當選人之當選，無效；已就職者，並應自判決確定之日起，解除職務（選 122）。

(3)選舉無效或當選無效之判決，不影響當選人就職後職務上之行為（選 123）。

(4)罷免案之通過或否決無效之訴：罷免案之通過或否決，其票數不實足以影響投票結果者，選舉委員會、檢察官、被罷免人或罷免案提議人，得於罷免投票結果公告之日起 15 日內，以罷免案提議人或被罷免人為被告，向管轄法院提起罷免案通過或否決無效之訴（選 124 I）。

　罷免案通過或否決無效之訴，經法院判決無效確定者，其罷免案之通過或否決無效，並定期重行投票。罷免案之通過經判決無效者，被罷免人之職務應予恢復（選 124II,III）。

(5)選舉人舉發選舉無效或當選無效：即選舉人發覺有構成選舉無效、當選無效或罷免無效、罷免案通過或否決無效之情事時，得於當選人名單或罷免投票結果公告之日起 7 日內，檢具事證，向檢察官或選舉委員會舉發之（選 125）。

四、公民投票

我《公民投票法》於 2003 年 12 月 31 日公布，而憲法上之公民投票制，則於 2005 年 6 月 10 日公布。茲列表說明如下：

A 全國性公民投票	
成立要件	**一、人民提案：** ㈠最近一次總統、副總統選舉人總數千分之五以上提案（公投 10），百分之五以上連署（公投 12 Ⅰ）。 ㈡提案人、連署人及投票權人：國民年滿 20 歲，無褫奪公權或受禁治產宣告者。 **二、立法院提案：** ㈠憲法修正案及領土變更案：立法委員四分之一之提議，四分之三之出席，及出席委員四分之三之決議通過。 ㈡總統、副總統罷免案：經全體立法委員四分之一之提議，全體立法委員三分之二之同意後提出。 ㈢立法院對重大政策之創制或複決事項，認有進行公投之必要者，經立院院會通過者，交由中央選舉委員會辦理公民投票（公投 16）。 **三、總統提案：**國家受外力威脅，致國家主權有改變之虞，總統得經行政會議之決議，就攸關國家安全事項，交付公民投票（公投 17）。
適用事項	一、法律之複決。 二、立法原則之創制。 三、重大政策之創制或複決。 四、憲法修正案、領土變更案、總統、副總統罷免案之複決（公投 2）。
排除事項	預算、租稅、投資、薪俸及人事事項不得作為公民投票之提案。
審核機制	公民投票事項之認定，由行政院公民投票審議委員會為之。 審議委員會應於收到公民投票提案後，十日內完成審核，提案不合規定者，應予駁回。
B 地方性公民投票	
成立要件	人民提案：最近一次直轄市長或縣市長選舉人總數千分之五以上提案，百分之五以上連署（公投 27）。
適用事項	一、地方自治法規複決。 二、地方自治法規立法原則之創制。 三、地方自治事項重大政策之創制或複決（公投 2）。

C 公民投票之爭訟	
管轄法院	第一審：由公民投票行爲地之該管行政法院管轄（公投 54 II）。 上訴、抗告：由最高行政法院管轄（公投 54 II）。
司法救濟	公投案經審議委員會否決者：依行政爭訟程序提起救濟（公投 55 I）。

五、2010 年民進黨與台聯提案 ECFA 之公民投票案

(一)**民進黨提請公民投票被公審會否決**：自馬政府決定與中共簽署「兩岸經濟合作架構協議」（ECFA）之後，輿論就有不同意見，於是 2009 年民進黨乃發動人民連署，並提案舉行公民投票，民進黨提出公投提議的主文是以 ECFA 訴諸公投爲標的，並非直接訴求公民投票決定 ECFA，經行政院公民投票審議委員會議決的結果，是駁回提案，其否定的理由爲：

　　1.就未發生之事實提請進行公投。

　　2.未提出具體之立法原則。

　　民進黨遂於2009年9月30日依法提出行政訴願，要求撤銷原處分，民進黨認爲公審會草率地以不到130字，模糊空泛的理由否決15萬人連署的公投案，根本是逕自擴權！結果仍是被訴願會駁回。

(二)**台灣團結聯盟三度提請公投，三次被公審會否決**：

　　1.第一次提案：2010 年台聯開始推動「兩岸經濟合作架構協議」（ECFA）公投連署，此次提案的主文和民進黨不同，直接訴求 ECFA 公投，主文爲「你是否同意政府和中國簽訂『經濟合作架構協議』（簡稱『兩岸經濟協議』ECFA）」同年 6 月 3 日行政院公投審議委員會開會審查駁回。其理有二：

　　　　(1)認定提案主文與理由相互矛盾，有第 14 條第 1 項第 4 款應駁回之情事。

　　　　(2)則以主文正面表述，通過無法改變現狀爲由，否決其爲「重大政策之複決」之公投事項。該次會議公審會委員共 19 人與會，以 12 比 4 的票數駁回。

　　2.第二次提案：台聯推動第二次提案連署，以同樣的主文，在政府簽署 ECFA 後隨即再送入 10 萬多份提案連署書。2010 年 8 月 11 日公審

會認爲已簽 ECFA，公投結果即便通過，也無法改變現狀爲由，以 10 比 2 的票數再次駁回。

　　3.第三次提案：台聯推動第三次提案，再送 9 萬多份提案連署書，於 2011 年 1 月 5 日晚，公審會以 10 比 4 駁回台聯所提公投提案。

　　㈢**台灣團結聯盟提出行政訴訟，台聯敗訴**：台聯黨主席黃昆輝不滿 ECFA 公投提案遭駁回，提出行政訴訟，台北高等行政法院 2011 年 4 月 21 日判黃昆輝敗訴。行政法院法官認爲，公投法採主管機關中選會與公審會兩組織平行審查公投案制，另依大法官釋字第 645 號解釋，公審會制度合憲，對全國性公投有實質決定權。ECFA 公投已由公審會獨立行使職權，共同作成決定，行政法院應予尊重。

　　判決書指出，公投法不採「諮詢性公投」原則已確立，重大政策的複決公投提案，主文應與提案理由一致，此案提案理由爲，「政府與中國簽定 ECFA 會產生負面影響」，主文則爲「你是否同意」。

黃昆輝：公投法淪反公投法

公審會四次封殺ECFA公投案情況　製表：記者黃維助、蘇永耀

提案人/連署人數	駁回時間/票數	公投主文	駁回理由	在野質疑
▶ 蔡英文 12萬3462人	2009.08.27 **13:4**	是否同意台灣與中國簽訂之經濟合作架構協議（ECFA），政府府交付人民公投決定？	議題內容不明確，且就未發生的事實提出公投	公審會無權做實質認定，無法公投未發生之事實等於坐視ECFA傷害
▶ 黃昆輝 10萬9720人	2010.06.03 **12:4**	是否同意政府與中國簽訂兩岸經濟合作架構協議（簡稱兩岸經濟協議或ECFA）？	公投提案人持反對立場，卻以正面表述方式交付投票	駁回公投案是政治打壓，公審會超出職權決定提案人理由與題目
▶ 黃昆輝 10萬4293人	2010.08.11 **10:2**	同上	已簽ECFA，公投結果即便通過，也無法改變政策現狀	公投是人民直接意見表達管道，非必須有改變現狀立場
▶ 黃昆輝 9萬6997人	2011.01.05 **10:4**	同上	要求提案內容須與政策「相反方向」，否則不符重大政策之複決	傾中馬政府反對人民直接民權，公投法已經淪為「反公投法」

見 2011 年 1 月 6 日，自由時報 A2。黃維助、蘇永耀報導。

六、人民的義務

種　類	內　　　容
(一) 納稅的義務	國家爲維持庶政之推動，治理國事，人民負有繳納必要費用之租稅義務，通常國家都依據人民擁有財產的多寡，訂定課稅的比率，財產多者課多，財產少者課少，沒有財產或收入低者不課稅，甚至獲得國家之救濟。故憲法規定：人民有依法律納稅之義務（憲19）。
(二) 服兵役的義務	國家爲維持主權之完整，對外獨立，必須擁有相當之武裝兵力，以保衛人民，維護國家安全，因此要由國家組成份子的人民，參加軍隊，負起捍衛國家之責。我國目前是採取徵兵制，政府強迫人民服兵役，凡男子到一定年齡均須服兵役。
(三) 受國民教育之權利與義務	因爲國民全體之教育程度，智能道德的高低，關係國家興亡，民族盛衰，與建國之成敗至鉅。因此，憲法規定：「人民有受國民教育之權利與義務。」目前有「強迫入學條例」，飭令兒童的父母或監護人使學齡兒童有接受國民教育之義務。

第四節　國家機關的組織與職權

一、權力分立論

(一)**權力分立的理論**：一般國家將國家的權力分爲三權，而我國卻將國家權力分爲五權，所以中央機關有五個院，即行政、立法、司法、考試、監察，這五個權互相制衡，以防止國家濫用權力，以便保障人民的基本人權與自由。權力分立是**孟德斯鳩**（Montesquieu）所創見，他主張將國家政治大權分爲立法、行政、司法三權，並將三權由三個機關掌理，不但使之互相分立，而且使其相互牽制，以防止政府專制，確保人民之政治自由。故爲法治國家原則要素之一。因此立法權不得侵犯行政權之核心領域。

孟德斯鳩

(二)**五權分立的理論**：但　孫中山先生認爲我們應該建立權力分立理論，他認爲歐美的三權分立仍然不足，因爲在中國古代行政、立法、司法三權雖都由皇帝一人掌權，但是另外有兩權，就是考試權與監察權似乎是獨立

孫中山先生

在外由大臣來行使的；就是選拔官吏的權，與監督政府官吏的貪瀆與否的權。

　　㈢**我國與歐陸及美國權力分立的不同**：不過同樣是三權分立，但在歐洲大陸與美國對三權的制衡觀念就有不同的思考方式。

　　在歐洲大陸國家國民是代表主權者，在主權者之下就是立法機關，立法機關所制定的法律，交由行政機關與司法機關來執行。所以在三權

憲法及增修條文之中央政府體制

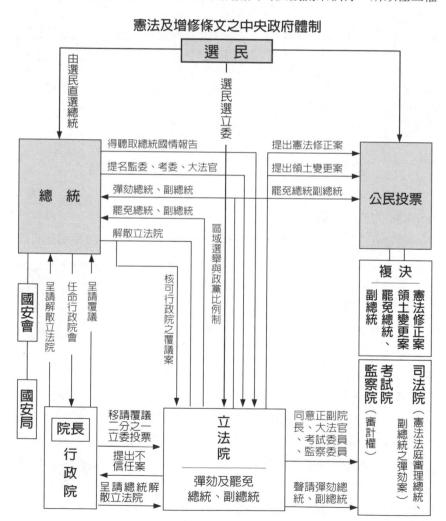

之中，立法機關等於是最高機關，因爲立法機關最接近國民，也是由國民直接選舉而組成。所以國會在權力分立中應居於最優異的地位。

在英美國家就不這麼想，美國人認爲國民之下有行政、立法、司法三權鼎立的狀態，在同一線上並重。所以美國法認爲「立法機關不應比其他機關有高價值」他們認爲三權應爲同等重要。

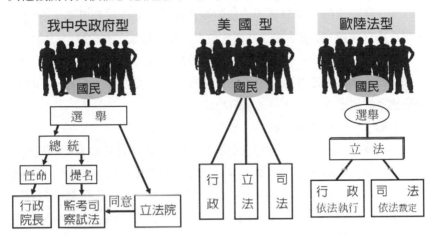

二、總統

憲法第 35 條規定：「總統爲國家元首，對外代表中華民國。」因總統是國家元首，具有特殊地位，故憲法第 52 條規定：「總統除犯內亂或外患罪外，非經罷免或解職，不受刑事上之訴究。」以此爲特別之保障。

㈠**總統、副總統之選舉**：中華民國國民年滿 40 歲者，得被選爲總統、副總統（憲 45）。總統、副總統由中華民國自由地區全體人民直接選舉之。總統、副總統候選人應聯名登記，在選票上同列一組圈選，以得票最多之一組爲當選。在國外之中華民國自由地區人民返國行使選舉權，以法律定之（憲修 2Ⅰ）。

依政黨推荐方式向中央選舉委員申請登記爲總統、副總統候選人者，應檢附政黨推薦書（總選 22Ⅰ），依連署方式申請登記者，其連署人數已達最近一次立法委員選舉選舉人總數百分之一‧五者，中央選委會應定期爲完成連署之公告（總選 23Ⅳ）。

㈡**總統、副總統之罷免**：罷免之法有二：

1.公民直接罷免：總統、副總統之罷免案，須經全體立法委員四分之一之提議，全體立法委員三分之二之同意後提出，並經中華民國自由地區選舉人總額過半數之投票，於有效票過半數同意罷免時，即爲通過（憲修 2IX）。

2.立法院之彈劾而罷免：立法院提出總統、副總統彈劾案，聲請司法院大法官審理，經憲法法院判決成立時，被彈劾人應即解職（憲修 2Ⅹ）。

3.總統、副總統就職未滿一年者，不得罷免（總選 70Ⅰ）。

㈢**總統、副總統之選舉罷免訴訟**：選舉罷免訴訟程序，除總統副總統選舉罷免法規定者外，準用民事訴訟法之規定。

1.選舉、罷免無效之訴：

⑴選舉、罷免無效之訴提起要件及程序：選舉罷免機關辦理選舉、罷免違法，足以影響選舉或罷免結果，檢察官、候選人、被罷免人或罷免案提議人，得自當選人名單或罷免投票結果公告之日起 15 日內，以各該選舉罷免機關爲被告，向管轄法院提起選舉或罷免無效之訴（總選 102）。

⑵選舉、罷免無效之效果：選舉或罷免無效之訴，經法院判決無效確定者，其選舉或罷免無效，並定期重行選舉或罷免。其違法屬選舉或罷免之局部者，局部之選舉或罷免無效，並就該局部無效部分，定期重行投票（總選 103）。

2.當選無效之訴：

⑴當選人有下列情事之一者，選舉罷免機關、檢察官或候選人得以當選人爲被告，自公告當選之日起 30 日內，向管轄法院提起當選無效之訴（總選 104）：

①當選票數不實，足認有影響選舉結果之虞者。

②對於候選人、有投票權人或選務人員，以強暴、脅迫或其他非法之方法，妨害他人競選、自由行使投票權或執行職務者。

③有第 84 條（賄選行爲之處罰－對候選人或具有候選人資格者賄選）、第 87 條第 1 項第 1 款（賄選行爲之處罰－對於團體

　　　或機構賄選）、第 89 條第 1 項（賄選賄賂行為）或刑法第
　　　146 條第 1 項（妨害投票正確罪）之行為者。

　　④有第 86 條第 1 項（對於有投票權之人賄賂之處罰）之行為，
　　　足認有影響選舉結果之虞者。

　　　前項各款情事，經判決當選無效確定者，不因同一事由經刑
　　　事判決無罪而受影響。

　⑵當選人資格不合之處置：總統、副總統候選人名單公告後，經
　　發現候選人在公告前或投票前有下列情事之一者，投票前由中
　　央選舉委員會撤銷其候選人登記，當選後由選舉罷免機關、檢
　　察官或候選人得以當選人為被告，於其任期屆滿前，向管轄法
　　院提起當選無效之訴（總選 105）。

　　①候選人資格不合第 20 條規定者（資格規定）。

　　②有第 26 條各款情事之一者（消極資格）。

　　③依第 27 條第 1 項、第 3 項規定不得登記為候選人者。

　　④依第 78 條第 1 項規定不得登記為候選人者。

　⑶當選無效之效果：當選無效之訴經判決無效確定者，原當選人之
　　當選，無效；如已就職，並應自判決確定之日起，解除職務（總
　　選 106）。

　3.選舉無效或當選無效之判決：選舉無效或當選無效之判決，不影
響原當選人就職後職務上之行為（總選 107）。

　4.罷免案通過或否決無效之訴之提起要件與程序：罷免案之通過或
否決，有下列情事之一者，選舉委員會、檢察官、被罷免人或罷免案提
議人，得於罷免投票結果公告之日起 15 日內，以罷免案提議人或被罷免
人為被告，向管轄法院提起罷免案通過或否決無效之訴（總選 108）：

　⑴罷免案通過或否決之票數不實，足認有影響投票結果之虞者。

　⑵被罷免人或罷免案提議人對於有投票權人或選務人員，以強暴、
　　脅迫或其他非法之方法，妨害他人自由行使投票權或執行職務者。

　⑶被罷免人或罷免案提議人有刑法第 146 條第 1 項之行為者。

　⑷被罷免人或罷免案提議人有第 86 條第 1 項之行為，足認有影響

選舉結果之虞者。

　　(5)被罷免人有第 87 條第 1 項第 3 款之行為者。

　　罷免案否決無效之訴，經法院判決無效確定者，其罷免案之否決無效，並定期重行投票。罷免案之通過經判決無效者，被罷免人之職務應予恢復。

　　5.選舉人舉發選舉無效之程序：選舉人發覺有構成選舉無效、當選無效或罷免無效、罷免案通過或否決無效之情事時，得於當選人名單或罷免投票結果公告之日起 7 日內，檢具事證，向檢察官或選舉委員會舉發之（總選 109）。

　　6.管轄法院：選舉、罷免訴訟，專屬中央政府所在地之高等法院管轄（總選 110）。

　　7.二審終結：選舉、罷免訴訟，設選舉法庭，採合議制審理，並應先於其他訴訟審判之，以二審終結，並不得提起再審之訴。各審受理之法院應於 6 個月內審結（總選 111）。

　　㈣**總統、副總統之任期**：任期為 4 年，連選得連任一次（憲修 2Ⅵ）。

　　㈤**總統、副總統之缺位與代行：**

　　1.總統之任期尚未屆滿，因疾病或重大變故不能視事時，由副總統代行其職權（憲 49）。

　　2.副總統缺位時，由總統於 3 個月內提名候選人，由立法院補選，繼任至原任期屆滿為止（憲修 2Ⅶ）。

　　3.總統、副總統均缺位時，由行政院院長代行其職權。行政院院長代行職權時，其期限不得逾 3 個月。並增修條文第 2 條第 1 項規定補選總統、副總統，其任期以繼任至原任期屆滿為止（憲 51、憲修 2Ⅷ）。

　　4.總統、副總統於任滿之日解職，如次任總統尚未選出，或選出後均未就職時，由行政院院長代行其職權，行政院院長代行職權時，其期限不得逾 3 個月（憲 50、51）。

(六)**總統之職權**：

種　類	內　　　　　容
1.國家元首權	對外代表國家權（憲 55），統率全國陸海空軍權（憲 36），院際爭議調節權（憲 44），決定國家安全大政方針（憲 2IV），解散立法院權（憲修 2V）。
2.行政權	發布命令權（憲 37）及緊急命令權（憲修 2III），行使締結條約及宣戰、媾和權（憲 38），宣布戒嚴權（憲 39），防衛性公民投票提案權（公投 17）。
3.立法權	公布法律權（憲 37），核定行政院提請立法院覆議權（憲修 3II）。
4.司法權	依法行使大赦、特赦、減刑及復權之權（憲 40）。
5.考試權	任免官吏權（憲 41），授與榮典權（憲 42）。
6.增修條文之職權	發布人事任免命令，行政院長之免職命令，發布緊急命令，並須於 10 日內由立法院追認（憲修 2III），設置國家安全會議及國家安全局（憲修 2IV）。

(七)**戒嚴令之頒布**：總統曾於 1948 年 12 月 10 日依臨時條款第 1 項之「緊急處分權」對全國各省市，除新疆、西藏、青海、臺灣四省外，一律宣告戒嚴。迨 1949 年戰事逆轉，5 月 19 日臺灣警備總司令部宣告自 20 日起實施臨時戒嚴。11 月 2 日行政院通過海南島及臺灣一併劃作接戰地域，實施戒嚴。直至 1987 年 7 月 15 日零時起解嚴。臺灣共達 38 年的戒嚴。

(八)**總統、副總統之責任**：

責任種類	內　　　　　容
1.政治責任	(1)立法院提議，人民罷免：經立法委員四分之一之提議，全體立法委員三分之二之同意後，提出罷免案，經選舉人總額過半數之投票，有效票過半數之同意而罷免（憲修 2IX）。
	(2)立法院之彈劾權：經立法委員二分之一以上之提議，全體立法委員三分之二以上之決議，聲請大法官審理（憲修 4VII），經憲法法庭判決成立，應即解職（憲修 2X）。
2.法律責任	(1)刑事責任：總統除犯內亂或外患罪外，非經罷免或解職，不受刑事上之訴究（憲 52）。
	(2)民事責任：民事上之糾紛，與一般人民同受民事法律之支配。

三、行政院

行政院為國家最高行政機關（憲 53）。其組織及責任如下：

㈠行政院之組織：

1.行政院院長由總統任命之；副院長，各部會首長及不管部會之政務委員，由行政院院長提請總統任命之（憲修 3 I、憲 56）。

2.依行政院組織法，行政院設八部二會，為內政部、外交部、國防部、財政部、教育部、法務部、經濟部、交通部及蒙藏委員會、僑務委員會外，尚有主計處、新聞局、國軍退除役官兵輔委員會、衛生署、農業委員會、青年輔導委員會、國家科學委員會、大陸委員會、經濟建設委員會、原子能委員會、研究發展考核委員會、文化建設委員會、勞工委員會、公平交易委員會、消費者保護委員會、公共工程委員會、原住民委員會、體育委員會及人事行政局。

3.行政院設行政院會議，由行政院院長、副院長、各部會首長及不管部會之政務委員組織之，以院長為主席（憲 58 I）。

㈡行政院之職權：我國憲法只規定行政院為國家最高行政機關，對於行政院之職權，則毫無規定。至於行政院組織法，祇於第 2 條概括規定曰：「行政院行使憲法所賦予之職權」。故其職權可綜合為一般性及各別性說明如下：

1.一般性職權：

(1)**副署權**	總統依法公布法律，發布命令，惟其公布之法令，若有關行政院整個政策，則須經行政院院長副署，若有關各部會者，則須經行政院院長及有關部會首長之副署，否則不生效力（憲 37）。但總統發布行政院院長與依憲法經立法院同意任命人員之任免命令及解散立法院之命令，無須行政院院長之副署，不適用憲法第 37 條之規定（憲修 2II）。
(2)**提出法案權**	行政院有向立法院提出法律案、預算案、戒嚴案、大赦案、宣戰案、媾和案、條約案及其他重要事項之權（憲 58II）。
(3)**移請覆議權**	行政院對於立法院決議之法律案、預算案、條約案，如認為有窒礙難行時，得經總統之核可，於該決議案送達行政院 10 日內，移請立法院覆議（憲修 3II②）。

(4)呈請總統解散立法院之權	立法院得經全體立法委員三分之一以上連署，對行政院院長提出不信任案。不信任案提出 72 小時後，應於 48 小時內以記名投票表決之。如經全體立法委員二分之一以上贊成，行政院院長應於 10 日內提出辭職，並得同時呈請總統解散立法院；不信任案如未獲通過，1 年內不得對同一行政院院長再提不信任案(憲修 3Ⅱ③)。
(5)施政報告	行政院有向立法院提出施政方針及施政報告之責(憲修 3Ⅱ①)。立法院開會時，行政院院長及各部會首長得列席陳述意見(憲 71)。
(6)提出預算及決算權	行政院於會計年度開始 3 個月前，應將下年度預算案提出於立法院(憲 59)。並於會計年度結束後 4 個月內，提出決算於監察院(憲 60)。
(7)重要政策決定權	行政院關於行政事項之重要政策有決定之權。此項重要政策，恆包括於行政院向立法院提出之施政方針及施政報告，以及行政院對立法院之質詢所為之答覆之內。
(8)行政組織系統之最高指揮權	行政院既為國家最高行政機關，自有指揮監督所屬中央及地方各行政機關之權。
(9)行政事項執行權	行政院之職權，除了具有國家行政事項之最高決策權外，更對於決策之事項有執行之權。

2.國家機關之設置：

　　(1)國家機關之職權、設立程序及總員額，得以法律為準則性之規定(憲修 3Ⅲ)。此為法律保留原則。

　　(2)各機關之組織、編制及員額，應依前項法律，基於政策或業務需要決定之(憲修 3Ⅳ)。依此原則而制定中央行政機關組織基準法。

　(三)**行政院之責任**：依憲法增修條文第 3 條第 2 項規定，行政院依下列規定，對立法院負責：

　　1.行政院有向立法院提出施政方針及施政報告之責。立法委員在開會時，有向行政院院長及行政院各部會首長質詢之權。

　　2.行政院對於立法院決議之法律案、預算案、條約案，如認為有窒礙難行時，得經總統之核可，於該決議案送達行政院 10 日內，移請立法院覆議。立法院對於行政院移請覆議案，應於送達 15 日內作成決議。如

為休會期間，立法院應於 7 日內自行集會，並於開議 15 日內作成決議。覆議案逾期未議決者，原決議失效。覆議時，如經全體立法委員二分之一以上決議維持原案，行政院院長應即接受該決議。

3.立法院得經全體立法委員三分之一以上連署，對行政院院長提出不信任案。不信任案提出 72 小時後，應於 48 小時內以記名投票表決之。如經全體立法委員二分之一以上贊成，行政院院長應於 10

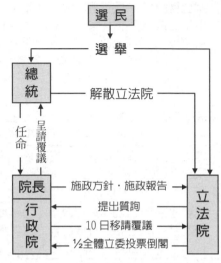

日內提出辭職，並得同時呈請總統解散立法院；不信任案如未獲通過，1 年內不得對同一行政院院長再提不信任案。

㈣**行政內閣之總辭**：行政院對立法院負政治責任，基於民意政治與責任政治之原理，立法委員任期屆滿改選後第一次集會前，行政院院長自應向總統提出辭職。行政院副院長、各部會首長及不管部會之政務委員係由行政院院長提請總統任命，且係出席行政院會議成員，參與行政決策，亦應隨同行政院長一併提出辭職（司釋 387）。

四、立法院

立法院為國家最高立法機關，由人民選舉之立法委員組織之，代表人民行使立法權（憲 62）。立法院由立法委員組織而成。

㈠**立法院之組織**：

1.立法院院長：由立法委員互選之。

2.立法委員之選舉：立法院立法委員自第七屆起 113 人，依下列規定選出之，不受憲法第 64 條及第 65 條之限制（憲修 4）：

　　⑴自由地區直轄市、縣市 73 人。每縣市至少 1 人。

　　⑵自由地區平地原住民及山地原住民各 3 人。

　　⑶全國不分區及僑居國外國民共 34 人。

前項第一款依各直轄市、縣市人口比例分配，並按應選名額劃分同額選舉區選出之。第三款依政黨名單投票選舉之，由獲得百分之五以上政黨選舉票之政黨依得票比率選出之，各政黨當選名單中，婦女不得低於二分之一。

總統於立法院通過對行政院院長之不信任案後 10 日內，經諮詢立法院院長後，得宣告解散立法院。立法院解散後，應於 60 日內舉行立法委員選舉（憲修 2V）。

　　3.立法委員之任期：立法委員之任期為 4 年，連選得連任，其選舉於每屆任滿前 3 個月內完成（憲修 4 I）。

　　4.立法院內部組織：立法院設院長、副院長各一人，由立法委員互選之（憲 66）。立法院得設各種委員會，各種委員會得邀請政府人員及社會上有關係人員到會備詢（憲 67）。

（二）**立法院之職權**：立法院有議決法律案、預算案、戒嚴案、大赦案、宣戰案、媾和案、條約案及國家其他重要事項之權（憲 63）。立法院最主要職權為審議法律案及預算案。立法院本身之預算案也編入中央政府總預算案，由行政院提出。立法院法律案通過後，移送總統及行政院，總統應於收到後 10 日內公布之，但總統得依照憲法增修條文第 3 條之規定辦理（憲 72）。至於預算案，立法院在審議時不得為增加支出之提議（憲 70），以免增加人民之負擔。立法院並得對總統提彈劾案（憲修 4VII）。提議罷免總統、副總統。司法、考試、監察三院重要人事及監察院審計長由總統提名經立法院同意任命之。每屆立法委員任期屆滿時，除預（決）算案及人民請願案外，尚未議決之議案，下屆不予繼續審議（立職 13）。

立法院之會議，除法令另有規定外，以出席委員過半數之同意行之。

（三）**立法委員之限制與特權**：

　　1.兼職的限制：立法委員不得兼任官吏（憲 75）。凡公營事業機關之董事、監察人及總經理以及省銀行之董事、監察人與受有俸給之文武職公務員，均為本條所稱之官吏（司釋 24、25）。

　　2.立法委員的特權：

　　（1）言論免責特權：立法委員在院內所為之言論及表決，對院外不

負責任（憲 73）。此不負責任，係免除刑事及民事責任（司釋 401）。

　　⑵不逮捕特權：立法委員，除現行犯外，在會期中，非經立法院
　　　許可，不得逮捕或拘禁（憲修 4Ⅷ）。

　3.立法委員之待遇：立法委員之報酬或待遇，應以法律定之（憲修 8）。

五、司法院

㈠司法院之性質與地位：

　1.最高司法機關：司法院為國家最高司法機關，掌理民事、刑事、
行政訴訟之審判及公務員之懲戒（憲 77）。茲分述之：

　2.司法獨立：

　　⑴司法組織獨立：在法治體系上，司法權與行政權均屬法律之下
　　　的執行機構。各自獨立行使職權。

　　⑵司法審判獨立：各級法官，均須超過出黨派以外，依據法律獨
　　　立行使司法權，不受任何干涉。也不受行政機關就有關法規所
　　　為釋示之行政命令的拘束。

　　⑶司法人事獨立：法官為終身職，非受刑事或懲戒處分或受監護
　　　的宣告，不得予以免職，非依法律不得予以停職、轉任或減俸
　　　（憲 80、81）。

　　⑷司法預算獨立：司法院所提出之年度概算，行政院不得刪減，
　　　但得加註意見，編入中央政府總預算案，送立法院審議（憲修 5
　　　Ⅵ）。

㈡司法院之組織：

　1.司法院設大法官 15 人，並以其中一人為院長、一人為副院長，由
總統提名，經立法院同意任命之，自中華民國 92 年起實施，不適用憲法
第 79 條之規定。司法院大法官任期 8 年，不分屆次，個別計算，並不得
連任。但並為院長、副院長之大法官，不受任期之保障。中華民國 92 年
總統提名之大法官，其中八位大法官，含院長、副院長，任期 4 年，其
餘大法官任期為 8 年，不適用前項任期之規定（憲修 5）。

　2.司法院除大法官外，其下設各級法院。

3.司法院設行政法院，負責行政爭訟之裁判。

4.司法院並設公務員懲戒委員會，掌理公務員之懲戒。

㈢司法院之職權：

1.解釋權：解釋憲法，並有統一解釋法律及命令之權（憲78）此項解釋，由大法官會議掌理。大法官解釋憲法應有大法官現有總額三分之二之出席，及出席人數三分之二同意，方得通過（大法官14 I）。

2.總統、副總統之彈劾及政黨違憲之審理：司法院大法官組成憲法法庭審理總統、副總統之彈劾及政黨違憲之解散事項（憲修5IV）。

3.民刑訴訟審判權（憲77）：均由各級法院（地方法院、高等法院、最高法院）掌理。

4.行政訴訟審判權：行政訴訟是以確定行政處分是否違法為目的。

5.公務員懲戒權：凡公務員因違法、廢弛職務，或其他失職行為而受彈劾者，應移送公務員懲戒委員會懲戒，但各院、部、會長官或地方最高行政長官，如認為所屬薦任職以下公務員，有違法或失職行為時，亦得逕送公務員懲戒委員會審議（公懲2、19）。

6.宣布省自治法違憲之權：省自治法制定後，須即送司法院，司法院如認為有違憲之處，應將違憲條文宣布無效（憲114）。此項審查權由大法官會議掌理之（大法官1 I -3）。

7.召集會議解決省自治法施行中障礙事項：省自治法施行中，如因其中某條發生重大障礙，經司法院召集有關方面陳述意見後，由五院院長組織委員會，以司法院院長為主席，提出方案解決之（憲115）。

8.法律提案權：依釋字第175號解釋稱：「司法院……，得向立法院提出法律案。」

9.提年度司法概算：司法院所提出之年度司法概算，行政院不得刪減，但得加註意見，編入中央政府總預算案，送立法院審議（憲修5VI）。

㈣大法官解釋憲法：由司法院大法官會議行使之（司組3）：

1. 解釋憲法 事項	下列解釋之事項，以憲法條文有規定者為限。 ⑴關於適用憲法發生疑義之事項。 ⑵關於法律或命令有無牴觸憲法之事項。 ⑶關於省自治法、縣自治法、省法規及縣規章有無牴觸憲法之事項。

| 2.
聲請解釋 | 有下列情形之一者，得申請解釋憲法（大法官5）：
(1)機關聲請：中央或地方機關，於其行使職權適用憲法發生疑義，或因行使職權與其他機關之職權，發生適用憲法之爭議，或適用法律與命令發生有牴觸憲法之疑義者。
(2)人民聲請：人民、法人或政黨於其憲法上所保障之權利遭受不法侵害，經依法定程序提起訴訟，對於確定終局裁判所適用之法律或命令，發生有牴觸憲法之疑義者。
(3)立法委員聲請：依立法委員現有總額三分之一以上之聲請，就其行使職權，適用憲法發生疑義，或適用法律發生有牴觸憲法之疑義者。
(4)法院聲請：
　①最高法院或行政法院就其受理之案件，對所適用之法律或命令，確信有牴觸憲法之疑義時，得以裁定停止訴訟程序，聲請大法官解釋。
　②各級法院之聲請：依司法院釋字第 371 號解釋謂：「……，法官於審理案件時，對於應適用之法律，依其合理之確信，認為有牴觸憲法之疑義者，自應許其先行聲請解釋憲法，以求解決。是遇有前述情形，**各級法院得以之為先決問題裁定停止訴訟程序**。……」法官審查此種法律之權，稱為法官之具體法律審查。 |

六、考試院

考試院為國家最高考試機關（憲83）。茲分析之：

㈠**考試院之組織**：考試院院長、副院長各 1 人，考試委員若干人，均由總統提名，由立法院同意任命之（憲修6II）。考試委員須超出黨派以外，依據法律獨立行使職權（憲88）。

㈡**考試院之職權**：

　1.考試院為國家最高考試機關，掌理下列事項，不適用憲法第 83 條之規定（憲修6I）：

　　⑴考試。

　　⑵公務人員之銓敘、保障、撫卹、退休。

　　⑶公務人員任免、考績、級俸、陞遷、褒獎之法制事項。

　2.考試院關於所掌事項，得向立法院提出法律案（憲87）。

㈢**行政院人事行政局有關考銓業務**，由考試院負責監督。

七、監察院

憲法增修條文第 6 條規定：「監察院為國家最高監察機關⋯⋯。」茲分述之：

㈠**監察院之組織**：監察院設監察委員 29 人，並以其中一人為院長、一人為副院長，任期 6 年，由總統提名，經立法院同意任命之（憲修 7II）。監察委員須超出黨派以外，依據法律獨立行使職權（憲 7V）。監察委員不得兼任其他公職或執行業務（憲 103）。監察院並設審計長一人，由總統提名，經立法院同意任命之（憲 104）。

㈡**監察院之職權**：

1.彈劾權：監察院得對中央及地方公務人員、司法院、考試院或監察人員的違法或失職，得經監察委員 2 人以上之提議，9 人以上之審查及決定，向公務員懲戒委員會提出彈劾（憲修 7III）。

2.糾舉權：監察院對於中央及地方公務人員，對於司法院或考試院人員，認為有失職或違法情事，認為情節重大，有先予停職或急速處分的必要時，得經監察委員 1 人以上的提議，其他監察委員 3 人以上的審查及決定，由監察院送交被糾舉人員之主管長官或其上級長官，如有涉及刑事或軍法者，應逕送各該司法或軍法機關依法辦理（憲 97II、99，監 19）。

3.糾正權：監察院得按行政院及其各部會之工作，分設若干委員會，調查一切設施，注意其是否違法或失職（憲 96）。如認為有違法或失職，經主管委員會的審查及決議，得提出糾正案移送行政院及其有關部會，促其注意改善（憲 97 I ）。

4.審計權：即對政府之財政收支予以稽核督查之謂。而行政院於會計年度結束後 4 個月內，應提出決算於監察院，由監察院審計長於 3 個月內，依法完成審核，並提出審核報告於立法院（憲 60、105）。

5.調查權：監察院為行使監察權，得向行政院及其各部會調閱其所發布之命令及各種有關文件（憲 95）。

6.提案權：監察院關於所掌事項，得向立法院提出法律案（司釋 3）。

7.巡迴監察：監察委員得分區巡迴監察。此分為中央機關與地方機關巡察兩部分進行（監 3）。

8.監試權：政府舉行考試時，除檢覈外，由考試院或考選機關分請監察院或監察委員行署派員監試（監試1）。

9.受理公職人員財產申報：凡總統、副總統、五院院長、副院長、政務人員、有給職之總統府資政、國策顧問及戰略顧問，依法選舉產生之鄉（鎮、市）級以上政府機關首長、縣（市）級以上各級民意代表均應向監察院申報財產（公財2）。惟公職人員之成年子女不必申報。

10.收受人民書狀：監察院及監察委員得收受人民書狀，其辦法由監察院定之（監4）。

八、中央與地方之權限

㈠**權限之劃分**：我國憲法關於中央與地方之立法權與執行權之劃分，採中央與地方均權。即凡事有全國一致之性質者，劃歸中央，有全省一致之性質者，劃歸省，有一縣之性質者，劃歸縣，既不偏於中央集權，亦不偏於地方分權。即從憲法第107條至110條作列舉之規定，第111條即為剩餘權之規定。如中央與地方機關發生權限爭議時，由立法院解決之（憲111）。

㈡**地方制度**：

1.省縣地方制度：憲法增修條文第9條規定：省、縣地方制度，應包括下列各款，以法律定之，則廢除省自治，故省並非「地方自治團體」；而目前臺灣地區地方自治制度的法規依據是地方制度法：

　　⑴省設省政府，置委員9人，其中1人為主席，均由行政院院長
　　　提請總統任命之。

　　⑵省設省諮議會，置省諮議會議員若干人，由行政院院長提請總
　　　統任命之。

　　⑶縣設縣議會，縣議會議員由縣民選舉之。

　　⑷屬於縣之立法權，由縣議會行之。

　　⑸縣設縣政府，置縣長一人，由縣民選舉之。

　　⑹中央與省、縣之關係。

　　⑺省承行政院之命，監督縣自治事項。

2.省立法之限制：

(1)省法規不得與國家法律牴觸，牴觸者無效（憲 116），法律與憲法牴觸者無效（憲 171），因之省法規自不得與憲法牴觸，牴觸者無效。

(2)省法規與國家法律有無牴觸發生疑義時，由司法院解釋之（憲 117）。

(三)地方制度法：（地2）

1. 地方自治團體	指依本法實施地方自治，具公法人地位之團體。省政府為行政院派出機關，省為非地方自治團體。
2. 自治事項	指地方自治團體依憲法或本法規定，得自為立法並執行，或法律規定應由該團體辦理之事務，而負其政策規劃及行政執行責任之事項。
3. 委辦事項	指地方自治團體依法律、上級法規或規章規定，在上級政府指揮監督下，執行上級政府交付辦理之非屬該團體事務，而負其行政執行責任之事項。

(四)自治事項與委辦事項之區分：

自　治　事　項	委　辦　事　項
1.為直轄市依法得自為立法並執行之事項。	1.直轄市執行中央交付辦理之事項。
2.針對自治事項，中央對於直轄市僅得為適法性之監督。	2.針對委辦事項，中央當得為適當性之監督。
3.直轄市辦理自治事項而作成行政處分而遭遇訴願時，受理訴願機關僅得進行適法性審查。	3.對於委辦事項，受理訴願機關當得就其適當性審查。

(五)自治法規：直轄市、縣（市）、鄉（鎮、市）得就其自治事項或依法律及上級法規之授權，制定自治法規。自治法規經地方立法機關通過，並由各該行政機關公布者，稱自治條例；自治法規由地方行政機關訂定，並發布或下達者，稱自治規則（地25）。

1. 自治條例	自治法規經地方立法機關通過，並由各該行政機關公布者，稱自治條例。創設、剝奪或限制地方自治團體居民之權利義務者，應以自治條例定之（地 28 I ③）。自治條例如規定有罰則時，應分別報經行政院、中央各該主管機關核定後發布（地26IV）。

2. 自治規則	由地方行政機關就其自治事項，得依其法定職權或基於法律、自治條例之授權訂定，並發布或下達者，稱自治規則。此項罰鍰之處罰，最高以十萬元為限（地27）。
3. 委辦規則	直轄市政府、縣（市）政府、鄉（鎮、市）公所為辦理上級機關委辦事項，得依其法定職權或基於法律、中央法規之授權，訂定委辦規則。委辦規則應函報委辦機關核定後發布之；其名稱準用自治規則之規定（地29）。
4. 自律規則	地方立法機關得訂定自律規則。自律規則除法律或自治條例另有規定外，由各該立法機關發布，並報各該上級政府備查（地29）。

㈥**法律之位階性**（地30）：

　　1.自治條例與憲法、法律或基於法律授權之法規或上級自治團體自治條例牴觸者，無效。由行政院宣告之。

　　2.自治規則與憲法、法律、基於法律授權之法規、上級自治團體自治條例或該自治團體自治條例牴觸者，無效。由中央各該主管機關宣告之。

　　3.委辦規則與憲法、法律、中央法令牴觸者，無效。由委辦機關予以函告無效。

第五節　基本國策與兩岸關係

一、基本國策

　　即指國家一切政策所應遵循之基本政策，此基本國策係永久不變，不論任何政黨執政，均應遵守負責施行。其項目為：

項　　目	內　　　　　　　容
㈠ 國防	中華民國之國防，以保衛國家安全，維護世界和平為目的（憲137）。 1.軍隊國家化：⑴軍隊超越個人、地域及黨派（憲138），⑵軍隊不介入政爭（憲139）。 2.文武分治：⑴現役軍人不得兼任文官（憲140）。
㈡ 外交	中華民國之外交，應本獨立自主之精神，平等互惠之原則，敦睦邦交，尊重條約及聯合國憲章，以保護僑民權益，促進國際合作，提倡國際正義，確保世界和平（憲141）。

(三) 國民經濟	國民經濟應以民生主義爲基本原則，實施平均地權，節制資本，以謀國計民生之均足 (憲142)：1.平均地權 (憲143)，2.發展國家資本 (憲144)，3.節制私人資本 (憲145)，4.促成農業工業化 (憲146)，5.全國經濟之平衡發展 (憲147)，6.貨暢其流 (憲148)，金融機構之管理 (憲149)，普設平民金融機構 (憲150)，扶助僑民經濟事業 (憲151)，促進經濟發展與環境保護 (憲修10 I,II)，中小企業發展 (憲修10III)。
(四) 社會安全	國家之力量，以保障國民最低生活的安全爲目的。1.保障工作權 (憲15,152)，2.保護農工 (憲153)，3.勞資協調 (憲154)，4.實施社會保險與社會救濟 (憲155)，5.對身心障礙者之社會福利 (憲修10VII)，6.社會救助及國民就業 (憲修10VIII)，7.實施婦幼福利政策 (憲156)，維護婦女人格尊嚴，保障婦女人身安全，消除性別岐視，促進兩性地位實質平等，8.增進民族健康 (憲157)，9.推行全民健康保險 (憲修10V)，對退役軍人之輔導保障 (憲修10IX)。
(五) 教育文化	教育文化，應發展國民之民族精神，自治精神，國民道德，健全體格與科學及生活智能 (憲158)。1.教育機會均等 (憲159)，2.基本及補習教育免學費，6歲至12歲之學齡兒童受基本教育，貧困者免納學費，並由政府供給書籍 (憲160)，3.普設清寒獎學金 (憲161)，4.教育文化之監督 (憲162)，5.教育之均衡發展 (憲163)，6.教育文化工作者之保障 (憲165)，7.獎勵科學之發明與創造 (憲166)，8.教育文化事業之獎勵 (憲167)，9.教育、科學、文化，尤其國民教育經費應優先編列 (憲修10X)，10.國家肯定多元文化，並積極維護發展原住民族語言及文化 (憲修10XI)。
(六) 邊疆地區	保障邊疆地區民族文化事業與發展。1.扶植邊疆地區自治事業 (憲168)，2.發展邊疆地區事業 (憲169)。
(七) 原住民及澎金馬	國家應依民族意願，保障原住民族之地位及政治參與，並對其教育文化、交通水利、衛生醫療、經濟土地及社會福利事業予以保障扶助並促其發展，其辦法另以法律定之。對於澎湖、金門及馬祖地區人民亦同 (憲修10XII)。
(八) 華僑參政	國家對於僑居國外國民之政治參與，應予保障 (憲修10XIII)。

二、兩岸關係

自由地區與大陸地區間人民權利義務關係及其他事務之處理，得以法律爲特別之規定 (憲修11)。於是制定「臺灣地區與大陸地區人民關係條例」，其立法目的爲「國家統一前，爲確保臺灣地區安全與民眾福祉，

規範臺灣地區與大陸地區人民之往來，並處理衍生之法律事件，特制定本條例。本條例未規定者，適用其他有關法令之規定。」

依兩岸關係條例第 21 條第 1 項前段規定，大陸地區人民經許可進入臺灣地區者，非在臺灣地區設有戶籍滿 10 年，不得擔任公務人員部分，……所為之特別規定，其目的洵屬合理正當（司釋618）。

第六節　憲法之修改

憲法修改之程序如下：

一、提議與複決

憲法之修改，須經立法委員四分之一之提議，四分之三之出席，及出席委員四分之三之決議，提憲法修正案，並於公告半年後，經中華民國自由地區選舉人投票複決，有效同意票過選舉人總額之半數，即通過之，不適用憲法第 174 條之規定。

二、公布

由總統公布

三、憲法修改之界限

司法院釋字第 499 號解釋認為 88 年通過之增修條文不具效力，86年 7 月 21 日修正公布之原增修條文繼續適用。其理由：

㈠未符合公開透明原則：公開透明係直接體現國民主權之行為。

㈡未符合憲法中具有本質之重要性而規範秩序存立之基礎，如民主共和原則、國民主權原則、保障人民權利、有關權力分立制衡原則。

㈢牴觸民主憲政之基本原則：依附立法委員選舉之比例代表制與國民大會代表全國民行使政權之意旨兩不相容。

㈣國民大會代表之自行延長任期部分，有違利益迴避原則。

㈤違反修憲條文發生效力之基本規範。

第二章　行政法

第一節　行政法概說

一、行政之意義

對於行政（administration）之定義，學者間尚無一定之說法，可分為：

㈠**在行政法上之意義**：行政是以權力分立為前提，為立法與司法之對照概念。因近代法律思想受到洛克與孟德斯鳩之影響，而將國家權力之作用，依其性質區分為若干單位，並由各別構成之獨立機關來行使，以形成相互制衡（checks and balances），藉以排除國家權力之集中與防止權力濫用，而保障國民主權與基本人權的政治原理。

㈡**立法、司法與行政之區別**：

1.立法者，係就有關國家機關的組織、國民之權利義務，制定一般性、抽象性法規之國家作用之謂。

2.司法者，係就具體紛爭之事件，適用法律，並予裁定適法或違法之國家作用。在我國監察權，具有準司法機關之性質。

3.至於行政可分兩方面說明之：

⑴積極意義：行政者，由行政機關執行，並受指令所拘束之國家行為也。蓋行政權係在上下服從關係之行政組織下所產生之行政行為，故上級長官之指示，直接間接拘束屬官之行政行為。

⑵消極意義：即行政者，指除了立法、司法、考試、監察等權以外，依法令而行使之國家統治作用。蓋中華民國憲法對於總統及立法、司法、考試、監察各院之職權，均有列舉規定，獨於行政院之職權，採概括方式，規定行政院為國家最高行政機關，以免掛一漏萬。

二、行政法之意義與內容

(一) 意義	行政法（administrative law）者，指關於行政有關之法律，即關於行政權之組織及其作用之國內公法也。
(二) 內容	行政法既係規範行政權之組織及其作用之國內公法，則行政法當包括下列三種範圍，如：
	1.行政組織法	指國家為行使行政權表達國家意思，發揮行政作用，執行行政業務，以行政人員為基礎而結合成行政機關之法律體系之謂。
	2.行政作用法	指國家或公共團體之機關，在從事一切行動作用時，所應遵守之法律之謂。
	3.行政爭訟法	即指人民因行政機關之違法或不當處分，致損害其權利或利益時，得分別向其上級機關或行政法院，請求變更或撤銷原處分時，所依據之訴願法或行政訴訟法之謂。

三、行政之分類

分類基準	種　類	內　　　　　容
(一) 以權力來源為準	1.直接行政 （國家行政）	國家擁有統治權力，其統治權力由中央政府直接行使，稱為國家行政。如中央之行政權交由地方機關代為行使者，稱為間接行政。其優點為： (1)中央可就全國統一整體規劃並全面實施。 (2)全國法令與業務得以統一並界於貫徹實施。 (3)經費充足，利於羅致人才及業務之推行。 (4)易於協調各方，使全國均衡發展。
	2.間接行政	(1)自治行政：地方自治團體依憲法及地方制度法賦予之自治權力，辦理自治事務，稱為自治行政。其優點為： 　①可消除中央集權之缺點，防止獨裁。 　②地方較了解地方之需要，可達因地制宜之效。 　③中央集權，漠視地方自治，人民參政之機會減少，有背民主政治原則。 (2)委託行政：即委託行使公權力，如國家行政委託私人團體或個人行使者，此為國家賠償法第4條第1項所稱之情形。如政府機關委託農會辦理有關事務，或行政院陸委會委託海基會辦理兩岸關係事務是。
(二) 依法規適	1. 公權力行政	(1)高權行政：指國家或自治團體，基於其統治權主體之地位，以公法之規定作為基礎，所從事之行政行為，乃是

用性質為準	（公法行政）	最主要之行政作用種類。如開違規罰單、拆除違建、指定古蹟、課稅等是。 (2)準高權行政：指國家或自治團體，基於公共利益之目的，以非命令或非強制力手段，以達成與高權行政相同之行政目的。如指定古蹟、准予商標註冊或授與專利等。
	2. 私經濟行政 （國庫行政）	指行政機關基於私人之地位，從事私法行為，取得日常行政活動時所需之人力或物力，以輔助完成其行政目的或行政任務；可分為四類說明之： (1)行之私法行為：即行政機關以私法方式完成行政目的或公益之行為。如給予學生助學貸款、國宅之買賣、租賃、或對廠商之紓困貸款或公營水電之供需等是。 (2)行政輔助行為：即行政機關為從事日常行政事務，而需要物資或人力，而與私人訂立私法契約之情形。如向民間採購辦公用品、採購武器、利用辦公廳舍、或僱用臨時工作人員等是。 (3)行政營利行為：即行政機關以增加國庫收入或以營利目的從事企業經營活動。如中鋼、中油、台電公司等是。 (4)行政交易行為：則循市場供需率從事私經濟行為。如參與外匯市場操作，進出口物資以調節市場經濟之穩定等是。 因此國庫行政所生之損害，應循民事訴訟途徑處理。

第二節　行政法之特質

一、公法與私法

(一)**公法與私法之概念**：將法律分為公法（public law, öffentliches Recht）與私法（private law, Privatrecht），乃是羅馬法以來一般法學之傳統。如將公法與私法之區別應用在我們的日常生活裏，則可以說：

1.公法：係規律上下垂直線之生活關係之法律體系之謂，亦即規律國家與個人關係之法律，屬於公法。如憲法、行政法、刑法等。

2.私法：即規律水平線上左右之生活關係之法律體系之謂。亦即規律私人相互關係之法為私法。如民法、商事法等。

(二)公法與私法之區別：

區別依據	公　　法	私　　法
縱橫關係為準	規範縱的關係，即上下垂直之法律關係之法律體系。	規範橫的關係，即水平線上左右之生活關係之法律體系。
國家與個人關係為準	規律國家與個人關係之法律。	規律私人相互關係之法律。
損害賠償之依據	主要依據國家賠償法。	以相關之私法規定為依據。
強制執行方面	依行政執行法。	依強制執行法。
性質不同	有強烈公共利益與公共需求性。	不具公共利益或公共需求性質。
舉　　例	如憲法、行政法、刑法等。	如民法、商事法等。

二、行政法與憲法

區分之基準		憲　　法	行　政　法
區	(一)法律之位階	憲法為國家根本大法，具有母法性質。	行政法低於憲法之位階，與一般法規同一位階。為憲法之子法。
	(二)制定程序	由立法機關之決議，經公民投票由人民複決。	由立法及行政機關依立法或行政程序所制定公布。
	(三)規定內容	憲法規定內容涉及全國性、抽象性。	行政法規規範行政執行之具體性而執行之細節。
	(四)效力強弱	憲法效力最高。	行政法律之效力低於憲法，法規之效力又低於行政法。
分	(五)爭訟解釋	憲法由司法院大法官會議解釋之。	行政法規除由大法官會議解釋外，也由行政機關解釋之。
	(六)適用方面	憲法適用於全國。	行政法規適用於行政事項，由行政機關執行之。
	(七)懲戒方面	憲法無制裁懲戒效力。	行政法有行政罰法之規定，有懲戒效力。
關	(一)依據	憲法為國家根本大法，為法律制定之依據，為一般法律之主要法源。	行政法規是依據憲法而制定，不得違背憲法之規定。

係	(二) 母子關係	憲法是一切法律之根源為法律之母法關係。	行政法為執行憲法之規定，具有執行憲法、補充及解釋之作用，為憲法之子法。
	(三) 政治制度之依循	憲法是獨裁或民主關係到行政法之規定與執行。	憲法如為獨裁性，行政法也會朝獨裁性發展，憲法是民主法治，行政法也會在依法行政下，朝民主與法治發展。

三、行政法與民事法

(一)與私法法規之不同：行政法規與民法、商法等私法法規不同，行政法規是在實現行政之目的，故為公益而為；而私法是基於私法自治原則，故以私益為目的。

(二)出發點之不同：

　　1.行政法規是一種行為規範，即對於行政主體、行政客體及命令行政機關為一定之作為或不作為之規範。而私法法規原則上是一種裁判規範（即裁判準則之法律規範）；如甲對乙解除買賣契約，請求返還目的物，如乙不同意時，則須引發訴訟，這時私法法規就成為裁判準則之法律規範。

　　2.在行政之領域，在行為之前有法規之規定，行政主體、行政機關原則上須有法律之規定，才可以行為（即依法行政之原理）；在私法領域，在行為之前不受法律之約束，其後如發生爭議時，才發生適用法律問題。

(三)形成法律關係之不同：行政關係涉及土地徵收、拆除違章建築、徵收租稅等由行政機關一方之行為而成立；民事關係，如買賣契約由買賣雙方之合意而成立。

(四)法律關係地位之不同：在行政作用（行政機關對國民）之當事人的不平等，如行政處分之公定力、執行力與不可爭力等具有優越之地位；而在民事關係之當事人是居於平等之地位。

	行　政　法	民　事　法
1.目的	行政之目的在實現公益。	私法自治原則在實現私益。
2.出發點不同	(1)行為規範，即命令行政機關為一定作為、不作為之規範。	原則上是屬於裁判規範，有糾紛時成為裁判準則。
	(2)行為前有法律之規定（即先有法律規定，然後才有行為）。	在行為前不受法律拘束，有糾紛才適用法律。
3.形成法律關係之不同	由行政機關一方之行為而成立。	基於雙方之合意而成立。
4.法律關係地位之不同	當事人不平等。	當事人平等。

第三節　行政法之原則

原　則	內　容
一、 不當聯結之禁止	（德：Kopplungsverbot）即行政機關為達成一定之行政相標，而採行之手段應與目的之間，必須有相當合理之關聯性，而不得有「無實質關聯」或「不正當之關聯性」。依行政程序法第94條：「前條之附款不得違背行政處分之目的，並應與該處分之目的具有正當合理之關聯。」
二、 平等原則	（德：Gleichheitsprinzip）即要求人民在法律上享有實質之平等（憲7）。即相同事件應給予相同對待；不同事件，應給予不同對待。指國家之行政、立法與司法，祇能依「事物之本性」，始能作不平等之處置，否則均應平等處理。依行政程序法第6條：「行政行為，非有正當理由，不得為差別待遇。」
三、 依法行政原則	（德：Gesetzesmässigkeit der Verwaltung）即行政必須基於法律之規定而行使職權，以保障人民權益，提高行政效能，增進人民對行政之信賴（行程1）。其內容為： (一)法須由立法機關制定之原則：法律須經立法機關通過，總統公布（憲170），非有法律之授權，行政機關不得制定法規（中法4）。 (二)法律優位原則：即法律具有優越於命令等其他法律形式上之效力之謂。因此命令與憲法或法律牴觸者無效（憲172）；省法規或縣單行規章與國家法律牴觸者無效（憲117,125）。 (三)法律保留原則：有三種涵義： 　1.原來的行政作用是基於行政權之固有權力，惟如侵犯到個人權益時，則須有法律之依據。

	2.憲法上對人權保障有「依法律」之附加限制，此如第 23 條：「以上各條列舉之自由權利，除為防止妨礙他人自由，避免緊急危難，維持社會秩序，或增進公共利益所必要者外，不得以法律限制之」，此即憲法上法律之保留。 3.中央法規標準法第 5 條：「左列事項應以法律定之：一憲法或法律有明文規定，應以法律定之者。二關於人民之權利、義務者。三關於國家各機關之組織者。四其他重要事項之應以法律定之者。」 ㈣確立行政救濟制度之原則：為保障政府能貫徹依法行政之原則，一旦人民權益受行政機關之違法或不當處分，致遭受損害時，應有保護措施，使被害人能獲得適當之救濟。
四 比例原則	（德：Verhältnismässigkeitsprinzip）即國家為達成行政目的所採取之手段與人民所受之侵害，必須符合一定之比例。德國學界與司法實務將比例分為適合性、必要性與合比例性等三原則。此即行政程序法第 7 條所定： ㈠適合性：採取之方法應有助於目的之達成。 ㈡必要性：有多種同樣能達成目的之方法時，應選擇對人民權益損害最少者。 ㈢衡量性或合比例性：採取之方法所造成之損害不得與欲達成目的之利益顯失均衡。學者多以「用大砲打麻雀」（mit Kanonen auf(od. nach) Spatzen schießen.）亦即殺雞用牛刀，來形容違反比例原則之適例。
五 法律安定性與行政行為明確性原則	（德：Rechtssicherheit u. Klarheit des Verwaltungsakts）即法律秩序之內容應安定，不得朝令夕改，以免造成人民對政府信心之動搖，如 2008 年 9 月 26 日行政院衛生署對毒奶事件，反覆的決策，檢驗標準也一再修改，導致衛生署長下台負責。此外，行政行為之內容也應明確（行程 5），便利相對人遵循，或尋求救濟。 所謂明確性原則，如懲處處分之構成要件，法律以抽象概念表示者，其意義須非難以理解，且為一般受規範者所得預見，並可經由司法審查加以確認，方符法律明確性原則（司釋 491）。
六 誠實信用原則	（德：Treu u. Glauben；法：bonne foi）民法規定「行使權利、履行義務，應依誠實及信用方法」（民 148Ⅱ）。一般稱為帝王條款。因此行政法院常將誠信原則與公平原則合用為判決之基準。依據本原則所保護之信賴與信用在國際合作上已屬於相當重要之地位。依行政程序法第 8 條：「行政行為，應以誠實信用之方法為之，並應保護人民正當合理之信賴。」
七 信賴保護	（德：Grundsatz des Vertrauensschutzes）係源起於憲法之法治國原則，即人民因法律之規定、行政機關之行政處分或行政措施而獲取權益者，因

原則	對該項權益之存在已有信賴，在既得權的尊重下，當不能隨意將該規定或處分等予以廢止或撤銷，以免人民對國家行為產生疑慮，而降低國家之公信力。但如因維護公共利益而需改變該規定或處分時，必須兼顧人民之私益，並應有緩衝之規定或補償之措施；如有爭執，人民當可依據「信賴保護原則」主張其權利。如漁業法規定，因主管機關變更或撤銷漁業權之核准，或停止漁業權之行使等處分致受損害者，應由目的事業主管機關或由請求變更、撤銷、停止者，協調予以相當之補償；協調不成時，由中央主管機關決定（漁業29Ⅲ）。此外依行政程序法第 117 條規定：「違法行政處分於法定救濟期間經過後，原處分機關得依職權為全部或一部之撤銷；其上級機關，亦得為之。但有下列各款情形之一者，不得撤銷：㈠撤銷對公益有重大危害者。㈡受益人無第一百十九條所列信賴不值得保護之情形，而信賴授予利益之行政處分，其信賴利益顯然大於撤銷所欲維護之公益者。」
八 利益迴避原則	（Prinzip der Interessenvermeidung）公務員執行行政行為應力求公正、公平，公務員處理行政事件時，必須公正無私，始能確保當事人權益，並維護行政機關之威信。凡處理行政事件之公務員除了法律規定外，有利益衝突情形，或有可能使行政程序發生偏頗之虞者，公務員應行迴避，以促進廉能政治、遏阻貪污腐化暨不當利益之輸送等。 ㈠公職人員利益衝突迴避法之規定，所謂利益衝突，指公職人員執行職務時，得因其作為或不作為，直接或間接使本人或其關係人獲取利益者（第5條）。公職人員知有利益衝突者，應即自行迴避（第6條）。 ㈡公務員服務法：公務員執行職務時，遇有涉及本身或其家族之利害事件，應行迴避（第17條）。 ㈢行政程序法均規定在行政程序中，應行迴避之情形（第32、33條）。 ㈣行政訴訟法也有法官、書記官及通譯迴避之規定（第19、21條）。
九 禁止溯及既往原則	（德：Rückwirkungsverbot）即法律之效力只能適用於公布施行後所發生之事項，而不能溯及於法律實施以前所發生事項之謂。中央法規標準法第 18 條：法律變更時，應適用「從新從優原則」，而行政罰法第 5 條也規定，法律變更時應適用最有利於受罰者。民法總則、債編、物權、親屬、繼承等施行法第 1 條也都有明定。而刑法第 2 條也有規定。
十 公益之原則並應兼顧私益	原來德國行政法一向重視法律與公益，尤其在希特勒統治的時代，對軍人說：「命令就是命令」，而對法律家說：「法律就是法律」。由此希特勒就應用實證主義的法學，強調法律主義，並運用重視公益的法則認為「凡是對國民有益的才是法律」，亦即「不論是恣意任性為所欲為的行為、破壞契約的行為、違法行為等，祇要認為對國民有益，它就是法律。」在實際運作上即「獨裁者的恣意任性、不依法律與判決之處刑，對病患

之非法殺害等，凡是掌握國家權利者，自以爲合乎公益的均被視爲合法。」也可以說「支配者的私人利益，將被視爲公共利益而處理。」遂使法治國家變成非法國家[1]。因此往後德國行政法之原則，雖強調公益，但並非公益優先於私益，而是行政機關之行政行爲應爲公益而服務，如涉及私益，與私益發生關聯時，應同時顧及私益，如行政程序法規定，行政機關就該管行政程序，應於當事人有利及不利之情形，一律注意（行程9）。因此除公益外，並應兼顧私益爲原則。

第四節　行政組織

一、行政組織之意義

行政組織（administrative organization）即一個組織體爲發揮行政權作用，執行其既定之業務，以其成員爲基礎所組合而成之行政結構系統。如欲推動有效能之行政，必須建構健全之行政機構，除了設置行政機關之外，並賦予一定之權限，令其負責執行一定範圍之行政作用，使行政能在組織階層下，建立完整之行政體系。以統一各機關之意思，並在一定之權限內發揮行政執行之功能。

行政組織之階層秩序，是對一定之事項，不由複數之機關擔任爲目的。爲了統一其結論，達成行政目的，在階層式行政體制下，使上級之命令可下達至下級，而下級之意思可順利上達上級，具體而言是一種金字塔式之結構體。此種金字塔型之結構體，原是指天主教教權制之組織體系而言，現在則已傳遍軍隊與官僚體制之組織體制，甚至已在公司組織及社會各階層所廣泛使用。

二、行政主體與客體

㈠**行政主體**（Verwaltungsträger）：即行政權所屬之主體的法人；或在行政法上行使行政權得享有權利、負擔義務之法律效果的團體。在使用行政主體之概念下，國家及地方自治團體，或其他行政主體表示意思，從事公共事務，具有單獨法定地位之組織，如公法上團體或營造物等，固

---

[1] Gustav Radbruch 著：Rechtsphilosophie, S.335.

爲行政主體，而其他團體，如受託行使公權力之個人或團體，於委託範圍內，亦爲行政主體（行程2）。有關行政主體之種類列表如下：

行政主體	內　　　　　容
1. 國家	在近代的統一國家，擁有行政、立法、司法、考試、監察之國家權力，是集中由國家統籌管轄。故在憲法之下，行政權當然歸屬於國家。
2. 地方自治團體	即以一定區域與住民爲基礎所構成，對其區域內之住民，享有地區主權，爲擁有概括性支配權之公共團體。如縣（市）政府、鄉（鎮）公所。
3. 公法上團體	(1)公法上社團：爲實施公共行政之事業，依特別法而設立；有獨立之組織、編制、預算、並得對外行文等所構成之社團法人。如各種職業團體。 (2)公法上財團：即依據公法，提供一定財產而成立之財團法人。如公法上基金會。
4. 營造物	即國家或公共團體，爲公共使用之目的，所設置之人的手段與物的設施之綜合體。如公立學校、圖書館、醫院等是。

　　㈡**行政客體**：行政主體之相對人，即國家內的國民，外國人，私法人與公法人等。

三、行政機關

　　依行政程序法第 2 條後段：「本法所稱行政機關，係指代表國家、地方自治團體或其他行政主體表示意思，從事公共事務，具有單獨法定地位之組織。受託行使公權力之個人或團體，於委託範圍內，視爲行政機關。」在行政組織中，所謂「行政機關」者，乃是基於行政主體之地位，爲實現其行政目的，從事具體行政活動，具有獨立法律地位之行政單位。

四、公營事業

　　㈠**公營事業之意義**：公營事業，又稱爲「**公企業**」或「**公共事業**」，即指由國家或各級政府所經營，爲達成各種政策目的，或以增進公共利益爲目的，發展國家資本，促進經濟建設，便利人民生活，所經營之事業組織（國營2）。依憲法第 144 條規定：「公用事業及其他有獨佔性之企業，以公營爲原則。」依現行法制有國營及公營兩種稱謂。由於公營事業之經營權

係屬於行政權之範圍，因此公營事業本身亦屬於行政組織系統，而為各事業主管機關之附屬機構。而國營及公營兩種均規定各級政府獨資或合營之事業，或政府與人民合資經營，且政府所持有之資本超過百分之五十以上之事業等（公營 3，國營 3）。因此，行政法上對於公營事業之認定，係以該事業之經營主體或經營權之歸屬，作為判別公營事業與民營事業之標準。

㈡**公營事業之種類：**

1.以公營事業之經營主體為標準：可將公營事業區分如下：

(1)國營事業：係指以中央政府所屬之各主管機關，所經營之公營事業，其範圍則包括由政府獨資經營之事業、依事業組織特別法之規定由政府與人民合資經營之事業、依公司法規定由政府與人民合資經營而政府所佔資本超過百分之五十之事業、由政府與外人合資經營且訂有契約之事業（國營3）。

分類標準	種類
一經營主體為準	國營事業
	地方公營事業
二公營事業之性質為準	國防事業
	獨佔事業
	生產事業
	公用事業
	民生事業
三公營事業之設立目的為準	營利事業
	非營利事業
四公營事業之組織體制為準	公司組織之事業
	非公司組織之事業

(2)地方公營事業：由地方制度法相關規定與國營事業移轉民營條例第 3 條觀之，係指各級政府獨資或合營之事業，政府與人民合資經營，且政府資本超過百分之五十者，政府與前述公營事業，或前述公營事業投資於其他事業，其投資之資本合計超過該投資事業資本百分之五十者。

2.以公營事業之性質為分類標準：則可將公營事業區分如下：

(1)國防事業：係指在性質上與國防工業或國防軍需生產有關之事業，或直接與國防秘密相關聯之事業，例如兵工廠、軍品原料或零件工廠、與國防軍需之生產相關之礦業機構等。

(2)獨占事業：指若一企業在性質上易被私人資本所壟斷，而有造成國計民生發展失衡之可能時，即為獨占事業，為平衡公共利

益與私人利益，此類事業應以公營爲原則，而以民營爲例外。依憲法第 144 條規定：「公用事業及其他有獨佔性之企業，以公營爲原則，其經法律許可者，得由國民經營之。」第 145 條：「國家對於私人財富及私營事業，認爲有妨害國計民生之平衡發展者，應以法律限制之。」又第 155 條規定：「國家爲謀社會福利，應實施社會保險制度。」

(3)生產事業：係指由政府爲達成各種政策目的，而經營之各種生產性事業，具有較大之規模，且通常必須有大量之投資與長期之發展，其範圍包括工業與礦業在內，而以工業爲主，例如臺灣糖業、臺灣肥料、中國磷業、臺灣機械、中國鋼鐵、中國造船、中國石油等，其類別相當廣泛。

(4)公用事業：係以提供人民生活所需之服務與便利爲目的，而因規模較大，且影響民生至鉅，如自來水、電力、瓦斯、電話、交通運輸等事業，由於與人民生活具有密切關係，因此應以公營爲原則。

(5)民生事業：係指與民生有關必需品之生產或銷售之事業，如糖業、鹽業、瓦斯等燃料業、紡織品業等，由於其業務之運作直接影響人民日常生活，因此爲維護生活安定與物價平穩，落實經濟政策與福利政策，因此得由政府設置經營。

3.以公營事業設立之目的作爲分類標準：可將公營事業區分爲：

(1)營利事業：指政府基於財政目的所經營之事業，其主要目的雖在籌措財源，但其營利仍不得以獲取超額利潤爲目的。

(2)非營利事業：主要係指以推展社會服務爲目的之業務機關，如臺閩地區勞工保險局即是。

4.以公營事業之組織體制爲分類標準：則可將公營事業區分爲：

(1)公司組織之事業：依公司法第 1 條：「本法所稱公司，謂以營利爲目的，依照本法組織、登記、成立之社團法人。」即政府所持有之資本超過百分之五十以上時，該公司即爲公營事業，至於其主要之法令依據除公司法外，尚有事業組織特別法。

⑵非公司組織之事業：則指採用一般行政機關組織之公營事業機構，與採用不同於行政機關組織之公營事業機構兩種，其事業機構本身除有特定之組織法規作爲規範之外，若其所經營之業務內容符合商業登記法所規定之「商業」時，並應辦理商業登記。例如財政部中央信託局是。

五、營造物

㈠**營造物之意義**（德：Anstalt, öffentliche Anstalt）：即國家或公共團體爲公共使用之目的，而提供之人與物之設施的結合體之謂。亦即行政主體爲達成一定之目的，所設置之人的手段與物的設施之綜合體。如國立公立學校、圖書館、劇院、博物館、醫院、國公營鐵路、自來水等設施是。又稱爲公共設施。如地方制度法第 16 條第 1 項第 3 款所規定之人民對於「地方公共設施有使用之權」。或國家賠償法第 3 條規定之「公有公共設施」等均是。營造物所以須以人與物爲構成要素，蓋如任何一項有欠缺時，即無法達成「營造物」所欲實現之目的。如公立學校必須有教師、學生等「人」的要素，且須有教學設施、教學用教室及操場等「物」的要素，才可確實達成提供教學的目的與功能，才符合其設立之本旨。

而營造物有公用營造物與公共用營造物之別；前者是提供行政主體自己所使用（如機關建築物），後者是行政主體提供一般公共使用者，如道路、鐵路、學校、醫院、圖書館等。而「營造物」又與「公物」不同，公物是爲達成行政目的，直接使用之物，即供行政機關內部使用之物，如警察之裝備、公務大樓等是。

㈡**營造物之種類**：

分類標準	種　　　　類	舉　　　　例
以營造物設立目的為標準	增進人民之精神利益爲目的	學校、圖書館、博物館、天文台等
	增進人民之身體利益爲目的	如衛生所、公立醫院
	增進人民之經濟利益爲目的	如農業改良場、公立水產養殖中心
	救濟社會爲目的	公立救濟院、公立育幼院
以營造物	服務性營造物	郵局、港口

之性質為標準	文教性營造物	公立學校、文化中心
	保育性營造物	公立醫院
	民俗性營造物	孔廟、忠烈祠
	營業性營造物	公有市場、公立花市

六、公物

㈠**公物之意義**：公物（res publica；öffentliche Sache）者，即國家或地方自治團體等行政主體，直接為公用之目的，所提供之個個有體物之謂。公物包含如道路、河川、港口等直接提供公眾共同使用之公共用物，與國家或公共團體所提供使用之政府機關、公立學校、建築物或圖書館、歌劇院等兩種。私有物或私產之物，或縱使國家或公共團體之財產，如公用財產以外，可供收益或處分為目的之一切國有財產，則非此之公物（國財4II）。

㈡**公物之分類**：公物得因標準之不同而分類：

分類基準	種類	內　　容	舉　　例
因內容不同而分	公共用物	即直接提供一般公眾使用之公物。	道路、河川、圖書館等。
	公用物	即國家或地方自治團體，提供公眾使用之物。	機關建築物公立學校之建築物等。
公物成立過程之差異而分	自然公物	即因自然狀態而形成，得提供公眾使用之物。	河川、海濱。
	人工公物	即因行政主體之加工，而有意識的提供公眾使用之物。	道路、公園、圖書館等。
因公物所有權而分類	公有公物	凡公物之所有權為國家或地方自治團體所有者之謂。	國家圖書館。
	私有公物	凡公物之所有權為私人所有，而政府機關只有使用權者之謂。	如私人興建之圖書館供公眾使用者。
公物是否移轉所有權而分	融通公物	凡公物得移轉所有權之謂。	如公有土地之標售是。
	不融通公物	凡公物不得移轉所有權之謂。	一般公物均為不融通物，如道路、橋樑、河川等是。

七、公務員

㈠**公務員之意義**：本法所稱公務員者，謂依法令從事於公務之人員。公務員於執行職務行使公權力時，因故意或過失不法侵害人民自由或權利者，國家應負損害賠償責任。公務員怠於執行職務，致人民自由或權利遭受損害者亦同。前項情形，公務員有故意或重大過失時，賠償義務機關對之有求償權(國賠2)。又受國家、地方自治團體所屬機關依法委託，從事與委託機關權限有關之公共事務者 (刑10II)，亦為公務員。就行政法學理而言，所謂「公務員」其最廣義之定義，係指包括地方自治人員、文職人員、武職人員、國家公務員、公營事業機關之服務人員、民意代表、受委託行使公權力之人、臨時派用或聘僱人員等在內，亦即凡依法令從事國家公務之人，即為公務人員。

㈡**公務員之權利與義務**：公務員與國家間之關係，依大法官解釋 (如釋字第430、433號)，認為係「公法上之職務關係」，其權利義務可歸納如下：

1. 公務員 之權利	⑴**俸給權**：俸給權係公務員人員最主要之權利，乃公務人員於任職時，國家所給與之生活費用與辛勞報酬。
	⑵**退休金權**：退休金乃國家因公務人員任職已達一定年限，或達一定年齡，或具有其他法定原因時，依法退休後所為之給與。
	⑶**撫卹金權**：撫卹金者，乃公務人員因公死亡，或病故或意外死亡，國家對於其遺族所為之給與之謂。
	⑷**參加考績權**：公務人員任現職，經銓敘審定合格實授至年終滿 1 年者，予以考績，如公務人員合於考績之規定者，即有要求參加考績之權 (公考4)。
	⑸**參加保險權**：指法定機關編制內之有給公務人員，享有參加公務人員保險，並於發生保險事故時，有享受保險給付之權利。
	⑹**職務上使用公物公款權**：公務員如因職務之需要，得動用公物或支用公款 (公服19反面解釋)。
	⑺**職位保障權**：亦稱身份保障權，則公務員依其身分及地位，給予職位上的保障，使其安心工作，樂為效力，且可防止機關首長，不因個人之好惡對於部屬恣意任免遷調，以保障國家之人事制度。
2. 公務員 之義務	⑴**執行職務之義務**：公務員執行職務有兩種，一為法定義務，即法律上明文規定之義務。一為主管長官之指示而交辦之義務。就執行職務之義務內容言，得分為三項：①躬親執行職務之義務；②忠實執行職務之義務；③遵守時間之義務。

(2)**服從命令之義務**：公務人員執行義務，除司法官須依據法律獨立審判不受任何干涉外，凡一般行政人員，就其職務，有服從其上級機關或上級長官之命令。

(3)**嚴守秘密之義務**：為維護國家之利益，公務員不能洩漏政府機關之機密。其規定為：保密義務：公務員有絕對保守政府機關機密之義務，對於機密事件，無論是否主管事務，均不得洩漏，退職後亦同。公務員未得長官許可，不得以私人或代表機關名義，任意發表有關職務之談話（公服4）。如有違反，則依刑法第132、133及318條處罰。

(4)**保持品位之義務**：公務人員代表政府機關執行公務，當應自愛，以身作則，為民表率。依公務員服務法規定，公務員應誠實清廉，謹慎勤勉，不得有驕恣貪惰，奢侈放蕩，及冶遊賭博，吸食菸毒等，足以損失名譽之行為（第5條）。

(5)**不為一定行為之義務**：公務員尚有不為一定行為之義務，倘公務員有違反法令行為，該管長官知情而不依法處置者，應受懲處。

八、公務員之責任

凡公務員違法侵害人民之自由或權利者，除依法律受懲戒外，應負刑事及民事責任。被害人民就其所受損害，並得依法律向國家請求賠償（憲24）。其內容為：

㈠**法律責任**：係指公務人員於在職期間之內，因違反法定義務，發生違法或失職之行為時，依據相關法律之規定，所應負擔之責任。有二種：

1.民事責任：係指公務人員於執行其職務時，若有故意或過失之行為，而違反職務侵害他人之法益，以致使國家之利益或第三人之利益受損害者，應負擔民事上之損害賠償責任（民186）。

2.刑事責任：

(1)刑法上公務員定義：稱公務員者，謂下列人員（刑10II）：

①依法令服務於國家、地方自治團體所屬機關而具有法定職務權限，以及其他依法令從事於公共事務，而具有法定職務權限者。

②受國家、地方自治團體所屬機關依法委託，從事與委託機關權限有關之公共事務者。

(2)公務員之刑事責任：係指公務人員在作為時，若觸犯刑法條文

中所規定，在性質上與其職務相關之犯罪行為時，由法院依據瀆職罪之規定，對其課以刑事制裁之責任（刑120-134）。如公務員假借職務上之權利、機會或方法，傷害他人身體，應加重其刑至二分之一（刑134）。

㈡**行政責任**：

1.懲戒責任：即指公務人員於執行職務之時，因違反行政行為之義務，而有違法、不當、廢弛職務、失職等行為時，應由機關長官考核、報請上級長官處理，或送公務員懲戒機關予以懲戒處分之制裁（公懲2）。

2.公務員的行政責任：有司法上懲戒與行政上懲處等不同：

區分基準	司法上懲戒	行政上懲處
⑴**法律依據不同**	公務員懲戒法	公務人員考績法
⑵**懲戒主體不同**	經監察院彈劾後移公務員懲戒委員會審議（公懲18）。但九職等以下公務員主管長官得逕送公務員懲戒委員會審議（公懲19）。	由公務員服務之主管長官為之。
⑶**處罰種類不同**	撤職、休職、降級、減俸、記過、申誡（公懲9）。	懲處分申誡、記過、記大過、免職（公考12）。
⑷**處罰對象不同**	對所有公務員包括政務官及事務官。	以事務官為限。
⑸**功過相抵不同**	無功過相抵之情形。	平時考核獎懲得互相抵銷（公考12Ⅰ①），但專業考績不得與平時考核功過相抵銷（公考12Ⅱ）。
⑹**救濟程序不同**	懲戒案件議決後得聲請再審議（公懲33）。	機關長官如對考績案有意見，應交考績委員會復議（公考施19Ⅰ），當事人如受免職處分，可向考試院公務人員保障暨培訓委員會申訴（憲修6）。如不服可向行政法院請求救濟。

㈢**政治責任**：係指政務官在執行職務之過程中，若其所作之決定不被內閣或國會所接受，或在執行其決定之過程中，因發生重大錯誤或偏差，導致國家或人民蒙受損害，或在其主管業務之內，發生重大災害，或在

其任期之內，個人之言行或私生活有重大不當之情況時，以引咎辭職之
方式，表示負責。

第五節　行政作用

一、行政行為

　　㈠**行政行為之意義**：所謂行政行為，即行政機關為實現行政目的，基
於法律所授與之權力，以單方面之判斷，所為之公的意思表示。如賦稅
之課徵、土地之徵收、違建物之拆除命令、營業執照之發給、生活保護
之決定等行為都屬於行政行為。

　　㈡**行政行為應遵守之原則**：

　　　1.行政行為應受法律及一般法律原則之拘束（行程4）。

　　　2.行政行為之內容應明確（行程5）。

　　　3.行政行為，非有正當理由，不得差別待遇（行程6）。

　　　4.行政行為之原則（行程7）。

　　　　⑴採取之方法應有助於目的之達成。

　　　　⑵有多種同樣能達成目的之方法時，應選擇對人民權益損害最少
　　　　　者。

　　　　⑶採取之方法所造成之損害不得與欲達成目的之利益顯失均衡。

　　　5.行政行為，應以誠實信用之方法為之，並應保護人民正當合理之
信賴（行程8）。此為**信賴保護原則**。

　　　6.行政機關就該管行政程序，應於當事人有利及不利之情形，一律
注意（行程9），此稱為**利益衡平原則**。

　　　7.行政機關行使裁量權，不得逾越法定之裁量範圍，並應符合法規
授權之目的（行程10）。

二、行政程序

　　㈠**行政程序之意義**：係指行政機關作成行政處分、締結行政契約、訂
定法規命令與行政規則、確定行政計畫、實施行政指導及處理陳情等行
為之程序。

㈡**行政機關之管轄**：

　　1.管轄權之意義：行政機關之管轄權，依其組織法規或其他行政法規定之（行程 11），以確定其權限行使之界限。

　　2.行政機關權限之委任或委託：又稱爲**公權力委託或委託行使**。行政機關權限內事項，固以自行處理爲原則，但有時基於實際需要或某種困難，而委由他機關或人民辦理爲便者，因此行政程序法第 15 條第 1 項規定：「行政機關得依法規將其權限之一部分，委任所屬下級機關執行之。」

　　委任與委託之類型有三：

⑴**委任**（Delegation）	行政機關將權限之一部分委任其他行政機關以受任機關名義執行者，稱之爲權限之委任。
⑵**委託**（Mandat）	行政機關將其權限之一部委託其他行政機關以委託機關名義執行者，稱爲權限之委託。
⑶**行政委託**（Beleihung）	行政機關將其權限之一部委託人民（包括自然人與私法人）以人民自己名義執行者，稱爲行政委託。

㈢**行政程序之當事人**：本法所稱之當事人如下（行程 20）：

　　1.申請人及申請之相對人。

　　2.行政機關所爲行政處分之相對人。

　　3.與行政機關締結行政契約之相對人。

　　4.行政機關實施行政指導之相對人。

　　5.對行政機關陳情之人。

　　6.其他依本法規定參加行政程序之人。

㈣**行政程序之代理**：所謂代理人（英：agent；德：Stellvertreter, Bevollmächtigter；法：représentant），即當事人原則上得委任代理人代爲行政程序。惟依法規之規定或依行政程序之性質須當事人親自爲之者，則不得委任。當事人雖得委任代理人，惟代理人之人數最多以 3 人爲限。代理權之授與範圍，原則上及於該行政程序之全部行政行爲，但申請之撤回，關係當事人之權益甚鉅，故規定應經當事人之特別授權，方得爲之。代理人應於最初爲行政程序行爲時提出委任書，以明其代理權限。代理權授與之撤回，於當事人與代理人間，固於撤回時即發生效力，惟對於

行政機關,則應於受通知後始生效力,免生爭議(行程 24)。

　(五)**行政程序之開始**:

　　1.行政機關之發動:原則上由行政機關以職權裁量(行程 34 前)。

　　2.當事人申請:人民為自身利益得以書面或言詞提出申請,以言詞為之者,應作成紀錄,向申請人郎讀或使閱覽,並由其簽名或蓋章(行程 34 後)。

　(六)**行政程序之進行**:

　　1.公務員之迴避:行政程序之進行應力求公正、公平。公務員處理行政事件時,必須公正無私。為免處理行政程序發生偏頗之虞,凡處理行政事件之公務員有下列各款情形之一者,應自行迴避(行程 32)。

　　　(1)本人或其配偶、前配偶、四親等內之血親或三親等內之姻親或曾有此關係者為事件之當事人時。

　　　(2)本人或其配偶、前配偶,就該事件與當事人有共同權利人或共同義務人之關係者。

　　　(3)現為或曾為該事件當事人之代理人、輔佐人者。

　　　(4)於該事件,曾為證人、鑑定人者。

　　2.調查事實及證據:行政機關為調查確定事實所必要之一切證據,應依職權調查事實,並決定調查之種類、範圍、順序及方法,不受當事人提出之證據及申請調查證據之拘束。但行政機關本其職權,對當事人有利及不利之事項,均應予以注意(行程 36)。

　　3.資訊公開及抄閱卷宗:資訊公開,即人民為滿足「知的權力」要求國家公開資訊之權利。並要求媒體提供公正而正確之資訊,藉此資訊之自由,**促使政府各項施政透明化**,國民了解政府各項資訊,構成自己的意見,俾便監督施政。故於第 46 條規定:「當事人或利害關係人得向行政機關申請閱覽、抄寫、複印或攝影有關資料或卷宗。但以主張或維護其法律上利益有必要者為限。」

　(七)**行政程序之費用**:行政程序所生之費用,以無償為原則,故由行政機關負擔。但專為當事人或利害關係人之利益所支出之費用,例如當事人或利害關係人申請閱覽、抄寫、複印或攝影有關資料、卷宗所生之費

用，即應由該當事人或利害關係人負擔。因可歸責於當事人或利害關係人之事由，致行政程序有顯著之延滯者，其因延滯所生之費用，應由該當事人或利害關係人自行負擔（行程52）。

(八)**聽證程序**：按行政程序之簡繁要與事件性質之輕重成比例，亦即對一般的、輕微的事件，應力求行政程序之簡易與合目的性。反之，愈攸關人民權益者，則愈要嚴其程序之保障。其次，聽證程序因其應適用之情形，不一而足。故行政行為之作成是否應進行聽證，允宜讓諸立法者於個別的法令中加以考量，行政程序法第十節，則僅就聽證程序進行模式建構。即唯有在本法或其他法令明定某行政行為為應行聽證時，始適用行政程序法規定之聽證程序（行程54）。

(九)**行政文書之送達**：

　　1.由行政機關自行或付郵送達：送達由行政機關自行或交由郵政機關送達。行政機關之文書依法規以電報交換、電傳文件、傳真或其他電子文件行之者，視為自行送達。由郵政機關送達者，以一般郵遞方式為之。但文書內容對人民權利義務有重大影響者，應為掛號。文書由行政機關自行送達者，以承辦人員或辦理送達事務人員為送達人；其交郵政機關送達者，以郵務人員為送達人。上項郵政機關之送達準用依民事訴訟法施行法第3條訂定之郵政機關送達訴訟文書實施辦法（行程68）。

　　2.不能送達之送達方式：

　　　(1)寄存送達：送達，不能依第72及73條規定為之者，得將文書寄存送達地之地方自治或警察機關，並作送達通知書兩份，一份黏貼於應受送達人住居所、事務所、營業所或其就業處所門首，另一份交由鄰居轉交或置於該送達處所信箱或其他適當位置，以為送達（行程74）。

　　　(2)公示送達：

　　　　①依申請准為公示送達情形：對於當事人之送達，有不能送達情形時，行政機關得依申請，准為公示送達（行程78）。

　　　　②應為送達之處所不明，而無人申請公示送達者，行政機關為免行政程序遲延，認有必要時應依職權為公示送達（行程79）。

三、行政處分

㈠**行政處分之意義**：行政處分（德：Verwaltungsmaßregel），係指行政機關就公法上具體事件所爲之決定或其他公權力措施而對外直接發生法律效果之單方行政行爲。前項決定或措施之相對人雖非特定，而依一般性特徵可得確定其範圍者，爲一般處分，適用本法有關行政處分之規定。有關公物之設定、變更、廢止或其一般使用者，亦同（行程 92）。

㈡**行政處分之附款**：附款係對行政處分之主要內容所爲之附加內容。由於附款具有便民、簡化行政程序及強化行政之功能，故有採用之必要。惟何種行政處分始得爲附款，學說咸認裁量處分原則上得爲附款；羈束處分，則以法律有明文規定或爲確保行政處分法定要件之履行而以該要件爲附款內容者爲限，始得爲之（行程 93）。本條第二項規定附款之種類。茲分別說明如下：

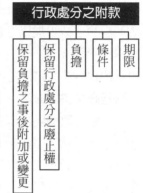

行政處分之附款

保留負擔之事後附加或變更 ｜ 保留行政處分之廢止權 ｜ 負擔 ｜ 條件 ｜ 期限

　　1.期限：指規定給予利益或課予負擔；從一定之時日開始、終止或在一定期間內有效而言。

　　2.條件：指規定給予利益或課予負擔之發生或消滅，繫於將來不確定之事實而言。

　　3.負擔：指在授予利益之行政處分中所附加於相對人須爲一定義務之附款而言。負擔必須至相對人主張、使用該授益處分之內容時，始生效力，並非行政機關作成授益處分時，相對人即無選擇餘地被接受該處分及負擔。

　　4.保留行政處分之廢止權：指行政機關對授予相對人利益之行政處分，於該行政處分所規之情形下，得全部或一部予以廢止，使其效力終止而言。

　　5.保留負擔之事後附加或變更：指行政機關於作成行政處分時，保留事後附加、變更或補充負擔之權限而言。

　　以上之附款不得違背行政處分之目的，並應與該處分之目的具有正當合理之關聯（行程 94）。

㈢**行政處分之方式**：行政處分除法規另有要式之規定者外，得以書面、言詞或其他方式為之。以書面以外方式所為之行政處分，其相對人或利害關係人有正當理由要求作成書面時，處分機關不得拒絕（行程95）。

㈣**行政處分之效力**：即指行政機關所作成之行政處分，在具備各項成立要件之後，在公法上對於當事人所產生之效力，其內容則包括下列四種：

```
                  ┌ 公定力
  行政處分        ├ 確定力 ┬ 形式上確定力
  之效力          ├ 拘束力 └ 實質上確定力
                  └ 執行力
```

1. 公定力	又稱為「有強制他人承認其效力之力」，即指行政機關作成行政處分之後，在該處分未被有權之行政機關或法院依法定程序加以撤銷或宣告無效之前，在法律上對該行政處分應受到適法之推定，因此，任何人均不得否定該行政處分之效力。人民僅能依訴願或行政訴訟之方式，將該行政處分加以撤銷，而無其他救濟方式。
2. 確定力	又稱為「既判力」，即指行政機關所作成之行政處分，其內容一經最後確定之後，即不得予以變更之效力。依內容可分為： ⑴形式上確定力：即為法律上之確定效力，又稱為「不可爭力」。 ⑵實質上確定力：即對同一案件適用「一事不再理原則」，又稱為「不可變力」。
3. 拘束力	即指行政處分一經有效成立之後，對於該行政機關本身、客體相對人與關係人三者，均將產生法律關係上之合法拘束效力。即對於因此所產生之權利義務得喪變更，均負有容忍之義務，不得有違反之行為。反之，在行政處分一經主管機關作成之後，除經有權機關予以撤銷或廢止者外，均將產生法律上之合法效力，因此各機關均應受其法律效力之拘束。
4. 執行力	又稱為行政處分之「實效性」，即行政處分在作成之後，對於受處分之相對義務人，均將產生法律上之效力。若該相對義務人不履行其作為義務時，行政機關得強制其履行，對於負有「不作為義務」之義務相對人而言，行政機關亦得強制其遵守。

㈤**行政處分之無效及撤銷**：

　　1.行政處分之無效：

　　　⑴無效之原因：在行政法之傳統理論中，關於行政處分無效之原因，有四種：

　　　　①關於行政處分無效之「**主觀瑕疵**」：

A 行為能力之瑕疵：如行政處分係由行政機關中，不具有合法資格或或身分之人員所作成者、行政處分係由不具有正當組織之行政機關所作成者；或由無權代理之人所作成者。

行政處分之無效及撤銷

行　政　處　分

有重大明顯之瑕疵

主觀瑕疵｜內容瑕疵｜手續瑕疵｜形式瑕疵｜處分之意思瑕疵｜處分資料不正確｜處分違法不當｜處分違反公益｜處分程序不合法

無效之行政處分	得撤銷行政處分
自始無效（行程110IV）	在未撤銷之前仍有效
	撤銷後溯及既往失其效力（行程118）

B 欠缺意思能力下作成：行政處分係由行政機關或其行政人員，在欠缺意思能力之情況下，如以詐欺、脅迫或賄賂方法所作成者（行程119①）。

C 職權行使之瑕疵：則包括作成行政處分之事項，係屬逾越行政機關法定職權範圍者，行政處分之成立，依法應先取得其他機關或人員之同意，卻未取得同意等兩種情形。

②關於行政處分無效之「**內容瑕疵**」：係指行政處分欠缺各種客觀要件之情形，包括：

A 處分違法：行政處分之內容，與法律規定或禁止事項有所牴觸或違反。

B 處分無法執行：行政處分之相對人，或處分標的物，或權利義務，在事實上或法律上無法履行。

C 內容不確定：行政處分之內容完全無法確定。

③關於行政處分無效之「**手續瑕疵**」：即行政處分未完成法定程序，如欠缺當事人之聲請、利害關係人未主張權利或聲明異議之機會、未經當事人或利害關係人協議、未獲上級核准

等，因法定程序未完備，致在法律上無效。

④關於行政處分無效之「**形式瑕疵**」：行政處分須基於一定文書的形式表示，其欠缺該文書之形式，當然無效。關於「行政處分無效之法定原因」，亦稱爲「絕對無效之理由」，其內容包括書面之行政處分無法由書面中得知處分機關、應以證書方式作成而未給予證書、處分之內容對任何人均屬不能實現、處分內容所要求或許可之行爲違反法令而構成犯罪、處分內容違背公共秩序或善良風俗、未經授權而違背法規有關專屬管轄之規定或缺乏事務權限、具有重大明顯之瑕疵等（行程 111）。

(2)無效之效力：在行政法學理上，所謂行政處分之無效，係指行政機關所作成之行政處分，**自始即不具有合法效力**（行程 110IV），由於行政處分不具有合法效力，是故對於該處分之當事人與利害關係人而言，其權利義務均不受影響。此無效行政處分之法律效果，性質上係屬於自始無效，故不需經過宣告撤銷之程序，在法律上即不發生拘束效力。若行政機關以無效之行政處分，對人民課予義務時，該人民不負法律上之服從義務，若人民在無過失之前提下，履行無效之處分時，得請求損害賠償。若以無效之行政處分，對人民授予權利時，亦不受法律所保障，因此相關之第三人得主張該權利爲無效之權利，並否認該權利之存在。再者，行政機關若以無效之行政處分，強制人民必須服從，或因無效之行政處分，導致人民權益受到損害時，人民可依法提起行政訴訟。

2.行政處分之撤銷：

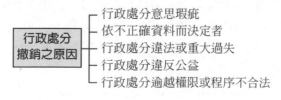

行政處分撤銷之原因
- 行政處分意思瑕疵
- 依不正確資料而決定者
- 行政處分違法或重大過失
- 行政處分違反公益
- 行政處分逾越權限或程序不合法

⑴撤銷之原因：一般而言，除無效之行政處分外，行政機關對於有瑕疵之行政處分，由於瑕疵之程度未達無效之標準，因此通常係於行政處分生效之後，方由行政機關依人民之聲請予以撤銷，或由行政機關基於自身職權之行使，將該處分予以撤銷。詳析之，行政處分撤銷之原因如下：

①行政處分意思瑕疵：指行政機關在作成行政處分時，其意思表示有錯誤、被詐欺、脅迫或賄賂方法，在法律上即構成意思表示之瑕疵，其信賴不值得保護（行程 119①），其所作成之行政處分並非無效，但得予以撤銷。

②依不正確資料而決定者：對重要事項提供不正確資料或爲不完全陳述，致使行政機關依該資料或陳述而作成行政處分者（行程 119②）。

③行政處分違法或重大過失：明知行政處分違法或因重大過失而不知者（行程 119 I ③），又行政機關依裁量權所爲之行政處分，以其作爲或不作爲逾越權限或濫用權力者爲限，行政法院得予撤銷（行訴 201）。

④行政處分違反公益：行政處分發生形式確定力後，違法行政處分是否撤銷，原則上仍由行政機關裁量，但爲免公益遭受重大損害，以及基於信賴保護原則，行政機關之撤銷權仍不得有行政程序法第 117 條第 1 項但書之規定，則不得有違害公益之情形。

⑤行政處分逾越權限或程序不合法：行政機關之行政處分有逾越權限之行爲，或行政機關之行政處分未依法定程序作成，就因欠缺合法要件，而得予以撤銷。

⑵違法行政處分撤銷之限制：違法行政處分於法定救濟期間經過後，原處分機關得依職權爲全部或一部之撤銷；其上級機關，亦得爲之。但有下列各款情形之一者，不得撤銷（行程 117）：

①撤銷對公益有重大危害者。

②受益人無第 119 條所列信賴不值得保護之情形，而信賴授予利

　　　益之行政處分，其信賴利益顯然大於撤銷所欲維護之公益者。

(3)撤銷之效力：在行政法學理上，對於違法行政處分具有撤銷權之機關，其撤銷權之行使，在性質上即爲另一行政處分，稱爲「撤銷處分」，且就法律效果而言，撤銷處分之效力係以**溯及既往爲原則**(行程 118)，原行政處分在撤銷之後，即與未作成處分之情形相同。但若溯及既往將對人民權利與社會公益造成損害時，則在部分例外之情況下，行政機關將採取「處分之停止」或「基於瑕疵之處分變更」之方法，以維護社會公益及法律安定。所謂「處分之停止」者，即係指行政機關使撤銷處分之效力向後發生，亦即使原行政處分向後失效。所謂「基於瑕疵之處分變更」者，即係指行政機關僅使原行政處分之一部份向後失效，而不使撤銷處分之效力溯及既往。

㈥行政處分之廢止：

1.行政處分廢止之概念：所謂「行政處分之廢止」，即係指原處分機關或其上級繼關基於廢止權之行使，或無隸屬關係之監督機關基於法令規定，對於已作成並已生效之行政處分，基於事實或法令變更，而決定將該合法行政處分廢棄，使其向將來失效之行爲。依行政程序法，行政處分之廢止有二：

(1)非授予利益之行政處分之廢止(行程 122)：合法之非授益處分作成後，如因事實或法令變更，原處分效力已不宜存續，且其廢止並未使相對人蒙受不利，自宜容許行政機關依職權裁量，決定是否廢止之。但如行政處分廢止後，依現存之事實與法令狀態，行政機關必須再作成相同內容之行政處分者，則不僅其行爲前後矛盾，且不合目的，自不得爲廢止。又如依法令、一般法律原則或行政規則等其他原因不許廢止者，亦同。

(2)授予利益之行政處分之廢止：授予利益之合法行政處分，有下列各款情形之一者，得由原處分機關依職權爲全部或一部之廢止(行程 123)：

①法規准許廢止者。

②原處分機關保留行政處分之廢止權者。

③附負擔之行政處分，受益人未履行該負擔者。

④行政處分所依據之法規或事實事後發生變更，致不廢止該處
　分對公益將有危害者。

⑤其他為防止或除去對公益之重大危害者。

2.行政處分廢止之效果：原則上向後失其效力，例外未履行負擔致
行政處分廢止時，而有溯及既往失效之情況。

(1)廢止應行使之期間：合法授予利益之行政處分之廢止，應自廢
止原因發生後 2 年內為之（行程 124）。

(2)廢止效力之範圍：合法行政處分經廢止者，原則上僅自廢止時
起或自廢止機關所指定較後之日期時起失效，但行政處分係因
受益人未履行負擔而遭廢止者，如廢止只能向將來失效，有時
將無法達成廢止之目的。例如：受益人已受領經濟補貼，但未
履行負擔，如廢止只能向將來生效，則因行政機關不能請求其
返還補貼，廢止將無法完全達成行政目的。因此乃規定在前述
情形，行政機關仍得使廢止生溯及效力（行程 125）。

(3)廢止合法行政處分，其信賴利益之補償：原處分機關依第 123
條第 4 款（行政處分所依據之法規或事實事後發生變更，致不
廢止該處分對公益將有危害者）、第 5 款（其他為防止或除去
對公益有重大危害者）之規定，廢止授予利益之合法行政處分，
對受益人因信賴該處分致遭受財產上之損失，應給予合理之補
償（行程 126 I）。

　　關於前項信賴補償之額度、不服之救濟與請求權時效，與第
120 條第 2 項、第 3 項，撤銷授益處分之信賴補償，及第 121 條
第 2 項撤銷權消滅時效，同其法理，故予準用之（行程 126）。

(4)受領利益之返還：授予利益之行政處分，其內容係提供一次或
連續之金錢或可分物之給付者，經撤銷、廢止或條件成就而有
溯及既往失效之情形時，受益人因該處分而受領之給付，即因
喪失法律之原因而構成不當得利，故受益人應返還因該處分所

受領之給付。其行政處分經確認無效者亦同。此項返還範圍準用民法有關不當得利之規定（行程127）。

四、行政契約

(一)**行政契約之意義**：又稱爲「**行政法上契約**」（德 Verwaltungsrechtlicher Vertrag）或「**公法上契約**」，係屬於法律關係中之公法契約，而爲法律行爲中之雙方行爲，則係指行政法關係上之雙方當事人，各爲實現彼此相對應之目的，互爲意思表示一致之前提下，以簽訂具有公法上效力契約之方式而成立之行政行爲，且該行爲雖可視爲當事人彼此間之契約，但性質上則具有公法關係。如中央健康保險局依其組織法規係國家機關，爲執行其法定之職權，就辦理全民健康保險醫療服務有關事項，與各醫事服務機構締結全民健康保險特約醫事服務機構合約，約定由特約醫事服務機構提供被保險人醫療保健服務，以達促進國民健康、增進公共利益之行政目的，故此項合約具有行政契約之性質（司釋533）。

因公法關係之行政法規，原則上係屬於法律之強行規定，因此，行政契約之締結必須依照法律之規定，亦即雙方當事人必須遵守相關法規之規定，因此行政契約雖屬於法律契約之一種，但不適用私法關係上之「契約自由原則」。

(二)**行政契約之合法要件**：

1. 行政契約之容許性	係指基於現代國家法治與民主之行政理念，行政機關原則上具有締結行政契約之權力，但若依行政事件之性質，或基於法規之規定不得締結行政契約時，行政機關即不得締結行政契約（行程135）。
2. 形式要件	關於行政契約之形式要件方面，係包含其締結方式與程序要件，亦即締結行政契約之機關必須具有法定管轄權、締約對象之選擇應加以公告、行政契約應以書面爲之、必須取得第三人與其他機關之同意等（行程138至140）。
3. 實質要件	(1)行政契約締結時，亦應遵守法律優位原則，因此其內容不得違反法律規定或行政命令，行政契約準用民法規定之結果爲無效者，無效（行程141 I）。 (2)行政契約違反行政程序法第135條但書之規定，則依事件之性質或法規規定，不得締結行政契約，或第138條之規定，或違反第

> 138 條即未甄選締約之對象者，無效（行程 141 Ⅱ）。
>
> (3)代替行政處分之行政契約 ，與其內容相同之行政處分有無效，或爲締約雙方所明知有得撤銷之違法原因者（行程 142 ①,②）。
>
> (4)代替行政處分之行政契約未符合第 136 條和解契約或第 137 條雙務契約之要件而締結者（行程 142 ③,④）。

(三)行政契約無效之原因：

1. 一般性原因：

    (1)契約內容違反行政契約之容許性：行政機關原則上得締結行政契約，但如依事件之性質（如公務員之任用須經考試及格）或依法規不得締結行政契約者，不在此限（行程 135）。亦即所締結之行政契約，均將違反容許性而無效。

    (2)準用民法之規定而無效（行程 141）：包括違反公序良俗（民 72），違反法定方式（民 73），契約之當事人欠缺行爲能力（民 75），有心中保留（民 86）或通謀虛僞之意思表示（民 87），當事人係因錯誤（民 88），詐欺或被脅迫（民 92），而作出締約之意思表示，或當事人爲無代理權人（民 170），契約標的之給付不能（民 246）等，均將構成行政契約無效。

2. 特殊性原因：行政程序法上所規定之行政契約無效之特別原因爲：

    (1)契約本身欠缺形式合法要件者：若行政契約當事人之決定方式，依法應以甄選或其他競爭方式辦理，但卻未依規定辦理，或依規定行政機關應事先公告，但卻未予公告，或行政機關應給予參與競爭者表示意見之機會，卻未給予表達之機會時，該行政契約亦將因欠缺形式要件與程序要件，而使契約歸於無效（行程 138）。

    (2)所謂代替行政處分之行政契約無效之情況者：則係由於行政契約乃是行政機關處理行政事務之行政方式，在性質上屬於行政行爲，應適用依法行政原則，否則該契約即爲無效，但行政行爲本身具有法律上之公定力，因此不應使其無效之原因過度擴張，從而影響法安定性，是故，對於與行政處分具有代替性之行政契約，有下列各款情形之一者，無效（行程 142）：

①與行政契約內容相同之行政處分為無效者。

②與行政契約內容相同之行政處分本身，有得予以撤銷之違法原因，且為當事人雙方所明知者。

③所締結之和解契約，係經行政機關依職權調查即能確定者。

④所締結之雙務契約，未約定人民給付之特定用途者，或人民之給付對於行政機關執行職務並無幫助，或人民之給付與行政機關之給付不相當，且二者之間不具有正當合理之關聯者。

(3)關於行政契約本身一部無效方面：若所締結之行政契約一部無效時，原則上行政契約全部歸於無效。但若除去該無效之部分，當事人雙方仍將締結行政契約時，則該行政契約之其他部分仍為有效（行程 143）。

五、行政計畫與行政指導

㈠**行政計畫之意義**：所稱行政計畫，係指行政機關為將來一定期限內達成特定之目的或實現一定之構想，事前就達成該目的或實現該構想有關之方法、步驟或措施等所為之設計與規劃（行程 163）。由於行政機關擬處理未來事務，無非要將來達成一定之行政目的或實施一定之構想，因此就行政機關所為計畫，即行政計畫做一般性定義時，應將此目的連同屬於計畫概念內涵之「事前規劃」及「擬採之方法、步驟或措施等」特徵，充分表達。

㈡**行政指導之意義**：謂行政機關在其職權或所掌事務範圍內，為實現一定之行政目的，以輔導、協助、勸告、建議或其他不具法律上強制力之方法，促請特定人為一定作為或不作為之行為（行程 165）。

㈢**行政計畫與行政指導之不同**：

區分基準	行　政　計　畫	行　政　指　導
1. 性質不同	行政計畫在公告實行之後，就有合法之拘束力，在計畫範圍內相關人員應受到法令之規範，若有違反，則受到處罰或強制執行。	行政指導不具有法律規範之性質，僅屬於單純之事實行為。
2.	(1)拘束性計畫：具有權力性之行政作用。	非權力性之行政作用。

作用不同	(2)非拘束性計畫：具有非權力性之行政作用。	
3.程序不同	行政計畫涉及之相關各行為間，彼此互相牽連，有密切不可缺之連鎖關係。	無複雜之法定程序。
4.方式不同	(1)強制手段：行政命令與行政處分。(2)非強制手段：行政契約、行政指導、行政調查等手段。行政計畫較偏重強制手段。	通常採勸告、指示、警告、邀請、獎勵、建議、協調、輔導等非強制手段，及非權力性之事實行為之方法。
5.與相對人之關係不同	最好要取得人民之協力，但並不一定，如人民有違反，則以強制力貫徹之。	行政指導最好要取得相對人之同意或協力，以達成行政上目的。

六、行政罰

㈠**行政罰之意義**：所謂行政罰（Verwaltungsstrafe），係指行政上之制裁而言。包括行政刑罰與行政秩序罰。所謂行政刑罰，即對於違反行政上義務者，所科之制裁。所謂行政秩序罰，即對於違反行政上秩序者，行政法規所定之制裁之謂。

㈡**行政罰之行為人與處罰**：

1.行為人：即實施違反行政法義務之自然人、法人或管理人之非法人團體、中央或地方機關或其他組織（行罰3）。

2.違法處罰之法定：違反行政法上義務之處罰，以行為時之法律或自治條例有明文規定者為限（行罰4）。

3.法規變更時適用從新從優原則：行為後法律或自治條例有變更者，適用行政機關最初裁處時之法律或自治條例。但裁處前之法律或自治條例有利於受處罰者，適用最有利於受處罰者之規定（行罰5）。

㈢**行政罰之種類**（行罰2）：

種　類	內　　　　　容	
1.行政罰	違反行政法上義務而受罰鍰、沒入之處分。	
2.其他種類行政罰	本法所稱其他種類行政罰，指下列裁罰性之不利處分：	
	(1)限制或禁止行為之處分	限制或停止營業、吊扣證照、命令停工或停止使用、禁止行駛、禁止出入港口、機場或特定場所、禁止製

		造、販賣、輸出入、禁止申請或其他限制或禁止爲一定行爲之處分。
	(2)剝奪或消滅資格、權利之處分	命令歇業、命令解散、撤銷或廢止許可或登記、吊銷證照、強制拆除或其他剝奪或消滅一定資格或權利之處分。
	(3)影響名譽之處分	公布姓名或名稱、公布照片或其他相類似之處分。
	(4)警告性處分	警告、告誡、記點、記次、講習、輔導教育或其他相類似之處分。

㈣**得免處罰**：違反行政法上義務應受法定最高額新臺幣三千元以下罰鍰之處罰，其情節輕微，認以不處罰爲適當者，得免予處罰。此項情形，得對違反行政法上義務者施以糾正或勸導，並作成紀錄，命其簽名（行罰 19）。

㈤**單一行爲及數行爲之處罰**：

1.競合處罰（德：Idealkonkurrenz；法：concours idéal）：即一個行爲觸犯數個罪名之謂。在行政法上，即爲一行爲違反數個行政法上義務規定而應處罰鍰者，依法定罰鍰額最高之規定裁處。但裁處之額度，不得低於各該規定之罰鍰最低額。

前項違反行政法上義務行爲，除應處罰鍰外，另有沒入或其他種類行政罰之處罰者，得依該規定併爲裁處。但其處罰種類相同，如從一重處罰已足以達成行政目的者，不得重複裁處。

一行爲違反社會秩序維護法及其他行政法上義務規定而應受處罰，如已裁處拘留者，不再受罰鍰之處罰（行罰 24）。

2.分別處罰：在行政罰法上是指數行爲違反同一或不同行政法上義務之規定者，分別處罰之（行罰 25）。

3.同時觸法之適用：一行爲同時觸犯刑事法律及違反行政法上義務規定者，依刑事法律處罰之。但其行爲應處以其他種類行政罰或得沒入之物而未經法院宣告沒收者，亦得裁處之。此項行爲如經不起訴處分或爲無罪、免訴、不受理、不付審理之裁判確定者，得依違反行政法上義

務規定裁處之（行罰26）。

㈥**陳述意見與聽證及其例外：**

　　1.陳述意見及其例外：行政機關於裁處前，應給予受處罰者陳述意見之機會。但有下列情形之一者，不在此限（行罰42）：

　　　⑴已依行政程序法第 39 條規定，通知受處罰者陳述意見。

　　　⑵已依職權或依第 43 條規定，舉行聽證。

　　　⑶大量作成同種類之裁處。

　　　⑷情況急迫，如給予陳述意見之機會，顯然違背公益。

　　　⑸受法定期間之限制，如給予陳述意見之機會，顯然不能遵行。

　　　⑹裁處所根據之事實，客觀上明白足以確認。

　　　⑺法律有特別規定。

　　2.聽證及其例外：行政機關為第 2 條第 1 款及第 2 款之裁處前，應依受處罰者之申請，舉行聽證。但有下列情形之一者，不在此限（行罰43）：

　　　⑴有第 42 條但書各款情形之一。

　　　⑵影響自由或權利之內容及程度顯屬輕微。

　　　⑶經依行政程序法第 104 條規定，通知受處罰者陳述意見，而未
　　　　於期限內陳述意見。

　　3.裁處書之製作及送達：行政機關裁處行政罰時，應作成裁處書，並為送達（行罰44）。

七、行政執行

　　行政執行，原則上係由行政機關自行執行（行執4）。所謂行政執行，即指行政客體不履行公法上金錢給付義務、行為或不行為義務時，由行政機關予以強制執行及即時強制之謂（行執2）。

㈠**行政執行之原則與執行之救濟：**

　　1.公平合理之原則：行政執行，應依公平合理之原則，兼顧公共利益與人民權益之維護，以適當之方法為之，不得逾達成執行目的之必要限度（行執3）。

　　2.聲明異議：義務人或利害關係人對執行命令、執行方法、應遵守之

程序或其他侵害利益之情事，得於執行程序終結前，向執行機關聲明異議。此項聲明異議，執行機關認其有理由者，應即停止執行，並撤銷或更正已爲之執行行爲；認其無理由者，應於 10 日內加具意見，送直接上級主管機關於 30 日內決定之。行政執行，除法律另有規定外，不因聲明異議而停止執行。但執行機關因必要情形，得依職權或申請停止之（行執 9）。

　　3.國家賠償：行政執行，有國家賠償法所定國家應負賠償責任之情事者，受損害人得依該法請求損害賠償（行執 10）。

　　㈡**公法上金錢給付執行之要件**：係指行政機關作成行政處分，或法院基於相關法令之規定作成確定之裁判，使人民負有公法上金錢給付義務時，若義務人在法定期限經過之後，仍不履行其義務，即應由主管機關依法予以移送，並由法務部行政執行處就義務人之財產執行之(行執 11 I)。

　　㈢**公法上金錢給付義務之執行機關**：即公法上金錢給付逾期不履行者，移送**法務部行政執行署所屬行政執行處執行之**（行執 4 I）。

　　㈣**義務人負擔之費用**：有關公法上金錢給付義務之執行，不徵收執行費。但因強制執行所支出之必要費用，由義務人負擔之（行執 25）。

　　㈤**行政法上強制執行**：依法令或本於法令之行政處分，負有行爲或不行爲義務，經於處分書或另以書面限定相當期間履行，逾期仍不履行者，由執行機關依間接強制或直接強制方法執行之。此項文書，應載明不依限履行時將予強制執行之意旨（行執 27）。

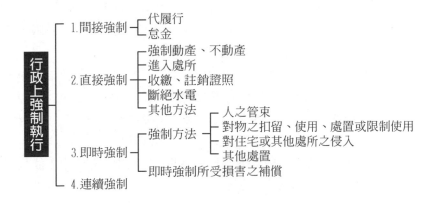

1.間接強制：其方法如下：

(1)代履行：依法令或本於法令之行政處分，負有行為義務而不為，其行為能由他人代為履行者，執行機關得委託第三人或指定人員代履行之。此項代履行之費用，由執行機關估計其數額，命義務人繳納；其繳納數額與實支不一致時，退還其餘額或追繳其差額（行執29）。

(2)怠金：依法令或本於法令之行政處分，負有行為義務而不為，其行為不能由他人代為履行者，依其情節輕重處新臺幣五千元以上三十萬元以下怠金。依法令或本於法令之行政處分，負有不行為義務而為之者，亦同（行執30）。

2.直接強制：其方法如下（行執28II）：

(1)扣留、收取交付、解除占有、處置、使用或限制使用動產、不動產。

(2)進入、封閉、拆除住宅、建築物或其他處所。

(3)收繳、註銷證照。

(4)斷絕營業所必須之自來水、電力或其他能源。

(5)其他以實力直接實現與履行義務同一內容狀態之方法。

3.即時強制：行政機關為阻止犯罪、危害之發生或避免急迫危險，而有即時處置之必要時，得為即時強制。即時強制方法如下（行執36）：

(1)強制之方法：

①人之管束：對於人之管束，以合於下列情形之一者為限，惟此項管束，不得逾 24 小時（行執37）：

A 瘋狂或酗酒泥醉，非管束不能救護其生命、身體之危險，及預防他人生命、身體之危險者。

B 意圖自殺，非管束不能救護其生命者。

C 暴行或鬥毆，非管束不能預防其傷害者。

D 其他認為必須救護或有害公共安全之虞，非管束不能救護或不能預防危害者。

②對物之扣留、使用、處置或限制其使用：

  A 軍器、凶器及其他危險物，爲預防危害之必要，得扣留之。扣留之物，除依法應沒收、沒入、毀棄或應變價發還者外，其扣留期間不得逾 30 日。但扣留之原因未消失時，得延長之，延長期間不得逾 2 個月。扣留之物無繼續扣留必要者，應即發還；於 1 年內無人領取或無法發還者，其所有權歸屬國庫；其應變價發還者，亦同（行執 38）。

  B 遇有天災、事變或交通上、衛生上或公共安全上有危害情形，非使用或處置其土地、住宅、建築物、物品或限制其使用，不能達防護之目的時，得使用、處置或限制其使用（行執 39）。

 ③對於住宅、建築物或其他處所之進入：對於住宅、建築物或其他處所之進入，以人民之生命、身體、財產有迫切之危害，非進入不能救護者爲限（行執 40）。

 ④其他依法定職權所爲之必要處置。

 (2)即時強制所受損害之補償：人民因執行機關依法實施即時強制，致其生命、身體或財產遭受特別損失時，得請求補償。但因可歸責於該人民之事由者，不在此限。前項損失補償，應以金錢爲之，並以補償實際所受之特別損失爲限。對於執行機關所爲損失補償之決定不服者，得依法提起訴願及行政訴訟。損失補償，應於知有損失後，2 年內向執行機關請求之。但自損失發生後，經過 5 年者，不得爲之（行執 41）。

 4.連續處罰：經依第 30 條規定處以怠金，仍不履行其義務者，執行機關得連續處以怠金。依上項規定，連續處以怠金前，仍應依第 27 條之規定以書面限期履行。但法律另有特別規定者，不在此限（行執 31）。

第六節 行政救濟

  行政救濟者，指人民因行政機關之違法或不當之行政措施，致其權益遭受損害，請求國家予以補救之制度。其途徑如下：

一、訴願

　　訴願及行政爭訟法之一，即人民對於中央或地方機關之行政處分，認為違法或不當，致損害其權利或法律上之利益者，得在一定期間內，以書面向原處分機關或其上級請求予以救濟之行為（訴 1）。所謂行政處分，指行政機關就公法上具體事件所為之決定或其他公權力措施而對外直接發生法律效果之單方行政行為（行程 92 I）。我國憲法第 16 條規定：「人

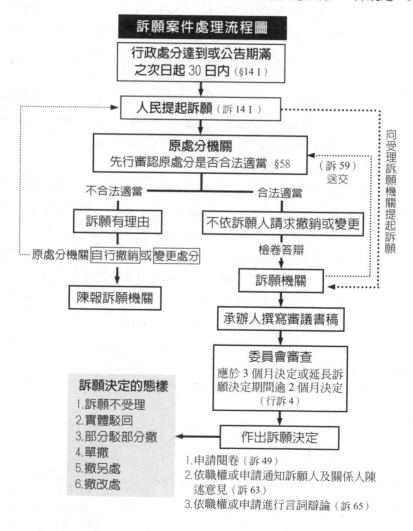

訴願案件處理流程圖

行政處分達到或公告期滿之次日起 30 日內 (§14 I)

人民提起訴願 (訴 14 I)

向受理訴願機關提起訴願

原處分機關
先行審認原處分是否合法適當　§58

（訴 59）送交

不合法適當　　　合法適當

訴願有理由　　　不依訴願人請求撤銷或變更

原處分機關 自行撤銷 或 變更處分

檢卷答辯

陳報訴願機關

訴願機關

承辦人撰寫審議書稿

委員會審查
應於 3 個月決定或延長訴願決定期間逾 2 個月決定
（行訴 4）

訴願決定的態樣
1.訴願不受理
2.實體駁回
3.部分駁部分撤
4.單撤
5.撤另處
6.撤改處

作出訴願決定

1.申請閱卷 (訴 49)
2.依職權或申請通知訴願人及關係人陳述意見 (訴 63)
3.依職權或申請進行言詞辯論 (訴 65)

民有訴願之權。」

　　㈠**提起訴願之條件：**

　　　1.訴願主體：

　　　　⑴自然人：能獨立以法律行爲負義務者，有訴願能力（訴 18、19）。無訴願能力人應由其法定代理人代爲訴願行爲（訴 20 I ）。

　　　　⑵法人、非法人之團體或其他受行政處分之相對人及利害關係人：地方自治團體、法人、非法人之團體應由代表人或管理人爲訴願行爲（訴 18、20II ）。

　　　2.訴願應於一定期間內提起：訴願應自行政處分達到或公告期滿之次日起，**30 日內提起之**。訴願人因不可抗力，至逾期限者，於原因消滅後 10 日內，得以書面敍明理由，向受理訴願機關申請回復原狀。但遲誤訴願期間已逾 1 年者，不得爲之。

　　　3.訴願應具訴願書：訴願書應載明姓名、出生年月日、住居所、身分證明文件字號，原行政處分機關，事實及理由、年、月、日，受理訴願之機關及證據（訴 56 ）。

　　㈡**訴願決定：**訴願決定應經訴願審議委員會會議之決議，其決議以委員過半數之出席，出席委員過半數之同意行之（訴 53 ）。

　　㈢**訴願之再審：**訴願之再審程序（德：Wiederaufnahme），係指訴願人、參加人或其他利害關係人等，在有法定事由發生之時，得向訴願管轄機關提出申請，請求對於所作成之確定訴願決定再予審查之制度。至於構成訴願再審之法定事由爲（訴 97 I ）：

　　　1.適用法規顯有錯誤者。

　　　2.決定理由與主文顯有矛盾者。

　　　3.決定機關之組織不合法者。

　　　4.依法令應迴避之委員參與決定者。

　　　5.參與決定之委員關於該訴願違背職務，犯刑事上之罪者。

　　　6.訴願之代理人，關於該訴願有刑事上應罰之行爲，影響於決定者。

　　　7.爲決定基礎之證物，係僞造或變造者。

　　　8.證人、鑑定人或通譯就爲決定基礎之證言、鑑定爲虛僞陳述者。

9.為決定基礎之民事、刑事或行政訴訟判決或行政處分已變更者。

10.發見未經斟酌之證物或得使用該證物者。

前項聲請再審，應於 30 日內提起（訴 97Ⅱ）。其期間自訴願決定確定時起算。但再審之事由發生在後或知悉在後者，自知悉時起算（訴 97Ⅲ）。

二、行政訴訟（德：Verwaltungsprozess）

㈠**行政訴訟之意義**：即人民因中央或地方機關之違法行政處分，認為損害其權利或法律上之利益，經依訴願法提起訴願而不服其決定，或提起訴願逾 3 個月不為決定，或延長訴願決定期間逾 2 個月不為決定者，得向高等行政法院提起撤銷訴訟（行訴 4）。人民因中央或地方機關對其依法申請之案件，於法令所定期間內應作為而不作為，認為其權利或法律上利益受損害者，經依訴願程序後，得向高等行政法院提起請求該機關應為行政處分或應為特定內容之行政處分之訴訟（行訴 5Ⅰ）。人民因中央或地方機關對其依法申請之案件，予以駁回，認為其權利或法律上利益受違法損害者，經依訴願程序後，得向高等行政法院提起請求該機關應為行政處分或應為特定內容之行政處分之訴訟（行訴 5Ⅱ）。行政法院所為之判決，非屬行政作用，各級政府有遵從之義務。行政訴訟是利用行政機關以外之方法尋求救濟，故稱為「行政外部救濟」。對於高等行政法院之判決欲上訴者，應向最高行政法院提起之。

㈡**行政訴訟之種類**：有撤銷訴訟、確認訴訟及給付訴訟（行訴 3）：

1. 撤銷訴訟	得提起訴訟之對象，係行政機關之違法行政處分，認為損害其權利或法律上之利益，提起訴願後不服而提起撤銷訴訟（行訴 4）。
2. 確認訴訟	確認行政處分無效及確認公法上法律關係成立或不成立之訴訟，非原告有即受確認判決之法律上利益者，不得提起之。其確認已執行而無回復原狀可能之行政處分或已消滅之行政處分為違法之訴訟，亦同（行訴 6Ⅰ）。確認行政處分無效之訴訟，須已向原處分機關請求確認其無效未被允許，或經請求後於 30 日內不為確答者，始得提起之（行訴 6Ⅱ）。確認訴訟，於原告得提起或可得提起撤銷訴訟、課予義務訴訟或一般給付訴訟者，不得提起之。但確認行政處分無效之訴訟，不在此限（行訴 6Ⅲ）。應提起撤銷訴訟、課予義務訴訟，誤為提起確認行政處分無效之訴訟，其未經訴願

	程序者，高等行政法院應以裁定將該事件移送於訴願管轄機關，並以行政法院收受訴狀之時，視爲提起訴願（行訴6Ⅳ）。
3. 給付訴訟	(1)課以義務之訴（即請求應爲行政處分之訴訟）：人民因中央或地方機關對其依法申請之案件，於法令所定期間內應作爲而不作爲，認爲其權利或法律上利益受損害者，經依訴願程序後，得向高等行政法院提起請求該機關應爲行政處分或應爲特定內容之行政處分之訴訟（行訴5Ⅰ）。人民因中央或地方機關對其依法申請之案件，予以駁回，認爲其權利或法律上利益受違法損害者，經依訴願程序後，得向高等行政法院提起請求該機關應爲行政處分或應爲特定內容之行政處分之訴訟（行訴5Ⅱ）。 (2)一般給付之訴：人民與中央或地方機關間，因公法上原因發生財產上之給付或請求作成行政處分以外之其他非財產上之給付，得提起給付訴訟。因公法上契約發生之給付，亦同（行訴8Ⅰ）。此項給付訴訟之裁判，以行政處分應否撤銷爲據者，應於提起撤銷訴訟時，併爲請求。原告未爲請求者，審判長應告以得爲請求（行訴8Ⅱ）。除別有規定外，給付訴訟以高等行政法院爲第一審管轄法院（行訴8Ⅲ）。
4. 其他特種 訴訟	(1)維護公益訴訟：以公益爲目的之社團法人，於其章程所定目的範圍內，由多數有共同利益之社員，就一定之法律關係，授與訴訟實施權者，得爲公共利益提起訴訟。此項規定於以公益爲目的之非法人之團體準用之。前二項訴訟實施權之授與，應以文書證之。第33條之規定，於第1項之社團法人或第2項之非法人之團體，準用之（行訴35）。 (2)選舉罷免訴訟：選舉罷免事件之爭議，除法律別有規定外，得依本法提起行政訴訟（行訴10）。

㈢**法院之管轄：**

　　1.管轄之意義：所謂管轄，是指訴訟法上裁判之管轄。即在行政訴訟案件中，對於同種類之行政法院間，就受理案件之法定權限，可區分爲「土地管轄」、「專屬管轄」及「指定管轄」等。定行政法院之管轄，以起訴時爲準（行訴17），稱爲「管轄恒定原則」。

　　2.管轄之種類：

　　　⑴法人、機關及其他團體之普通審判籍：爲保護被告之利益，本法就行政法院之土地管轄採取「**以原就被之原則**」，以防止原告濫訴（行訴13）。

⑵自然人之普通審判籍：前條係規定行政訴訟以法人、機關或團體為被告時之管轄法院；本條則規定以自然人為被告時之管轄法院。按照「**以原就被之原則**」，自仍應由被告住所地之行政法院管轄。如其住所地之行政法院不能行使職權者，始由其居所地之行政法院管轄，以保證被告之利益（行訴 14），免受奔波之勞。

⑶因不動產涉訟之特別審判籍：行政法院對於因不動產而發生之公法上權利或法律關係之爭議，例如因不動產徵收、徵用或撥用之訴訟，專屬不動產所在地之行政法院管轄。除此項情形外，其他有關不動產之公法上權利或法律關係涉訟者，得由不動產所在地之行政法院管轄（行訴 15），俾得為最適當之裁判。

⑷公務員職務關係之涉訟：關於公務員職務關係之訴訟，得由公務員職務所在地之行政法院管轄（行訴 15 之 1）。

⑸因保險事件之涉訟：因公法上之保險事件涉訟者，得由為原告之被保險人、受益人之住居所地或被保險人從事職業活動所在地之行政法院管轄（行訴 15 之 2 I）。此項訴訟事件於投保單位為原告時，得由其主事務所或主營業所所在地之行政法院管轄（行訴 15 之 2II）。

⑹指定管轄：有下列各款情形之一者，最高行政法院應依當事人之聲請或受訴行政法院之請求，指定管轄（行訴 16 I）：

①有管轄權之行政法院因法律或事實不能行審判權；此如法律上原因，或如戰爭、流行病等事實上原因而言。

②因管轄區域境界不明，致不能辨別有管轄權之行政法院。

③因特別情形由有管轄權之行政法院審判，恐影響公安或難期公平。

前項聲請得向受訴行政法院或最高行政法院為之（行訴 16II）。

㈣**行政訴訟之程序**：大致可分為下列三個步驟：

1.行政訴訟之提起：即人民因行政機關之違法行政處分，致其權益受有損害，經提起訴願後，不服其決定，而向行政法院提起訴訟而開始。

2.行政訴訟之審理：行政訴訟由行政法院分庭審理之（行法組 1），為

初審至終審、事實審兼法律審之唯一審判機關。審判上認已適於為言詞辯論時，應速定言詞辯論期日（行訴 109 I），言詞辯論除不公開情形外，以公開為原則（行訴 132 準民訴 195 之 1）。開庭時審判長有法庭秩序指揮權，

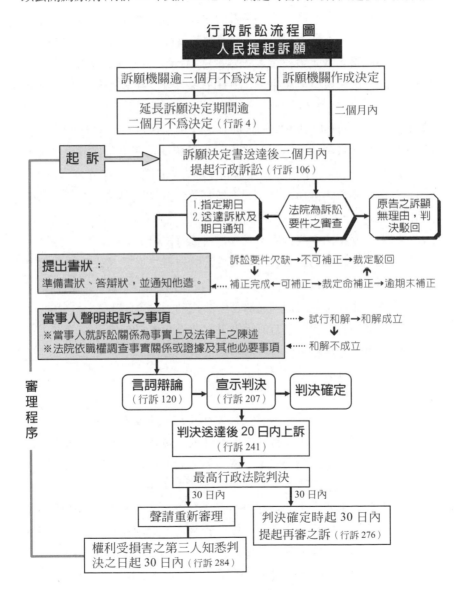

當事人、辯護人或參加人有不服從審判長之指揮者，得加以警告或禁止之（行訴 124）。

　　3.行政訴訟之判決：所謂判決（英：judgment；德：Urteil），係法院原則上經言詞辯論（行訴 188），作成具備法定方式之書面，其經言詞辯論之判決，應宣示之；不經言詞辯論之判決應公告而成立（行訴 204，207）。宣示判決，不問當事人是否在場，均有效力（行訴 205 I ）。判決經宣示後，為該判決之行政法院受其羈束；其不宣示者，經公告主文後，亦同（行訴206）。

　㈤**上訴**（英：appeal；德：Rechtsmittel；法：recours）：即在司法制度上設有不同層級之各種法院時，訴訟當事人若對於下級法院所作成之判決不服時，於確定前，請求上級法院撤銷或變更之救濟方法。在行政訴訟上，因採行二級二審制，故訴訟當事人對於高等行政法院判決之上訴，必須是（行訴 243）：

　　1.判決不適用法規或適用不當者，為違背法令（行訴 243 I ）。

　　2.有下列各款情形之一者，其判決當然違背法令（行訴 243 II）：

　　　⑴判決法院之組織不合法。

　　　⑵依法律或裁判應迴避之法官參與裁判。

　　　⑶行政法院於權限之有無辨別不當或違背專屬管轄之規定。

　　　⑷當事人於訴訟未經合法代理或代表。

　　　⑸違背言詞辯論公開之規定。

　　　⑹判決不備理由或理由矛盾。

　㈥**抗告**（德：Beschwerde）：係指訴訟當事人或其他訴訟關係人等，對於行政法院或審判長針對訴訟程序事項所作成之裁定，認為有違法或不當之情況，在其法律效力尚未確定之情況下，向上級行政法院聲明不服，請求上級之最高行政法院廢棄或變更該裁定之行為（行訴 272 準用民訴 492）。

　　抗告係對於未確定之裁定聲明不服之方法。其目的與上訴相同，在求裁判之正確與法律見解之統一。故對於裁定，除別有不許抗告之規定者外，原則上得為抗告，俾有救濟之機會（行訴 264）。在訴訟進行中所為之裁定，除別有規定外，不得抗告為原則（行訴 265）。

㈦**再審**（德：Wiederaufnahme）：又稱爲「再審程序」（行訴第五編），係指對於原確定終局判決，在訴訟程序上或判決基礎上，具有重大之瑕疵，且已影響確定終局判決之正確性時，當事人得依據法定事由之規定，向原審法院提起再審之訴，請求撤銷原確定終局判決（行訴273），並針對該訴訟案件再開審判，此一訴訟程序即爲「再審」。

　　1.再審之事由：有下列各款情形之一者，得以再審之訴對於確定終局判決聲明不服。但當事人已依上訴主張其事由或知其事由而不爲主張者，不在此限（行訴273Ⅰ）：

　　⑴適用法規顯有錯誤。

　　⑵判決理由與主文顯有矛盾。

　　⑶判決法院之組織不合法。

　　⑷依法律或裁判應迴避之法官參與裁判。

　　⑸當事人於訴訟未經合法代理或代表。

　　⑹當事人知他造之住居所，指爲所在不明而與涉訟。但他造已承認其訴訟程序者，不在此限。

　　⑺參與裁判之法官關於該訴訟違背職務，犯刑事上之罪。

　　⑻當事人之代理人、代表人、管理人或他造或其代理人、代表人、管理人關於該訴訟有刑事上應罰之行爲，影響於判決。

　　⑼爲判決基礎之證物係僞造或變造。

　　⑽證人、鑑定人或通譯就爲判決基礎之證言、鑑定或通譯爲虛僞陳述。

　　⑾爲判決基礎之民事或刑事判決及其他裁判或行政處分，依其後之確定裁判或行政處分已變更。

　　⑿當事人發現就同一訴訟標的在前已有確定判決或和解或得使用該判決或和解。

　　⒀當事人發現未經斟酌之證物或得使用該證物。但以如經斟酌可受較有利益之裁判爲限。

　　⒁原判決就足以影響於判決之重要證物漏未斟酌。

　　確定終局判決所適用之法律或命令，經司法院大法官依當事人之聲

請解釋爲牴觸憲法者，其聲請人亦得提起再審之訴（行訴 273 II）。

第 1 項第(7)款至第(10)款情形，以宣告有罪之判決已確定，或其刑事訴訟不能開始或續行非因證據不足者爲限，得提起再審之訴（行訴 273 III）。

2. 不得更行提起再審：再審之訴，行政法院認無再審理由，判決駁回後，不得以同一事由對於原確定判決或駁回再審之訴之確定判決，更行提起再審之訴（行訴 274 之 1）。

(八)**重新審理**：依行政訴訟法第 215 條規定：「撤銷或變更原處分或決定之判決，對第三人亦有效力」。如非可歸責於己之事由，未參加訴訟之利害關係人，因該判決直接蒙受撤銷或變更判決之不利益，顯欠公允。故規定該第三人得對於確定終局判決聲請重新審理。即應於知悉確定判決之日起 30 日之不變期間內爲之，且自判決確定之日起已逾 1 年者，縱仍不知有確定判決之情事，亦不得聲請，以免確定判決因第三人具有重新審理之事由而長久處於不安定之狀態（行訴 284）。

三、國家賠償

憲法第 24 條規定：「凡公務員違法侵害人民之自由或權利者，除依法律受懲戒外，應負刑事及民事責任，被害人民就其所受損害，並得依法律向國家請求賠償」，國家賠償之後，如公務員有故意或重大過失，致侵害人民權益時，國家有向該公務員求償之權。賠償方法原則上以金錢爲之，也可回復原狀。

所謂被害人「並得依法律向國家請求賠償」所指之法律，則爲民法第 186 條，其他如有特別法，得依特別法請求賠償：(1)行政訴訟法。(2)行政執行法。(3)土地法。(4)警械使用條例。(5)民用航空法。(6)鐵路法。(7)大眾捷運法。(8)冤獄賠償法。(9)國家總動員法。(10)核子損害賠償法。

四、損失補償

行政上的損失補償者，指國家因公務員合法的行使公權力，致人民在經濟上遭受特別犧牲，從整體公平負擔之觀點，由國家補償其損失，所為之公法上給付之謂。我國因採用私有財產制，依憲法第 15 條規定：「人民之……財產權應予保障。」如因公用或其他公益之必要時，國家機關雖得依法徵收人民之財產，但應給予相當之補償，方符憲法保障財產之意旨（司釋 400）。

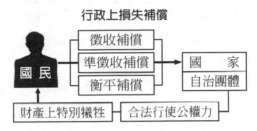

行政上損失補償

第三章 民 法

第一節 民法之概念

一、民法之意義

民法係規範私人間一般社會生活之法律，爲私法之最重要法律。舉凡權利義務之主體，包括自然人與法人，債權、物權與身分關係，以及各種權利義務等均爲民法的主要內容。茲依兩方面說明：

(一)**形式意義**：僅指國家經立法程序制定，由總統公布之民法法典而言，凡冠有民法之名稱者均屬之。此又稱爲**狹義之民法**。

(二)**實質意義**：即規律人類社會生活與私法關係的法律，稱爲民法。即在債權、物權、親屬、繼承之外，如票據法、公司法、海商法、土地法、專利法、商標法等均屬之。此亦稱爲**廣義之民法**。

二、近代民法之基本原則

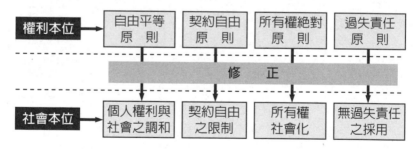

(一)**權利本位的原則**：蓋十八世紀後半葉，正當個人主義、自由主義盛行，而法國大革命的民主主義理念是基於人類自由、平等、獨立與博愛之思想，於是權利本位的理念乃成當時之法律原則，遂將人類從封建時代支配個人身分的制度下解放，使個人擁有自己之財富並保障其自由流通；乃成近代市民社會民法之基本原則。茲分述之：

1.自由平等原則：近代市民社會認爲人生而平等，凡是市民社會之

構成員，皆生而擁有自由市民所應具有之權利義務。因此「人之權利能力，始於出生」（民6）。乃是這種原則的規定。

　　2.契約自由原則：為保障個人之自由平等，個人相互間之法律關係，委由各當事人自由意思之決定而形成，除非違法，否則應受法律之保護，此即**私法自治之原則**（Privatautonomie）。因此在契約上所表現者為：

　　　　(1)契約訂立自由：須依當事人自由意思之決定，契約才能成立。

　　　　(2)契約內容自由：契約之內容，由當事人自由約定。

　　　　(3)契約方式自由：契約之方式，亦由當事人意思決定之。

　　除了契約外，就是單獨行為，譬如遺囑等亦採此原則；如遺囑自由。

　　3.所有權絕對之原則：認為基於個人之自由意思，財產為個人之私有，個人有絕對之支配權，而不受侵犯。因此憲法有，人民之財產權，應予保障（憲15）。而民法亦規定：所有人，於法令限制之範圍內，得自由使用、收益、處分其所有物，並排除他人之干涉（民765）。

　　4.過失責任原則：因尊重個人之自由意思，亦即個人行為有侵害他人權利時，須其行為在自由意思下，基於故意或過失，始負賠償責任。如非基於個人之自由意思所為之行為，縱有加害於他人，亦不負責任。這種絕對不負責任之理論，亦稱為「自己責任」原則。

　㈡**社會本位的原則**：但自十九世紀以來，上述的基本原則，促成工商業之自由競爭，資本主義呈現獨占經濟之狀態，造成貧富不均、勞資對立、公害勞動災害等社會問題。原在法律上應擁有平等地位之當事人，變成經濟上強者對弱者之脅迫，社會已無法容忍，法律思想遂由個人本位移入社會本位，團體本位由自由放任轉變成福利國思想，社會政策的立法乃逐漸問世。於是上述四原則，遂面臨重大之修正。

　　1.個人權利與社會之調和：蓋個人權利能力之形式的平等，在社會上並不一定能達到預期之效果，因此乃有提升至實質平等的必要，而個人權利必須在與社會權利相調和之下而發生作用。這種個人主義之修正，在民法上有「誠實信用之原則」、「交易之安全」、「公序良俗」、「權利濫用之禁止」、「無過失責任之原則」等，權利須受到公共福利之限制。

2.契約自由之限制：在過去之權利觀念中，當事人之簽定契約，均任由雙方各自發揮聰明才智，惟自由之結果，適得其反，形成經濟上和社會上之強者壓榨弱者之情形。甚至大企業壟斷市場，對於市場價格及支付價金之方法，完全受其操縱，消費大眾只有忍受其剝削，毫無抗拒之能力，在實質上已無締結契約之自由，有失制度之本旨，國家自應積極的予以干涉。如 1911 年瑞士債務法第 2 條首揭此旨。我民法第 71 條及第 72 條規定，法律行為不得違反強制或禁止之規定，及有背於公共秩序或善良風俗，否則無效，對急迫、輕率及無經驗之保護（民 74）、最高利率之限制（民 205）、出租人終止契約之限制（民 459）、勞工契約之國家監督（勞 9 以下），均為對契約自由原則所為之限制。

3.所有權之社會化：在過去之權利觀念，所有權可以自由行使，法律不得加以干涉。惟其結果，個人資本發達，社會上貧富懸殊、問題叢生，乃不得不立法加以限制，德國威瑪憲法首先規定「所有權附帶義務」（第 153 條之 3），從此對所有權之觀念，乃由絕對自由轉為相對自由，即所有權的行使必須以社會大眾的利益為前提。此外如民法規定，權利之行使，不得違反公共利益，或以損害他人為主要目的（民 148）。所有人，於法令限制之範圍內，得自由使用、收益、處分其所有物，並排除他人之干涉（民 765）。土地所有人不得設置屋簷、工作物或其他設備，使雨水或其他液體直注於相鄰之不動產（民 777）等。其他如土地法第 208 條以下規定國家因公共事業之需要，得依土地法之規定徵收私有土地是。

4.無過失責任之採用：在過去之觀念中，必須是自己的故意或過失，致使他人受損害，才須負損害賠償責任，無過失，即無責任。但至十九世紀以來，大企業激增，增加各種危險機會，近代的法律觀念認為只要有損害之發生，不問行為人有無過失，均須負賠償的責任，此即「無過失責任」的原則。如工廠機器設備因維護不善而毀傷員工，公共汽車在路上急駛撞死行人，火車出軌致乘客受傷等，若必須業者有過失，始能賠償，則被害者之損失，將極難得到合理的補償。故近代立法，均傾向於縱使前舉企業的老板沒有過失，仍須負損害賠償的責任。如民法規定：

(1)無行為能力人或限制行為能力人，不法侵害他人之權利者，由

其法定代理人負損害賠償責任（民187）。

　(2)受僱人因執行職務，不法侵害他人之權利者，由僱用人負損害賠償責任（民188）。

三、法例

　　法例係規定適用於全部民事法之通例，民法各編及各民事特別法，除另有規定者外，均適用之。法例之規定如下：

　㈠**民法適用之順序**：民事，法律所未規定者，依習慣；無習慣者，依法理（民1）。是即爲民事法規適用之順序。依此其適用之順序爲：

　　1.法律：不僅是民法五篇，還有公司法、票據法、海商法等民事特別法，也包含其他民事法律。又其他行政規章（中法7），自治法規、條約等是。

　　2.習慣：即具有法律效力之習慣，即「習慣法」，而非「事實上單純的習慣」。惟民事所適用之習慣，以不背於公共秩序或善良風俗者爲限（民2）。此「公共秩序或善良風俗」，即爲「**不確定之法律概念**」。其他如「誠實信用」等也是不確定法律概念。不確定法律概念又稱爲「**概括條款**」。

　　3.法理：即法律所存在的自然理性(naturalis ratio)或事物的本質(Natur der Sache)。法理也是不確定之法律概念。

　㈡**使用文字之方式**：依法律之規定，有使用文字之必要者，得不由本人自寫，但必須親自簽名。如有用印章代簽名者，其蓋章與簽名生同等之效力。如以指印、十字或其他符號代簽名者，在文件上經二人簽名證明，亦與簽名生同等之效力（民3）。

　㈢**確定數量之標準**：

　　1.以文字爲準：關於一定之數量，同時以文字及號碼表示者，其文字與號碼有不符合時，如法院不能決定何者爲當事人之原意，應以文字爲準（民4）。

　　2.以最低額爲準：關於一定之數量，以文字或號碼爲數次之表示者，其表示有不符合時，如法院不能決定何者爲當事人之原意，應以最低額爲準（民5）。

第二節　權利主體與客體

一、權利主體

　　人與人之關係，稱為社會關係。私法上之法律關係，就是在各種不同的社會關係中，透過民法或其他私法之規定，形成人與人間之權利義務關係。這種法律關係必有其歸屬之主體，亦即能享受權利負擔義務的主體，一般稱為「權利主體」，而此權利主體得支配權利客體的「物」，基於意思的一致（如契約）或不基於意思的一致（如不法行為），而與其他法律主體發生法律關係，因而取得權利，負擔義務而言。這種法律主體，稱為「人」或「人格」，擁有這種法律主體之資格，稱為「權利能力」。此種民法上認定之權利主體之人有兩種：即自然人與法人。

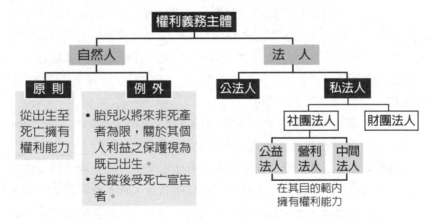

　　㈠**自然人之意義**：自然人（Natural Person）者，即由母體出生後，能存在於自然界之人類。不論其出生、性別、種族、國籍或信仰是如何，均為法律上所謂之自然人，並具有人格，而能為權利義務之主體。

　　㈡**法人之意義**：法人（Legal Person）者，乃具有人格的社會組織而得為權利義務之主體也。由於社會經濟之演變，集合多數之人力、物力以營社會生活，已成為近代社會的一種經濟結構型態。其為人力之集合者，謂之社團；其為財力之集合者，謂之財團。法人與自然人均係由法律賦予權利能力，能負擔義務，故為權利義務之主體，具有法律上之人格。

　　㈢**法人之種類**：依其設立所依據法律爲準，可分爲公法人與私法人：

　　1.公法人：依國家公法而設立之法人，謂之公法人。如國家、地方自治團體等是。

　　2.私法人：依國家私法而設立之法人，謂之私法人。如公司等是。在私法人中，依法人成立的基礎爲標準，可分爲社團法人與財團法人：

　　⑴社團法人：係依人之集合而成立者，即以所有社員爲組織基礎者，謂之社團法人。社團法人又依法人設立目的爲標準，可分爲公益法人、營利法人與中間社團法人：

　　　①公益法人：以公益爲目的之法人。公益法人之設立，採許可主義，須得主管機關之許可。惟公益法人之中，也有社團法人，也有屬於財團法人者。如農會、工會、商會、漁會、商業同業公會等是。故如學校法人、宗教法人、社會福利之慈善團體，雖亦公益法人，但乃屬財團法人。

　　　②營利法人：以營利爲目的之社團。營利社團法人之設立，則採準則主義，須依特別法之規定辦理。如公司、商業銀行是。

　　　③中間社團：既非以公益爲目的，亦非以營利爲日的之社團。如同學會、同鄉會、俱樂部及各種學術研究社等是。

　　⑵財團法人：係依財產之集合而成立者，即以捐助財產爲組織基礎者，謂之財團法人。財團法人之集合對象爲財產，故悉爲公益法人，絕不能變爲營利法人。財團法人之設立，與前述公益法人相同，係採許可主義，須得主管機關之許可。如寺廟或其他慈善團體是。

　㈣**法人之能力**：

　　1.權利能力：民法上雖無明文規定，惟解釋上可推論爲：

　　⑴始期：法人非經向主管機關登記，不得成立（民30）。所謂登記，指向法人事務所所在地之地方法院登記處辦理（非訟82），登記後取得權利能力。

　　⑵終期：即法人至清算終結止，在清算之必要範圍內，視爲存續（民40Ⅱ）。因此法人之權利能力，自應終於解散後，辦理清算

終結登記後（非訟91），其人格消滅。

2.權利之範圍：依民法第26條：「法人於法令限制內，有享受權利、負擔義務之能力。但專屬於自然人之權利義務，不在此限。」

㈤**法人之侵權行為責任與僱用人侵權行為責任：**

項目　區別	法人侵權行為責任	僱用人侵權行為責任
1.**連帶責任對象**	須為法人之董事或其他有代表權之人。	須為法人之受僱人。
2.**能否免責**	法人應自己負責，無免除責任規定。	由僱用人與行為人負連帶賠償責任。但如僱用人選任受僱人及監督其職務之執行已盡相當之注意，或縱加相當之注意，而仍不免發生損害者，不負賠償責任。
3.**連帶責任內容**	法人應與行為人連帶負賠償責任。	僱用人對選任受僱人及監督其職務之執行已盡相當之注意，僱用人固不負賠償責任，但被害人依此規定不能受損害賠償時，法院因其聲請得斟酌僱用人與被害人經濟狀況，令僱用人為全部或一部之損害賠償。
4.**求償權**	只有連帶責任，無求償權。	僱用人賠償損害時，對於侵權行為之受僱人有求償權。

二、權利客體

㈠**權利客體之概念**：權利之成立有三要素：即權利之主體、權利之標的與權利之客體。**權利之主體**，即為擁有權利之人；**權利之標的**，即為權利之內容；而**權利之客體**，即為權利所支配之對象。一般概念上都將權利的標的視為權利客體，而我民法在第二章將權利主體之人，作一般性之規定，但因權利種類繁多，權利客體亦有不同之類別，因此無法制定一般性通則，僅在總則編中將最重要權利客體之「物」作規定而已。

㈡**權利客體之種類**：蓋權利客體的種類，因權利之種類而不同。一般較主要之客體為：

1.**請求權之客體**	乃是請求特定義務人應作為與不作為者。
2.**支配權之客體** (1)權利	權利亦得作為其他權利之客體，如地上權、永佃權及典權，均得為抵押權之標的物（民882）；債權得為質權之標

		的（民900）。
	(2)物權	物權係直接對物之支配，故其客體為一定之物。包括動產與不動產。
	(3)精神的創作	由人的智能作用而形成之產物，如著作、發明等是，乃是無體財產權之客體。
	(4)人	人也可以為權利之客體，如親屬權，是以支配一定身分關係之相對人為客體。而人格權，係以生命、身體、自由、名譽等與權利主體無法分離之利益為目的之權利為客體，此即權利主體本人。
3.形成權		形成權僅由當事人一方之意思表示，而產生法律效果之權利，並無客體之問題。

第三節　權利能力與行為能力

一、權利能力

　　人之權利能力，始於出生，終於死亡（民6）。胎兒以將來非死產者為限，關於其個人利益之保護，視為既已出生（民7）。

　　㈠出生：凡人一出生就完全平等，也都有權利能力，蓋法律為保障每個人享有權利能力，因此「權利能力不得拋棄。」（民16）

　　㈡死亡：人一旦死亡就無權利能力。何謂死亡？有二：

　　　1.自然死亡：心臟鼓動停止或腦死。

　　　2.死亡宣告：即失蹤人生死不明，經7年期間後，法院得因利害關係人或檢察官之聲請，宣告失蹤人死亡。失蹤人為80歲以上者，得於失蹤滿3年後，為死亡之宣告。失蹤人為遭遇特別災難者，得於特別災難終了滿1年後，為死亡之宣告（民8）。受死亡宣告者，以判決內所確定死亡之時，推定其為死亡（民9Ⅰ）。此即推定主義。

　　失蹤人失蹤後，未受死亡宣告前，其財產之管理，依非訟事件法之規定（民10）。

種　類		失蹤期間	期間之起算	視為死亡時	法律
普通失蹤	未到80歲者	7年	最後生存之確認時	失蹤期間屆滿	民8Ⅰ
	80歲以上	3年			民8Ⅱ

特別失蹤	戰爭失蹤	1 年	戰爭終止時	戰爭終止時	民 8III
	船難失蹤	1 年	船舶沈沒時	船舶沈沒發生時	
	其他危難失蹤	1 年	水災地震等危難過後	危難過後	
	空難失蹤	6 個月	航空器失事	從航空器失事時	民航 98

二、行爲能力

㈠**意義與內容**：所謂行爲能力，就是一個人以自己的意思表示，使其行爲在法律上能發生權利義務的法律效果，或負擔責任之資格也。因此，一個人的行爲，有合法行爲與違法行爲，這些違法行爲在民法上就是侵權行爲，而在刑法上就是犯罪行爲而受刑罰之制裁。

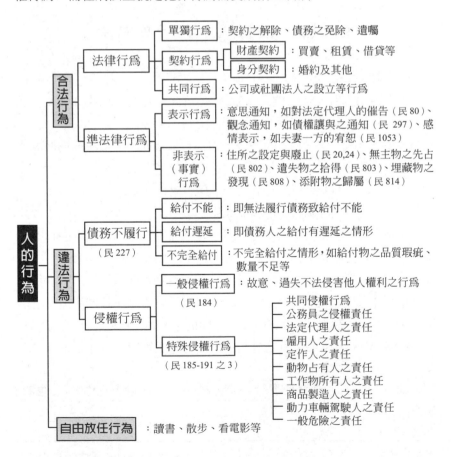

(二)**行為能力之種類：**

1.有行為能力人	凡是一個人能以獨立的意思，作有效的法律行為者，稱為有行為能力人。有行為能力人是指滿 20 歲之成年人及未成年人已結婚者（男滿 18 歲，女滿 16 歲，始得結婚）而言。其所為的意思表示完全有效。
2.限制行為能力人	當一個人的心智尚未完全成熟，法律為保護這種人，乃規定滿 7 歲以上至 20 歲的未成年人，只有限制行為能力。限制行為能力人其行為原則上應由法定代理人代為之，才能發生法律效力，否則無效。在沒有得到法定代理人允許之契約，其法律行為之效力為未定（民 79），法定代理人允許限制行為能力人獨立營業者，限制行為能力人，關於其營業，有行為能力（民 85）。惟如滿 7 歲的未成年人，純粹為獲得法律上利益，或依其年齡與身分，為日常生活所必需之行為，如買書本、筆記本或車票等，則雖無法定代理人之同意，亦生效力。
3.無行為能力人	未滿 7 歲之未成年人及受監護宣告人，均無行為能力。其意思表示無效。

第四節　人格權

一、人格權之意義

人格權（德：Persönlichkeitsrecht；法：droit de personnalité），即專屬於人格之自由、生命、身體等人格利益的總稱。又如**隱私權**，即個人私生活不受干涉，名譽、精神或智慧之創造（如專利、著作、藝術等）以及姓名或肖像之獨占使用及各種**私秘權**等均是。

二、人格權的保護

(一)一般規定	1.除去侵害請求權	人格權受侵害時，得請求法院除去其侵害；有受侵害之虞時，得請求防止之（民 18 I）。
	2.損害賠償請求權	人格權受侵害時，以法律有特別規定者為限，得請求損害賠償或慰撫金（民 18 II）。此所謂特別規定者，即一般侵權行為（民 184）、侵害生命、身體、健康之賠償（民 192~195）是。
(二)特別	1.能力之保護	權利能力及行為能力，不得拋棄（民 16）。權利能力，包括享受權利與履行義務之能力。行為能力，則為人之行為在

規定		法律上能發生效力之能力。
	2.**自由之保護**	自由不得拋棄。自由之限制,以不背於公共秩序或善良風俗者為限(民17)。依憲法第二章第 8 條至第 15 條及第 23、24 條之規定,均係對自由之保障,其與個人人格關係重大。
	3.**姓名權之保護**	姓名權受侵害者,得請求法院除去其侵害,並得請求損害賠償(民19)。按姓名權者,因區別人己而為人格之一種,其所保護者為身分上「同一性的利益」。
	4.**死後人格保護**	即對於已死之人公然侮辱者,處拘役或三百元以下罰金。對於已死之人犯誹謗罪者,處 1 年以下有期徒刑、拘役或一千元以下罰金(刑312)。

第五節　物

一、物之意義

物乃作為權利客體之外界的一部,此係對權利主體之人的對照語。現代法律上之所謂物,**指人力所能支配,除人類本身外,凡能滿足吾人生活所需,而堪充權利客體之有體物及無體物而言。**

二、物之分類

(一)**學理上分類**:

1.私法能否作為交易之對象為準:

(1)融通物:私法上得為交易之對象。

(2)不融通物:不能為交易之對象。

公用物

①公用物:國家或公共團體之供公用之所有物,如機關廳舍。

②公共用物:供公眾使用之物,如道路、公園、河川。

道路

③違禁物:依法禁止交易之物,如鴉片、偽造、變造之通用貨幣、武器等。

武器禁止買賣

2.是否能以同種類代替之物為準:

(1)代替物:以同種類可以代替之物,如酒、牛乳或金錢等。

(2)不代替物：依特性不能以同種之物代替之物，如
　美術工藝品、建築物、古董、馬等。

不代替物
觀世音菩薩像

3.以物在不變更性質或減少價值可否分割爲準：

(1)可分物：即在社會一般之交易觀念上，依其性質
　及不變更價值下可分割之物，如金錢、穀物等。

可分物-麥

(2)不可分物：如予分割即會損及性質與價值之物，
　如馬、汽車、家具、建物等。

4.以物之構成部分有無個性、個數或其形態爲準：

不可分物-汽車

(1)單一物：通常爲一個物，其構成部分不可分者，
　如書一冊，書桌、牛、馬等。

(2)合成物：通常爲一個物，但其構成部分在交易上
　亦獨立價值之物，如汽車與輪胎等。

單一物

(3)集合物：即多數單一物或合成物集合而成之物，
　如倉庫內之商品、工廠廠房、機器設備等。

集合物

5.以物品是否因使用致消滅爲準：

(1)消費物：物品依照本來的用法，一次使用而消滅
　或減少價值者，如金錢、飲食、燃料等。

消費物

(2)不消費物：可重複使用之物，如土地、建物、書
　籍等。

謝瑞智總編纂
法律百科全書

6.是否依當事人主觀意思之指定爲準：

(1)特定物：在具體交易時，當事人具體指定之物，
　如某號之土地或特定建築物等。

(2)不特定物：在具體交易時，當事人只以種類、品名、數量等爲
　問題之物，如啤酒一打、牛乳一瓶等。

㈡**法律上分類**：

動產

1.以能否移動爲準：

(1)動產：不動產以外之物，無記名債權、百貨公司
　禮劵、車票等。

不動產

(2)不動產：土地及其定著物，如土地、建物等(民66)。

2.以是否具備獨立效用而得爲權利義務之客體爲準：

主物

(1)主物：不僅具備獨立之物，並常受從物輔助之物，
　如房屋與建材是。

(2)從物：爲非主物之成分，常助主物之效用，而同屬

從物

　於一人之物（民68）。如房屋之建材、電燈之燈傘。

3.以是否爲生產孳息爲準：

(1)原物：爲生產孳息之物，如生產果實之樹木、生產乳品之牛、
　羊等。

(2)孳息：即由原物所產生之收益，有：

①天然孳息：如由母馬而生子馬，由乳牛而生產牛乳。

②法定孳息：許可他人使用其物而取得之報酬，如利息、租金
　及其他因法律關係所得之收益（民69）。

第六節　法律行爲

一、法律行爲概說

　　法律行爲是私人行爲，以意思表示爲要素，而發生私法上效果之法律事實之謂。

㈠法律行爲之要件：

成立要件	一般要件	即一般法律行爲所共通之成立要件。一般認爲是當事人、意思表示及標的三者。
	特別要件	指個別法律行爲所特有之要件，如要式行爲，須履行法定方式始能成立，如遺囑行爲係要式行爲。
生效要件		即法律行爲成立後，始發生法律上效果，所不可缺少之要件。可分爲：
	一般生效要件	即法律行爲成立後，欲發生一般效力時，須具備之要件： ①當事人須有意思能力及行爲能力。 ②意思表示須無瑕疵。 ③標的須可能、確定、合法。
	特別生效要件	即法律行爲之生效，應特別具備之要件：如遺贈須遺囑人死亡，始得生效是。

㈡法律行為之分類：

區分基準	分　類	內　　　　容
依意思表示結合方式為準	單獨行為	由當事人一方之意思表示，就可成立之法律行為（如有相對人，如催告、同意、撤銷、契約之解除、債務之免除等）。
	契約行為	二人以上之意思表示一致而成立之法律行為（如買賣、借貸等）。
	共同行為（合同行為）	複數當事人，因其意思表示在內容與方向上，趨於一致而成立之法律行為（如社團之設立行為）。
依有無財產關係為準	財產行為	與財產有直接關係之行為（如債權行為、物權行為、準物權行為等）。
	身分行為	與財產無直接關係，但以發生身分法上的效果為目的之行為（如親屬行為、繼承行為）。
	身分的財產行為	由身分關係而成立之財產行為（如夫妻財產契約之簽訂、扶養費的請求、拋棄或限定繼承）。
依是否依一定方式為準	要式行為	須依一定方式，始能成立之法律行為（如法定要式行為：法人之章程、遺囑等是；約定要式行為）。
	不要式行為	不須依一定方式也可成立之法律行為（如一般動產之買賣）。
依是否交付實物為準	要物行為（踐成行為）	除意思表示外，尚須物之交付始能成立之法律行為（如使用借貸、消費借貸等）。
	諾成行為（不要物行為）	僅以雙方意思表示一致，即能成立之法律行為（如買賣行為，至於標的物之交付是契約履行之另一問題）。
以給付有無原因為準	要因行為（有因行為）	即財產之給付為標的時，須以財產之給付始能成立者（如買賣及其他一般之債權行為等是）。
	不要因行為（無因行為）	即財產之給付，不須有財產之給付始能成立之者（如一般物權行為及票據行為等是）。
以當事人之給付是否互受利益為準	有償行為	即當事人一方之給付，而他方亦須給付之對價關係者（如買賣、互易、租賃等）。
	無償行為	即當事人一方之給付，而他方無須給與對價之法律行為（如贈與）。
是否具有獨立性為準	獨立行為	即法律行為，具有獨立的實質內容者（如買賣、婚姻是）。
	補助行為	即其自身無獨立的實質內容，而僅有補助他行為之效力者（如允許、承認）。

以其成立是否附於其他法律行為為準	主行為	即不須其他法律行為之存在，亦得獨立成立之法律行為（如債權契約、消費借貸契約）。
	從行為	隨同主行為而成立之法律行為（如夫妻之財產契約以婚姻之存在為要件）。
以其效力之發生是否以死亡為準	生前行為	行為人在生存時，所發生之法律行為（如一般之法律行為）。
	死後行為	即行為人死亡始發生法律效力之法律行為（如遺囑、遺贈）。

　　㈢**法律行為之標的**：即法律行為之內容須具備一定要件始發生效力：

　　1.標的須可能：即法律行為之內容，必須有實現之可能，如以不可能實現之事項為標的，則法律行為無效。如挾泰山以超北海是不能實現者。

　　2.標的須確定：即法律行為之內容，於法律行為成立時，必須確定或可能確定，否則法律行為無效。

　　3.標的須合法：即法律行為之內容，須不違背法律之規定。其情形如下：

　　　⑴須不違背強制或禁止之規定：強制如法人須設董事（民27 I），禁止如自由不得拋棄（民17）。

　　　⑵須不違背公共秩序或善良風俗（民72）：如買賣鴉片。

　　　⑶須非顯失公平：如無暴利行為，即法律行為，係乘他人之急迫、輕率或無經驗，使其為財產上之給付或為給付之約定，依當時情形顯失公平者，法院得因利害關係人之聲請，撤銷其法律行為或減輕其給付（民74 I）。

二、意思表示

　　即表意人將其內心所欲發生法律效果的意思，表達於外部之行為。如甲欲購買汽車，而乙有出售之意思，雙方談妥成交，即能發生法律效果，成立買賣契約。

　　㈠**意思表示之不一致**：

　　1.故意不一致：即意思與表示之不一致，為表意人所明知之情形。

　　　⑴單獨虛偽表示：又稱「心中保留」，即「表意人無欲為其意思表

示所拘束之意，而為意思表示者，其意思表示不因之無效」（民
86前段）。蓋為保持交易之安全，而使相對人不致受有損害而設。
但其情形為相對人所明知者，其意思表示應為無效（民86但）。

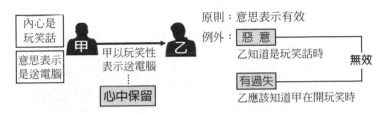

(2)通謀虛偽表示：即表意人與相對人通謀而為虛偽意思表示者，
其意思表示無效。但不得以其無效對抗善意第三人（民87I），
以保護第三人之利益。

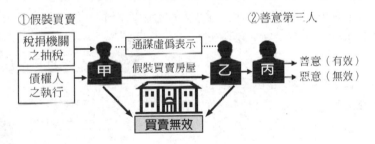

2.偶然之不一致：

(1)錯誤：意思表示之內容有錯誤，或表意人若知其事情即不為意
思表示者，表意人得將其意思表示撤銷之。但以其錯誤或不知
事情，非由表意人自己之過失者為限（民88I）。此即表意人的
撤銷權。法律行為經撤銷後者，視為自始無效（民114）。至於
過失，民法上有兩種：

①重大過失	則欠缺一般人應有的注意程度而言。
②輕過失	A 抽象的輕過失：即欠缺善良管理人的注意程度，係客觀的注意標準。 B 具體的輕過失：即欠缺與處理自己事務為同一注意所生之過失，係主觀的注意標準。

錯誤之種類		舉　例　說　明
動機之錯誤		誤信該地將變更地目，而以高價購地之情形。
表示之錯誤	內　容之錯誤	誤解保證債務與連帶債務係相同，而為連帶債務是。
	表示行為之錯誤	欲書寫十萬元而誤寫為千萬元是。

(2)誤傳：意思表示因傳達人或傳達機關傳達不實者，如因使用人、電報局及其他傳達機關，而表示意思時，因而傳達不實，致其所為之意思表示錯誤者，此與表意人自己陷於錯誤者無異，故表意人得將其意思表示撤銷之（民89）。

(二)**意思表示之不自由：意思表示之不自由者，乃表意人因受他人之不當干涉，致無法以自由意志，作意思表示也**。此之意思表示之不自由，則為有瑕疵之意思表示。此種意思不自由之情形，有詐欺及脅迫二種，在民刑法上各有不同之法律效果。

1.詐欺（Betrug）：以故意欺罔他人，使其陷於錯誤，並因之而為意思表示之行為也。詐欺既是故意行為，自以行為人有意思能力為前提，如行為人係於無意識或精神錯亂中所為者，雖使他人陷於錯誤而為意思表示，亦不構成詐欺，但詐欺之成立，不以有行為能力為必要，民法所謂「因被詐欺而為意思表示」（民92）。

2.脅迫（Drohung）：指因使用脅迫行為，使他人心生恐怖，致為逃避其危害，所為之意思表示也。脅迫須為一定之行為，不論以口頭、文字或其他舉動，均非所問（4上1980）。

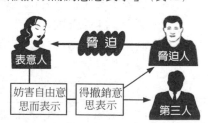

(三)**意思表示之生效：**

1.對話人為意思表示：對話人為意思表示者，其意思表示，以相對人了解時，發生效力（民94）。

　　2.非對話爲意思表示：非對話而爲意思表示者，其意思表示，以通知達到相對人時，發生效力。但撤回之通知，同時或先時到達者，不在此限。表意人於發出通知後死亡或喪失行爲能力或其行爲能力受限制者，其意思表示，不因之失其效力（民95）。

　　3.向無行爲能力人或限制行爲能力人爲意思表示：向無行爲能力人或限制行爲能力人爲意思表示者，以其通知達到其法定代理人時，發生效力（民96）。

三、條件及期限

　　㈠**條件**：即表意人以將來客觀上，不確定事實的成就或不成就，以決定法律行爲效力的發生或消滅的一種附隨條款。有些法律行爲不得附條件。

　　1.停止條件：即限制法律行爲效力發生之條件也。附停止條件之法律行爲，於條件成就時，發生效力（民99 I），如條件不成就，即不生效力。蓋於該條件成就前，法律行爲雖已成立，但其效力暫時處於停止之狀態，故名爲「停止條件」，如甲與乙約：「你若考取國立大學，則贈與金錶」。此一贈與契約雖

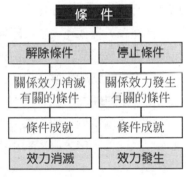

已成立，但其效力之發生（贈與金錶），全繫於乙能否考取國立大學之不確定事實。若乙果能考取，即此條件已成就，該法律行爲始發生效力，得請求給付金錶，因此又稱爲「**開始條件**」。

　　2.解除條件：即限制法律行爲效力之消滅之條件也。附解除條件之法律行爲，於條件成就時，失其效力（民99II）。如條件不成就，則法律行爲仍繼續有效。蓋於該條件成就前，法律行爲之效力本已發生，但因條件之成就，使其效力歸於消滅，故名爲「解除條件」，如乙向甲承租公寓一間，言明於乙考上高考時，即不再承租，如乙未考上高考，其效力即繼續存在，如考上高考，則不再承租，因此又稱爲「**終止條件**」。

㈡**期限**：即表意人以將來確定事實的到來為內容，以決定法律行為效力的發生或消滅的一種附隨條款。如約定於明年 9 月 1 日付款時，該明年 9 月 1 日則為期限。茲分析之：

　　1.始期：乃限制法律行為效力之發生，於期限屆至時，發生效力（民102 I），謂之始期，此與停止條件相當。如與人約定，由明年 5 月 1 日起供給生活費是。此供給生活費之行為，附有明年 5 月 1 日之限制，非屆至該日，生活費之供給，不能生效。

　　2.終期：乃限制法律行為效力之消滅，於期限屆滿時，失其效力（民102II），謂之終期，此與解除條件相當。如與人約定，至明年 12 月 31 日止，租賃之房屋，即為滿期是。此租賃房屋行為，至明年 12 月 31 日屆至，即喪失效力。

四、代理

　　代理者，指代理人於代理權限內，以他人（本人）名義，向第三人（相對人）為意思表示，或由第三人受意思表示，而直接對於本人發生效力之法律行為（民 103）。

㈠**代理之要件**：

　　1.代理須本於代理權為之：代理人於代理權限內，直接對本人發生效力。

　　2.代理須以本人名義為之：即代理行為，須以本人名義為之。代理人如明白表示以本人名義為之，則稱為**顯名代理**；若不明示以本人名義為之，惟為當事人所明知或可得而知其係為本人而為，則稱為**隱名代理**。

　　3.代理須關於法律行為之意思表示：即代理本人為意思表示，或代受意思表示，惟下列情形不許代理：

　　⑴單純的事實行為：（如占有）。

　　⑵違法行為：（如竊盜、詐欺或侵權行為）。

　　⑶身分上之行為：（此如結婚、認領、遺囑、收養等）。

　　4.代理須直接對本人（被代理人）發生效力：即代理人所為之意思

表示，或所代受之意思表示，直接由本人承受其效果，因此，代理行為之結果，其本人（被代理人）當然為權利人或義務人。

㈡**自己代理及雙方代理之禁止**：在一般的代理關係中，必須是三面關係，如只有兩面關係，就非真正之代理關係，應不發生代理之效力。因此民法第 106 條規定：「代理人，非經本人之許諾，不得為本人與自己之法律行為，亦不得既為第三人之代理人，而為本人與第三人之法律行為。但其法律行為，係專履行債務者，不在此限。」茲列表說明其意義與效力：

		例　示　說　明
意義	自己代理	即當事人的一方，就同一法律行為，又同時代理相對人者，稱為自己代理；如一面代理本人為意思表示，同時自己又為相對人而受意思表示是。又稱為自己契約。如甲為乙之代理人，而將乙之房屋出售與自己是。
	雙方代理	即代理人既代理本人而又代理第三人，其一人同時代理雙方當事人為法律行為；如一面受甲之授權為其代理人而為意思表示，同時又受乙之授權，代理乙為相對人而受意思表示是，又稱為狹義雙方代理。如代理人乙一方面代理甲出售房屋，同時又代理相對人丙買受此房屋是。
法律效力	原則禁止	良以如許代理人代理本人與自己為法律行為或一人可同時代理雙方當事人為法律行為，因其本人與自己之利益衝突（德：Interessenkollission），或其所代理雙方當事人利益之矛盾，不僅難以杜絕流弊，代理人亦無法盡其職責，故法律予以禁止。但無行為能力人純獲法律上利益之情形，如父母贈與未成年子女，並不發生利益衝突，當不違反民法第 106 條之規定，此即一般解釋上認為係目的性限縮（Teleologische Reduktion）。
	例外允許	⑴經本人許諾者：經本人許諾為自己代理或雙方代理時，其代理行為，即屬完全有效，惟此係指意定代理而言，在法定代理自不適用。 ⑵其法律行為係專履行債務者：自己代理或雙方代理，如係專履行債務者，雖未得本人之許諾，代理人亦得為之。惟所謂履行債務，乃指狹義之清償，不包括重新交換利益之代物清償在內。

㈢**代理人**：指具有代理他人地位的人，稱為代理人。有法定代理人與意定代理人兩種：

1.法定代理人：是基於法律之規定，擁有代理他人之權者之謂。如父母爲未成年子女之法定代理人（民 1086），配偶、四親等內之親屬、最近一年有同居事實之其他親屬、主管機關、社會福利機構或其他適當之人選定一人或數人等爲受監護宣告（禁治產）之監護人（民 1111），夫妻於日常家務，互爲代理人（民 1003）。

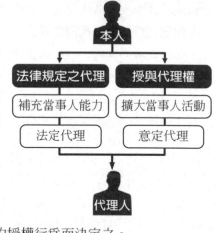

2.意定代理人：是由於本人之授與代理權而發生，其範圍依本人的授權行爲而決定之。

	法 定 代 理	意 定 代 理
法律依據	法律之規定	本人授與代權
代理之情形	未成年人 受監護宣告（禁治產）人 夫妻之互爲代理	本人之授權委任
代理人之能力	以法律規定（限於成年人）	限制行爲能力人亦得代理（民 104）
代理權之消滅 一般原因	本人死亡 代理人死亡 代理人被宣告監護（禁治產） 代理人破產	
代理權之消滅 特別原因	親權之喪失 子女已成年 監護關係之終了	委任之終了 委任之解除

五、無效及撤銷

㈠無效：

1.無效之意義：即法律行爲因某種原因，而不發生當事人所意圖之法律效果之意。亦即法律行爲欠缺生效要件，而在法律上自始的，當然的，且確定的不發生預期之法律效力。

　　2.無效之原因：無效之原因係法律行為欠缺生效之要件。即當事人在從事法律行為時欠缺行為能力，對於法律行為之標的不確定，或其所欲發生之法律效果不可能發生，抑不適法、不適當之情形，或意思表示與眞意不一致時，則構成一般無效之原因。此外，無權代理之拒絕承認（民170）等，則爲特殊之無效原因。

法律行為之無效要件			無效原因之適例
(1)一般無效原因	當事人	自然人	無意思能力	①無行爲能力人之行爲（民75）。
			無行爲能力	②欠缺意思能力人之行爲（民75）。
		法人	無行爲能力	③限制行爲能力人未得允許之單獨行爲（民78）。
	意思表示不一致		①心中保留之行爲（民86）。 ②虛僞之意思表示（民87）。
	標的之不確定、不能、違法、不適當		①違反強行規定之行爲（民71）。 ②違背公序良俗之行爲（民72）。 ③違反法定方式之行爲（民73）。 ④以不能之給付爲標的（民246）。
(2)特殊無效原因			意思表示之不到達。 停止條件之不成就。 代理權之不存在。

　　3.無效之效果：無效之法律行為，因無任何效力可言，每使不知無效原因之相對人蒙受損害，故民法第113條規定：「無效法律行為之當事人，於行為當時知其無效，或可得而知者，應負回復原狀或損害賠償之責任。」所以保護相對人之利益也。

　㈡撤銷：

　　1.撤銷之意義：即法律行為之意思表示有瑕疵時，由撤銷權人行使撤銷權，使法律行為之效力，溯及的歸於消滅之意。

　　2.撤銷之原因：法律行為之得撤銷，乃因意思表示有錯誤或瑕疵，由撤銷權人行使其撤銷權，使法律行為之效力，溯及的歸於消滅之謂。茲將其撤銷之原因分析如次：

意義	共通於一般法律行為之撤銷原因，即意思表示之錯誤或瑕疵。

一般之 撤銷原因	內容	錯誤之意思表示（民88）。 傳達錯誤（民89）。 被詐欺或脅迫（民92）。
特別之 撤銷原因	意義	就特種法律所規定之撤銷原因，此而為撤銷時，如無特別 規定，仍應適用民法第114至116條之通則規定。
	內容	限制行為能力人獨立營業不能勝任（民85）。 懸賞廣告之撤回（民165）。 債務人損害債權（民244）。 贈與之撤銷（民408、416）。 繼承人之撤銷（民417）。 未成年人結婚未得法定代理人同意（民990）。 遺囑之撤回（民1219）。

3.撤銷之效力：

　　⑴溯及效力：法律行為經撤銷者，視為自始無效（民114 I）。惟為
　　　顧及身分關係之實情，例外有不溯及既往者，如婚姻之撤銷，
　　　不溯及既往（民998）。

　　⑵撤銷之絕對效力：法律行為經撤銷後，視為自始無效，此無效，
　　　以絕對無效為原則，但為維護交易之安全，例外亦有不得對抗
　　　善意第三人者，此如被詐欺而為之意思表示，其撤銷不得對抗
　　　善意第三人（民92 II），因錯誤而為撤銷時，表意人須對受損害
　　　之第三人負賠償責任（民91）。

㈢**無效與撤銷之不同**：

無　　效	撤　　銷
無效者不必有特定之主張，當然無效。	因特定人之主張（撤銷）始不發生效力。
無效之行為從開始即應以無效來處理。	在未撤銷前仍以有效來處理。
原則上無論何人皆得主張無效。	得撤銷之行為，其效力處於未確定之情形。
放置而不理，其無效仍不改變。	放置而不理，可能不會變成無效。
無效之行為，自始無效，縱經承認，亦無溯及效力。	經撤銷後，視為自始無效；但結婚撤銷之效力不溯及既往（民998）。

第七節　期日及期間

一、意義

㈠**期日**（date）：期日者，即時點不得區分之特定日之謂。如約定 8 月 1 日上午 9 時履行債務是。此為不得區分之特定日。又如 10 月 1 日，雖該一日有 24 小時之時間繼續進行，然終不出該一日之最後時辰，此即視為不可區分之特定日。因此期日可以說是指某一特定之時刻而言，也就是時間過程中的某一個「點」。故學者以期日為靜的觀察之時間。

㈡**期間**（term；period）：期間者，即時間之謂也。即以一定之時間為起點，一定之時間為終點，其中間時間之繼續部分；如借貸期間自民國 92 年 5 月 1 日至 93 年 5 月 1 日是。蓋此則須經過 12 個月之久，既有相當之長度，復有繼續進行之狀態，有連續綿延之時間，在法律的觀念上就是「線」，故學者以期間為動的觀察之時間。

㈢**期限**：乃表意人以將來確定事實的到來為內容，以決定法律行為效力的發生或消滅的一種附隨條款。此種附期限，其效力因始期與終期而不同。

二、區別

	期　　日	期　　間	期　　　　限
意義	指某一特定時刻，視為不可分之時間。如某日某時。	指以一定時間至另一定時間，其經過時間之繼續部分。如某日至某日。	乃以將來確定事實的到來為內容，以決定法律行為效力的發生或消滅的附隨條款。
法律性質	期日在法律觀念上為時間過程中的某一點。為靜的觀察之時間。	期間在法律觀念上就是線。為動的觀察之時間。	因以將來的發生為內容，故為點到線的時間附款。
適例	如出生日、死亡日、清償日等。	如借貸期間自九十七年五月一日至九十八年五月一日。	附始期期限，於期限屆至時發生效力。如約定下月二日交還借用之汽車，則於下月發生效力。附終期期限，於期限屆至時失其

		效力。如約定設定地上權爲期十年，則此地上權之效力，至十年期滿而失效。

三、年齡之計算

年齡自出生之日起算。出生之月、日無從確定時，推定其爲 7 月 1 日出生。知其出生之月，而不知其出生之日者，推定其爲該月 15 日出生（民 124）。

第八節　時　效

一、時效之意義

所謂時效（德：Verjährung），係指一定之事實狀態，繼續經過一定期間，就發生權利之取得或喪失之法律事實之制度。析言之：

㈠**時效須有一定之事實狀態**：即一切之時效制度，必須以具備一定之事實狀態爲前提，如占有、準占有、權利之不行使狀態之繼續等是。

㈡**時效須經一定之期間**：即以一定期間之經過爲其要素。無須經過一定期間者，自不得謂爲時效。如動產之即時取得（民 801、886、948）。

㈢**時效須發生權利之取得或喪失法律事實**：即因時效而取得權利或喪失權利而言。其爲權利取得之原因者，稱爲取得時效，其爲權利喪失之原因者，稱爲消滅時效，學者總稱之爲「時效」。

二、時效之種類

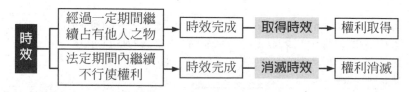

㈠**取得時效**（erwerbende Verjährung）：係指經過一定期間繼續占有他人之物，而取得其所有權，或經過一定期間，事實上繼續行使其他財產權者，即取得其權利之時效制度。取得時效包括動產、不動產所有權及其

他財產權的取得。此係規定在民法物權編第 768 條至 772 條。

　　㈡**消滅時效**（erlöschende Verjährung）：消滅時效者，乃權利人於法定期間內，繼續不行使其權利，致其請求權因時效之完成而歸於消滅之法律事實也。茲分述之：

區別項目＼分類	取 得 時 效	消 滅 時 效
1.**法律性質**	規定在民法物權編，發生物（動產或不動產）之所有權取得之效果（民 768~770）。	規定在民法總則編，因權利人繼續不行使請求權，致相對人取得拒絕履行義務之抗辯權（民 144）。
2.**事實狀態**	基於一定期間繼續占有他人之物的事實狀態，而受法律之保護。	基於法定期間內繼續「不行使請求權」之事實狀態，而不受法律之保護。
3.**權利對象**	以取得占有之權，此占有物為他人之動產或他人未登記之不動產。	拒絕權利人之請求權。
4.**法律效果**	如為動產，則取得所有權，如為不動產，則可請求登記為所有人取得所有權。	發生請求權消滅之法律效果（民 125），相對人可提出抗辯拒絕義務之履行。
5.**法律關係**	取得時效之效力，僅向後發生，而不溯及於占有開始之時生效，此外，取得時效之取得，乃原始取得，故以前存於該物上之一切法律關係，均因取得時效之完成而歸於消滅。	請求權因不行使而消滅，係指債務人取得抗辯權，致請求權人之行使權利發生障礙而已，如債務人仍為履行，則權利人仍有受領之權利。

三、消滅時效

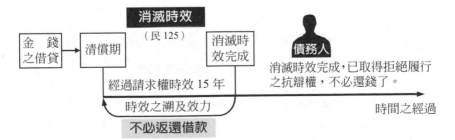

消滅時效（拉：praescriptio extinctiva；英：statute of limitations, limitation of actions；德：Verjährung；法：prescription extinctive ou libératoire），乃權利人於一定期間內，不行使其權利，致其請求權因時效之完成而歸於消滅之法律事實也。凡所有權以外之財產權都會涉及消滅時效之問題。蓋時效期間悉依法律之規定，不得以法律行爲加長或減短之（民147）。我國民法規定，設有一般期間與特別期間。

四、消滅時效之期間

(一) 一般 期間	依民法第 125 條規定：「請求權，因十五年間不行使而消滅。但法律所定期間較短者，依其規定。」依此規定，是消滅時效之一般期間，除法律所定較短者外，均以 15 年爲原則。		
(二) 特別 期間	乃由法律爲特別之規定者：		
	5 年	利息、紅利、租金、贍養費、退職金及其他 1 年或不及 1 年之定期給付債權，其各期給付請求權，因 5 年間不行使而消滅。	民126
	2 年	下列各款請求權，因 2 年間不行使而消滅： (1)旅店、飲食店及娛樂場之住宿費、飲食費、座費、消費物之代價及其墊款。 (2)運送費及運送人所墊之款。 (3)以租賃動產爲營業者之租價。 (4)醫生、藥師、看護生之診費、藥費、報酬及其墊款。 (5)律師、會計師、公證人之報酬及其墊款。 (6)律師、會計師、公證人所收當事人物件之交還。 (7)技師、承攬人之報酬及其墊款。 (8)商人、製造人、手工業人所供給之商品及產物之代價。	民127

(三)**民法總則以外之特別時效期間**：消滅時效期間，在民法各編或其他法律尚有若干特別規定，茲分述之：

時效 期間	案　　　　　例	法　條
10 年	(1)因侵權行爲所生之損害賠償請求權長期時效。 (2)繼承回復請求權。	民197 I 後 民1146 II
5 年	(1)國家賠償請求權自損害發生時起。 (2)對監護人之賠償請求權。	國賠8 I 後 民1109

3年	(1)對於指示證券因承擔所生之請求權。	民717
	(2)對匯票承兌人及本票發票人所得行使之票據權利。	票22 I 前
2年	(1)因侵權行為所生之損害賠償請求權短期時效。	民197 I 前
	(2)出租人對承租人之賠償請求權及承租人之償還費用請求權、工作物取回權。	民456
	(3)旅客運送之賠償請求權。	民623 II
	(4)船舶碰撞所生之請求權。	海99
	(5)保險契約所生之請求權。	保65
	(6)領取勞工保險給付之請求權,自得請領之日起2年。	勞保30
	(7)國家賠償事件請求權,自請求權人知有損害時起。	國賠8 I 前
1年	(1)定作人之瑕疵修補請求權及承攬人之損害賠償請求權。	民514
	(2)寄託契約之報酬請求權。	民601之2
	(3)物品運送之賠償請求權。	民623 I
	(4)占有人的占有物上請求權。	民963
	(5)執票人對發票人之追索權。	票22 I II
	(6)共同海損所生之債權。	海125
6個月	(1)貸與人的賠償請求權及工作物取回權。	民473
	(2)對旅店、飲食店等場所主人的損害賠償請求權。	民611
	(3)匯票、本票背書人之追索權。	票22 III
4個月	支票執票人對前手之追索權。	票22 II
2個月	(1)經理人或代辦商違反競業禁止之損害賠償請求權,自商號知有違反行為時起。	民563 II
	(2)支票背書人對前手之追索權。	票22 III

五、消滅時效之中斷

消滅時效,因下列事由而中斷(民129):

(一)請求。

(二)承認。

(三)起訴:下列事項,與起訴有同一效力:

　　1.依督促程序,聲請發支付命令。

　　2.聲請調解或提付仲裁。

　　3.申報和解債權或破產債權。

　　4.告知訴訟。

　　5.開始執行行為或聲請強制執行。

六、消滅時效與除斥期間

在法律上與消滅時效雷同者為除斥期間。所謂「除斥期間」（Ausschlußfrist）者，乃法律對於某種權利所預定之存續期間，亦稱「預定期間」。蓋除斥期間，自始固定，經過此期間後，權利即歸於消滅，並不得展期，故亦曰「不變期間」。其與消滅時效之區別，略述如下：

㈠消滅時效與除斥期間之區別：

分類　　　　　區別項目	消　滅　時　效	除　斥　期　間
1.適用之權利	因時效之完成而消滅之權利多為請求權，但其請求權本身並不消滅。	因除斥期間之經過而消滅之權利多為形成權（主要為撤銷權），除斥期間經過其權利本身歸於消滅。
2.期間之展延	在消滅時效期間內，得因中斷或不完成而展延期間。	係預定存續期間，即為法定不變期間，不發生中斷或不完成之問題，故不能展延期間。
3.期間之起算	消滅時效之起算，民法有一般性規定（民128），自請求權可行使之時，或為行為時起算。	除斥期間民法未有一般性規定，除有特別規定外，均自權利成立之日起算。如暴利行為（民74）、結婚之撤銷（民989）等。
4.當事人主張	消滅時效，須由當事人主張提出抗辯，法院不得依職權審酌採為裁判之資料。	除斥期間經過後，形成權消滅，當事人縱不主張，法院亦得依職權調查採為裁判之資料。
5.利益之拋棄	消滅時效已完成者，當事人得拋棄其利益，使時效完成的效力歸於無效。	除斥期間已屆滿者，其利益不得拋棄。
6.期間之長短	通常較長，一般期間為15年（民125）。	通常較短，一般最長不超過10年（民93）。

㈡消滅時效與除斥期間之區別標準：法律所規定之期間，究為時效期間或為除斥期間，如何辨識，其區別標準為：

1.由條文之內容辨識：原則上，法條中有「請求權因若干年不行使而消滅」，「因時效而消滅」，如民法第126、127、197、473、563Ⅱ等多為消滅時效。而僅規定「經過若干年而消滅」者，則為除斥期間，如

民法第 74、90、93、498、807、923Ⅱ、924、949、1063 條等，則多爲除
斥期間。

　　2.由權利之本質辨識：我民法以請求權爲消滅時效之客體，而形成
權則只有除斥期間。

第九節　債編總則

一、債之發生

　　即自始的發生債之關係的法律現象之謂。債之發生原因，可分爲法
律行爲與基於法律規定者：

　　㈠法律行爲：如契約行爲是。

　　㈡基於法律規定者：如無因管
理是。

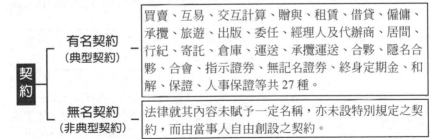

　　我民法所定**債之發生之原因**，有**契約**、**代理權之授與**、**無因管理**、
不當得利及侵權行爲五種。然債之發生除上述所舉之外，如因共有關係
而發生費用償還請求權，及因親屬關係之扶養請求權等，均屬債之發生
之原因。

　　㈠**契約**：契約是雙方當事人互相表示意思一致，無論其爲明示或默示，
契約即爲成立（民 153Ⅰ）。故契約稱爲意定之債。

契約	有名契約 （典型契約）	買賣、互易、交互計算、贈與、租賃、借貸、僱傭、承攬、旅遊、出版、委任、經理人及代辦商、居間、行紀、寄託、倉庫、運送、承攬運送、合夥、隱名合夥、合會、指示證券、無記名證券、終身定期金、和解、保證、人事保證等共 27 種。
	無名契約 （非典型契約）	法律就其內容未賦予一定名稱，亦未設特別規定之契約，而由當事人自由創設之契約。

　　1.契約自由原則：個人在社會生活中，能依自己的意思，自由的締
結契約，以規範私法關係，而國家最好不要干預，稱爲私法自治之原則。

　　2.契約之成立：即雙方當事人之要約與承諾之意思表示一致，契約

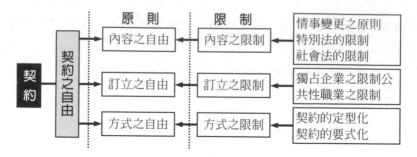

即為成立。但在要式契約，其要約亦以要式為必要。

(1)要約：「要約」與「要約之引誘」不同。貨物標定賣價陳列者，固可視為要約，但價目表之寄送，目的是在引誘他人為要約之意思表示，不得視為要約（民154 II）。此為二者之區別。

(2)承諾：乃答覆要約人，願意簽訂之意思表示，要約經承諾後，始能成立契約，惟須與要約之內容完成一致，如將要約擴張、限制或變更而為承諾者，視為拒絕原要約而為新要約（民160 II）。

3.契約之分類：債權契約有別於物權與身分契約。債權契約之類型如下：

法律是否規定為準	有名契約(典型契約)	民法將日常生活常見的契約賦予一定名稱，並設有特別規定之契約。
	無名契約(非典型契約)	即不屬於有名契約的所有契約而言。在契約自由原則下，任何契約都可締結。
依當事人是否互負對價關係	雙務契約	即雙方當事人互負有對價關係之債務契約。所謂對價關係，指契約雙方當事人所負之債務，具有互為對價之性質，如一方支付價金，另一方移轉財產，稱之為雙務契約。如買賣、互易、租賃、承攬、有償委任、有償寄託、居間、合夥等均屬之。
	單務契約(片務契約)	僅由一方當事人負債務之契約，則屬單務契約。如贈與、保證、使用借貸、消費借貸、無償的委任等是。此與雙務契約不同，並不生同時履行抗辯權與危險負擔之問題。

依當事人有否給付為準	有償契約	即當事人之一方之給付，而約定他方須爲對價給付之契約。如買賣、互易、及附利息之消費借貸均屬之。
	無償契約	即僅由一方當事人負債務之契約，而不自他方當事人取得對價給付之契約是。如贈與、使用借貸等均屬之。
須否交付目的物	諾成契約	僅須契約當事人意思表示合致，即可成立而不須目的物交付之契約。一般債權契約，如買賣、租賃、贈與，均爲諾成契約。
	要物契約	即契約之成立除意思表示之合致外，並須目的物之交付者，稱爲要物契約。如使用借貸、消費借貸、寄託及押、租金契約等是。
是否成立一定方式	要式契約	即須具備一定方式始能成立之契約，如民法規定終身定期金契約（民 730）及期限逾 1 年之不動產租賃契約（民 422），須要式契約。
	非要式契約	即契約之成立僅須當事人意思表示之合致，而不須具備任何方式者，稱爲非要式契約。近代民法因標榜契約自由之原則，一般契約以非要式爲多。
是否給付為契約成立之原因	要因契約	以給付財産爲標的之契約，如其給付爲契約成立之原因者，稱爲要因契約。民法上之典型契約均是。
	不要因契約	不以給付原因爲契約成立之要件者，稱爲不要因契約。如物權契約屬於不要因契約，又票據行爲亦屬之。
是否須預約為準	主契約	即契約能獨立存在，而不須以他契約之存在爲前提者，稱爲主契約。一般契約均屬主契約。
	從契約	以其他契約之存在爲前提之契約，稱爲從契約。如利息契約、定金契約、違約金契約、保證契約等是。
是否以他契約之存在為前提	本　約	即履行預約而訂立之契約，稱爲本契約。如契約之基本要素及權利義務關係，都已明確規定者，則屬本約。
	預　約	約定將來訂立一定契約之契約，稱爲預約。民法上之婚約，則爲預約。
是否一次履行	一時契約	即債之關係經當事人爲一次之給付即可實現者，稱爲一時契約。如買賣、贈與是。
	繼續性契約	即契約關係須當事人繼續的履行才能實現者，稱爲繼續性契約。一般勞務性均爲繼續性契約。如僱傭、租賃、終身定期金是。

是否需個別磋商為準	個別磋商之契約	傳統式由雙方當事人個別磋商,經雙方意思表示之合致所簽定之契約。
	定型化契約	即企業當事人之一方,決定契約之一定形式與內容,而他方如欲同意簽定契約,只有同意其內容之規定,而成立之契約。依消費者保護法規定:指企業經營者為與不特定多數消費者訂立同類企業之用,所提出預先擬定之契約條款,稱為定型化契約條款(消保2⑦)。

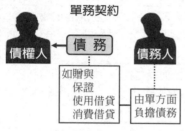

單務契約

債權人 — 債務 — 債務人

如贈與
保證
使用借貸
消費借貸 — 由單方面負擔債務

諾成契約

債權人 — 雙方意思表示一致 — 債務人

契約成立

為一般之契約

4.契約之確保:

要物契約

債權人 — 只有意思表示一致不能成立 — 債務人

須有物之交付為必要

物 ← 物
物 → 物

(1)收受定金之效力:訂約當事人之一方,由他方受有定金時,推定其契約成立(民248)。

(2)違約金之約定:當事人得約定債務人於債務不履行時,應支付違約金。違約金,除當事人另有訂定外,視為因不履行而生損害之賠償總額。其約定如債務人不於適當時期或不依適當方法履行債務時,即須支付違約金者,債權人除得請求履行債務外,違約金視為因不於適當時期或不依適當方法履行債務所生損害之賠償總額(民250)。

㈡**代理權之授與**:代理權發生之原因有意定代理及法定代理兩種;前者係因本人之意思表示而發生者,後者即基於法律規定而發生,與本人之意思無關者。本項所稱代理權之授與,專指意定代理人之授與而言。

1.代理權之發生:意定代理既由本人之意思表示而發生,則必有授與代理權之法律行為。依民法第167條:「代理權係以法律行為授與者,其授與應向代理人或向代理人對之為代理行為之第三人,以意思表示為之。」

　2.共同代理：代理人有數人者，其代理行為應共同為之，但法律另有規定或本人另有意思表示者，不在此限（民 168）。另第 556 條規定：「商號得授權於數經理人，但經理人中有二人之簽名者，對於商號即生效力。」所謂本人另有意思表示，即依本人意思行之。

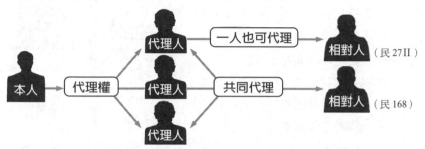

　3.無權代理：無權代理者，即未經本人授權所為之代理行為之謂。未受委任之無權代理一律無效。無權代理，通常分為二種：

　　⑴表見代理：即代理人雖無代理權，但有相當理由，足使人相信其有代理權時，法律乃使本人負授權責任之代理之謂。依民法第 169 條規定：「由自己之行為表示以代理權授與他人，或知他人表示為其代理人

而不為反對之表示者，對於第三人應負授權人之責任。但第三人明知其無代理權或可得而知者，不在此限。」所謂「自己之行為表示以代理權授與他人」，係本人並未授與代理權，而表示授與他人代理權，此稱為「**表見授權**」。

　　⑵狹義無權代理：即代理人無代理權，而且外形上亦無可認其有代理權時，所為之代理，稱為狹義無權代理。此項代理行為，非經本人承認，對本人不生效力（民 170 I）。其情形有四：

　　　①根本無代理權，且不具備表見代理要件之代理。

　　　②授權行為無效之代理。

③逾越代理權範圍之代理。

④代理權消滅後之代理。

㈢**無因管理：**

1.意義：即未受委任，又無義務，而為他人管理事務之行為（民172）。如當鄰居因生病住院，而未受其委託下，代為照顧鄰居飼養之貓狗之情形。

2.無因管理之效力：即管理人與本人間所發生債權債務之關係。

⑴管理人之義務：

①管理義務：管理人為本人管理事務，應依本人明示或可得推知之意思，以有利於本人之方法為之（民172後段）。

②注意之義務：管理人為免除本人之生命、身體或財產上之急迫危險，而為事務之管理者，對於因其管理所生之損害，除有惡意或重大過失者外，不負賠償之責（民175）。

③通知義務：管理人開始管理事務時，以能通知為限，應即通知本人，如無急迫之情事，應俟本人之指示（民173）。

④賠償義務：管理人違反本人明示或可得推知之意思，而為事務之管理者，對於因其管理所生之損害，雖無過失，亦應負賠償之責。如其管理係為本人盡公益上之義務，或為其履行法定扶養義務，或本人之意思違反公共秩序善良風俗者，不適用之（民174）。

⑤計算義務：無因管理準用民法第540條至第542條關於委任之規定（民173Ⅱ）。即對於管理事務進行之狀況，報告本人。管理關係終止時，應明確報告其顚末

無因管理

未受委任，又無義務

鄰居的主人因病住院

管理

無因管理之構造

支付費用

為他人管理事務

未受委任

無義務

本人之意思

管理事務者

他人

管理義務
注意義務
通知義務
賠償義務
計算義務

（民 540）。管理人所收取之金錢、物品及孳息，應交付於本人。管理人以自己之名義爲本人取得之權利，應移轉於本人（民 541）。管理人爲自己之利益，使用應交付於本人之金錢，或使用應爲本人利益而使用之金錢者，應自使用之日起，支付利息，如有損害，並應賠償（民 542）。

(2)本人之義務：無因管理人既不能因管理事務而請求給付報酬，又不能違反本人之意思，其因管理所得之利益，又須移歸於本人，不應使其遭受損失，故本人有下列義務：

①管理事務利於本人者：管理事務，利於本人，並不違反本人明示或可得推知之意思者，管理人爲本人支出必要或有益之費用，或負擔債務，或受損害時，得請求本人償還其費用及自支出時起之利息，或清償其所負擔之債務，或賠償其損害（民 176 I）。

②管理事務不利於本人者：管理事務不利於本人，或違反本人明示或可得推知之意思者，如本人仍因而獲得利益者，本人所負之義務，僅以不超過其所得之利益爲限（民 177）。但管理人如係爲本人盡公益上之義務，或爲其履行法定扶養義務，或本人之意思違反公序良俗者，縱違反本人之意思，管理人仍有民法第 176 條第 1 項之請求權（民 176II）。

（四）**不當得利：**

1.意義：無法律上之原因而受利益，致他人受損害者，稱爲不當得利（民 179）。受害人有請求返還其利益之權利，受益人有返還其利益之義務。如甲持 100 元付計程車費，乙誤認爲 500 元，多找了 400 元給甲，甲即爲不當得利。又如甲乙二人間本無債之關係，乙因誤認對甲負有債務，遂爲清償，甲亦接受乙之給付，則爲不當得利。

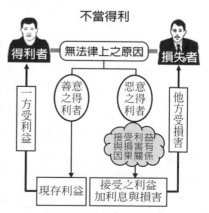

2.不當得利之例外：當事人有不當得利情形，自應返還其利益，但其給付有下列情形之一者，不得請求返還（民180）：

  ⑴給付係履行道德上之義務者：原無法律上義務，但如基於道德上之義務爲給付者，則不得請求返還。例如扶養無扶養義務之人是。

  ⑵債務人在清償期前之清償給付：債務人在清償屆滿前，原無清償之義務。但如債務人自願提早清償，則不得請求返還。因債務人得於期前爲清償（民316），並非無債務而爲清償，故不得請求返還。

  ⑶非債清償：因清償債務而爲給付，給付時明知無給付之義務，而仍自願給付者，不得請求返還。但應由受領人負舉證之責。

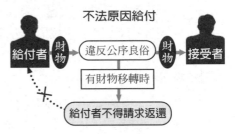

非債清償

給付者，明知無給付之義務，而爲給付

給付者 受領人

給付者不得請求返還

明知無給付之義務而為給付

  ⑷因不法之原因而爲給付：法律行爲之原因，有不法者，原係無效，如因賭博而負之債務是。本於無效行爲而爲給付，應屬不當得利。

3.不當得利之效力：

  ⑴受領人之義務：不當得利成立後，受領人負有返還其所受利益之義務（民179）。

不法原因給付

給付者 財物 違反公序良俗 財物 接受者

有財物移轉時

給付者不得請求返還

  ⑵第三人之返還義務：不當得利之善意受領人，以其所受者，無償讓與第三人，而受領人因此免負返還義務者，第三人於其所免返還義務之限度內，負返還責任（民183）。

㈤**侵權行爲**：因故意或過失，不法侵害他人權利者，負損害賠償責任。故意以背於善良風俗之方法，加損害於他人者，亦同（民184 I）。如酒醉駕駛撞傷他人者，該被害人得主張侵權

交通事故

加害人 被害人

損害賠償請求

行爲之賠償責任。

1.一般侵權行爲：即故意或過失，不法侵害他人權利者，負損害賠償責任。有四要件：⑴加害人之故意或過失行爲；⑵須有侵害被保護之權益；⑶有發生損害；⑷加害行爲與損害之間有因果關係等。

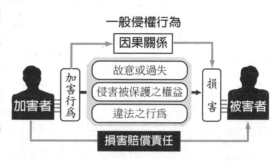

2.共同侵權行爲：數人共同不法侵害他人之權利者，連帶負損害賠償責任。不能知其中孰爲加害人者，亦同。造意人及幫助人，視爲共同行爲人（民 185）。又共同侵權行爲，僅須數人共同侵權行爲爲已足，至行爲人間有無意思之連絡，則非所問。

二、債之標的

即債務人基於債之關係所應爲之行爲。債務人之行爲，稱爲給付，故債之標的，亦曰給付。民法第 199 條第 1 項規定：「債權人基於債之關係，得向債務人請求給付。」依此即債之標的，即爲債務人之給付。債之標的必須可能、合法及確定。在給付上不以有財產上之價格爲限，凡可受法律保護之利益，皆得爲債之標的（民 199 II），且不作爲亦得爲給付（民 199 III）。

種　類	內　　　容	注 意 之 特 點
特定之債	給付特定物。	給付之前有善良管理之注意義務與危險負擔。
種類之債	只決定給付不特定物之種類與數量。	應定特定時期，否則今年的白米與明年的白米品質不同是。
貨幣之債	給付金錢。	不可能有不能履行之情形。如遲延給付，就產生遲延利息問題。
利息之債	給付利息。	
選擇之債	數宗給付中，債務人只須選擇其中一項為給付。使債務人有選擇權。	選擇權人之特定問題。
損害賠償之債	以回復原狀或填補損害為給付。	產生過失或無過失問題。

三、債之效力

㈠債之效力之種類：

普通效力	1.對內效力	請求力、訴求力、執行力。
	2.對外效力	⑴債權人之代位權：債務人怠於行使其權利（如債務人怠於索還欠款），債權人得代替債務人索取還款。 ⑵債權人之撤銷權：債權人對於債務人之所為有害及債權者，債權人得聲請法院撤銷之（如債務人之無償行為）。
特別效力		債之特別效力規定在各種債之中。

　　㈡**給付**：債之標的為債務人之給付，故債權人基於債之關係，得向債務人請求給付（民 199 I）。通常是指債務人履行債權之內容的行為。如買賣房屋，債權人（賣主）得要求買主支付房屋價金，而債權應交付房屋給購屋人（民 345）。

　　㈢**債務人不給付之責任**：

　　　1.給付不能之情形：即債務人不依債務之本旨而為給付者，其情形有三：

種　類	要　　　件	效　　　果
給付不能	⑴債務人有給付責任。	⑴損害賠償。

	(2)債權發生之嗣後不能給付。 (3)自始不能給付，則契約無效。	(2)解除契約權。 (3)債權人之代償請求權。
不完全給付	(1)債務人有給付責任。 (2)給付不完全之情形。	(1)債權人可請求完全給付。 (2)損害賠償。 (3)解除契約權。
不為給付	(1)債務人有給付責任。 (2)有給付之可能，只是給付遲延。 (3)該遲延是違法之情形。	(1)損害賠償。 (2)解除契約權。

　　2.給付不能：即債務人不能依照債的本旨而履行債務之謂。若僅給付困難，尚不能稱爲給付不能（32 上 4757）。此之不能，指嗣後不能而言，自始不能則契約無效（民 246）。如將 A 車出售於乙後，又將同車出售於丙並爲交付。此際，甲對乙所負之給付義務，爲嗣後主觀不能。

四、債之消滅

　　即指債之關係，客觀的失其存在而言。債之消滅原因很多，如契約之解除、當事人死亡、法律行爲之撤銷、解除條件之成就、消滅時效之完成等均是。我民法債篇僅就清償、提存、抵銷、混同、免除等五種加以規定。其種類爲：

種　類	內　　　　　　容
(一)清償	1.清償之效力：即債務人依債之本旨，向債權人或其他有受領權人爲清償，經其受領者，債之關係消滅（民 309 I）。所謂依債之本旨，即依照其品質、數量、種類、時期及處所等而爲清償是。 2.清償之標的：清償之標的者，債務人應依債務之本旨，實現其債務之內容也。下列情形雖非依債務本旨之清償，但民法亦設有特則定其效力： 　(1)一部清償：債務人原無爲一部清償之權利，但法院得斟酌債務人之情況，許其於無甚害於債權人利益之相當期限內，分期給付，或緩期清償。至給付不可分者，法院得比照上列之規定，許其緩期清償（民 318）。 　(2)代物清償：即債務人以他種給付代替原定之給付，而債權人同意受領時，亦生清償之效力（民 319）。如甲欠乙錢，而以房屋還之。代物清償爲要物契約，其成立僅當事人之合意尚有未足，必須現實爲他種給付，他種給付爲不動產物權之設定或轉

	移時，非經登記不得成立代物清償。如僅約定將來應爲某他種給付以代原定給付時，則屬債之標的之變更，而非代物清償（65臺上 1300）。 (3)新債清償：即因清償債務，而對於債權人又負擔新債務者，謂之新債清償，亦即以新債清償舊債，又稱之爲債務更新。在新債務不履行時，其舊債務仍不消滅（民 320）。如甲欠乙之房屋租金 10 萬元，由甲簽發支票一紙給乙，支票即爲新債務，屆時如支票未能兌現，則原房屋租金債務仍不消滅。
(二)提存	即清償人因債權人受領遲延，或不能確知孰爲債權人而難爲給付者，清償人得將其給付物提交於提存所以代清償，而使債務歸於消滅之行爲（民 326）。
(三)抵銷	即二人互有債權，互負債務，各以其債權充債務之清償，使同時消滅債務關係之方法。無受領現物之勞，而雙方債之關係均得消滅，有節省時間、費用及勞力之實益，但依債之性質不能抵銷或依當事人之特約不得抵銷者，不在此限（民 334）。
(四)免除	即債權人向債務人表示免除其債務之意思者，債之關係消滅（民 343）。債之免除爲單獨行爲。
(五)混同	因繼承及其他事由，其債權及債務同歸一人者，則其債之關係消滅，然不得因此而害及他人之權利。故其債權，若爲他人權利之標的者，例如爲質權之標的物，則爲保護他人利益計，不使債之關係消滅。其法律別有規定者，亦同（民 344）。

第十節　債編分則

一、買賣

買賣者，謂當事人約定一方移轉財產權於他方，而他方支付價金之雙務契約（民 345 I）。所謂財產權，除依其性質（如租賃權），或法律之規定（如退休金），或當事人之約定（民 249 I），禁止讓與者外，包括債權、物權、無體財產權（如專利權）或準物權（如礦業權）。所謂價金，須以金錢充之，惟究爲國內通用貨幣，或外國通用貨幣，則可不問，但若以金錢以外之物充價金者，則爲互易契約，而非買賣。買賣爲典型之有償契約，凡關於買賣之規定，對於其他有償契約，除性質所不許外，

均得準用之（民347）。

㈠**買賣之成立**：買賣為合意契約，並無一定方式，只須當事人就標的物及其價金互相同意時，買賣契約即為成立（民345Ⅱ）。

㈡**買賣之效力**：

　　1.出賣人之義務：

　　　⑴有交付出售物之義務（民348）。

　　　⑵瑕疵擔保責任：即出賣人就買賣標的物之權利（民349）或物之瑕疵，應負法定責任（民354）。

　　2.買受人之義務：

　　　⑴支付價金及受領標的物之義務（民367）。

　　　⑵從速檢查通知義務（民356）。

　　　⑶他地送達之物有瑕疵之保管、通知及敗壞物之變賣義務（民358）。

㈢**買回**：即出賣人於買賣契約，對於出賣之標的物，於一定期限內，再向買受人買回之謂（民379Ⅰ）。按買回契約，為保留權利之特約，故出賣人欲保留買回權利，須於為買賣契約時訂立特約，方得享有買回權。又出賣人必須返還出賣時所領受之價金，否則不許買回。此項買回之價金，應與出賣時之價金數額相同，此屬當然之事，然當事人訂有特約者，應以特約所定之數額為準（民379Ⅱ）。買回之期限不得超過 5 年，如約定之期限較長者，縮短為 5 年（民380）。

㈣**特種買賣**：一般所稱之買賣，指當事人彼此約定移轉其財產權而支付價金之契約，同樣是買賣尚有依特殊之方式而進行買賣行為，民法上為：

種　類	內　　　　　　　　容
1. **試驗買賣**	係以買受人之承認標的物為停止條件，而訂立之契約（民384）。因此試驗買賣之出賣人，有許買受人試驗其標的物之義務（民385）。
2. **貨樣買賣**	按照貨樣約定買賣者，視為出賣人擔保其交付之標的物與貨樣有同一之品質（民388）。

3. 分期付價 買賣	即約定出賣人先行移交標的物,而買受人分期支付價金之買賣契約。分期付價之買賣,如約定買受人有遲延時,出賣人得即請求支付全部價金者,除買受人遲付之價額已達全部價金五分之一外,出賣人仍不得請求支付全部價金(民389)。分期付價之買賣,當事人如約定於解除契約時,出賣人得扣留其所受領之價金者,其應扣留之數額,不可不加以限制,即不得超過標的物使用之代價,及標的物受有損害時之賠償額是。本條明為規定,蓋以防無益之爭議也(民390)。
4. 拍賣	即多數應買人中,公開競爭以口頭出價,擇其最高之買手,訂立之買賣契約之謂。拍賣,因拍賣人拍板或依其他慣用之方法為賣定之表示而成立(民391)。拍賣人對於其所經營之拍賣,不得應買,亦不得使他人為應買(民392)。

二、互易

當事人雙方約定互相移轉金錢以外之財產權(動產或不動產)者,準用關於買賣之規定(民398)。其約定除互為財產之移轉之外,並應交付金錢於他方者,則屬互易與買賣之混合契約,其金錢部分,準用關於買賣價金之規定(民399)。

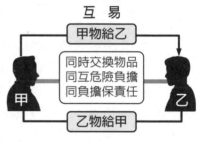

三、交互計算

即當事人約定,以其相互間之交易所生之債權、債務為定期計算,互相抵銷,而僅支付其差額之契約(民400)。交互計算之計算期,如無特別訂定,每6個月計算一次(民402)。

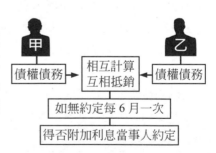

四、贈與

贈與者,謂當事人約定,一方以自己之財產無償給與他方,經他方允受而成立之契約(民406)。譬如某商店在促銷商品,在商店門口廣發襯衫,某甲剛好路過,也接受贈送一件,此即典型之贈與。因此,贈與是由贈與

人一方，爲贈與之意思表示，經受贈人允受之意思表示，而成立之契約。受贈人當然也可以拒絕接受。故贈與爲契約之一種。

五、租賃

租賃者，謂當事人約定，一方以物租與他方使用收益，他方支付租金之契約（民 421 I）。

㈠**租賃之成立及期限**：租賃爲不要式契約，但不動產之租賃契約，其期限逾 1 年者，應以字據訂立之，未以字據訂立者，視爲不定期限之租賃（民 422）。租賃契約之期限，我民法規定不得逾 20 年，逾 20 年者，縮短爲 20 年，惟期滿時，當事人得更新之（民 449）。租賃期限屆滿後，承租人仍爲租賃物之使用收益，而出租人不即

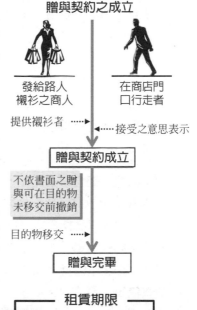

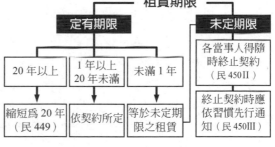

表示反對之意思者，視爲以不定期限繼續契約（民 451）。

㈡**買賣不破租賃原則**：即認爲租賃物是屬於一種債權，但法律爲強化其效力，使之物權化，如民法第 425 條規定：「出租人於租賃物交付後，承租人占有中，縱將其所有權讓與第三人，其租賃契約，對於受讓人仍繼續存在。」此即「**買賣不破租賃原則**」。又第 426 條規定：「出租人就租賃物設定物權，致妨礙承租人之使用收益者，準用前條之規定。」

㈢**租金支付遲延之效力**：承租人租金支付有遲延者，出租人得定相當
期限，催告承租人支付租金，如承租人於其期限內不為支付，出租人得
終止契約。租賃物為房屋者，遲付租金之總額，**非達 2 個月之租額**，不
得依上項之規定，終止契約。其租金約定於每期開始時支付者，並應於
遲延給付逾 2 個月時，始得終止契約。租用建築房屋之基地，遲付租金
之總額，**達 2 年之租額時**，適用前項之規定（民 440）。

六、借貸

㈠**使用借貸**：謂當事人約定，一
方以物無償貸與他方使用，他方於
使用後，返還其物之契約（民 464）。
使用借貸必須是無償，如為有償，
則為租賃而非使用借貸。

㈡**消費借貸**：謂當事人約定，一
方移轉金錢或其他代替物之所有權於他方，而他方以種類、品質、數量
相同之物返還之契約（民 474 I）。消費借貸契約，固以當事人約定，一
方移轉金錢或其他代替物之所有權於他方，他方以種類、品質、數量相同
之物返還，並因之交付而成立為典型；惟當事人之一方對他方負金錢
或其他代替物之給付義務而約定以之作為消費借貸之標的者。例如：積
欠工資、價金、工程款等而以之作為消費借貸時，亦應成立消費借貸契
約，否則，必令當事人反
覆交付而後始能成立消
費借貸，非僅不便，且與
社會生活之實情不符。惟
其標的，仍以金錢或其他
代替物為限，俾與消費借

貸之係以種類、品質、數量相同之物返還之性質相等。

七、僱傭

稱僱傭者，謂當事人約定，一方於一定或不定之期限內為他方服勞

務，他方給付報酬之契約（民482）。報酬為僱傭之一要件，故為人服勞務，不向人索報酬者，不得以僱傭論。例如子女為父母服勞務，非因報酬而然，即不謂之僱傭契約。然有非受報酬不服勞務之情事者，仍應視為僱用人允給報酬。至報酬額之多寡，如無特約，可依公定傭率或習慣相沿之數而定（民483）。

八、承攬

(一)**承攬之定義**：即當事人約定，一方為他方完成一定之工作，他方俟工作完成，給付報酬之契約（民490）。為人完成工作者謂之承攬人，俟工作完成給付酬者，謂之定作人。承攬與僱傭不同，因承攬須完成工作才給付報酬；而僱傭為單純給付勞務，縱未違僱用人所預期之效果，仍得受領報酬。按報酬為承攬之一要件，故為人完成工作，不向人索報酬者，不得謂為承攬。然有非受報酬即不能完成工作之情事者，仍應視為定作人允給報酬。至報酬額之多寡，如無特約，應使其按照價目表或習慣相沿之數給付之（民491）。

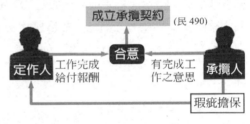

(二)**瑕疵擔保責任**：承攬人完成工作，應使其具備約定之品質及無減少或滅失價值或不適於通常或約定使用之瑕疵（民492）。

九、旅遊

稱旅遊營業人者，謂以提供旅客旅遊服務為營業，而收取旅遊費用之人。上項旅遊服務，係指安排旅程及提供交通、膳宿、導遊或其他有關之服務（民514之1）。

(一) 旅遊營業 人之權義	1.應旅客之請求，應以書面記載旅遊有關事項（民514之2）。 2.旅遊營業人非有不得已之事由，不得變更旅遊內容（民514之5）。 3.旅遊服務品質之維持（民514之6）。 4.旅遊瑕疵擔保責任（民514之7）。 5.協助處理旅客之身體或財產上事故（民514之10）。 6.協助旅客處理購物瑕疵（民514之11）。

(二) 旅客之權義	1.請求旅遊營業人依照約定提供旅遊服務 (民514之1)。 2.旅客得變更由第三人參加旅遊 (民514之4)。 3.旅遊時間浪費之求償 (民514之8)。 4.旅客隨時終止契約權 (民514之9)。 5.旅客應給付旅遊費用於旅遊營業人 (民514之1後段)。 6.旅客有協力完成旅遊之義務 (民514之3)。
(三) 短期時效	旅遊有關之增加、減少或退還費用請求權,損害賠償請求權及墊付費用償還請求權,均自旅遊終了或應終了之時起,1年間不行使而消滅 (民514之12)。

十、出版契約

即當事人約定,一方以文學、科學、藝術或其他之著作,為出版而交付他方,他方擔任印刷或以其他方法重製及發行之契約。投稿於新聞紙或雜誌經刊登者,推定成立出版契約 (民515)。此包括出版允諾契約與出版權設定契約兩者之概念,故為雙務契約,一方應以著作物交付於他方,他方有為重製而發行之義務。

十一、委任

稱委任者,謂當事人約定,一方委託他方處理事務,他方允為處理之契約 (民528)。按本條為規定委任之意義,及委任契約之成立要件,因一

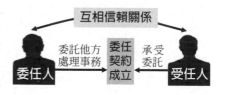

方委託他方處理事務,他方允為處理,其委任契約,即為成立。因此,民法則不問其受報酬與否,凡為他人處理事務者,皆視為委任也。委任契約之成立要件為:

(一) 明示及默示 成立契約	委任契約普通均為單獨及無償契約,其有給與報酬者,則為雙務及有償契約。當某人有承受委託處理一定事務之公然表示者,如對於該事務之委託,不即為拒絕之通知時,視為允受委託(民530)。
(二) 書面委任	對於為委任事務之處理,須為法律行為,而該法律行為,依法應以文字為之者,其代理權之授與,亦應以文字為之 (民531)。此即**授權行為之要式性**。

十二、經理人與代辦商

㈠**經理人**：即由商號授與經理權，為其管理事務及簽名之人。此項經理權之授與，得以明示或默示為之。經理權得限於管理商號事務之一部或商號之一分號或數分號（民 553）。商號得授權於數經理人，但經理人中有 2 人之簽名者，對於商號，即生效力（民 556）。經理人為商號法定之委任代理人，其與商號間，無論民事上或訴訟上均為代理關係（民 555）。經理權或代辦權，不因商號所有人之死亡、破產或喪失行為能力而消滅（民 564）。經理人非得其商號之允許，應遵守競業禁止之規定（民 562），其有違反者應負損害賠償之責（民 563）。

㈡**代辦商**：所謂代辦商，係非經理人而受商號之委託，於一定處所或一定區域內，以該商號之名義，辦理其事務之全部或一部之人。又代辦商對於第三人之關係，就其所代辦之事務，視為其有為一切必要之行為之權，此與經理人對於第三人之關係相同。至代辦商僅為商號之獨立輔助機關，故不得使代商號負擔票據上之義務，或為消費借貸，或代表訴訟，以示限制（民 558）。然若商號以書面授與代商以此種權限者，自亦為法所許。

代辦商——受商號委託辦理事務之人。
代辦商——義務——向商號隨時報告交易情形。
代辦商——權利——報酬及費用償還請求權。

1.代辦商之報告義務：代辦商，就其代辦之事務，應隨時報告其處所或區域之商業狀況於其商號，並應將其所為之交易，即時報告之（民 559）。

2.報酬及費用償還請求權：代辦商得依契約所定，請求報酬或請求償還其費用。無約定者，依習慣；無約定亦無習慣者，依其代辦事務之重要程度及多寡，定其報酬（民 560）。

十三、居 間

所謂居間，係當事人約定，一方為他方報告訂約之機會，或為訂約之媒介，他方給付報酬之契約（民 565）。為報告訂約機會或為訂約之媒介者，謂之居間人，給付報酬

居間
居間人——簽訂居間契約——商人
居間人——契約
商人——交易——商人
居間人——媒介——商人

者,謂之委託人,此項契約,爲特別契約。民事商事都有居間,因我國採民商合一制,故使設定抵押權、質權、及僱傭等事之居間人,有適用之規定。

居間與委任契約、僱傭、承攬之不同

	居　間	委任契約	僱　傭	承　攬
依服務之性質	報告訂約之機會或訂約之媒介	委任事務之處理必須爲法律行爲		
依給付報酬之性質	對勞務之結果交給報酬		對勞務之給付支給報酬	
依勞務之結果只有權利不負義務	只有報酬,而無義務			受報酬而負義務

十四、行紀

　　所謂行紀(ㄏㄤˊ ㄐㄧˋ),即以自己之名義,爲他人之計算,爲動產之買賣或其他商業上之交易,而受報酬之營業(民 576)。俗稱牙行或經紀。如證券公司代客戶買賣股票是。行紀人雖受他人之委託而爲買賣行爲,但係以自己之名義爲交易行爲,居於當事人地位,對於交

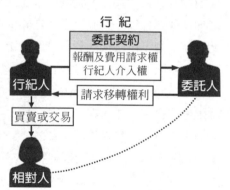

易之相對人,自得權利並自負義務(民 578)。故與代理及代辦商不同。其與委託人之關係,仍爲委任,除本節有規定者外,適用關於委任之規定(民 577)。

十五、寄託

　　所謂寄託,即當事人一方,以物交付他方,他方允爲保管之契約(民 589)。寄託爲要物契約,以物之交付爲成立要件,寄託契約之成立無須具備任何方

式，故為非要式契約。其定有報酬者，固為雙務契約並保有償契約。而未定報酬者，則為單務契約並為無償契約。

十六、倉庫

　　稱倉庫營業人者，謂以受報酬而為他人堆藏及保管物品為營業之人（民613）。倉庫營業人，因受領保管物品，實為他人擔任寄託，其與

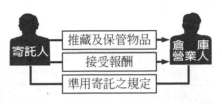

他人間之關係，為要物契約、寄託契約之一，謂之倉庫寄託。故民法規定，倉庫除本節有規定外，準用關於寄託之規定（民614）。

十七、運送

運送有廣、狹二義：

　　就廣義言：包括物品或旅客之運送，以及以通信傳達為目的之運送。運送可分下列之不同：

分類基準	運送種類
運送目的之不同	物品運送、旅客運送、通信運送。
區域之不同	陸上、海上、空中。
手段之不同	鐵路運送、汽車運送、船舶航運運送、航空運送。

　　其中通信是由國家所經營之郵電業、航空運送又由民航法管理，海上運送方面是受海商法等特別法之規定管理。

陸上運送　海上運送　空中運送

民法規定　海商法　民用航空法

　　狹義言之：稱運送人者，謂以運送物品或旅客為營業而受運費之人（民622）。支給運費，託其運送者，謂之托運人。

　　短期時效：關於物品之運送，因喪失、毀損或遲到而生之賠償請求權，自運送終了，或應終了之時起，1 年間不行使而消滅。關於旅客之運送，因傷害或遲到而生之賠償請求權，自運送終了，或應終了之時起，2 年間不行使而消滅（民 623）。

運送之種類：

物品運送	即收受運費在陸上或水上為他人運送物品之營業也。物品運送契約，不以物品之交付或託運單及提單之作成為成立要件，故為諾成及不要式契約。
旅客運送	即當事人約定，一方（運送人）運送他方（旅客）及附隨行李，而收取運費之契約。旅客運送人對於旅客因運送所受之傷害及運送之遲到應負責任。但因旅客之過失，或其傷害係因不可抗力所致者，不在此限（民 654 I）。

十八、承攬運送

　　稱承攬運送人者，謂以自己之名義，為他人之計算，使運送人運送物品而受報酬為營業之人（民 660 I）。運送人既為他人擔任運送，而受報酬之營業，與行紀之以自己之名義為他人之計算，為動產之買賣或其他商業上之交易而受報酬之營業，性質相同，自可準用關於行紀之規定（民 660 II）。

十九、合夥

　　稱合夥者，謂 2 人以上互約出資以經營共同事業之契約。此項出資，得為金錢或其他財產權，或以勞務、信用或其他利益代之（民 667 I, II）。此項契約，須 2 人以上當事人之意思一致而成立，其當事人均居於並立之地位，各當事人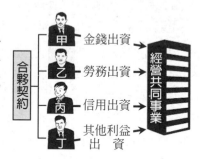之權利義務均屬相同，為雙務及有償契約，並具有團體性。所謂共同事業，無論是營利或非營利，均無不可。合夥之組織，並無獨立人格，故非法人。但為達合夥人共同之目的，關於合夥契約或其事業之種類，除契約另有訂定外，合夥之決定，應以合夥人全體之同意為之（民 670 I）。

二十、隱名合夥

　　稱隱名合夥者，謂當事人約定，一方對於他方所經營之事業出資，

而分受其營業所生之利益，及分擔其所生損失之契約（民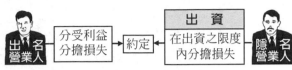

700）。隱名合夥與一般合夥之權利義務關係不盡相同；然在出資與分受利益之情形，則極為類似，故民法規定，除隱名合夥有特別規定外，準用關於合夥之規定（民 701）。

二十一、合會

稱合會者，謂由會首邀集 2 人以上為會員，互約交付會款及標取合會金之契約。其僅由會首與會員為約定者，亦成立合會。為團體性之契約、有償契約及要式契約。會款之種類，以金錢為最常見，惟間亦有給付稻穀或其他代替物者（民 709 之 1）。合會之種類有二：

內標式：指得標者只能向每一活會者（指從未得標者）收取「會金減除得標標息」後之淨值，並向每一死會者（指已得過標者）含會首在內各收取「會金」之數。

外標式：指得標者向每一活會者，及會首各收取一個「會金」之數，而向每一死會者則收取一個「會金加上各該死會者之得標標息」，以後此得標者亦有義務向其以後各期得標者還出一個會金加上本次得標標息之數。

二十二、指示證券

即指示他人將金錢、有價證券或其他代替物給付第三人之證券。此項為指示之人，稱為指示人。被指示之他人，稱為被指示人，受給付之第三人，稱為領取人（民 710）。指示證券是指示人之單獨行為，不必取得被指示人之承諾。指示人與被指示人或與領取人之間，究有何種關係均非所問，其權利義務，依證券上所載內容決定之，故屬不要因證券、文義證券，亦為有價證券之一。其記載樣式為：

憑券（條或票）祈於民國一〇〇年十月十日付張三先生（或××商號）新臺幣
（此為領取人）

伍拾萬元整（或其他代替物）
（此為指示內容）

此　致

李四先生（或×公司）

××書局　印

（此為指示人）

中華民國 一〇〇 年 四 月 一 日

二十三、無記名證券

即持有人對於發行人，得請求其依所記載之內容為給付之證券 (民719)。無記名證券不記載特定權利人，而以持有人為權利人。而證券係由發行人自為給付之有價證券，至其給付之種類，民法並無限制，無論為金錢證券（如銀行兌換券）、有價證券證券（如憑券交付股票）、物品證券（如百貨公司通行之禮券）及服務證券（如車票、船票、戲院之入場券等）。

無記名證券之記載方式為

> 憑券即付
> 新臺幣伍拾萬元（或其他代替物），此據
>
> 　　　×××書局 印
> 中 華 民 國 一〇〇 年 四 月 一 日

二十四、終身定期金

稱終身定期金契約者，謂當事人約定，一方於自己或他方或第三人生存期內，定期以金錢給付他方或第三人之契約 (民729)。此種契約之訂立，應以書面為之 (民730)。其期間必為終身，而且須約定每隔一固定期，即為給付，其給付之標的，亦必須為金錢。因終身定期金契約發生之原因，不以契約為限。如民法第193條第2項，因侵權行為損害賠償，法院因當事人之聲請，定為支付定期金。但須命加害人提出擔保者，亦屬之；此外，終身定期金之遺贈（單獨行為），準用終身定期金之規定 (民735)。

二十五、和解

稱和解者，謂當事人約定，互相讓步，以終止爭執或防止爭執發生之契約 (民736)。此項契約，皆涉及財產上、人事上之關係，為各國法律所公認，亦實際上必不可少之事。和解是雙務、有償及諾成契約。

二十六、保證

謂當事人約定，一方於他方之債務人不履行債務時，由其代負履行責

任之契約（民 739）。此種契約所生之債務，稱為**保證債務**。也是單務契約。例如乙向甲借錢，丙向甲保證，乙不還錢時，由丙代乙償還。此時甲為債權人，乙為債務人，丙為保證人。民法上保證契約之成立，不以書面為必要。

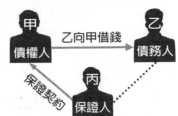

二十七、人事保證

即當事人約定，一方於他方之受僱人將來因職務上之行為而應對他方為損害賠償時，由其代負賠償責任之契約。此項契約，應以書面為之（民 756 之 1）。

保證人之賠償責任：人事保證之保證人，以僱用人不能依他項方法受賠償者為限，負其責任。保證人依上項規定負賠償責任時，除法律另有規定或契約另有訂定外，其賠償金額以賠償事故發生時，受僱人當年可得報酬之總額為限（民 756 之 2）。

人事保證之期間：人事保證約定之期間，不得逾 3 年。逾 3 年者，縮短為 3 年。此項期間，當事人得更新之。人事保證未定期間者，自成立之日起有效期間為 3 年（民 756 之 3）。

保證人之契約終止權：人事保證未定期間者，保證人得隨時終止契約。此項終止契約，應於 3 個月前通知僱用人。但當事人約定較短之期間者，從其約定（民 756 之 4）。

第十一節　物　權

一、物權之意義

即權利人直接支配、管領特定物，而享受其利益的權利。物權的效力可以對任何人主張，並有排除他人干涉的效力。

將轎車自己使用以獲取利益（**使用**）
將轎車出售以獲取利益（**處分**）
將轎車出租於他人以獲取利益（**收益**）

二、物權法定主義

意義：物權除依法律或習慣外，不得創設（民 757）。

此在學說上稱爲物權法定主義。即在同一物不能成立二種以上同一內容之物權。此稱爲物權之排他性。譬如某甲擁有一輛轎車之所有權，乙、丙就不能擁有該車之所有權。這種特性是物權所專有，債權就無此種情形。因此物權是屬於何人乃甚爲重要。

物權之取得：

在不動產則需要登記，動產就是交付爲物權之公示之原則。

動產之交付尚有變通方式：

簡易交付：即讓與人將其現在直接之占有，移轉於受讓人之謂。然如受讓人於讓與之先已占有其動產者，袛須彼此合意移轉其物權，就發生讓與之效力（民761但）。如汽車之出租人將該汽車賣給租

用人時，只要雙方合意，就完成讓與之手續。

占有改定（拉：constitutum possessorium；德：Besitzkonstitut）：依民法第761條第2項即讓與動產物權，而讓與人仍繼續占有動產者，讓與人與受讓人間得訂立契約，使受讓人因此取得間接占有，以代交付。例如甲將機械賣給乙，而甲本應將機械交付於乙，但甲尚須使用該機械，此時乃與乙訂立租賃或借貸契約，使乙取得間接占有，以代機械之交付是。有此制度，則可免去甲將機械→移轉乙→乙再移轉甲之雙方徒勞往返而得達成目的。

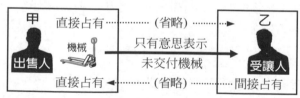

指示交付：又稱讓與請求權，即讓與動產物權，如其動產由第三人占有時，讓與人得以對於第三人之返還請求權讓與於受讓人，以代交付（民761III）。例如甲將寄託在乙之汽車讓與丙，即乙仍占有該汽車，丙取得該車所有權後，仍繼續由乙占有是。

三、所有權

意義：乃所有人於法令限制之範圍內，得自由使用、收益、處分其所有物，並排除他人干涉而永久存續之權利也（民765）。

所有權之權能：

積極的權能：所有人於法令限制之範圍內，得自由使用、收益、處分其所有物（民765）。

消極的權能：即所有人於其所有物，得排除他人干涉之謂。依民法第767條：「所有人對於無權占有或侵奪其所有物者，得請求返還之。對於妨害其所有權者，得請求除去之。有妨害其所有權之虞者，得請求防止之。前項規定，於所有權以外之物權，準用之。」

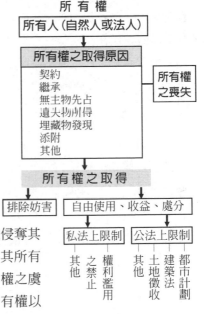

遺失物之拾得：發現他人之遺失物不得占為己有，若占為己有，反而觸犯侵占遺失物罪。拾得遺失物者應從速通知遺失人、所有人，其他有受領權之人或報告警察、自治機關。報告時，應將其物一併交存。但於機關、學校、團體或其他公共場所拾得者，亦得報告於各該場所之管理機關、團體或其負責人、管理人，並將其物交存（民803）。**自通知或最後招領之日起6個月內**，無人認領時，拾得人取得遺失物之所有權。若

有人認領，拾得人、警察或自治機關，應返還其
物。但所有人應先償還其通知、招領及保管費用，
拾得人並得請求其物價值十分之三報酬（民805）。
如拾得遺失物私吞，在刑法上則犯**侵占遺失物罪**。

埋藏物之發現：埋藏物（英：treasure trove；德：
Schatz；法：trésor）即埋藏在土地或其他之物中，
所有人或任何人所難以發現之物。但不包括化石
等無主物，此時應適用無主物之先占。依我民法，
發現埋藏物，並加以占有，始取得所有
權，但埋藏物係在他人所有之動產或不
動產中發見者，該動產或不動產之所有
人與發見人，各取得埋藏物之半（民
808）。

遺失物之拾得

遺失物

發現者 ── 通知

遺失人

交給自治機關、警察局

公告、廣播

| 六月以內有人認領 | 六月以內無人認領 |
| 得請求其物價值十分之三之報酬 | 拾得人取得所有權 |

四、共有

共有之意義：共有（英：ownership in common）：即2人以上在一物之
上共同享有一物所有權之狀態。各共有人應有部分不明者，推定其為均
等（民817）。惟通常應依共有發生原因定之，如數人以有償行為對於一物
發生共有關係者，除各共有人間有特約外，自應按出資比例定其應有部
分（29上102）。

共有之種類：依民法之規定，可歸納為三種：

種　　類	內　　　　容	法　　律
分別共有 （持分的共有）	即2人以上按其應有部分，對於一物同享一個所有權之謂。	民817~826之1
公同共有 （共手的共有）	即2人以上基於法律之規定或契約之所定，而成立之公同關係，對於一物共享一個所有權之謂。	民827~830
準共有	即準用共有之規定，亦即共有之規定，於所有權以外之財產權，由數人共有或公同共有者準用之。此如地上權、農育權、抵押權或漁業權、無體財產權之著作權以及債權等。	民831

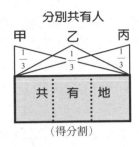

共有物之分割：各共有人，除法令另有規定外，得隨時請求分割共有物。但因物之使用目的不能分割或契約訂有不分割之期限者，不在此限。此項約定不分割之期限，不得逾 5 年；逾 5 年者，縮短爲 5 年。但共有之不動產，其契約訂有管理之約定時，約定不分割之期限，不得逾 30 年；逾 30 年者，縮短爲 30 年。此項情形，如有重大事由，共有人仍得隨時請求分割（民 823）。

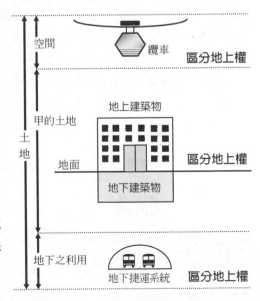

地上權

乙之工作房

甲之土地，乙設定地上權後，甲就不能使用土地。

五、地上權

地上權之意義：地上權（德：Erbbaurecht），即以在他人土地之上下有建築物，或其他工作物爲目的而使用其土地之權（民 832）。只須以在他人土地上下有建築物，或其他工作物爲目的，而使用土地即可成立，不以現在有建築物或工作物爲必要。同時建築物或工作物雖已滅失，地上權亦不因而消滅（民 841）。

空間　纜車　區分地上權

甲的土地　地上建築物

土地　地面　區分地上權

地下建築物

地下之利用　地下捷運系統　區分地上權

區分地上權：區分地上權者，即在他人土地上下之一定空間範圍內設定之地上權（民841之1）。由於科技之進步，土地之利用已逐漸向空中與地下發展，由平面而趨於立體，於是土地分層利用之結果，乃在土地上下一定空間範圍內設定地上權之必要，爰仿日本民法增訂「區分地上權」規定。

區分地上權人之使用收益：區分地上權人得與其設定之土地上下有使用、收益權利之人，約定相互間使用收益之限制。其約定未經土地所有人同意者，於使用收益權消滅時，土地所有人不受該約定之拘束。此項約定，非經登記，不得對抗第三人（民841之2）。

六、永佃權與農育權

永佃權之意義：即支付佃租永久在他人土地上為耕作或牧畜之權（民842 I）。就其在他人土地之上，以利用他人土地為目的而言，則與地上權同，而永佃權之成立以支付佃租為要件，此又與

租賃相似。永佃權之所謂永久，即不得定有期限，而以永久使用為條件。如定有期限，則應視為租賃，適用關於租賃之規定（民842II）。

農育權之意義：即在他人土地為農作、森林、養殖、畜牧、種植竹木或保育之權（民850之1 I）。農育權之期限，不得逾 20 年；逾 20 年者，縮短為 20 年。但以造林、保育為的目或法令另有規定者，不在此限（民850之1II）。

七、不動產役權

不動產役權之意義：稱不動產役權者，謂以他人不動產供自己不動產通行、汲水、採光、眺望、電信或其他以特定便宜之用為目的之權 (民851)。凡允許某土地或某人利用他人之不動產者，其土地或其人對於他人之不動產有物權，此物權統謂之役權，簡稱為不動產役權。他人供便宜之

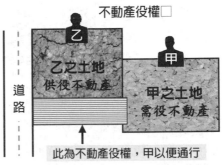

不動產役權□

乙

甲

乙之土地
供役不動產

甲之土地
需役不動產

道路

此為不動產役權，甲以便通行

如甲將土地讓渡於丙，則不動產役權亦隨著轉移

地為**供役不動產**，受便宜之土地為**需役不動產**。例如為自己土地通行便利起見，於他人土地上修造道路之物權，則為不動產役權。

不動產役權之種類：以他人之不動產供自己不動產通行、汲水、採光、眺望、電信或其他以特定便宜之用為目的，則有下列三種：

積極不動產役權	凡不動產役權人得於供役不動產為一定行為，如供自己不動產通行、汲水之用是。
消極不動產役權	凡供役不動產所有人對需役不動產負有一定不作為之義務，如採光、眺望等均屬之。
其他以特定便宜之用	除上述二種類型以外之其他類型如：電信依其態樣可能積極或消極，或二者兼具，均依其特定目的定其便宜之具體內容。

不動產役權便宜之具體內容屬不動產役權之核心部分，基於物權之公示原則以及為保護交易之安全，地政機關自應配合辦理登記，併予指明。

眺望與汲水之不動產役權

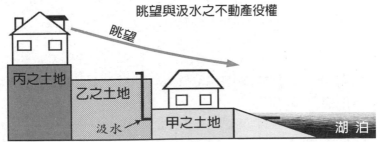

眺望

丙之土地

乙之土地

甲之土地

汲水

湖泊

八、抵押權

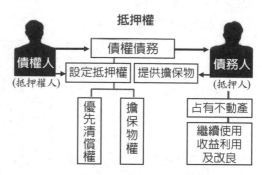

抵押權

（一）**普通抵押權**：對於債務人或第三人不移轉占有而供其債權擔保之不動產，得就該不動產賣得價金優先受清償之權（民860）。債權人為確保其債權能獲得清償，民法有人的擔保與物的擔保兩種。**人的擔保**，即保證人制度，**物的擔保**為債務人不清償其債務時，得由債權人就擔保物優先受償之擔保。此時債權人得聲請法院，取得執行名義，對擔保之抵押物賣得價金而受清償。故抵押權為擔保物權。

（二）**共同抵押**：為擔保同一債權，於數不動產上設定抵押權者，如各個不動產所負擔之金額，並未限定，則抵押權人可以就各個不動產賣得之價金，受清償其全部或一部之債額。蓋抵押權為不可分之權利，此數不動產設定抵押權時，既未限定各個擔保之金額，抵押權人自得就其全部行使權利，而受其清償也（民875）。

最高限額抵押

（三）**最高限額抵押權**：即債務人或第三人提供其不動產為擔保，就債權人對債務人一定範圍內之不特定債權，在最高限額內設定之抵押權之謂（民 881 之 1 Ⅰ）。例如：

> 甲公司與乙公司長期訂有經銷契約，並約定乙公司由甲公司進貨後，每三個月結算付款，為擔保乙公司之安全的清償，由乙公司提供公寓一間設定抵押，其最高限額為一千萬元。

九、質權

即債權人為擔保其債權，占有債務之物，且就其物有優先受償之權利。有動產及權利質權：

（一）**動產質權**：即因擔保債權直至清償債務為止，留置由債務人或第三

人提供之目的物，如債務人不清償債務，得就其賣得價金優先清償之權（民884）。

㈡**權利質權**：即以所有權以外可讓與之債權及其他權利爲標的物之質權之謂（民900）。

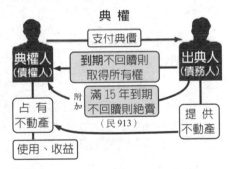

十、典權

即支付典價，在他人之不動產，爲使用、收益，於他人不回贖時，取得該不動產所有權之權（民911）。典權爲我特有之一種物權制度，乃變相之買賣，具有籌款應急而又不喪失所有權之優點。典權約定期限最多不得逾 30 年，逾 30 年者縮短爲 30 年（民912）。因不動產典權之典價通常較典物之價額爲低，債權人往往乘機利用，附加到期不贖即作絕賣之條款，如此則不足以保護債務人之利益，故第 913 條規定，典權之約定期限不滿 15 年者，不得附有到期不贖即作絕賣之條款。典權附有絕賣條款者，出典人於典期屆滿不以原典價回贖時，典權人即取得典物所有權。

十一、留置權

留置權，即債權人占有屬於債務人之動產，未受清償前得予留置以爲擔保之權利也（民928）。如汽車修理商因汽車所有人未付修理費，而由修車人對於汽車之留置權是。留置權成立之目的，既在確保債權之清償，自爲擔保物權之一種。

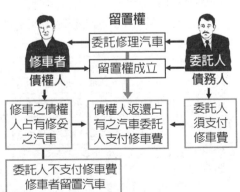

十二、占有

即對於物在事實上有管領力之狀態（民 940）。其有事實上管領力者為占有人。占有物被侵奪者，如係不動產，占有人得於侵奪後，即時排除加害人而取回之。如係動產，占有人得就地或追蹤向加害人取回之（民 960）。占有人，其占有被侵奪者，得請求返還其占有物。占有被妨害者，得請求除去其妨害。占有有被妨害之虞者，得請求防止其妨害（民 962）。

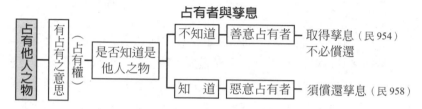

第十二節　親　屬

一、親屬概說

㈠親屬之種類：

1.配偶	因婚姻而結合的男女，稱為夫妻，夫妻之一方，互稱他方為配偶。
2.血親	即血統有連絡關係之親屬的互稱，稱為血親。
3.姻親	因婚姻而發生之親屬關係，謂之姻親。即血親之配偶、配偶之血親及配偶之血親之配偶（民 969）。

㈡親系與親等：

1.意義：親系，即親屬關係彼此連繫之系列。親等，乃計算親屬關係親疏之標準。

血親親系與親等	親系	(1)直系血親：己身所從出或從己身所出之血親。	民 967
		(2)旁系血親：非直系血親，而與己身出於同源之血親。	
	親等	(1)直系血親：從己身上下數，以一世為一親等。	民 968
		(2)旁系血親：從己身數至同源之直系血親，再由同源之直系血親，數至與之計算親等之血親，以其總世數為親等之數。	
姻親親系與親等		(1)血親之配偶，從其配偶之親系及親等。	民 970
		(2)配偶之血親，從其與配偶之親系及親等。	
		(3)配偶之血親之配偶，從其與配偶之親系及親等。	

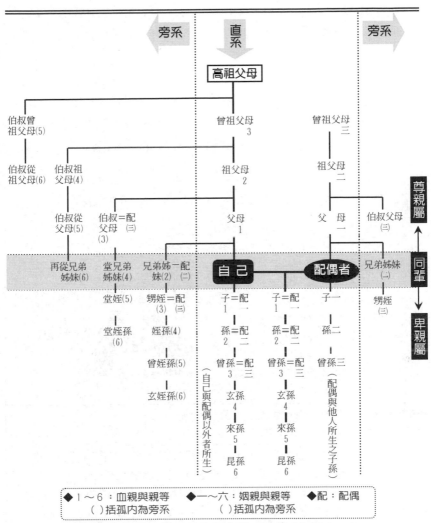

（參照自由國民社編：《法律用語辭典》，1963年版，頁350。）

二、婚姻

㈠**婚約**：所謂婚約就是一男一女以將來締結婚姻為目的所訂立之契約。也可以說是婚姻的預約。

　　1.婚約之要件：(1)由當事人自定；(2)須當事人意思一致；(3)當事人須

達法定年齡；則男須滿 17 歲；女須滿 15 歲。⑷未成年人訂婚應得法定代理人同意；⑸須當事人非屬近親；⑹須無配偶；⑺須非不能人道；⑻須非被詐欺或被脅迫。

　　2.婚約之方式：不一定得以言詞或書面爲之，只要口頭承諾就可成立，亦得以明示或默示爲之。我民法上之婚姻，係採取一夫一妻的婚姻制度。依據民法欲正式成立夫妻關係，首先是婚約的訂立，然後完成結婚程序，不過婚約的程序也可以省略而直接進行結婚的程序。

　　3.婚約之解除：

約定解除	婚約是契約之一，在未結婚前，當事人隨時都可解除婚約。
法定解除	婚約有下列情形之一，得解除婚約（民 976）： ⑴婚約訂定後，再與他人訂定婚約或結婚者。 ⑵故違結婚期約者。 ⑶生死不明已滿一年者。 ⑷有重大不治之病者。 ⑸有花柳病或其他惡疾者。 ⑹婚約訂定後成爲殘廢者。 ⑺婚約訂定後與人通姦者。 ⑻婚約訂定後受徒刑之宣告者。 ⑼有其他重大事由者。
解除方法	由當事人向他方爲意思表示即可（民 976Ⅱ）。 解除後，溯及既往自始無效。
解除之賠償	⑴對無過失之賠償：婚約解除時，無過失之一方，得向有過失之他方，請求賠償。此包括財產上及非財產上損害賠償（民 977）。 ⑵違反婚約之賠償：婚約之當事人無違反婚約之理由而違反　約者，對於他方應賠償（民 978）。 ⑶贈與物之返還：因訂婚而贈與禮物者，解除後，應返還之（民 979 之 1）。

　　㈡結婚：婚姻之成立，首須當事人有結婚之意思存在（此即婚姻意思之合致），但是在此情形下，如有民法上所規定之「婚姻障礙理由」，則仍不能成立法律上的婚姻關係。

　　1.結婚成立之要件：

結婚成立之要件

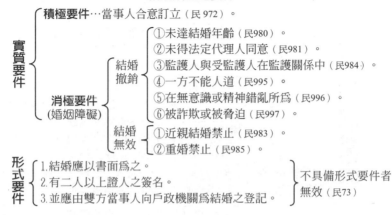

實質要件
- 積極要件…當事人合意訂立（民972）。
- 消極要件 (婚姻障礙)
  - 結婚撤銷
    - ①未達結婚年齡（民980）。
    - ②未得法定代理人同意（民981）。
    - ③監護人與受監護人在監護關係中（民984）。
    - ④一方不能人道（民995）。
    - ⑤在無意識或精神錯亂所為（民996）。
    - ⑥被詐欺或被脅迫（民997）。
  - 結婚無效
    - ①近親結婚禁止（民983）。
    - ②重婚禁止（民985）。

形式要件
- 1.結婚應以書面為之。
- 2.有二人以上證人之簽名。
- 3.並應由雙方當事人向戶政機關為結婚之登記。

不具備形式要件者無效（民73）

2.婚姻之效力：

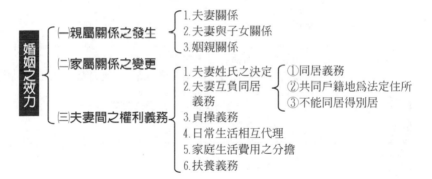

婚姻之效力
- (一)親屬關係之發生
  - 1.夫妻關係
  - 2.夫妻與子女關係
  - 3.姻親關係
- (二)家屬關係之變更
- (三)夫妻間之權利義務
  - 1.夫妻姓氏之決定
  - 2.夫妻互負同居義務
    - ①同居義務
    - ②共同戶籍地為法定住所
    - ③不能同居得別居
  - 3.貞操義務
  - 4.日常生活相互代理
  - 5.家庭生活費用之分擔
  - 6.扶養義務

　(三)離婚：所謂離婚，即夫妻於婚姻關係存續中，經協議或法院判決，消滅其婚姻關係之謂。婚姻關係之消滅，有由於自然事實之發生者，如夫妻之一方死亡時，有由於人為之事實者，如民法規定之離婚是。

離婚（婚姻關係之消滅）

1.兩願離婚之方式（民1049）：

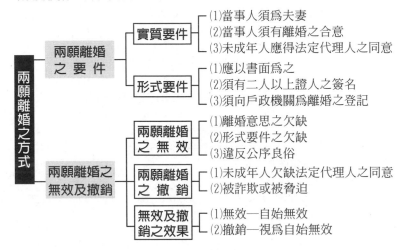

2.裁判離婚（民1052）：

裁判離婚之原因
- 列舉規定
  - ①重婚。
  - ②與配偶以外之人合意性交。
  - ③夫妻之一方對他方為不堪同居之虐待。
  - ④夫妻之一方對他方之直系親屬為虐待，或夫妻一方之直系親屬對他方為虐待，致不堪為共同生活。
  - ⑤夫妻之一方以惡意遺棄他方在繼續狀態中。
  - ⑥夫妻一方意圖殺害他方。
  - ⑦有不治之惡疾。
  - ⑧有重大不治之精神病。
  - ⑨生死不明已逾三年。
  - ⑩因故意犯罪，經判處有期徒刑逾六個月確定。
- 概括規定
  - 以上列舉以外之重大事由，難以維持婚姻者，夫妻之一方得請求離婚。但其事由應由夫妻之一方負責者，僅他方得請求離婚。

3.調解或和解離婚：離婚經法院調解或法院和解成立者，婚姻關係消滅。法院應依職權通知該管戶政機關（民1052之1）。

㈣**離婚夫妻對未成年子女權義之行使或負擔**：夫妻離婚者，對於未成年子女權利義務之行使或負擔，依協議由一方或雙方共同任之。未為協議或協議不成者，法院得依夫妻之一方、主管機關、社會福利機構或其他利害關係人之請求或依職權酌定之（民1055Ⅰ）。

三、夫妻財產制

即係規定婚姻共同生活中，夫妻財產關係的制度。亦即針對夫妻於結婚前原有的財產，以及在婚姻關係存續中所取得之財產，在婚姻之共同生活中，如何規範其財產關係為主。民法規定，夫妻當事人得以契約訂定夫妻財產制；惟當事人無約定時，則適用法律規定之法定財產制。

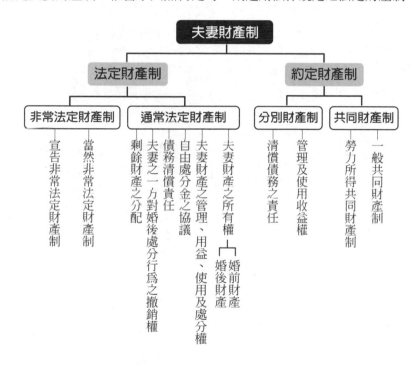

(一)**法定財產制**：即婚姻當事人，於結婚前或結婚後，未以契約訂立夫妻財產制時，民法特指定一種夫妻財產制，以規律夫妻間之財產關係（民1005）。夫或妻各自管理、使用、收益及處分其財產（民1018）。夫妻於家庭生活費用外，得協議一定數額之金錢，供夫或妻自由處分（民1018之1）。

(二)**約定財產制**：即婚姻當事人在婚前或婚後，以契約訂定選用「共同財產制」（民1031~1041）或「分別財產制」（民1044~1046）並向法院登記，如未登記，則以法定財產制規範之。

四、父母子女

在通常情形，父母子女之身分關係，係基於婚姻關係而成立。故易曰：「有夫婦然後有父子」。然親屬關係之發生，有由於婚姻者，亦有由於無婚姻關係之男女結合所生之子女，以及擬制血統者，因此民法上將親子關係分爲自然的與擬制的關係兩種。**自然的親子關係**，可分爲婚生子女與非婚生子女。至於**擬制的親子關係**，即基於收養關係而成立，目前只有生前收養關係。茲說明如下：

㈠**自然血統**：

　　1.婚生子女：稱婚生子女者，謂由婚姻關係受胎而生之子女（民1061）。

　　2.非婚生子女：謂非由婚姻關係受胎而生之子女，亦稱私生子。非婚生子女與其母之關係，可由分娩而確定。但與其生父之間，須經認領（民1065Ⅰ）或生父與生母結婚（民1064），始發生直系血親關係。

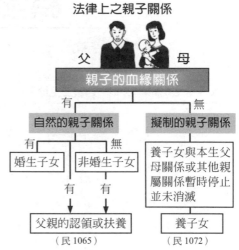

法律上之親子關係

親子的血緣關係

有 — 自然的親子關係（有 婚生子女 無 非婚生子女）

無 — 擬制的親子關係（養子女與本生父母關係或其他親屬關係暫時停止並未消滅）

父親的認領或扶養（民1065）

養子女（民1072）

　　3.準婚生子女：非婚生子女而法律上承認其身分關係，視爲婚生子女，即爲準婚生子女，可分以下三種：

　　　⑴非婚生子女對其生母之關係（片面的準婚生子女）：生母無須認領，即視爲婚生子女（民1065Ⅱ）。

　　　⑵非婚生子女經生父認領或撫育者（雙面的準婚生子女）；即不但非婚生子女須與其生父有生理上關係，而

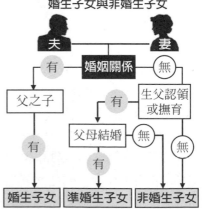

婚生子女與非婚生子女

夫　妻

婚姻關係

有 — 父之子 — 有 — 婚生子女

無 — 生父認領或撫育 — 有 — 父母結婚 — 有 — 準婚生子女

無 — 非婚生子女

且須有撫育、任意認領或強制認領之事實（民 1065）。

(3)非婚生子女之準正（全面的準婚生子女）：此種婚生子女，僅因其生父與生母之結婚，當然取得其身分（民 1064）。

(二)**擬制血統**：即於生前收養他人之子女為自己之子女，而法律上視同親生子女之謂。易言之，將本無直系血親關係之人，擬制其有親子關係之制度。

1.收養者之年齡：收養者之年齡，應長於被收養者 20 歲以上。但夫妻共同收養時，夫妻之一方長於被收養者 20 歲以上，而他方僅長於被收養者 16 歲以上，亦得收養（民 1073 I）。下列親屬不得收養為養子女（民 1073 之 1）：(1)直系血親。(2)直系姻親。但夫妻之一方，收養他方之子女者，不在此限。(3)旁系血親在六親等以內及旁系姻親在五親等以內，輩分不相當者。

2.養父母與子女之關係：養子女與養父母及其親屬間之關係，除法律另有規定外，與婚生子女同。養子女與本生父母及其親屬間之權利義務，於收養關係存續中停止之。但夫妻之一方收養他方之子女時，他方與其子女之權利義務，不因收養而受影響。收養者收養子女後，與養子女之本生父或母結婚時，養子女回復與本生父或母及其親屬間之權利義務。但第三人已取得之權利，不受影響。養子女於收養認可時已有直系血親卑親屬者，收養之效力僅及於其未成年且未結婚之直系血親卑親屬。但收養認可前，其已成年或已結婚之直系血親卑親屬表示同意者，不在此限。此項同意，準用第 1076 條之 1 第 2 項及第 3 項之規定（民 1077）。

(三)**親權之行使**：對於未成年子女之權利義務，除法律另有規定外，由父母共同行使或負擔之（民 1089）。

五、監護

(一)**意義**：監護（德：Vormundschaft）者，乃法律為保護未成年人或受監護宣告人之身體及財產，依法律之規定，使有能力人充當之任務也。

(二)**監護與親權之區別**：監護為親權之補充，亦可謂係親權之延長，因此監護事務頗與親權相仿。但親權係以親子關係為基礎，法律大體採放

任態度，而監護係以人類常情爲基礎，法須加以相當之限制，以防流弊，因此，兩者仍有不同。

區分基準	監　　護	親　　權
1. 應否開具財產清冊之不同	監護人於監護開始時，應會同遺囑指定、當地直轄市、縣（市）政府指派或法院指定之人開具財產清冊（民1099）。	親權人則否。
2. 能否使用或處分受監護人財產之不同	監護人非爲受監護人之利益，不得使用、代爲或同意處分受監護人之財產。	親權人則無此限制。
3. 能否受讓受監護人財產之不同	監護人不得受讓受監護人之財產（民1102）。	親權人則無此限制。
4. 應否報告財產狀況之不同	監護人應將受監護人之財產狀況，向法院報告（民1103）。	親權人則否。
5. 有無報酬之不同	監護人得請求報酬（民1104）。	親權人則否。
6. 監護人濫用職權之不同	監護人如未善盡監護責任，則由法院另行選定或改定監護人（民1106之1）。	親權人濫用親權時，法院得依他方、未成年子女、主管機關、社會福利機構或其他利害關係人之請求或依職權，爲子女之利益，宣告停止其權利之全部或一部（民1090）。
7. 監護人之損害賠償之不同	監護人於執行監護職務，因故意或過失所生之損害，致生損害於受監護人者，應負賠償之責（民1109）。	親權人則否。

第十三節　繼　承

一、繼承之開始

即被繼承人之財產上權利義務，開始由繼承人繼承之謂。依民法第1147 條：「繼承因被繼承人死亡而開始。」惟所謂死亡，包括事實上之死亡（即自然死亡）及法律上死亡（即死亡宣告）（民8）。

二、繼承之標的

繼承之標的（德：Erbschaft, Nachlaβ；法：succesion）由於繼承之關係，由個個繼承人所繼承之財產的總稱。依民法第 1148 條：「繼承人自繼承開始時，除本法另有規定外，承受被繼承人財產上之一切權利、義務，但權利、義務專屬於被繼承人本身者，不在此限。繼承人對於被繼承人之債務，以因繼承所得遺產為限，負清償責任。」是繼承之標的，包括遺產及遺債。但遺債以繼承所得之遺產為限，負清償責任。因此民法是改採全面的限定繼承。所謂法律另有規定，是指拋棄繼承而言。

三、繼承之承認

繼承之承認（德：Annahme der Erbschaft；法：acceptation de la succession）即繼承人不附任何限制，承認其繼承之意思表示。但我民法於 98 年 4 月29 日將繼承制度之概括繼承改為「全面限定繼承」，「**父債子還」成為歷史**，並有條件的追溯，除保證契約債務、代位繼承可追溯外，讓嫁出去的女兒在不知情下揹債，也能獲得解套。故繼承人得選擇概括繼承（此包括限定繼承）或拋棄繼承等兩種：

四、概括繼承

㈠**概括繼承之意義**：即繼承人自繼承開始時，除本法另有規定外，承受被繼承人財產上之一切權利、義務。但權利、義務專屬於被繼承人本身者，不在此限（民 1148 I），此即概括繼承。繼承人對於被繼承人之債務，以因繼承所得遺產為限，負清償責任（民 1148 II）。繼承人在繼承開始前 2 年內，從被繼承人受有財產之贈與者，該財產視為其所得遺產（民 1148 之 1 I）。此

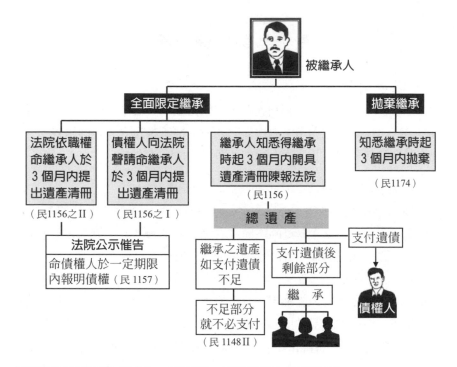

被繼承人

全面限定繼承　　　　　　　　　　　　　抛棄繼承

| 法院依職權命繼承人於3個月內提出遺產清冊（民1156之II） | 債權人向法院聲請命繼承人於3個月內提出遺產清冊（民1156之I） | 繼承人知悉得繼承時起3個月內開具遺產清冊陳報法院（民1156） | 知悉繼承時起3個月內抛棄（民1174） |

法院公示催告
命債權人於一定期限內報明債權（民1157）

總 遺 產

繼承之遺產如支付遺債不足

支付遺債後剩餘部分

支付遺債

不足部分就不必支付（民1148II）

繼 承

債權人

項財產如已移轉或滅失，其價額，依贈與時之價值計算（民1148之1II）。

　　㈡**債務之連帶責任**：繼承人對於被繼承人之債務，以因繼承所得遺產為限，負連帶責任。繼承人相互間對於被繼承人之債務，除法律另有規定或另有約定外，按其應繼分比例負擔之（民1153）。

五、繼承人之順序

　　遺產繼承人，除配偶外，依下列順序定之（民1138）：

　　㈠**法定繼承人**：直系血親卑親屬，父母、兄弟姊妹、祖父母。

　　㈡**指定繼承人**：遺囑人於不違反關於特留分規定之範圍內，得以遺囑自由處分遺產（民1187）。

　　㈢**代位繼承**：乃被繼承人之直系血親卑親屬中，於繼承開始前

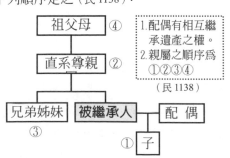

祖父母　④

直系尊親　②

兄弟姊妹　③

被繼承人

配偶

子　①

1.配偶有相互繼承遺產之權。
2.親屬之順序為①②③④（民1138）

死亡或喪失繼承權時，由其直系血親卑親屬代位繼承其應繼分之謂（民1140）。如某甲為被繼承人，其子乙已死亡或喪失繼承權，則由其孫丙代位乙繼承甲之遺產，如孫丙亦死亡或喪失繼承權，更得由孫丙之子，即甲之曾孫代位繼承甲之遺產。代位繼承之要件有三：

　　1.被代位人須於繼承開始前死亡或喪失繼承權。

　　2.被代位繼承人，須為被繼承人之直系血親卑親屬。

　　3.代位繼承人須為死亡或喪失繼承權者之直系血親卑親屬。

　　(四)**遺產酌給請求權**：被繼承人生前繼承扶養之人，應由親屬會議，依其所受扶養之程度，及其他關係，酌給遺產（民1149）。

代位繼承

案例一　兒子死
被繼承人 900萬元
→ 配偶 300萬元
→ 子甲 300萬元 ┬ 孫 150萬 └ 孫 150萬
→ 女乙 300萬元

案例二　兒女都死
被繼承人 900萬元
→ 配偶（無）
→ 子甲 450萬元 ┬ 孫 225萬 └ 孫 225萬
→ 女乙 450萬元 ┬ 孫 150萬 ├ 孫 150萬 └ 孫 150萬

案例三　兄死
被繼承人 900萬元
→ 配偶 450萬元
→ 兄 225萬元 ┬ 姪112.5萬 └ 姪112.5萬
→ 妹 225萬元

案例四　兄妹都死
被繼承人 900萬元
→ 配偶 150萬元
→ 兄 225萬元 ── 姪 250萬
→ 妹 225萬元 ┬ 甥 112.5萬 └ 甥 112.5萬

六、繼承權之喪失

　　即繼承人具有法定原因時，即喪失其繼承人之地位，稱為繼承權之喪失。有下列各款情事之一者，喪失其繼承權（民1145）：

　　(一)**絕對失權事由**：絕對的喪失繼承權，指不因被害人之宥恕而回復。

　　1.故意致被繼承人或應繼承人於死或雖未致死因而受刑之宣告者。

　　2.對於被繼承人有重大之虐待或侮辱情事，經被繼承人表示其不得繼承者。

　　(二)**相對失權事由**：指因法定原因而喪失繼承權時，如經被害人宥恕，則不喪失繼承權，謂之相對的喪失。

　　1.以詐欺或脅迫使被繼承人為關於繼承之遺囑，或使其撤回或變更之者。

　　2.以詐欺或脅迫妨害被繼承人為關於繼承之遺囑，或妨害其撤回或

嫁給老頭子是為了遺產，怎樣才能讓他早點走？下毒！

趕快來呀！

變更之者。

　　3.偽造、變造、隱匿或湮滅被繼承人關於繼承之遺囑者。

七、繼承權之拋棄

　　就是依法有繼承權之人，應於知悉其得繼承之時起 3 個月內，以書面向法院表示拋棄被繼承人遺留財產上之一切權利及義務（包括全部財產、債權及債務）(民1174 I ,II)，(保險給付仍可受領)。此為消滅繼承效力的單獨行為。拋棄繼承後，應以書面通知因其拋棄而應為繼承之人。但不能通知者，不在此限(民1174III)。繼承一旦拋棄，溯及於繼承開始時發生效力 (民1175)。

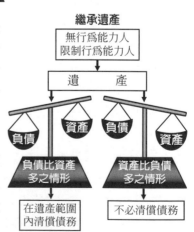

　　㈠胎兒之拋棄繼承：民法第 1153 條第 2 項修正規定：「繼承人為無行為能力人或限制行為能力人對於被繼承人之債務，**以所得遺產為限，負清償責任。**」

依民法繼承編施行法第 1-1 條第 2 項：「繼承在民法繼承編中華民國九十六年十二月十四日修正施行前開始，繼承人於繼承開始時爲無行爲能力人或限制行爲能力人，未能於修正施行前之法定期間爲限定或拋棄繼承，由其繼續履行繼承債務顯失公平者，於修正施行後，得以所得遺產爲限，負清償責任。」第 3 項：「前項繼承人依修正施行前之規定已清償之債務，不得請求返還。」

　㈡**繼承拋棄之方式**：繼承之拋棄，應由繼承人於**知悉其得繼承之時起 3 個月內**，以書面向法院爲之。並以書面通知因其拋棄而應爲繼承之人。但不能通知者，不在此限（民 1174 II, III）。此之拋棄，係指全部拋棄而言，如爲一部拋棄，不生拋棄之效力（65 臺上 1563）。

八、繼承之應繼分

　即繼承人有多人，各共同繼承人對於遺產上一切權利義務所得繼承的比例之謂。若繼承只有一人，則由其繼承全部遺產，當不須適用應繼分之規定。應繼分有法定與指定兩種：

　㈠**法定應繼分**：由法律規定決定：

　　1.配偶應繼分：配偶有相互繼承遺產之權，其應繼分爲（民 1144）：

　　　⑴配偶與直系血親卑親屬同爲繼承時，其應繼分與其他繼承人平均。

　　　⑵配偶與父母或兄弟姊妹同爲繼承時，其應繼分爲遺產二分之一。

　　　⑶配偶與祖父母同爲繼承時，其應繼分爲遺產三分之二。

繼承之配偶的應繼分

(4)無其他法定繼承人時,配偶之應繼分為遺產之全部。

2.同一順序繼承人之應繼分:同一順序繼承人有數人時,按人數平均繼承(民 1141),但父在生前以所有財產分給諸子,縱數量有不均情形,受贈較少之子女不得請求其父均分(22 上 1595)。

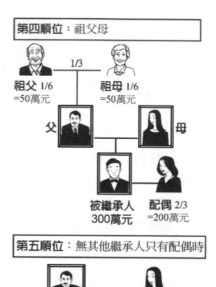

第四順位:祖父母

1/3

祖父 1/6
=50萬元　　祖母 1/6
=50萬元

父　　母

被繼承人
300萬元　　配偶 2/3
=200萬元

第五順位:無其他繼承人只有配偶時

被繼承人
400萬元　　配偶
400萬元

(二)**指定應繼分**:從遺產繼承之性質言,被繼承人生前既可自由處分其財產,財產之繼承,不是財產死後處分之性質,為尊重被繼承人之意思,參照第 1187 條應許被繼承人不違反關於特留分規定之範圍內,得以遺囑自由處分遺產。

九、遺囑

即遺囑人所實施之沒有對象之單獨的意思表示,於其死亡後發生效力之謂。人不祇是生前也可以用遺囑之方式於死後支配法律關係。惟無行為能力人不得為遺囑。限制行為能力人,無須經法定代理人之允許,得為遺囑,但未滿 16 歲者不得為遺囑(民 1186)。凡是遺囑人生前可以做的行為,如其內容不違反關於特留分規定之

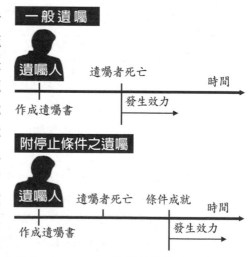

一般遺囑

遺囑人　　遺囑者死亡

時間

作成遺囑書　　發生效力

附停止條件之遺囑

遺囑人　　遺囑者死亡　　條件成就

時間

作成遺囑書　　發生效力

範圍內,得以遺囑方式自由處分遺產(民 1187)。依民法的規定,得為遺

囑的內容為：

㈠僅得以遺囑為之：

1. 監護人的指定（民 1093）。

2. 遺產分割方法的指定或託他人代定者，從其所定（民 1165Ⅰ）。

3. 禁止遺產之分割，但其禁止之效力以 10 年為限（民 1165Ⅱ）。

4. 遺囑人得隨時依遺囑之方式，撤回遺囑之全部或一部（民 1219）。

5. 以遺囑指定遺囑執行人，或委託他人指定之（民 1209）。

㈡得以生前行為為之：以遺囑捐助（民 60）。及以遺囑遺贈（民 1200）。

㈢遺囑之方式：

1. 自書遺囑	自書遺囑者，應自書遺囑全文，記明年、月、日，並親自簽名。如有增減、塗改，應註明增減、塗改之處所及字數，另行簽名（民 1190）。
2. 公證遺囑	公證遺囑，應指定 2 人以上之見證人，在公證人前口述遺囑意旨，由公證人筆記、宣讀、講解，經遺囑人認可後，記明年、月、日，由公證人、見證人及遺囑人同行簽名；遺囑人不能簽名者，由公證人將其事由記明，使按指印代之（民 1191Ⅰ）。前項所定公證人之職務，在無公證人之地，得由法院書記官行之，僑民在中華民國領事駐在地為遺囑時，得由領事行之（民 1191Ⅱ）。
3. 密封遺囑	密封遺囑，應於遺囑上簽名後，將其密封，於封縫處簽名，指定 2 人以上之見證人，向公證人提出，陳述其為自己之遺囑，如非本人自寫，並陳述繕寫人之姓名、住所，由公證人於封面記明該遺囑提出之年、月、日及遺囑人所為之陳述，與遺囑人及見證人同行簽名（民 1192Ⅰ）。
4. 代筆遺囑	代筆遺囑，由遺囑人指定 3 人以上之見證人，由遺囑人口述遺囑意旨，使見證人中之 1 人筆記、宣讀、講解，經遺囑人認可後，記明年、月、日及代筆人之姓名，由見證人全體及遺囑人同行簽名，遺囑人不能簽名者，應按指印代之（民 1194）。
5. 口授遺囑	遺囑人因生命危急或其他特殊情形，不能依其他方式為遺囑者，得依下列方式之一為口授遺囑（民 1195）： (1)由遺囑人指定 2 人以上之見證人，並口授遺囑意旨，由見證人中之 1 人，將該遺囑意旨，據實作成筆記，並記明年、月、日，與其他見證人同行簽名。

⑵由遺囑人指定 2 人以上之見證人，並口授遺囑意旨、遺囑人姓名及年、月、日，由見證人全體口述遺囑之爲眞正及見證人姓名，全部予以錄音，將錄音帶當場密封，並記明年、月、日，由見證人全體在封縫處同行簽名。

㈣**遺贈**：即依據遺囑而處分遺產之謂。亦即遺贈人在不違反特留分規定之限度內，以遺囑無償給與財產上之利益者，謂之遺贈。遺贈爲單獨行爲，於遺囑人死亡時，發生效力（民1199），故爲死因行爲。遺贈與贈與，同爲無償行爲，遺贈拋棄時，其遺贈財產屬於遺產。

十、遺產特留分

　　所謂特留分，就是被繼承人以遺囑處分遺產時，不能全部自由處分，而應爲其法定繼承人特留一部分財產之制度。依民法既允許個人於生前或以遺囑對遺產作自由之處分，但若完全放任其絕對自由，任其以遺贈方式，將其遺產贈給其所偏愛之他人或以遺囑遺贈於公共財團，此種義行固宜嘉勉，然其近親之法定繼承人反而喪失繼承額，致生活陷於困境，不但對於其個人有所損失，亦不符社會倫理，故民法規定，遺囑人於不違反關於特留分規定之範圍內，得以遺囑自由處分遺產（民1187）。但被繼承人生前所爲之贈與行爲，與民法第 1187 條所定之遺囑處分財產行爲有別，即可不受關於特留分規定之限制（48 臺上 371）。

㈠**特留分之比例**：特留分之比例，其繼承人與被繼承人之親屬關係因親疏遠近而不同，依規定（民1223）。

　　1.直系血親卑親屬之特留分，爲其應繼分二分之一。

　　2.父母之特留分，爲其應繼分二分之一。

　　3.配偶之特留分，爲其應繼分二分之一。

　　4.兄弟姊妹之特留分，爲其應繼分三分之一。

　　5.祖父母之特留分，爲其應繼分三分之一。

舉例如下：

特留分之比例	遺產總額	繼 承 人	應 繼 分	特 留 分
直系血親卑親屬之特留分為其應繼分二分之一	24 萬元	配偶及子女共三人	各得 8 萬元	二分之一各為 4 萬元
配偶及父母之特留分為其應繼分二分之一	24 萬元	配 偶	12 萬元	二分之一為 6 萬元
		父 母	12 萬元父母各得 6 萬元	二分之一各為 3 萬元
兄弟姊妹之特留分為其應繼分三分之一	24 萬元	配 偶	12 萬元	二分之一為 6 萬元
		兄 妹	12 萬元兄妹各得 6 萬元	三分之一各為 2 萬元
祖父母之特留分為其應繼分三分之一	24 萬元	配 偶	三分之二為 16 萬元	二分之一為 8 萬元
		祖父母	三分之一為 8 萬元祖父母各得 4 萬	三分之一為 1.33 萬元

　　(二)**特留分之計算**：依規定特留分由依民法第 1173 條算定之應繼財產中。扣除債務額，如有餘額，再依第 1223 條規定之比例計算之（民 1224）。

第四章　商事法

第一節　商事法之概念

一、商事法之意義

　(一)**形式意義**：又稱爲商事法典。即將商事法之基本法，予以有體系的編纂而成之法典。

　(二)**實質意義**：即一切與商事有關之特別私法而言。此又分爲廣義與狹義：

　　　1.廣義：是指所有商事法規而言，並不限於商事法典，又有國際商法與國內商法之分。

　　　2.狹義：即指上述國內商法之商事私法而言。大專院校之講授都以此爲範圍。

二、商事法與民法

兩者關係	意　　義	採取國家	理　　由
民商合一	(一)將民商法訂爲統一法典，關於商事方面除民法中規定外，其不能由民法中規定者，則分別訂定單行法規。 (二)商事法與民法就同一事項均有規定時，商事法應優先適用。	泰國、瑞士及中華民國	民法所定，偏重傳統固定，修改不易。尚且民法貴在規範國內事項，不具國際性，而商法符合變遷的社會，且簡便靈活，較具國際性。
民商分立	則於民法法典之外，另行制定商事法典。	日、德、法、義、荷、比	

第二節　公司法

一、公司法概説

㈠**公司之意義**：依公司法第 1 條：「本法所稱公司，謂以營利為目的，依照本法組織、登記、成立之社團法人。」亦即依照公司法之規定，集合法律規定人數以上之股東，並以其所捐助或募集之財產作為資本，基於章程契約規定條款，辦理自身名稱、住所、國籍以及財產之登記，並以獲取商業利益為目的獨立從事交易行為的社團法人團體。

㈡**公司之種類**：依股東責任之態樣分：

種類	內　　　容
無限公司	指集合二人以上股東所組織，且各股東對公司債務負連帶無限清償責任之公司（公 2 I ①）。因此，組成無限公司之基礎成員是二人以上的「無限責任股東」，就公司型態而言，無限公司係屬於「一元組織」，亦稱為「一元公司」，其公司股東所需負擔的股東責任完全相同。
有限公司	指集合一人以上股東所組織，以其出資額為限，對公司負有債務清償責任之公司（公 2 I ②）。因此，組成有限公司之基礎成員是一人以上的「有限責任股東」，係屬於「一元組織」，其公司股東所需負擔的股東責任完全相同。
兩合公司	指集合一人以上的「無限責任股東」與一人以上的「有限責任股東」所組織（公 2 I ③），就公司型態而言，「二元組織」亦即「二元公司」。即指組成公司之股東所需負擔的股東責任並不相同。在兩合公司中，無限責任股東，對公司債務負連帶無限清償責任，而有限責任股東，以其出資額為限，對於公司負有債務清償責任之公司（公 114）。
股份有限公司	指集合二人以上之股東或政府、法人股東一人所組織（公 2 I ④、128），將該公司全部資產分為股份，由各股東依其所認購之股份，在公司發生債務時，以其出資額為限負有清償責任之事業體，在性質上係屬於「一元組織」，其公司股東所需負擔的股東責任完全相同。其最大特色即在於其「股份制度」。

㈢**公司之設立**：即指創立公司之團體，完成其法人資格，所作之多數行為。一個公司要成立，就是要依據公司之根本原則，由發起人確定出資額，並訂立章程，此即為「人」、「物」與「行為」等三者。

　　1.發起人：公司的設立須有發起人，即為**「人」的要件**，公司成立後發起人就成為股東。發起人的人數，依公司法第 2 條規定為：

公司種類	發　起　人　數
⑴無限公司	指 2 人以上發起。
⑵有限公司	指 1 人以上發起。

| ⑶兩合公司 | 指1人以上無限責任股東，與1人以上有限責任股東發起。 |
| ⑷股份有限公司 | 指 2 人以上股東或政府、法人股東 1 人發起。 |

2.資本：即為「**物**」**的要件**。蓋公司係以營利為目的之法人，公司之設立，必須有資本，否則難以達成營利之目的。公司的資本是由各股東籌集而成，各股東繳納資本，稱為「**出資**」。股東的出資，通常以現金為原則，惟無限公司股東得以信用、勞務或其他權利為出資（公 43），但有限責任股東，不得以信用或勞務為出資（公 117）。

3.章程：即「**行為**」**之要件**，無論任何公司之成立，均須訂立章程。章程是公司的根本法，而訂立章程屬於一種法律行為，係規定公司有關事項之文件，應以書面為之（公 40Ⅱ、98Ⅱ、116、129）。

㈣公司之負責人：

公司別	負　責　人	職務範圍內之負責人
無限公司	執行業務或代表公司之股東	經理人、清算人
有限公司	董事	經理人、清算人
兩合公司	執行業務或代表公司之股東	經理人、清算人
股份有限公司	董事長	經理人、清算人、發起人、監察人、檢查人、重整人、重整監督人

㈤公司之解散：

1.自願解散	又稱為「**任意解散**」，即指公司成立後，基於自身意志決定而解散。
2.法定解散（強制解散）	⑴章程所定解散事由之發生。 ⑵公司經營之事業已成就或不能成就。 ⑶與其他公司進行合併、公司破產、公司分割。 ⑷股東不足法定之最低人數。
3.命令解散	⑴主管機關命令解散：公司有下列情事之一者，主管機關得依職權或利害關係人之申請，命令解散之（公 10）： ①公司設立登記後 6 個月尚未開始營業。但已辦妥延展登記者，不在此限。 ②開始營業後自行停止營業 6 個月以上。但已辦妥停業登記者，不在此限。 ③公司名稱經法院判決確定不得使用，公司於判決確定後 6 個月內尚未辦妥名稱變更登記，並經主管機關令其限期

	辦理仍未辦妥。 ④未於第 7 條第 1 項所定期限內，檢送經會計師查核簽證之文件者。但於主管機關命令解散前已檢送者，不在此限。 (2)裁定解散：公司之經營，有顯著困難或重大損害時，法院得據股東之聲請，於徵詢主管機關及目的事業中央主管機關意見，並通知公司提出答辯後，裁定解散。前項聲請，在股份有限公司，應有繼續 6 個月以上持有已發行股份總數百分之十以上股份之股東提出之 (公 11)。

二、股份有限公司

㈠**股份有限公司的設立**：股份有限公司組織龐大，人事複雜，設立時須有發起人、訂立章程，然後認足股份，選任董事監事，最後登記設立。

　　1.發起人：發起人之人數與資格：首先發起設立股份有限公司，而於章程上簽名者，稱為發起人。發起人之人數，應有 2 人以上。但法人為發起人者，以下列情形為限 (公 128Ⅲ)：

　　　　(1)公司。

　　　　(2)以其自行研發之專門技術或智慧財產權作價投資之法人。

　　　　(3)經目的事業主管機關認屬與其創設目的相關而予核准之法人。

　　2.訂立章程：股份有限公司之設立，發起人應以全體之同意訂立章程，並簽名或蓋章，其章程上應記載之事項，可分為**絕對必要事項** (公 129)、**相對必要事項** (公 130)、**任意記載事項**三類：

章 程 之 記 載 事 項	
(1) **絕對記載事項**	發起人應以全體之同意訂立章程，載明下列各款事項，並簽名或蓋章： ①公司名稱。 ②所營事業。 ③股份總數及每股金額。 ④本公司所在地。 ⑤董事及監察人之人數及任期。 ⑥訂立章程之年、月、日。
(2) **相對記載事項**	下列各款事項，非經載明於章程者，不生效力： ①分公司之設立。 ②分次發行股份者，定於公司設立時之發行數額。

	③解散之事由。 ④特別股之種類及其權利義務。 ⑤發起人所得受之特別利益及受益者之姓名。
(3) 任意記 載事項	凡法律未規定之事項，在不違背公序良俗及強行禁止規定範圍內，均得訂明於章程。

3.設立程序：

(1)發起設立：發起設立者，乃指由發起人認足第一次應發行之股份時，應即按股繳足股款並選任董事及監察人（公131Ⅰ），公司即因而成立。關於發起設立程序依右表之規定：

4.設立登記之效力：股份有限公司，因設立登記而成立，其所發生之效力，與其他各類公司同。其為股份有限公司所特有者，則有下列兩項效力：

```
            股份有限公司之設立
          ┌───────────┴───────────┐
        募股設立                  發起設立
          │                        │
       訂立招股章程               訂立章程
          │                        │
     申請證管機關審核             認足股份
          │                        │
      準備認股書及認股            繳足股款
          │                        │
       催繳認股股款           選任董事、監察人
          │                        │
        召開創立會               設立登記
     ┌────┴────┐                   │
   修改   選任                      │
   章程   董監事                    │
     └────┬────┘                   │
        設立登記                    │
          └───────────┬───────────┘
                  公 司 成 立
```

(1)股票發行之效力：公司非經設立登記或發行新股變更登記後，不得發行股票。違反此項規定者，其股票當然無效，持有人得向發行股票人請求損害賠償（公161）。

(2)股份轉讓之效力：股份原則上可以自由轉讓，不得以章程禁止或限制之。但非於公司設立登記後，不得轉讓。發起人之股份非於公司設立登記1年後，不得轉讓（公163）。

(二)**股份有限公司的資本：**

資 本 三	1.資本確定 原則	股份有限公司之資本，應分為股份，每股金額應歸一律，一部分得為特別股；其種類，由章程定之。此項股份總數，得分次發行（公156Ⅰ,Ⅱ）。

原則	2.資本維持原則	在公司存續中，公司應維持與資本額相當之財產。公司非彌補虧損及提出法定盈餘公積後，不得分派股息及紅利（公232）。又如股票之發行價格，不得低於票面金額（公140）。
	3.資本不變原則	資本總額經章程確定後，公司資本應保持固定不變，如須減資，應經減資程序（公279）。此在防止資本形式上之減少，以保護公司債權人之利益。

(三)**股份有限公司之機關**：我國公司法為防止企業經營者濫用權限，確保企業之經濟利益，乃仿政治上三權分立之體制，將股份有限公司內部的法定機關分為股東會、董事會及監察人。

1.股東會：由全體股東所組成，為代表公司意思之最高機關。

2.董事會：乃股份有限公司法定必備之集體業務執行機關，應服從股東會之決議。董事不得少於 3 人，由股東會就有能力人選任（公192 I）。

3.監察人：係行使監督權之必備而常設機關，並授權監察人隨時監督公司之業務及財務狀況，以補強股東會之監督功能。監察人，由股東會選任之，監察人中至少須有 1 人在國內有住所（公216 I）。

(四)**股份有限公司之股份**：

1.意義：係股份有限公司資本之成分，公司之全部資本應分為股份，每股金額應歸一律，一部分得為特別股；其種類由章程定之（公156 I）。

2.股份轉讓自由原則：即股份有限公司股份之轉讓得不經公司之同意，而自由讓與他人，公司不得以章程禁止或限制之（公163 I）。

(五)**股份有限公司之重整**：公開發行股票或公司債之公司，因財務困難，暫停營業或有停業之虞，而有重建更生之可能者，得由公司或下列利害關係人之一向法院聲請重整（公282 I）：

1.繼續 6 個月以上持有已發行股份總數百分之十以上股份之股東。

2.相當於公司已發行股份總數金額百分之十以上之公司債權人。

在公司進入重整程序時，首要之任務即必須減輕公司財務壓力，其次則必須籌措經營資金，以便使公司資金流動恢復正常，同時應檢討公司經營方向，檢驗公司所面臨之財務問題，努力尋求改進方法，使公司得以度過難關繼續經營。

(六)**股份有限公司之解散**：若股份有限公司因合併、分割、破產或法定

解散事由發生等因素，而無法繼續經營業務時，經完成法定清算程序之後解散，使公司法人人格歸於消滅。

自願解散 **（任意解散）**	指公司成立後，基於自身意志決定而解散。實務上股份有限公司成立之後，若股東會作成公司解散之決議，或全體股東同意公司解散時，該公司即應予解散。但股份有限公司股東會對於公司解散之決議，應有代表已發行股份總數三分之二以上股東之出席，以出席股東表決權過半數之同意（公316 I），若公開發行股票之公司出席股東之股份總數不足定額時，亦得以有代表已發行股份總數過半數股東之出席，出席股東表決權總數之三分之二以上同意作成解散公司決議（公316II）。
法定解散 **（強制解散）**	指股份有限公司成立後，由於法律明文規定之原因發生而解散。實務上造成股份有限公司解散之法定原因，包括章程所規定之解散事由發生、公司所經營之事業已成就或不能成就、有記名股票之股東不滿 2 人，但政府或法人股東 1 人者，不在此限。與其他公司進行合併、公司分割、公司破產、主管機關命令解散、法院裁判解散等（公315），均立即發生法律上之解散效果，而不須再經過公司股東全體同意或股東會解散決議等程序。

　　㈦**股份有限公司之清算**：公司解散後，法律為處理解散公司未了結之法律關係所設之程序，稱為清算。惟此為原則，若公司因合併、分割或破產而解散者，就無公司法所定清算程序之範圍（公24）。因此，股份有限公司之解散原因，必須為合併或破產以外者，始適用清算之程序。公司在清算完結前，於清算範圍內，視為尚未解散（公25）。解散之公司，在清算時期中，得為了結現務及便利清算之目的，暫時經營業務（公26）。依公司法規定，股份有限公司有普通清算與特別清算兩種，惟特別清算程序無規定者，準用普通清算之規定（公356）。

　　清算之分類列表如下：

1. 可否依章 程或全體 股東同意 處分財產	任意 清算	依章程或全體股東同意之方法，處分公司財產之清算。
	法定 清算	依法定程序而進行之清算。我國**公司法規定只能依法定程序進行清算**。
2.	普通	即股份有限公司解散後，在無特別障礙情形下，通常所進

依是否為 通常所進 行之清算	清算	行之清算。
	特別 清算	即公司解散後，**普通清算實行發生顯著之障礙**，或**公司負債超過資產有不實之嫌疑時**，依法院命令所進行之清算（公335）。

三、無限公司

㈠**概說**：無限公司，為 2 人以上之股東所組織，對公司債務負連帶無限清償責任（公 2 I ①）。此種公司，對內對外，均以人的信用為基礎，屬於典型的人合公司。此起源於家族共同企業團體，在實質上與個人企業，或民法上的合夥相類似，尤以內部關係，合夥性質，更為濃厚，法律上所以認其為法人者，只是使其對外關係，臻於明確而已。所謂連帶無限，即公司之財產，不足清償債務時，股東對於公司之債權人，均應直接負連帶無限清償之責任，不能以其出資之多少或盈虧分派之比例而為對抗。股東中如有 1 人或數人無力清償時，其餘之股東，仍須負全部清償之責任，此即為無限公司之唯一特色。

㈡**無限公司之設立**：

1.組成份子：無限公司為公司組織型態之一，是最早之公司組織型態，係由 2 人以上之股東所組織，其中半數，應在國內有住所（公 40 I ）。對公司債務負連帶無限清償責任。

2.訂立章程：無限公司章程應載明下列事項（公 41）：

絕對必要 記載事項	(1)公司名稱。 (2)所營事業。 (3)股東姓名、住所或居所。 (4)資本總額及各股東出資額。 (5)盈餘及虧損分派比例或標準。 (6)本公司所在地。 (7)訂立章程之年、月、日。
相對必要 記載事項	(1)定有代表公司之股東者，其姓名。 (2)定有執行業務之股東者，其姓名。 (3)定有解散事由者，其事由。 (4)各股東有以現金以外財產為出資者，其種類、數量、價格或估價之標準。

(三)無限公司股東之出資：

出資種類	內　　　　容
1. 財產出資	(1)現金出資：現金出資為最普遍。 (2)現金以外之財產為出資：包括動產、不動產及其他物、無體財產權及債權等。依公司法規定，現金以外財產為出資者，應將其種類、數量、價格或估價之標準，在章程中明定之（公41 I ⑤）。如股東以債權抵作股本，而其債權到期不得受清償者，應由該股東補繳；如公司因之受有損害，並應負賠償之責（公44）。
2. 勞務出資	即股東以其精神體力，供給公司，為公司服一定義務，充作出資。如企業家提供企業經營之特殊經驗，工程師以專門技術提供技術服務是（公43）。
3. 信用出資	即股東以商業上之名望，提供公司利用是。如為公司提供人的擔保或物的擔保是。如對公司簽發的匯票由股東承兌或背書等（公43）。

(四)**無限公司之解散**：就是消滅無限公司法人人格的一種程序。但清算完畢之後始歸於消滅。

解散原因 （公71）	1.章程所定解散事由。 2.公司所營事業已成就或不能成就。 3.股東全體之同意。 4.股東經變動而不足本法所定之最低人數。 5.與他公司合併。 6.破產。 7.解散之命令或裁判。
解散效果	公司解散後應即開始清算，公司於清算範圍內，視為尚未解散（公25）。

四、有限公司

係由 1 人以上對公司負間接有限責任之股東所組成（公98 I）。故在公司設立程序及機關組織等手續較為簡易，且不得向公眾招募股東，係由少數股東所組成之閉鎖性、非公眾性之公司，因此有限公司較適合中小企業經營。就股東責任而言，有限公司係由有限責任之股東所組成，其公司之股東僅就其出資額為限，對公司負擔債務清償責任，此外即不負其他任何出資義務，因此，有限公司之股東即使原則上同意公司進行

增資，但仍不負有依照原出資數比例出資之義務，亦即其對公司所負有之繳款義務係以其出資額爲上限，而有限公司不得以公司章程規定或以股東決議之方式強迫股東出資。

(一)**有限公司之設立**：

1.有限公司之組成：有限公司由 1 人以上股東所組成（公98 I）。

2.訂立章程：有限公司股東應以全體之同意訂立章程，簽名或蓋章，置於本公司，每人各執一份（公98 II）。其章程應記載之事項如下（公101）：

章 程 之 記 載 事 項	
(1)**必要記載事項**	①公司名稱。 ②所營事業。 ③股東姓名或名稱、住所或居所。 ④資本總額及各股東出資額。 ⑤盈餘及虧損分派比例或標準。 ⑥本公司所在地；設有分公司者，其所在地。 ⑦董事人數。 ⑧定有解散事由者，其事由。 ⑨訂立章程之年、月、日。
(2)**任意記載事項**	有限公司章程除上列規定外，如不違反法律強制或禁止之規定、公序良俗者，得任意訂定之。如按出資多寡比例分配表決權（公102）。代表公司之董事不備置前項章程於本公司者，處新臺幣一萬元以上五萬元以下罰鍰。連續拒不備置者，並按次連續處新臺幣二萬元以上十萬元以下罰鍰。

3.股東繳納出資：公司資本總額，應由各股東全部繳足，不得分期繳款或向外招募。有限公司之最低資本總額，由中央主管機關以命令定之（公100）。

4.申請登記：公司之登記或認許，應由代表公司之負責人備具申請書，連同應備之文件一份，向中央主管機關申請；由代理人申請時，應加具委託書（公387 I）。

(二)**有限公司股東**：即有限公司之構成員。有限公司在性質上適合於中小企業之經營，因此，是由一人以上股東所組織，就其出資額爲限，對公司負其責任之公司（公2 I ②）。有限公司股東若欲將出資轉讓他人，應

經全體股東過半數同意（公 111 I）。有限公司在法律上準用無限公司之規定（公 113），因此，有限公司之意思機關為全體股東，而公司之業務執行機關為董事，公司代表機關則為董事或董事長，至於公司監督機關則為不具有董事身分之股東。

　㈢**有限公司之資本**：公司股東所負之責任，係僅就其出資額為限，故為保護公司債權人權益，有限公司之資本亦適用股份有限公司之「資本三原則」，即：

1.資本確定原則	有限公司之資本總額，應由各股東全部繳足，不得分期繳款或向外招募（公 100 I）。
2.資本維持原則	公司於彌補虧損完納一切稅捐後，分派盈餘時，應先提出百分之十為法定盈餘公積。但法定盈餘公積已達資本總額時，不在此限。此外，公司得以章程訂定，或股東全體之同意，另提特別盈餘公積。公司負責人若不依規定提出法定盈餘公積時，各科新臺幣六萬元以下罰金（公 112）。
3.資本不變原則	公司增資，應經股東過半數之同意。但股東雖同意增資，仍無按原出資數比例出資之義務。此項不同意增資之股東，對章程因增資修正部分，視為同意（公 106）。

五、兩合公司

　　指 1 人以上無限責任股東，與 1 人以上有限責任股東所組織，其無限責任股東對公司債務負連帶無限清償責任；有限責任股東就其出資額為限，對公司負其責任之公司（公 2 I

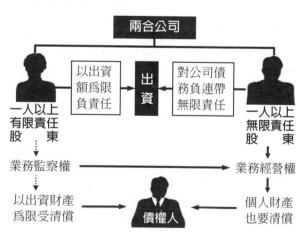

③）。因此，兩合公司是無限公司與有限公司的綜合體，且兩合公司之業務經營權屬於無限責任股東所有，而公司之業務監察權則屬於有限責任股

東或不執業之無限責任股東所有。若兩合公司因公司經營不善導致發生債務時，無限責任股東對於公司發生的債務須負連帶無限之清償責任，而有限責任股東則以其出資額爲限，對於公司債務負有限的債務清償責任。

㈠**兩合公司之出資**：兩合公司之股東，不論爲無限責任或有限責任，均須出資，惟有限責任股東，不得以信用或勞務爲出資（公117）。此乃股東之義務。

㈡**訂立章程**：兩合公司之設立，亦應先訂立章程。兩合公司之章程，除記載第41條無限公司所應記載各事項外，並應記明各股東之責任爲無限或有限（公116）。其公司名稱，應標明爲兩合公司字樣。訂立之章程，須由全體股東同意，簽名或蓋章，置於本公司，並每人各執一份（公115準40II）。其應記載事項爲：

　　1.公司名稱。

　　2.所營事業。

　　3.股東姓名、仕所或居所。

　　4.資本總額及各股東出資額。

　　5.各股東有以現金以外財產爲出資者，其種類、數量、價格或估價之標準。

　　6.盈餘及虧損分派比例或標準。

　　7.本公司所在地；設有分公司者，其所在地。

　　8.定有代表公司之股東者，其姓名。

　　9.定有執行業務之股東者，其姓名。

　　10.定有解散事由者，其事由。

　　11.訂立章程之年、月、日。

第三節　金融控股公司法

一、意義

㈠**控制性持股**：指持有一銀行、保險公司或證券商已發行有表決權股份總數或資本總額超過百分之二十五，或直接、間接選任或指派一銀行、

保險公司或證券商過半數之董事（金控 4 ①）。

㈡**金融控股公司**：指對一銀行、保險公司或證券商有控制性持股，並依本法設立之公司（金控 4 ②）。

二、法律之適用

金融控股公司之設立、管理及監督，依本法之規定；本法未規定者，依其他法律之規定（金控 2 I）。

非屬公司組織之銀行，依本法規定辦理轉換或分割時，準用公司法股份有限公司之相關規定（金控 2II）。

因此金融控股公司法應優先於公司法適用。

三、設立之要件

同一人或同一關係人對一銀行、保險公司或證券商有控制性持股者，除政府持股及為處理問題金融機構之需要，經主管機關核准者外，應向主管機關申請許可設立金融控股公司（金控 6）。

第四節　票據法

一、票據之概念

㈠**意義**：即以支付一定金額為目的之一種有價證券。所謂有價證券（德：Wertpapier）就是表彰財產權的私權，而該權利的利用（移轉、行使）必須有證券為必要。即㈠權利的發生必須作成證券，㈡權利的移轉必須交付證券，權利的行為必須提示證券。

㈡**種類**：我國票據法係將「票據」種類分為「匯票」、「本票」及「支票」三種（票 1）如下：

	意　　　義	特　　　性
匯票	即指由發票人所簽發，並委託付款人在指定之到期日時，由自己無條件支付給受款人或執票人之票據（票 2）。	匯票之特性在於有指定之到期日，且付款人為第三人，其性質係屬於「信用證券」與「委託證券」。
本	即指發票人簽發一定之金額，於指定	本票之特性在於有指定之到期日，且

票	之到期日，由自己無條件支付給受款人或執票人之票據（票3）。	付款人為發票人自己，其性質係屬於「信用證券」與「自付證券」。
支票	即指發票人簽發一定之金額，委託金融業者於見票時，無條件支付給受款人或執票人之票據（票4）。	支票之特性在於其性質屬於法定之支付工具，且付款人為金融業者，其性質係屬於「支付證券」與「委託證券」。

二、票據行為

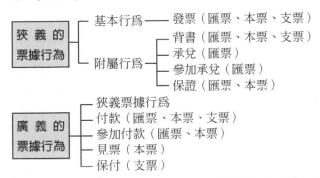

狹義的票據行為
- 基本行為 —— 發票（匯票、本票、支票）
- 附屬行為
  - 背書（匯票、本票、支票）
  - 承兌（匯票）
  - 參加承兌（匯票）
  - 保證（匯票、本票）

廣義的票據行為
- 狹義票據行為
- 付款（匯票、本票、支票）
- 參加付款（匯票、本票）
- 見票（本票）
- 保付（支票）

　　其種類可分為「狹義的票據行為」與「廣義之票據行為」。

　㈠**狹義的票據行為**：指以成立票據關係為目的所進行之要式法律行為：

　　1.基本行為：又稱為「基本票據行為」或「主票據行為」，指票據的「發票」，亦即發票人簽發票據之行為，在性質上係屬於創設票據的基本法律行為，實務上票據上之權利義務必須以票據簽發行為作為成立基礎，其後各種票據行為方得行使或成立。

　　2.附屬行為：又稱為「從票據行為」或「附屬票據行為」，必須在「主票據行為」存在之前提下，其後所進

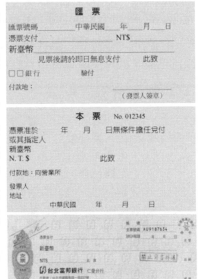

行之附屬票據行為方屬於有效法律行為，其內容則包括「背書」、「承兌」、「參加承兌」及「保證」等。

　　「背書」係指由背書人在票據之背面簽名之票據行為，且該背書人在背書後必須與其他票據債務人共同負擔連帶票據債務責任。「承兌」係指匯票付款人承諾負擔票據債務之票據行為，僅適用於匯票而不適用本票及支票。「參加承兌」係指由參加承兌人承諾負擔票據債務之票據行為，亦僅適用於匯票。「保證」係指由票據保證人保證負擔票據債務之法律行為，僅適用於匯票與本票，而不適用於支票。

　　㈡**廣義的票據行為**：除有「發票」、「背書」、「承兌」、「參加承兌」及「保證」等狹義的票據行為外，尚包括各種票據之「付款」、匯票與本票之「參加付款」、本票之「見票」及支票之「保付」等，由於行使之後亦將產生票據上之權利義務，因此屬於票據行為。「參加付款」係指票據債務人以外的其他第三人基於維護發票人或背書人等債務人的信用，而在匯票被付款人拒付時代為付款的行為。「見票」係指受款人或持票人以要求付款為目的，而向付款人提示其所持有票據之行為。「保付」係指保證人在支票正面或背面註明「保證付款」並簽章，表示將對該支票之付款家以保證的票據行為，且保證人通常為銀行，而發票人及背書人在支票保付之後，即可免除票據付款責任。

三、票據瑕疵

㈠ **票據偽造**	係指以實際使用票據作為目的，而假冒他人名義進行票據行為，因此，票據偽造之要件包括必須有偽造之票據行為、必須假冒他人名義而進行票據行為、必須以實際使用偽造票據為目的。「偽造之票據行為」包括偽造人偽造發票之行為、偽造背書之行為、偽造承兌之行為、偽造參加承兌之行為、偽造保證之行為等。惟票據之偽造或票據上簽名之偽造，不影響於真正簽名之效力（票15）。
㈡ **票據變造**	係指在法律上對於票據無變更權限之人，以實際使用票據為目的，而擅自對於票據上所記載事項加以變更之違法行為。如由有變更權者所為之變更時，則不得稱為變造。票據法第11條第3項：「票據上之記載，除金額外，得由原記載人於交付前改寫之。但應於改寫處簽名。」

(三) 票據塗銷	係指票據行爲人將票據上之簽名或其他之記載事項加以塗抹或銷除之行爲。至於塗銷的方法，如以化學藥水或以筆墨塗銷，以紙片黏蓋等均是。依票據法第 17 條：「票據上之簽名或記載被塗銷時，非由票據權利人故意爲之者，不影響於票據上之效力。」
(四) 票據毀損	係指對於票據上之法定必要記載要件加以破壞之行爲。若票據毀損行爲係因票據權利人之故意所導致時，則該票據之法律效力即消滅，但若票據權利人以外之其他人故意毀損票據時，則構成刑法第 352 條之「毀損罪」，應處 3 年以下有期徒刑、拘役或一萬元以下罰金。在金融實務上，若因票據破碎而造成其票面上之法定要件不齊全時，則應予退票。若票據破碎而經拼補之後，其票面上之法定要件仍齊全時，爲防止發票人廢棄該票據之後遭到他人冒領，原則上亦應予退票，但若該票據之發票人在票據上拼補之處以原留印鑑加蓋騎縫印章時，各行庫即得酌予辦理。

四、票據權利之行使

票據權利之行使，可分爲付款之提示、付款及追索。

(一)**付款之提示**：即執票人爲獲得票據之兌現，向付款人出示票據，請求付款之行爲也。票據之提示必須注意提示之期限。

1.提示期限：支票之執票人，應於下列期限內，爲付款之提示 (票130)：

(1)發票地與付款地在同一省（市）區內者，發票日後 7 日內。

(2)發票地與付款地不在同一省（市）區內者，發票日後 15 日內。

(3)發票地在國外，付款地在國內者，發票日後 2 個月內。

2.怠於提示之後果：

(1)喪失追索權：執票人不於第 130 條所定期限內爲付款之提示，或不於拒絕付款日或其後 5 日內，請求作成拒絕證書者，對於發票人以外之前手，喪失追索權 (票132)。

(2)負賠償之責並得撤銷付款委託：如執票人怠於提示，致使發票人受損失時，應負賠償之責，發票人且得撤銷付款之委託 (票134、135)。

(3)超過時效淪於票據之消滅：如執票人長期不行使票據上權利，

逾越票據法第 22 條所定票據之時效，則票據上權利將因時效經過而消滅，執票人只得對發票人或承兌人在其所受利益之範圍內，請求返還。

㈡**付款**：票據已屆到期，執票人提示票，請求付款時，應即付款。

1.付款人之責任：付款人如對款式欠缺之票據付款者，應自負其責任。因此付款人於付款前，應先審查，付款人對於背書不連續之匯票而付款者，應自負其責。付款人對於背書簽名之眞偽，及執票人是否票據權利人，不負認定之責。但有惡意及重大過失時，不在此限（票71）。

2.付款人之權利：一部分之付款，執票人不得拒絕（票73）。付款人為一部分之付款時，得要求執票人在票上記載所收金額，並另給收據（票74Ⅱ）。付款人付款時，得要求執票人記載收訖字樣，簽名為證，並交出票據（票74Ⅰ）。

㈢**追索**：追索是執票人於票據到期不獲付款（拒絕付款），或到期日前有不獲付款之可能，對於前手得請求償還票據金額、利息及費用之權利，又稱為償還請求權。執票人於第 130 條所定提示期限內，為付款之提示而被拒絕時，對於前手得行使追索權。但應於拒絕付款日或其後 5 日內，請求作成拒絕證書。付款人於支票或黏單上記載拒絕文義及其年、月、日，並簽名者，與作成拒絕證書，有同一效力（票131）。

五、票據之喪失及救濟

㈠**止付通知**：票據喪失時，票據權利人得通知付款人，停止付款。並填具掛失止付通知書，且於提出止付通知書後 5 日內，向付款人提出已為聲請公示催告之證明（票18Ⅰ）。如未依上項規定辦理，止付通知失其效力（票18Ⅱ）。

㈡**公示催告**：票據喪失時，票據權利人，得為公示催告之聲請。公示催告程序開始後，其經到期之票據，聲請人得提供擔保，請求票據金額之支付；不能提供擔保時，得請求將票據金額依法提存。其尚未到期之票據，聲請人得提供擔保，請求給與新票據（票19）。

㈢**除權判決**：除權判決既為法院因當事人之聲請，所為之權利消滅之

判決,除權判決須經公示催告程序 3 個月內,聲請為除權判決(民訴 545)。有除權判決後,喪失票據之人,即可對票據債務人主張票據上之權利(民訴 565 I)。因除權判決而為清償者,於除權判決撤銷後,仍得以其清償對抗債權人或第三人。但清償時已知除權判決撤銷者,不在此限(民訴 565 II)。

六、票據時效

指票據上權利之消滅時效。依民法規定,請求權因 15 年間不行使而消滅。但法律所定期間較短者,依其規定(民 125)。因票據貴在流通,以迅速為原則,故票據法第 22 條對於票據上權利之消滅時效,另特設有短期時效之規定,茲述之。

(一)執票人對承兌人或發票人之付款請求權(票 22 I):

行使權人	時　　效　　期　　間
匯票及本票執票人	對匯票承兌人及本票發票人應行使之權利,自到期日起算;見票即付之本票,自發票日起算;3 年間不行使,因時效而消滅。
支票之執票人	對支票發票人應行使之權利,自發票日起算,1 年間不行使,因時效而消滅。

(二)執票人對前手之追索權(票 22 II):

行使權人	時　　效　　期　　間
匯票及本票執票人	對於前手之追索權,自作成拒絕證書日起算,1 年間不行使,因時效而消滅,其免除作成拒絕證書者,自到期日起算。
支票之執票人	對於前手之追索權,自作成拒絕證書日起算,4 個月間不行使,因時效而消滅,其免除作成拒絕證書者,自提示日起算。

(三)背書人對前手之追索權(票 22 III):

行使權人	時　　效　　期　　間
匯票及本票之背書人	對於前手之追索權,自為清償之日或被訴之日起算,6 個月間不行使,因時效而消滅。
支票之背書人	對前手之追索權,2 個月間不行使,因時效而消滅。

由於票據法中對於票據時效之中斷並無明文規定,原則上應適用民法之規定,但期間應作調整,因此,支票執票人對於其前手之追索權時

效應縮短為 4 個月，若時效中斷時，則應自中斷之事由終止時重行起算，對於因起訴而中斷之時效，則應自法院作成確定判決或因其他方法訴訟終結時重行起算。對於經確定判決或其他與確定判決有同一效力之執行名義所確定之請求權而言，若其原有消滅時效期間不滿 5 年時，則因中斷而重行起算之時效期間應為 5 年。

七、追索權

又稱為「償還請求權」，指票據執票人在票據到期不獲付款，不獲承兌，或有其他法律原因時，在行使或保全票據上權利之行為後，得向發票人、背書人或其前手請求償還票據記載金額、利息及相關費用之權利。

	付款之提示	追索權
(一) 匯票之 追索權	執票人應於到期日或其後 2 日內，為付款之提示，向票據交換所提示者，亦同（票69）。	匯票到期不獲付款時，執票人於行使或保全匯票上權利之行為後，對於背書人、發票人及匯票上其他債務人，得行使追索權（票85）。
(二) 支票之 追索權	執票人應於下列期限內為付款之提示（票130）： 1.發票地與付款地在同一省（市）區內者，發票日後 7 日內。 2.發票地與付款地不在同一省（市）區內者，發票日後 15 日內。 3.發票地在國外，付款地在國內者，發票日後 2 個月內。	執票人於第 130 條所定提示期限內，為付款之提示而被拒絕時，對於前手得行使追索權。但應於拒絕付款日或其後 5 日內，請求作成拒絕證書。付款人於支票或黏單上記載拒絕文義及其年、月、日並簽名者，與作成拒絕證書，有同一效力（票131）。 執票人不於第 130 條所定期限內為付款之提示，或不於拒絕付款日或其後 5 日內，請求作成拒絕證書者，對於發票人以外之前手，喪失追索權（票132）。

第五節　海商法

一、船舶之意義

在形式上是指海商法所規定之八章的內容，但在實質上是指商法中有關海上企業特殊法規之整體而言。對於海商法是否具有獨立運作之法

典，雖有爭論，但海商法是形成海商事件法規之中心內容，爲海上企業活動之最重要法律。因此，海商法是民法之特別法，應優先於民法而適用（海5）。如海商法第三章之運送，第38條以下之運送與民法之運送（民622以下），海商法既有規定，自不適用民法。因此海商法雖是私法，但爲私法之特別法，也帶有國際性質之法律。

二、船舶所有權

即爲船舶所有人對於其船舶所得主張之權利，亦即船舶之構成範圍。就法律之認定言，由於船舶乃係由船舶本體與船舶設備及屬具所構成，本身係爲合成物，因此，法律上對於船舶所有權之構成範圍，係指除給養品外，凡是屬於船舶航行上或營業上所必需之一切設備及屬具，均視爲船舶之一部（海7），因此，船舶所有權之範圍包括「船舶設備及屬具」及「船舶本體」。

三、船舶所有權之讓與

船舶所有權因買賣、贈與、互易、繼承、委付等或其他原因而轉讓他人，須作成書面，茲依海商法第8條之規定分述之：

㈠**船舶所有權之讓與為要式行為**：船舶所有權或應有部分之讓與，非作成書面並依下列之規定，不生效力（海8）：

1.在中華民國，應申請讓與地或船舶所在地航政主管機關蓋印證明。

2.在外國，應申請中華民國駐外使領館、代表處或其他外交部授權機構蓋印證明。

㈡**船舶所有權之讓與應經登記**：一般動產物權之移轉，祇須交付即生法律效力（民761）。但船舶所有權之移轉，非經登記，不得對抗第三人（海9）。

四、船舶抵押權之設定

㈠**設定之主體**：船舶抵押權之設定，除法律別有規定外，僅船舶所有人或受其特別委任之人始得爲之（海35）。

1.船舶所有人：即登記於其名下之人，則爲所有人，得設定抵押權。

2.受船舶所有人特別委任之人：即受所有人之特別委任契約及明示授權之人。依海商法第 19 條：共有船舶經理人，非經共有人依第 11 條規定之書面委任，不得出賣或抵押其船舶。

3.法律特別規定之人：如所有人之法定代理人，當可以代理人身分代爲設定船舶抵押權。

㈡**設定之客體標的**：即指船舶而言，惟不限於建造完成可以航行之船舶，就是建造中之船舶亦得設定抵押權（海34）。

㈢**設定方式**：船舶抵押權之設定，應以書面爲之（海33），船舶雖爲動產（海 6），但具有不動產特性。故設定抵押時，自應作成書面，故爲要式行爲。惟船舶抵押權之設定，應予登記，非經登記不得對抗第三人（海36）。

五、船長及船員

㈠**船長**（master）：在船舶管理上，船長和船員合稱船員。「船長」係受船舶所有人僱用主管船舶一切事務之人員（海 2）。船長在主管船舶事務時，而有命令與管理在船海員及其他人員，並依職權而得爲必要處置，因此，船長應指揮船舶航行，並負責全船財物及生命之安全，且爲完成航行任務，在無正當理由之下，船長不得放棄船舶。

㈡**船員**（mariner）：狹義言，是指受船舶所有人或船舶租賃人之海上企業者所雇用，現今在特定船舶提供勞務繼續的在船上服務之勞工；廣義言，除了狹義之意義以外，目前不在船上服務之儲備船員（船員52）而言。船員法上船員指船長及海員（船員2Ⅰ③）。下列船舶之船員，除有關航行安全與海難處理外，不適用船員法之規定：㈠船舶法所稱小船。㈡軍事建制之艦艇。㈢漁船。專用於公務用船舶之船員，除有關船員之資格、執業與培訓、航行安全與海難處理外，不適用船員法之規定（船員3）。

六、海上事故

㈠**船舶碰撞**：即指兩條以上之船舶相互發生具有損害性質之接觸情況，因此，船舶碰撞必須有兩條以上船舶相互直接或間接接觸，且必須發生船舶本身、人命、身體、貨載與其他財產之損害，才具有法定成立要件。在廣義的解釋上，「船舶碰撞」除包括已實際發生之碰撞外，尚包

括「準碰撞」之情形在內。

「**準碰撞**」係指船舶雖未發生碰
撞，但因航行不遵守規則或船舶操作不
當而有發生碰撞之可能時，其他船舶為避免實際碰撞而採取緊急措施，
導致船舶或船舶上之人或物發生損害之情形，此時有過失之船舶雖並未
有實際碰撞行為，但亦應負損害賠償責任。此之所謂「船舶」包括海商
法第 1 條規定之船舶，也包含第 3 條規定之小船、軍艦、公務船及河船
在內。

（二）**海難**：

　1.海難：此又稱為「**海上固有危險**」，係指船舶在海上航行時所遭
遇之不能預見、不可避免之海上偶發事故或意外，並不包括屬於海洋特
性之一般風浪在內，因此，保險人所承保之範圍在性質上必須具有偶發
性，且係屬於未被預期、未必會發生之事故，對於風浪之尋常作用與無
可避免之影響，均視為「自然耗損」，不得列入承保範圍中。

　但在海上保險判例中，對於因海水意外侵入船體所導致之船舶沉沒
是否應屬於海難損失之定義範圍，則有不同看法，目前係以事故發生當
時之環境狀態、船舶適航能力等作為基礎進行判斷。對於船體之通常耗
損或自然耗損、液態貨物之蒸發消耗或自然滲漏等損失，皆非屬海難損
失之承保範圍。在海上保險實務上，海難之種類包括船舶沈沒、擱淺、
觸礁、碰撞、失蹤、船破、風暴、海水損害等。

　2.海難救助：即指在法律上無義務之人，在他人之船貨或人命遭遇
緊急危難時予以援助之行為。就我國海商法律立法例而言，大陸法系國
家對於「海難救助」係分為「救助」及「撈救」兩種，其中對於尚未脫離
受救助船舶人員控制之船貨加以援助之行為稱為「**救助**」，而對於已脫離
該船舶人員控制之船貨加以援助之行為則稱為「**撈救**」，但目前則統一稱
為「海難救助」。

　我國海商法上之海難救助對象，有對人之救助與對物兩種。對人之救
助是履行道德上義務，我國海商法第 102、109 條雖規定船長有救人之責
任，但原則上對人救助無報酬請求權，但於實行施救中救人者，對於船舶

及財物之救助報酬金，有參加分配之權（海 107）。

㈢共同海損：

1.共同海損之意義：稱共同海損者，謂在船舶航程期間，爲求共同危險中全體財產之安全所爲故意及合理處分，而直接造成之犧牲及發生之費用（海 110），稱爲「共同海損費用」，包括因施救行爲所支出之施救費用、船舶駛入避難港時所發生的避難港費用、船員薪津費用、給養費用、燃料費用、移船費，爲重新搬運、處理、堆積、整理、貯藏貨物所支出的裝貨費、卸貨費與棧租，爲使擱淺船舶重新浮起而雇用拖船所支出的拖船費、船舶拖曳費用以及其他替代費用，爲減輕損失程度所支付的損害防止費用與臨時修繕費用等。

2.共同海損之分攤：即共同海損應如何分擔，以確定共同海損之債務。依海商法第 111 條規定：「共同海損以各被保存財產價值與共同海損總額之比例，由各利害關係人分擔之。因共同海損行爲所犧牲而獲共同海損補償之財產，亦應參與分擔。」

⑴分擔額之範圍及計算：海商法第 112 所定：各被保存財產之分擔價值，應以航程終止地或放棄共同航程時地財產之實際淨值爲準，依下列規定計算之：

①船舶：船舶以到達時地之價格爲準。如船舶於航程中已修復者，應扣除在該航程中共同海損之犧牲額及其他非共同海損之損害額。但不得低於其實際所餘殘值。

②貨物：貨物以送交最後受貨人之商業發票所載價格爲準，如無商業發票者，以裝船時地之價值爲準，並均包括應支付之運費及保險費在內。

③運費：運費以到付運費之應收額，扣除非共同海損費用爲準。前項各類之實際淨值，均應另加計共同海損之補償額。

⑵不分擔共同海損：船上所備糧食、武器、船員之衣物、薪津、郵件及無載貨證券之旅客行李、私人物品皆不分擔共同海損。上項物品如被犧牲，其損失應由各關係人分擔之（海 120）。

⑶共同海損分擔額之返還：利害關係人於受分擔額後，復得其船

舶或貨物之全部或一部者，應將其所受之分攤額返還於關係人。但得將其所受損害及復得之費用扣除之（海 123）。以免獲有不當之利益及無辜之損失。

第六節　保險法

一、保險法之概念

保險法（law of insurance）有廣狹二義，廣義是指保險有關之法律的全體；而狹義是指保險契約有關之法律而言。前者是規定對保險事業之監督或保險公司之組織等保險業法之外，也包括有關社會保險，如公務人員保險、勞工保險、全民健康保險在內，而後者是指商事法中所公布之保險法，包括財產保險與人身保險，也就是一般所稱之「保險法」。

二、保險之種類

依我國保險法，保險有下列兩種：

財產保險	意義	即以物或其他財產利益所受損害為標的之保險。
	種類	火災保險、海上保險、陸空保險、責任保險、保證保險及經主管機關核准之其他保險（保 13II）。
人身保險	意義	即以人身為標的之保險。
	種類	1.人壽保險：簡稱壽險，就是以被保險人的生命為保險標的，並以死亡或生存為保險事故，保險人於事故發生時，依照契約給付一定保險金額的一種人身保險（保 101）。 2.健康保險：即保險人遇有疾病、分娩及其所致殘廢或死亡時，保險人給付一定保險金額之責之保險（保 125）。 3.傷害保險：傷害保險人於被保險人遭受意外傷害及其所致殘廢或死亡時，負給付保險金額之責之保險（保 131）。 4.年金保險：年金保險人於被保險人生存期間或特定期間內，依照契約負一次或分期給付一定金額之責（保 135 之 1）。 其他社會保險，如公務人員保險、軍人保險、勞工保險、漁民保險等，也可併列於人身保險之範疇。

三、保險契約

（一）**概念**：所謂保險契約（contract of insurance），即當事人約定，一方交付保險費於他方，他方對於因不可預料或不可抗力之事故所致之損害，負擔賠償財物行為之一種契約（保 1）。因此保險契約是規定契約生效日起，到終止日為止之有效期間內，保險公司向要保人收取保險費、給付保險金的各項規定，及要保人或被保險人依據契約內容向保險人提出保險索賠之規範。保險契約之內容係由「保險契約條款」所構成，又稱為「保險契約約定條款」，乃是保險業者在長期間經營之下，所共同承認之保險事項條款。在保險契約成立之後，保險人即應簽發「保險單」或「暫保單」給要保人，以證明該保險契約確已成立，要保人在接受保險單之後，若未於合理期間內表示異議時，即推定保險單之內容與保險契約內容相同。

（二）**保險契約之目的**：「保險」基本上就是一種「風險控制」的社會機制，即個人將其自身在日常生活中，由於遭遇不可預料或不可抗力事故而發生之災難和風險，或由於危險事故而導致之損失，藉由要保人交付保險費之方式完成辦理投保手續，而將全部或部分之風險或損失加以分散，從而轉嫁給其他全體要保人負擔。因此如有危險事故實際發生時，對被保險人或受益人進行損失補償，具有分散個人風險、降低損失負擔、減少社會問題、維持社會安定等功能。如建築物所有人投保火災保險時，有發生火災就可獲得保險公司之賠償利益，此即為保險契約之目的（保 70、71）。

四、保險費

保險費（premium）即依據保險契約保險人接受保險後，要保人交付於保險人之一種對價，保險人因此而負擔財物賠償的責任。一般以保險金額為基準，依危險率而決定額度，而其危險之預測是以保險費之期間為標準。保險費分一次交付及分期交付兩種，並應於契約生效前交付之。但保險契約簽訂時，保險費未能確定者，不在此限（保 21）。

（一）**保險費期間**：即以計算保險費為基礎之期間。以此期間為一個單位，以測定危險性而決定保險費之數額。因此乃有「保險費不可分之原則」的

認定。保險費期間有與保險期間一致之情形（如運送保險、或火災保險），也有保險期間為數個保險費期間所區分之情形（如人壽保險等）。

　　㈡**保險費之交付**：保險契約必有保險費，要保人交付保險費有如買賣之價金，保險人因此乃負擔財物賠償的責任。

　　　1.交付義務人：
　　　　⑴保險費應由要保人依契約規定交付（保 22 I ）。不論要保人是為自己或他人之利益而訂立保險契約，仍應由要保人負責交付保險費。
　　　　⑵人壽保險、健康保險、傷害保險及年金保險，利害關係人，均得代要保人交付保險費（保 115、130、135、135 之 4 ）。
　　　　⑶在保險之實務上，無利害關係之人亦得代為交付保險費（保 45 ），惟此無利害關係之第三人，對保險契約，不得主張任何權利。
　　　2.保費之交付方法：保險費分一次交付及分期交付兩種（保 21 ）：
　　　　⑴一次交付：一次付清全部保險費，通常以財產保險為多。
　　　　⑵分期交付：即將保險分成若干保險期間，由要保人按期交付一定金額。如以月、季、半年或年等為保險交付之方式，通常以人身保險為多。
　　　3.保險費之交付地點：一般習慣上是由保險公司派收費員到要保人處收取。惟人壽保險、傷害保險之保險費經催告後，應於保險人營業所交付之（保 116 II ）。
　　　4.保險費之交付時期：保險契約規定一次交付，或分期交付之第一期保險費，應於契約生效前交付之。但保險契約簽訂時，保險費未能確定者，不在此限（保 21 後段 ）。

五、複保險

　　複保險，謂要保人對於同一保險利益，同一保險事故，與數保險人分別訂立數個保險之契約行為（保 35 ）。複保險之成立要件，必須由要保人基於「同一保險利益」與「同一保險事故」，在保險期間重疊之情形下，同時向數個保險人同時訂立數個保險契約，因此，各保險契約有重疊性

之保險期間。

　　在保險實務上，「重疊性之保險期間」是指數保險契約之「生效期間」之重疊，而非指「成立期間」之重疊，就複保險而言，必須在各保險契約約定之生效期間上，其契約生效期間之開始或結束有「全部重疊」或「部分重疊」為成立要件。複保險，除另有約定外，要保人應將他保險人之名稱及保險金額通知各保險人（保36）；要保人故意不為上項之通知，或意圖不當得利而為複保險者，其契約無效（保37）。

六、再保險

　　在保險實務上，又稱為「**分擔契約**」或「**轉保契約**」，其係指保險人承保之後，為分散所承保之風險，減輕保險給付之責任，以原保險契約上之利益為保險標的，轉向其他保險人或再保險公司投保之契約行為（保39），分讓保險的保險人稱為分保公司或原保險人，而接受受讓保險的公司則稱為再保公司或再保險人，因此，再保險契約當事人為再保險公司與原保險契約之保險人，其要保人為原保險契約之保險人，保險標的則為原保險契約之保險人之理賠損失，而再保險公司則為再保險契約之保險人。

　　若原保險契約所約定之保險事故發生時，則原保險契約之保險人在履行損害賠償給付之責任後，再保險契約之保險事故隨即發生，原保險契約之保險人對於再保險公司即有保險給付請求權，但再保險人所應負擔之再保險給付責任，係以原保險人所應負之責任為其限度。

　　因此，再保人對原保險人之責任，亦以原保險人對要保人所應負之賠償責任為前提。由於保險人透過再保制度之運作，將可減輕其承保價值過高之標的物壓力，且保險業者亦可藉由再保險方法，達到交換情報，累積相關經驗與統計，使保險業有更好之發展與整合，因此，再保險制度具有「分散危險」與「共謀發展」之作用。

七、全民健康保險

㈠ 保險人	全民健康保險以行政院衛生署中央健康保險局為保險人，辦理保險業務（健保7）。

(二) 保險性質	全民健康保險為強制性之社會保險，在保險期間，發生疾病、傷害、生育事故時，給與保險給付（健保1II）。
(三) 保險對象	為被保險人及其眷屬（健保8）。目前外籍勞工也列入。
(四) 經濟弱勢 之投保	合於社會救助法規定之低收入戶成員列為第五類被保險人。此類保險人，由中央社政主管機關全額補助（健保27 I ⑤）。
(五) 保險對象 自行負擔 費用之除 外條件	保險對象有下列情形之一者，免依第 43 條（門診費用自行負擔之比率）及第 47 條（住院費用自行負擔之比率）規定自行負擔費用（健保48）： 1.重大傷病。 2.分娩。 3.山地離島地區之就醫。 前項免自行負擔費用範圍、重大傷病之項目、申請重大傷病證明之程序及其他相關事項之辦法，由主管機關定之。
(六) 不予保險 給付之事 項	保險人就下列事項，不予保險給付（健保53）： 1.住院治療經診斷並通知出院，而繼續住院之部分。 2.有不當重複就醫或其他不當使用醫療資源之保險對象，未依保險人輔導於指定之保險醫事服務機構就醫。但情況緊急時不在此限。 3.使用經事前審查，非屬醫療必要之診療服務或藥物。 4.違反本保險規定之有關就醫程序。
(七) 全民健康 保險保險 基金之運 用方式	本保險之基金，得以下列方式運用（健保77）： 1.公債、庫券及公司債之投資。 2.存放於公營銀行或主管機關指定之金融機構。 3.其他經主管機關核准有利於本保險之投資。

八、勞工保險

　　勞工遭遇勞災而需要醫療時，應依勞工保險條例請求醫療給付。勞工保險為社會保險，也是職業團體保險。

　　㈠**勞工保險之給付種類為**：（勞保2）

　　　1.普通事故保險：分生育、傷病、失能、老年及死亡五種給付。

　　　2.職業災害保險：分傷病、醫療、失能及死亡四種給付。

㈡**主管機關**：在中央爲行政院勞工委員會；在直轄市爲直轄市政府（勞保4）。

㈢**保險人、投保單位及被保險人**：

1.保險人：中央主管機關統籌全國勞工保險業務，設勞工保險局爲保險人，辦理勞工保險業務（勞保5 I 前段）。

2.被保險人：年滿15歲以上，60歲以下之勞工，應以其雇主或所屬團體或所屬機構爲投保單位，全部參加勞工保險爲被保險人（勞保6 I ）。

㈣**保險給付**：有生育給付、傷病給付、醫療給付、失能給付、老年給付、死亡給付及年金給付。領取保險給付之請求權，自得請領之日起，因2年間不行使而消滅（勞保30）。勞工保險之年金給付金額，依據消費者物價指數累計成長率達正負百分之五時，即依成長率調整之（勞保65之4）。

第七節　商業登記法

一、商業之意義

商業（英：commerce；德：Handel，所謂商業係以營利爲目的，以獨資或合夥方式經營之事業之謂（商登3）。另依商業會計法第2條：「本法所稱商業，謂以營利爲目的之事業；其範圍依商業登記法、公司法及其他法律之規定。」再依公司法第1條：「本法所稱公司，謂以營利爲目的，依照本法組織、登記、成立之社團法人。」因此商業就是「**以營利為目的**」爲其主要特徵。

二、商業登記之意義

商業登記（英：commercial registration；德：Handelregister；法：registre du commerce），即依商業登記法之規定，將第9條規定事項，由商業負責人向營業所在地之主管機關登記。此可分爲三點說明：

㈠**應向主管機關登記**：即由商業負責人向商業所在地之主管機關登記（商登4）。此之主管機關在中央爲經濟部；在直轄市爲直轄市政府；在縣（市）爲縣（市）政府（商登2 I ）。直轄市政府、縣（市）政府，必要時

得報經經濟部核定，將本法部分業務委任或委辦區、鄉（鎮、市、區）公所或委託直轄市、縣（市）之商業會辦理（商登2II）。

㈡**須將第 9 條規定事項登記**：即商業登記法所規定之一定事項向主管機關申請登記。

㈢**須依商業登記法登記**：商業登記法即爲商業登記之法律依據。同是從事營利事業之公司的登記，則依公司法爲之（公 1、6、7），有關登記方面，因公司法是商業登記法之特別法，依特別法優於普通法的原則，除公司法有規定公司之登記外，其他的商業登記，均依本法爲之。

三、商業登記之種類

可分爲創設登記、變更登記、消滅登記及其他事項登記等：

種類	項　目	內　　　　　　　容	法　律
㈠ 創設 登記	1. 商業開 業登記	商業開業前，應將下列各款申請登記： (1)名稱。 (2)組織。 (3)所營業務。 (4)資本額。 (5)所在地。 (6)負責人之姓名、住、居所、身分證明文件字號、出 　　資種類及數額。 (7)合夥組織者，合夥人之姓名、住、居所、身分證明 　　文件字號、出資種類、數額及合夥契約副本。 (8)其他經中央主管機關規定之事項。 上項及其他依本法規定應登記事項，商業所在地主管 機關得隨時派員抽查；商業負責人及其從業人員，不 得規避、妨礙或拒絕。	商登9
	2. 商業分 支機構 登記	商業之分支機構，其獨立設置帳簿者，應自設立之日 起 15 日內，將下列各款事項，向分支機構所在地之主 管機關申請登記： (1)分支機構名稱。 (2)分支機構所在地。 (3)分支機構經理人之姓名、住、居所、身分證明文件 　　字號。	商登14

		(4)其他經中央主管機關規定之事項。 上項分支機構終止營業時，應自事實發生之日起 15 日內，向分支機構所在地之主管機關申請廢止登記。 分支機構所在地主管機關依前二項規定核准或廢止登記後，應以副本抄送本商業所在地之直轄市政府或縣（市）政府。	
（二） 變更 登記	1. 商業變 更登記	登記事項有變更時，除繼承之登記應自繼承開始後 6 個月內為之外，應自事實發生之日起 15 日內，申請為變更登記。商業之各類登記事項，其申請程序、應檢附之文件、資料及其他應遵行事項之辦法，由中央主管機關定之。	商登 15
	2. 商業遷 移登記	商業遷移於原登記機關之管轄區域以外時，應向遷入區域之主管機關申請遷址之登記。	商登 16
	3. 停業及 復業登 記	商業暫停營業 1 個月以上者，應於停業前申請停業之登記，並於復業前申請復業之登記。但已依加值型及非加值型營業稅法規定申報者，不在此限。上項停業期間，最長不得超過 1 年。但有正當理由，經商業所在地主管機關核准者，不在此限。	商登 17
（三） 消滅登記		商業終止營業時，應自事實發生之日起 15 日內，申請歇業登記。	商登 18
（四） 其他 事項 登記	1. 法定代 理人經 營已登 記商業 之登記	(1)限制行為能力人，經法定代理人之允許，獨立營業或為合夥事業之合夥人者，申請登記時，應附送法定代理人之同意書。法定代理人如發覺前項行為有不勝任情形，撤銷其允許或加以限制者，應將其事由申請商業所在地主管機關登記。	商登 11
		(2)法定代理人為無行為能力人或限制行為能力人經營已登記之商業者，則法定代理人為商業負責人，應於 15 日內申請登記，登記時應加具法定代理人證明文件。	商登 12
	2. 經理人 變更之 登記	經理人之任免或調動，應自事實發生之日起 15 日內申請登記。	商登 13

四、商業登記之程序

㈠**申請登記**：商業登記之申請，由商業負責人向商業所在地之主管機關爲之；其委託他人辦理者，應附具委託書（商登 8 I）。商業繼承之登記，應由合法繼承人全體聯名申請，繼承人中有未成年者，由其法定代理人代爲申請；繼承開始時，繼承人之有無不明者，由遺產管理人代爲申請（商登 8 II）。並應繳納各種規費，包括審查費、登記費、查閱費、抄錄費及證照費；其費額，由中央主管機關定之（商登 35 I）。停業登記、復業登記、歇業登記，免繳登記費（商登 35 II）。

㈡**登記之規定**：

1.申請之補正通知：商業所在地之主管機關對於商業登記之申請，認有違反法令或不合法定程式者，應自收文之日起 5 日內通知補正，其應行補正事項，應一次通知之（商登 22）。

2.辦理商業登記之時間限制：商業所在地主管機關辦理商業登記案件之期間，自收件之日起至核准登記之日止，不得逾 7 日。但依第 22 條規定通知補正期間，不計在內（商登 23）。

3.登記事項之申請更正：商業登記後，申請人發現其登記事項有錯誤或遺漏時，得申請更正；必要時並應檢具證明文件（商登 24）。

㈢**公告**：已登記之事項，所在地主管機關應公告之。公告與登記不符者，以登記爲準（商登 19）。

五、商業登記之效力

㈠**一般效力**：即登記對抗效力，商業設立登記後，有應登記事項而未登記，或已登記事項有變更而未爲變更之登記者，不得以其事項對抗善意第三人（商登 20 I）。於分支機構所在地有應登記事項而未登記，或已登記事項有變更而未爲變更之登記者，上項規定，僅就該分支機構適用之（商登 20 II）。

㈡**特殊效力**：

1.使用商業名稱之限制：商業在同一直轄市或縣（市），不得使用與已登記之商業相同之名稱。但增設分支機構於他直轄市或縣（市），

附記足以表示其爲分支機構之明確字樣者,不在此限(商登 28 I)。商業之名稱,不得使用公司字樣(商登 28 II)。

2.證明力:

(1)請求發給證明書:商業負責人或利害關係人,得請求商業所在地主管機關就已登記事項發給證明書(商登 25)。

(2)請求查閱或抄錄登記簿及其附屬文件:商業負責人或利害關係人,得敘明理由,向商業所在地主管機關請求查閱或抄錄登記簿及其附屬文件。但顯無必要者,商業所在地主管機關得拒絕抄閱或限制其抄閱範圍(商登 26 I)。

六、商業登記之申請與撤銷

㈠**商業登記之申請與撤銷**:商業業務,依法律或法規命令,須經各該目的事業主管機關許可者,於領得許可文件後,方得申請商業登記。上項業務之許可,經目的事業主管機關撤銷或廢止確定者,各該目的事業主管機關應通知商業所在地主管機關撤銷或廢止其商業登記或部分登記事項(商登 6)。

㈡**撤銷或廢止商業登記事項之情事**:商業有下列情事之一者,其所在地主管機關得依職權、檢察機關通知或利害關係人申請,撤銷或廢止其商業登記或部分登記事項(商登 29):

1.登記事項有僞造、變造文書,經有罪判決確定。

2.登記後滿 6 個月尚未開始營業,或開始營業後自行停止營業 6 個月以上。此項期限,如有正當事由,得申請准予延展。

3.遷離原址,逾 6 個月未申請變更登記,經商業所在地主管機關通知仍未辦理。

4.登記後經有關機關調查,發現無營業跡象,並經房屋所有權人證明無租借房屋情事。

七、商業登記之處罰項目

㈠**虛僞申報之罰鍰**:申請登記事項有虛僞情事者,其商業負責人處新臺幣六千元以上三萬元以下罰鍰(商登 30)。

㈡**經營未設立登記業務之罰鍰**：未經設立登記而以商業名義經營業務或為其他法律行為者，商業所在地主管機關應命行為人限期辦妥登記；屆期未辦妥者，處新臺幣一萬元以上五萬元以下罰鍰，並得按次連續處罰（商登31）。

㈢**違反應登記事項之罰鍰**：除第31條規定外，其他有應登記事項而不登記者，其商業負責人處新臺幣二千元以上一萬元以下罰鍰（商登32）。

㈣**違反申請登記期限之罰鍰**：逾第12條至第15條規定申請登記之期限者，其商業負責人處新臺幣一千元以上五千元以下罰鍰（商登33）。

㈤**規避、妨礙或拒絕抽查之罰鍰**：商業負責人或其從業人員違反第9條第2項規定，規避、妨礙或拒絕商業所在地主管機關人員抽查者，其商業負責人處新臺幣六千元以上三萬元以下罰鍰（商登34）。

八、商號

㈠**商號之意義**：商號（英：trade name；德：Handelsfirma；法：nom commercial, raison sociale），即商人在營業活動上對外表彰自己之名稱。在商業登記法上所規定之「商業名稱」，係指商號而言。故依第28條規定，已有使用商號名稱之限制規定。

㈡**商號選用之原則**：

1.商號自由之原則：我國法制對商號之選用及使用採自由原則，依商業登記法第27條前段規定：「商業之名稱，得以其負責人姓名或其他名稱充之。」但仍有下列限制：

　(1)不得使用易於使人誤認為與政府機關或公益團體有關之名稱。以合夥人之姓或姓名為商業名稱者，該合夥人退夥，如仍用其姓或姓名為商業名稱時，須得其同意（商登27但）。

　(2)商業在同一直轄市或縣（市），不得使用與已登記之商業相同之名稱。但增設分支機構於他直轄市或縣（市），附記足以表示其為分支機構之明確字樣者，不在此限（商登28Ⅰ）。

2.商號單一之原則：商號既為商人在營業活動上對外表彰之名稱，即一個企業機構只能有一個商號，個人商人對一個營業也只能擁有一個商號，此稱為商號單一之原則。

3.商號專用之原則：商業之名稱，不得使用公司字樣（商登28II）。

㈢**商號之登記：**

1. 商 號 登 記 之 必要：商業名稱應經登記始能經營業務（商登31）。商業非經商業所在地主管機關登記，不得成立（商登4）。因此在商業開

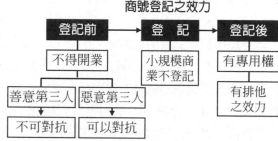

商號登記之效力

業前，由商業負責人向商業所在地之主管機關為之（商登8I）。商號之登記事項有變更時，除繼承之登記應自繼承開始後 6 個月內為之外，應自事實發生之日起 15 日內，申請為變更登記（商登15）。

2.小規模得免登記：下列各款小規模商業，得免依商業登記法申請登記（商登5）：

⑴攤販。

⑵家庭農、林、漁、牧業者。

⑶家庭手工業者。

⑷民宿經營者。

⑸每月銷售額未達營業稅起徵點者。

第八節　消費者保護法

政府為保護消費者權益，促進國民消費生活安全，提昇國民消費生活品質，乃制定消費者保護法（消保1）。

一、消費者保護措施

有關保護消費者之主管機關，在中央為目的事業主管機關；在直轄

市為直轄市政府；在縣（市）為縣（市）政府（消保 6）。具體措施可分二方面說明之：

㈠**企業經營者之義務**：企業經營者對於其提供之商品或服務，應重視消費者之健康與安全，並向消費者說明商品或服務之使用方法，維護交易之公平，提供消費者充分與正確之資訊，及實施其他必要之消費者保護措施（消保 4）。

㈡**消費資訊之提供**：政府、企業經營者及消費者均應致力充實消費資訊，提供消費者運用，俾能採取正確合理之消費行為，以維護其安全與權益（消保 5）。

二、消費者權益

㈠**消費者健康安全之保障及企業經營者之責任**：從事設計、生產、製造商品或提供服

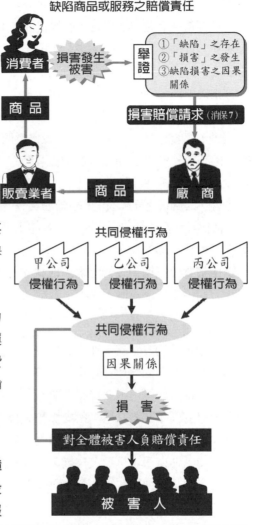

務之企業經營者，於提供商品流通進入市場，或提供服務時，應確保該商品或服務，符合當時科技或專業水準可合理期待之安全性。商品或服務具有危害消費者生命、身體、健康、財產之可能者，應於明顯處為警告標示及緊急處理危險之方法。企業經營者違反前二項規定，致生損害於消費者或第三人時，應負連帶賠償責任。但企業經營者能證明其無過

失者,法院得減輕其賠償責任[1]（消保7）。

(二)**企業經營者之舉證責任**：企業經營者主張其商品於流通進入市場,或其服務於提供時,符合當時科技或專業水準可合理期待之安全性者,就其主張之事實負舉證責任。商品或服務不得僅因其後有較佳之商品或服務,而被視為不符合前條第1項之安全性（消保7之1）。

(三)**企業經營者責任之排除**：從事經銷之企業經營者,就商品或服務所生之損害,與設計、生產、製造商品或提供服務之企業經營者連帶負賠償責任。但其對於損害之防免已盡相當之注意,或縱加以相當之注意而仍不免發生損害者,不在此限（消保8）。

(四)**輸入商品或服務之企業經營者責任**：輸入商品或服務之企業經營者,視為該商品之設計、生產、製造者或服務之提供者,負本法第7條之製造者責任（消保9）。

(五)**企業責任不得預先約定限制或免除**：企業經營者對消費者或第三人之損害賠償責任,不得預先約定限制或免除（消保10之1）。

三、定型化契約

(一)**定型化契約之意義**：即企業當事人之一方,決定契約之一定形式與內容,而他方如欲同意簽定契約,只有服從其內容之規定,而成立之契約。依消費者保護法第2條第7款規定:指企業經營者為與不特定多數消費者訂立同類契約之用,所提出預先擬定之契約條款,稱為定型化契約條款。**定型化契約條款不限於書面**,其以放映字幕、張貼、牌示、網際網路或其他方法表示者,亦屬之。而定型化契約,係指以企業經營者提出之定型化契約條款作為契約內容之全部或一部而訂定之契約（消保2Ⅰ⑨）。

---

[1]2003年9月10日中國時報社會綜合版報導:臺灣盛香珍蒟蒻蒻果凍噎死人案,九日在美國谷聖塔克拉拉法院做成快速判決,盛香珍再度缺席,法官判決應賠償五千萬美元,盛香珍召開說明會指出,對美國法院的判決喪失信心,相信台灣的司法更能公平公正的裁決相關案件,還公司清白。這是盛香珍在美國第三件果凍噎死訴訟案。

㈡**適例**：如搭乘飛機或觀看電影等，購票時已同意其所規定之條款，此種契約均屬定型化契約。今日一般民眾與大企業締結契約，如運送、保險、電氣、瓦斯之供應，或勞工與大企業簽定僱傭契約都是屬於此類契約。

㈢**定型化契約之解釋原則**：一般人因無法更改契約之內容，亦無選擇是否締結契約之自由，「契約自由之原則」在實質上已受限制，因此國家為保障契約內容之合理性，當有必要介入執行嚴格之監督。故消保法第 11 條規定：「企業經營者在定型化契約中所用之條款，應本平等互惠之原則。定型化契約條款如有疑義時，應為有利於消費者之解釋。」

㈣**不得牴觸個別磋商條款**：定型化契約中規定之條款牴觸個別磋商條款之約定者，其牴觸部分無效（消保 15）。

四、特種買賣

㈠**企業經營者之告知義務**：企業經營者為**郵購買賣**或**訪問買賣**時，應將其買賣之條件、出賣人之姓名、名稱、負責人、事務所或住居所告知買受之消費者（消保 18）

㈡**消費者之解約權**：郵購或訪問買賣之消費者，對所收受之商品不願買受時，得於收受商品後 7 日內，退回商品或以書面通知企業經營者解除買賣契約，無須說明理由及負擔任何費用或價款。郵購或訪問買賣違反前項規定所為之約定無效。契約經解除者，企業經營者與消費者間關於回復原狀之約定，對於消費者較民法第 259 條之規定不利者，無效（消保 19）。

㈢**消費者不負保管義務**：未經消費者要約而對之郵寄或投遞之商品，消費者不負保管義務。此項物品之寄送人，經消費者定相當期限通知取回而逾期未取回或無法通知者，視為拋棄其寄投之商品。雖未經通知，但在寄送後逾 1 個月未經消費者表示承諾，而仍不取回其商品者，亦同。消費者得請求償還因寄送物所受之損害，及處理寄送物所支出之必要費用（消保 20）。

㈣**分期付款買賣契約**：企業經營者與消費者分期付款買賣契約應以書面為之。上項契約書應載明下列事項（消保 21）：

1.頭期款。

2.各期價款與其他附加費用合計之總價款與現金交易價格之差額。

3.利率。

企業經營者未依前項規定記載利率者，其利率按現金交易價格週年利率百分之五計算之。

企業經營者違反第 2 項第 1 款、第 2 款之規定者，消費者不負現金交易價格以外價款之給付義務。

五、消費者資訊之規範

㈠**廣告內容之真實**：企業經營者應確保廣告內容之真實，其對消費者所負之義務不得低於廣告之內容（消保 22）。

㈡**媒體經營者之連帶責任**：刊登或報導廣告之媒體經營者明知或可得而知廣告內容與事實不符者，就消費者因信賴該廣告所受之損害與企業經營者負連帶責任。此項損害賠償責任，不得預先約定限制或拋棄（消保23）。

㈢**商品或服務之標示**：企業經營者應依商品標示法等法令為商品或服務之標示。輸入之商品或服務，應附中文標示及說明書，其內容不得較原產地之標示及說明書簡略。輸入之商品或服務在原產地附有警告標示者，準用前項之規定（消保 24）。

六、消費爭議之處理

㈠**消費申訴與調解**：

1.申訴：消費者與企業經營者因商品或服務發生消費爭議時，消費者得向企業經營者、消費者保護團體或消費者服務中心或其分中心申訴。企業經營者對於消費者之申訴，應於申訴之日起 15 日內妥適處理之。消費者依第 1 項申訴，未獲妥適處理時，得向直轄市、縣（市）政府消費者保護官申訴（消保43）。

2.調解：消費者依第 43 條申訴未能獲得妥適處理時，得向直轄市或縣（市）消費爭議調解委員會申請調解（消保44）。

㈡**消費訴訟**：

1.消費者保護團體之訴訟：消費者保護團體許可設立 3 年以上，申請消費者保護委員會評定優良，置有消費者保護專門人員，且合於下列要件之一，並經消費者保護官同意者，得以自己之名義，提起第 50 條消費者損害賠償訴訟或第 53 條不作爲訴訟（消保 49 I）。

2.訴訟之提起及請求權基礎：消費者保護團體對於同一之原因事件，致使眾多消費者受害時，得受讓 20 人以上消費者損害賠償請求權後，以自己名義，提起訴訟。消費者得於言詞辯論終結前，終止讓與損害賠償請求權，並通知法院（消保 50 I）。前項訴訟，因部分消費者終止讓與損害賠償請求權，致人數不足 20 人者，不影響其實施訴訟之權能（消保 50 II）。

3.懲罰性賠償金之科處：依本法所提之訴訟，因企業經營者之故意所致之損害，消費者得請求損害額三倍以下之懲罰性賠償金；但因過失所致之損害，得請求損害額一倍以下之懲罰性賠償金（消保 51）。

第九節　證券交易法

一、證券交易之名詞解釋

(一) 主管機關	本法所稱主管機關，爲行政院金融監督管理委員會（證交 3）。
(二) 公司定義	本法所稱公司，謂依公司法組織之股份有限公司（證交 4）。
(三) 發行人	本法所稱發行人，謂募集及發行有價證券之公司，或募集有價證券之發起人（證交 5）。
(四) 有價證券	本法所稱有價證券，指政府債券、公司股票、公司債券及經主管機關核定之其他有價證券。新股認購權利證書、新股權利證書及前項各種有價證券之價款繳納憑證或表明其權利之證書，視爲有價證券。前二項規定之有價證券，未印製表示其權利之實體有價證券者，亦視爲有價證券（證交 6）。
(五) 募集	本法所稱募集，謂發起人於公司成立前或發行公司於發行前，對非特定人公開招募有價證券之行爲。本法所稱私募，謂已依本法發行股票之公司依第 43 條之 6 第 1 項及第 2 項規定，對

	特定人招募有價證券之行為（證交7）。
(六) 發行	本法所稱發行，謂發行人於募集後製作並交付，或以帳簿劃撥方式交付有價證券之行為。前項以帳簿劃撥方式交付有價證券之發行，得不印製實體有價證券（證交8）。
(七) 承銷	本法所稱承銷，謂依約定包銷或代銷發行人發行有價證券之行為（證交10）。
(八) 證券交易所	本法所稱證券交易所，謂依本法之規定，設置場所及設備，以供給有價證券集中交易市場為目的之法人（證交11）。
(九) 有價證券集中交易市場	本法所稱有價證券集中交易市場，謂證券交易所為供有價證券之競價買賣所開設之市場（證交12）。
(十) 公開說明會	本法所稱公開說明書，謂發行人為有價證券之募集或出賣，依本法之規定，向公眾提出之說明文書（證交13）。
(十一) 財務報告	本法所稱財務報告，指發行人及證券商、證券交易所依法令規定，應定期編送主管機關之財務報告。前項財務報告之內容、適用範圍、作業程序、編製及其他應遵行事項之準則，由主管機關定之。第1項財務報告應經董事長、經理人及會計主管簽名或蓋章，並出具財務報告內容無虛偽或隱匿之聲明。前項會計主管應具備一定之資格條件，並於任職期間內持續專業進修；其資格條件、持續專業進修之最低進修時數及辦理進修機構應具備條件等事項之辦法，由主管機關定之（證交14）。

二、證券業務與證券商之種類

(一)**證券業務之種類**：依本法經營之證券業務，其種類如下（證交15）：

1.有價證券之承銷及其他經主管機關核准之相關業務。

2.有價證券之自行買賣及其他經主管機關核准之相關業務。

3.有價證券買賣之行紀、居間、代理及其他經主管機關核准之相關業務。

(二)**證券商之種類**：經營第15條各款業務之一者為證券商，並依下列各款定其種類（證交16）：

1.經營第15條第1款規定之業務者，為證券承銷商。

2.經營第15條第2款規定之業務者，為證券自營商。

3.經營第15條第3款規定之業務者，為證券經紀商。

三、證券交易之誠實義務及損害賠償

㈠**有價證券交易之誠信及賠償**：有價證券之募集、發行、私募或買賣，不得有虛偽、詐欺或其他足致他人誤信之行為。發行人依本法規定申報或公告之財務報告及財務業務文件，其內容不得有虛偽或隱匿之情事。違反第 1 項規定者，對於該有價證券之善意取得人或出賣人因而所受之損害，應負賠償責任。委託證券經紀商以行紀名義買入或賣出之人，視為前項之取得人或出賣人（證交 20）。

㈡**財務報告之誠信及賠償**：第 20 條第 2 項之財務報告及財務業務文件或依第 36 條第 1 項公告申報之財務報告，其主要內容有虛偽或隱匿之情事，下列各款之人，對於發行人所發行有價證券之善意取得人、出賣人或持有人因而所受之損害，應負賠償責任（證交 20 之 1 I）：

1.發行人及其負責人。

2.發行人之職員，曾在財務報告或財務業務文件上簽名或蓋章者。

㈢**損害賠償請求權之期限**：本法規定之損害賠償請求權，自有請求權人知有得受賠償之原因時起 2 年間不行使而消滅；自募集、發行或買賣之日起逾 5 年者亦同（證交 21）。

第五章　刑　法

第一節　刑法總論

一、罪刑法定主義

㈠**意義**：犯罪與刑罰以成文法律預先規定，如法律未予規定，無論任何行為均不受處罰，稱為**罪刑法定主義**。通常以「無法律即無犯罪，無法律就無刑罰」表示之。此係罪刑擅斷主義之對照語。亦即行為之處罰，以行為時之法律有明文規定者為限（刑1）。

㈡**罪刑法定主義之派生原則**：1.法律主義；2.刑法效力不溯及既往原則；3.禁止類推解釋原則；4.絕對不定期刑之禁止；5.明確性之原則；6.實體的正當程序原則。

二、刑罰不溯及既往原則（Prinzip der Nichtrückwirkung）

任何人，非依據行為前所制定公布之法律，不受處罰，此係從「事後法之禁止原則」導引而來。此為罪刑法定主義之第四個原則。即「無預先發布之法律規定，即無犯罪」（nullum crimen sine lege praevia）。因此，如行為時屬於適法行為，其後法律雖已變更成為違法行為，仍不得溯及既往，加以處罰。惟行為後所變更之法律，係科較輕之刑時，因對行為人有利，自得為溯及之適用，如行為後所變更之法律係科較重之刑時，為貫徹罪刑法定主義之旨，應禁止事後法之溯及。惟保安處分適用裁判時之法律（刑2）。

三、刑法之變更及其適用

我刑法第2條規定：「行為後法律有變更者，適用行為時之法律，但行為後之法律有利於行為人者，適用最有利於行為人之法律。」此即採從舊從輕主義。

刑法變更時如何適用法律

四、空白刑法

　　空白刑法又稱空白刑罰法規（德：Blankettstrafgesetz）即祇對刑罰為直接之規定，而將犯罪構成要件之一部或全部，委之於其他法律或行政命令為之補充者，稱為空白刑法，舉例如下：

　　㈠刑法第 192 條規定：「違背關於預防傳染病所公布之檢查或進口之法令者，處二年以下有期徒刑、拘役或一千元以下罰金。」上述「關於預防傳染病所公布之檢查或進口之法令」只是籠統的，以其他法律或命令為之補充規定，使其成為完整之法律。

　　㈡補充空白刑法之法律或命令，稱為「補充規範」，如「補充規範」有變更時，並非刑法第 2 條法律之變更。區別完備刑法與空白刑法之實益，即在於此。

五、刑法之場所的適用範圍

　　又稱為地之效力。即以屬地主義為主，兼採屬人主義、保護主義及世界主義：

㈠ **屬地主義**	本法於在中華民國領域內犯罪者，適用之。在中華民國領域外之中華民國船艦或航空器內犯罪者，以在中華民國領域內犯罪論（刑3）。
㈡ **屬人主義**	1.公務員國外犯之適用：本法於中華民國公務員在中華民國領域外犯下列各罪者，適用之（刑6）： 　⑴第 121 條至第 123 條、第 125 條、第 126 條、第 129 條、第 131 條、第 132 條及第 134 條之瀆職罪。 　⑵第 163 條之脫逃罪。

	(3)第 213 條之偽造文書罪。 (4)第 336 條第 1 項之侵占罪。 2.國民國外犯罪之適用：本法於中華民國人民在中華民國領域外犯第 5、6 條以外之罪，而其最輕本刑為 3 年以上有期徒刑者，適用之。但依犯罪地之法律不罰者，不在此限（刑7）。
(三) 保護主義	1.保護國家法益：本法於凡在中華民國領域外犯下列各罪者，適用之（刑5①～⑦）： (1)內亂罪。 (2)外患罪。 (3)第 135 條、第 136 條及第 138 條之妨害公務罪。 (4)第 185 條之 1 及第 185 條之 2 之公共危險罪。 (5)偽造貨幣罪。 (6)第 201 條至第 202 條之偽造有價證券罪。 (7)第 211 條、第 214 條、第 218 條及第 216 條行使第 211 條、第 213 條、第 214 條文書之偽造文書罪。 2.保護國民法益：刑法第 7 條之規定，於在中華民國領域外對於中華民國人民犯罪之外國人，準用之（刑8）。
(四) 世界主義	萬國公罪：（刑5⑧～⑩） 1.毒品罪。但施用毒品及持有毒品、種子、施用毒品器具罪，不在此限。 2.第 296 條及第 296 條之 1 之妨害自由罪。 3.第 333 條及第 334 條之海盜罪。

六、隔地犯

犯罪行為或結果，有一在中華民國領域內者，為在中華民國領域內犯罪（刑4）。此稱為隔地犯，如從日本郵寄有毒的餅乾給住在台北的人，即為隔地犯，應視為在國內犯罪。

第二節 犯 罪

一、犯罪之意義

由法律上言，犯罪者，即行為人在無阻卻違法原因時，違反刑法法規，而法律科以刑罰制裁之行為也。其成立之要件為：

㈠**行為人**：即須人有表現於外之客觀事實，所謂無行為則無犯罪之原則，是故行為乃為犯罪成立之基礎。

㈡**構成要件合致性**：人的事實上行為有侵害法益或發生危險，並符合刑法所定之犯罪類型時，就是合於構成要件。在此之所謂符合要件，包括有其可能性在內，此即未遂之情形。

人的行為

	犯罪是人有表現於外之客觀的違法事實	
違法性	違反法令之命令或禁止行為	有故意或過失責任能力	**有責性**
	犯罪人有違法行為及被害客體	

構成要件合致性

㈢**違法性**：即侵害法益，且違背法令上命令或禁止之行為，但就是有違法性，如有阻卻違法事由，如正當防衛、緊急避難等行為時，仍不構成違法性。則仍不認其為犯罪行為。

㈣**有責性**：即犯罪必須是有責任能力人之行為，如為無責任能力。即未滿 14 歲人或精神障礙或其他心智缺陷人之行為不罰。如為限制責任能力人，即 14 歲以上未滿 18 歲人或滿 80 歲人，精神障礙或其心智缺陷致其辨識行為違法或依其辨識而行為之能力，顯著減低，如行為人於行為時欠缺不法意識，得減輕其刑。

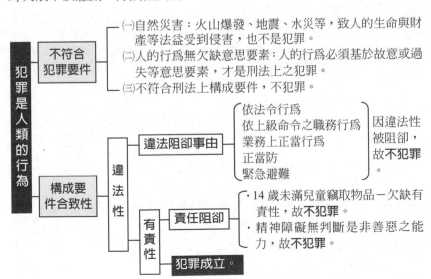

二、犯罪之分類

基準	分類	內容
是否即時發覺	現行犯	即犯罪在實施中或實施後即時被發覺者之謂。又固持有兇器、贓物或其他物件，或於身體衣服等處，露有犯罪痕跡，顯可疑為犯罪人，或被追呼為犯罪人時，為準現行犯。現行犯任何人均得逕行逮捕。
	非現行犯	現行犯與準現行犯以外之犯人，皆非現行犯。
有無法益之侵害	實質犯 侵害犯	以法益之現實的侵害為構成要件之犯罪。如殺人罪。
	實質犯 危險犯	以法益侵害之危險為構成要件之犯罪。如放火罪。
	形式犯	不以法益侵害之危險為構成要件之犯罪。如偽證罪。
有無發生結果	舉動犯	須有一定行為為必要之犯罪，不問外部結果是否發生之犯罪。如誣告罪。
	結果犯	除行為之外，並須有一定結果之發生為構成要件之犯罪。如殺人罪。
法益侵害與結果	即時犯	即犯罪行為終了時，犯罪即同時完成既遂者之謂。如殺人罪。亦稱即成犯。
	繼續犯	即構成要件之行為，須繼續相當時間之法益侵害而成立犯罪之謂。如刑法第 302 條私禁罪。
	狀態犯	即基於構成要件行為，侵害一定之法益時，就已完成犯罪，其後其侵害法益之狀態雖繼續存在，但已再不認為是犯罪事實者之謂。如竊佔罪。

三、犯罪與侵權行為之區分

行為基準	犯罪	侵權行為
行為範圍	不僅侵害私人之法益，則凡危害國家及社會公共安寧秩序者，均為處罰對象。	只限於侵害他人之權益。
行為程序	有犯罪行為時，縱無損害亦得處罰。	以發生損害為必要構成要件。
行為性質	國家對私人之關係，屬刑法。	是私人對私人之關係，屬民法。
行為效力	不限科以財產刑，尚有生命刑、自由刑及附加刑等。	概以金錢填補被害人之損害。

第三節　構成要件論

一、犯罪行爲概說

㈠**犯罪行爲之意義**；所謂行爲係指基於人類意思之發動，再表現於身體之動靜，而引起外界之變化而發生損害或危險之結果之謂。

㈡**犯罪行爲之分類**：基於意思之決定，而爲身體之動作者，爲積極行爲；基於意思之決定，而爲身體之靜止者，爲消極行爲。兩者皆可達犯罪之目的，前者爲作爲犯，後者爲不作爲犯：

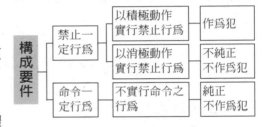

1.作爲犯：即某行爲原爲法令所明文禁止之行爲，但行爲人卻違背此一禁令，基於意思之決定，而爲身體積極的動作實現其構成要件之行爲，稱爲作爲犯。如開槍殺人、竊取他人動產等是。如以不作爲之手段，實現通常用作爲的手段所能達成之犯罪構成要件者，謂之不純正不作爲犯。如母親欲殺其嬰兒，故意不予哺乳，致其餓死是。

2.不作爲犯：即法律條款對於某特定之當事人，原規定應有積極作爲之義務，但該當事人卻消極不履行此義務，即違反命令規範，而致實現構成要件者，稱爲不作爲犯。如公然聚衆不遵令解散罪（刑149）、違背義務之遺棄罪（刑294Ⅰ）等是。

㈢**故意與過失**：

1.故意：即行爲人對於構成犯罪之事實，具有認識，且進而有意使其發生或容許其發生之決意之謂。

2.過失：即行爲人對於構成犯罪之事實，原有應盡相當注意之義務，且在主觀上亦有注意之能力，竟不加注意，而爲一定之作爲或不作爲之謂。

㈣**加重結果犯**：即犯基本犯罪行爲，而發生加重之結果時，則將基本

犯罪與加重之結果視為一個犯罪,並處以加重刑罰之謂。譬如原想只要教訓毆打他,而出手毆打他的頭部,結果因腦出血而致死時,因行為者雖有毆打的故意,但從無殺人的想法,其造成死亡之意外的結果,本得構成過失致人於死罪;但刑法上卻認為,如原有毆打之行為的故意,因其行為而派生死亡之結果,則不認為是過失犯,而認為應構成傷害致死罪(刑277II),使傷害者受比普通傷害罪還重之刑罰。故加重結果必須法律有特別規定加重其刑者,始足相當,如刑法第 17 條:「因犯罪致發生一定之結果,而有加重其刑之規定者,如行為人不能預見其發生時,不適用之。」

第四節　違法論

一、違法性之概念

所謂違法性(德:Rechtswidrigkeit),就是行為違反法律秩序之意,與構成要件合致性,責任性兩者並列,為刑法上犯罪成立要件之一。因為無犯罪就無刑罰,因此,犯罪乃刑罰的前提要件。簡言之,違法性就是一個人的行為有違反法律秩序,如殺人行為、傷人行為等是。但如此殺人或傷害行為是因正當防衛所造成,則欠缺違法性,此稱為阻卻違法性。譬如下圖強盜逼迫索取金錢,反而因被害人反擊而被打死。所以有無違法性,不是每件構成要成該當行為都可成立違法性。

正當防衛

甲以手槍意圖強取乙之錢財　　乙反擊致甲死亡

錢拿出來

乙　甲

乙　甲

二、違法阻卻事由

所謂違法阻卻事由(德:Rechtswidrigkeitsausschliessungsgrund)即該當刑法上犯罪之構成要件,可以推定為違法之行為,因存有特殊事由,以致無法推定為違法之謂。

㈠**依法令之行為**：依法令之行爲，不罰（刑21Ⅰ）。

㈡**依上級命令之職務上行為**：依所屬上級公務員命令之職務上行爲，不罰。但明知命令違法者，不在此限（刑21Ⅱ）。

㈢**業務上之正當行為**：業務上之正當行爲不罰（刑22）。如醫師爲病人治病，如認爲必要，徵得病人之同意，切除病人之肢體，不成立傷害罪。

㈣**正當防衛行為**：對於現在不法之侵害，而出於防衛自己或他人權利之行爲，不罰。但防衛行爲過當者，得減輕或免除其刑（刑23）。如突然遇到暴徒攜帶兇器襲擊，此時持刀抵禦，不愼將其殺傷，則可認爲係正當防衛而不罰。

㈤**緊急避難行為**：因避免自己或他人生命、身體、自由、財產之緊急危難，而出於不得已之行爲，不罰。但避難行爲過當者，得減輕或免除其刑（刑24）。如乘船遭遇海難，只剩一塊浮板，而這塊浮板又只能乘載一人，此時其中一人奪得浮板，其他人溺斃，此種行爲法律採「放任行爲」不加干涉，亦爲阻卻違法原因之一。

第五節　責任論

一、責任論之概念

所謂責任，係指對違法行為者，得加以譴責或責難，並有據以處罰之主觀條件存在，才是責任。換言之，一定之事實雖已具備構成要件之合致性及違法性，如不能歸責於行爲人時，其犯罪仍不成立，此種歸責可能性或非難可能性，即爲責任。有責任乃爲科刑之前提，法諺云「無責任則無刑罰（Keine Strafe ohne Schuld）」。

八歲小孩到便利商店竊取飲料

譬如偷取商品是違法行爲，當然可以責難，但如這是八歲小孩所爲，就無法加以責難，而不能成爲刑罰的對象。

二、心理責任要素之故意與過失

行為非出於故意或過失者，不罰。過失行為之處罰，以有特別規定者，為限（刑12）。

故意	1.直接故意	行為人對於構成犯罪之事實，明知並有意使其發生者，為故意（刑13 I）。
	2.間接故意	行為人對於構成犯罪之事實，預見其發生而其發生並不違背其本意者，以故意論（刑13 II）。
過失	1.無認識之過失	行為人雖非故意，但按其情節應注意，並能注意，而不注意者，為過失（刑14 I）。
	2.有認識之過失	行為人對於構成犯罪之事實，雖預見其能發生而確信其不發生者，以過失論（刑14 II）。

三、法律之不知與錯誤

除有正當理由而無法避免者外，不得因不知法律而免除刑事責任。但按其情節，得減輕其刑（刑16）。

四、責任能力之階段

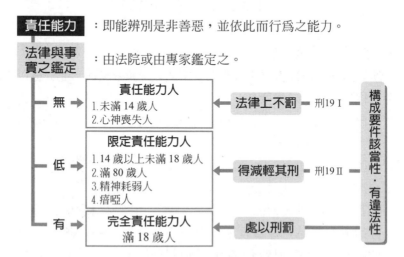

(一)**無責任能力**：未滿14歲人之行為，不罰（刑18 I）。

(二)**限制責任能力**：14歲以上未滿18歲人之行為，得減輕其刑（刑18 II）。

滿 80 歲人之行為，得減輕其刑（刑 18III）。未滿 18 歲人或滿 80 歲人犯罪者，不得處死刑或無期徒刑，本刑為死刑或無期徒刑，減輕其刑（刑 63）。

　㈢**完全責任能力**：凡滿 18 歲，精神狀態正常，而無瘖啞之情形者，以其具有常人之辨識力及意思力，故負有完全責任能力。此所謂「人」係專指自然人而言，法人不在此列。

五、原因自由行為

　依「實行行為行為與責任同時存在之原則」，責任能力應於犯行之當時同時存在，但如行為人因一時的心神障礙，則在障礙時間內所為之犯罪

原因自由行為

然後

喝了大量白蘭地酒使自己酩酊大醉而造成心神喪失

照預定計畫將對方打死

行為，如為心神喪失則不受處罰，如為精神耗弱則得減輕其刑（刑 19）。但如自陷於精神障礙，再利用此精神障礙以實施犯罪行為，常見者如藉酗酒而為犯罪行為，是指行為人因故意或過失，利用自己陷於精神障礙，而發生犯罪事實之謂。亦稱「可控制之行為」，當不能免責。

第六節　犯罪之形態

一、犯罪行為之階段

　犯罪之實行行為，如「殺人」（刑 271）或「竊取他人動產」（刑 320）等行為因屬實行行為，而刑法第 25 條：「已著手於犯罪行為之實行」或第 28 條：「二人以上共同實行犯罪之行為者，亦為犯罪之實行行為。」而實行行為之發展階段首先成為問題者，指犯罪實現之時間的過程，在那一階段開始實行行為，在那一階段終止之問題。如以竊盜為例，首先是決意竊取他人之物（故意之發生），糾合同夥共同謀議竊取之方法（陰謀），準備竊取之一切工具及尋找竊取對象以決定目標（預備），然後進入他人家中開始物色後翻箱倒櫃（著手），而盜取之（實行），將盜取之

物置於自己之實力支配之下（結果之發生），再將贓物出售（事後處分行為）。在這些發展之過程中，自發動至完成，其經過之順序，即行為之階段，可分為七個階段，各階段之處罰不同：

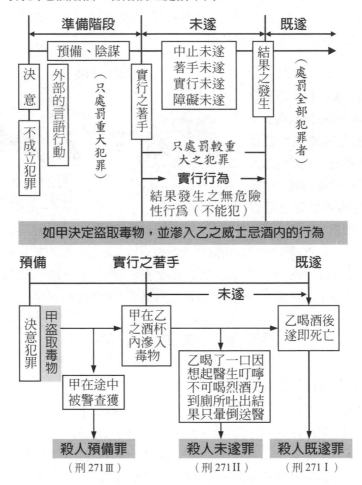

二、既遂犯與未遂犯

㈠**既遂犯**（vollendetes Verbrechen）：即已著手於犯罪行為之實行，且已發生預期之結果而言。犯罪以其是否發生一定之結果，得區分為形式犯與結果犯。

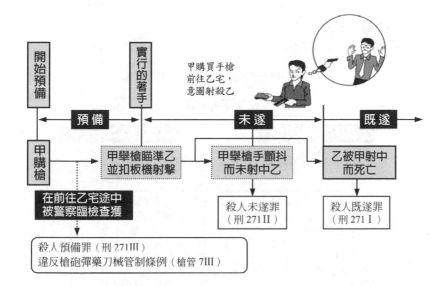

1.形式犯：僅須實行犯罪構成要件之行為，即為犯罪完成。故無既遂未遂問題。如公然侮辱罪（刑309），只須有公然侮辱他人之行為，犯罪即屬完成；就是既遂，而無未遂情事。

2.結果犯：則除有犯罪構成要件之行為外，尚須發生一定之結果，犯罪始告完成，始能認為既遂。若僅有犯罪之行為，而未發生犯罪之結果者，則為未遂。如殺人罪，須有殺人之行為與死亡之結果，殺人罪始為既遂。如雖有殺人之行為，但人未死亡，則為殺人未遂。

㈡**未遂犯**（Versuch）：即已著手於犯罪行為之實行而未完成，或雖已完成，而未發生預期結果之謂。刑法第 25 條規定：「已著手於犯罪行為之實行而不遂者，為未遂犯。未遂犯之處罰，以有特別規定者為限，並得按既遂犯之刑減輕之。」

三、障礙未遂與中止未遂

㈠**障礙未遂**（Versuch）：又稱普通未遂或狹義未遂。**即指行為人已著手於犯罪行為之實行，但因意外之障礙，而使犯罪不能發生預期之結果之謂。**即已著手於犯罪行為之實行而不遂者，為未遂犯（刑 25 I），所指之未遂。

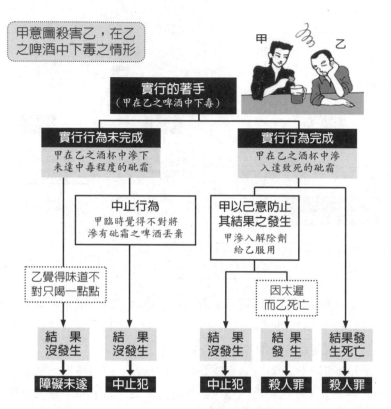

㈡**中止未遂**（Rücktritt vom Versuch）：即行為人已著手於犯罪行為之實行，因本於自己之意思，而中止其犯罪行為之進行，或在實行犯罪行為後，以己意防止其結果之發生，致未發生犯罪之結果之謂。此項中止犯罪之人謂之中止犯。刑法第 27 條規定：「已著手於犯罪行為之實行，而因己意中止或防止其結果之發生者，減輕或免除其刑。結果不發生，非防止行為所致，而行為人已盡力為防止行為者，亦同」，即為中止未遂之規定。

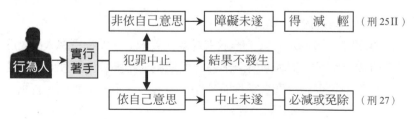

四、不能犯

即不能未遂（untauglicher Versuch），就是行爲不能發生犯罪之結果，又無危險者，不罰（刑 26）。就是行爲的結果，如果有危險就是普通未遂，如沒有危險，就是不能犯的範圍，而不予處罰。如圖示：

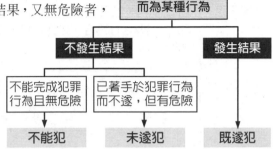

第七節　共　犯

一、共犯

共犯者（Teilnahme）原由 1 人實施之犯罪行爲，由 2 人以上協力加功，以實現犯罪構成要件之行爲也。因此，共犯的成立，是以存在一個故意且違法的正犯主行爲作爲前提要件。按刑法分則所規定之各類型犯罪行爲，除少數部分，必須由 2 人以上共同實施者外，以由 1 人單獨實施者爲多。但這種由 1 人單獨實施之犯罪，當然也可以由數人共同實施，此即發生共犯問題。依現行刑法之規定，共犯之態樣，共有三種：即共同正犯、教唆犯及從犯。茲說明如下：

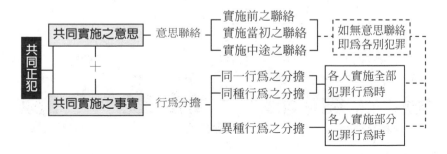

二、共犯之態樣

共犯態樣	內　　　容	舉　　例
(一)**共同正犯** （Mittäterschaft）	依刑法第 28 條規定：「二人以上共同實行犯罪之行爲者，皆爲正犯」。此即共同正犯之意義。	如甲爲犯罪幫派的首領計劃犯罪，而指揮督促乙、丙犯強盜殺人罪，則甲成立該罪的共同正犯。又如甲與乙共同毆打丙，甲更抱住丙使乙得下手殺死丙，則甲與乙均爲共同殺人之正犯。
(二)**教唆犯** （Anstiftung）	指以故意唆使原無犯意之人，實施犯罪行爲之謂。刑法規定：「教唆他人使之實行犯罪行爲者，爲教唆犯。教唆犯之處罰，依其所教唆之罪處罰之。」（刑29）即是此意。	如甲教唆乙殺害丙，但乙不爲所動，甲則已犯教唆殺人未遂（刑271Ⅱ）。
(三)**幫助犯** （Beihilfe）	指行爲人以故意於他人實施犯罪之前，或實施犯罪之際，予以助力，使其易於實施或完成犯罪行爲之謂，又稱從犯。幫助他人實行犯罪行爲者，爲幫助犯。雖他人不知幫助之情者，亦同（刑30Ⅰ）。從犯係共犯形態之一，但因其僅幫助他人犯罪，故在共犯中，其可罰性最爲輕微，在共犯中，不應成立共同正犯或教唆犯者，有時可成立從犯。	如乙明知甲有意越獄逃亡，事先將梯子置於監獄圍牆旁，縱使甲不知梯子是乙所準備，乙仍構成刑法脫逃罪的從犯。

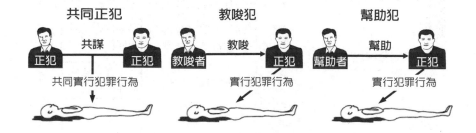

三、身分與共犯關係表解

身分與共犯關係表解

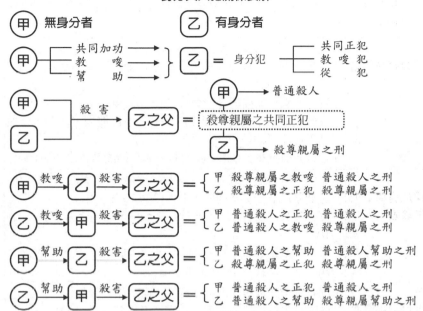

第八節 犯罪之罪數與處罰

一、不可罰的事後行爲

不可罰的事後行爲，行爲人於完成犯罪後，對於其所侵害之法益繼續侵犯者，此事後行爲之違法狀態，包括在主行爲之構成要件內，不另構成犯罪者，謂之不可罰之事後行爲（straflose Nachtat），又稱爲不罰之後行爲。譬如竊盜犯於完成竊盜罪後，將其贓物予以寄藏、搬運等均不另成立新罪。詐欺取得的財物，不法領取時亦不另成立贓物罪或侵占罪。

二、刑法對數罪併罰之規定

依刑法第 51 條之規定，數罪併罰，分別宣告其罪之刑，依下列各款定其應執行者：

(一) 採吸收主義者	1.宣告多數死刑者，執行其一（刑 51 I ）。 2.宣告之最重本刑為死刑者，不執行他刑，但罰金及從刑不在此限（刑 51 II ）。 3.宣告多數無期徒刑者，執行其一（刑 51 III ）。 4.宣告之最重本刑為無期徒刑者，不執行他刑，但罰金及從刑不在此限（刑 51 IV ）。 5.宣告多數褫奪公權者，僅就其中最長期間執行之（刑 51 VIII ）。
(二) 採加重單一刑 主義者	1.宣告多數有期徒刑者，於各刑中之最長期以上，各刑合併之刑期以下，定其刑期，但不得逾 30 年（刑 51 V ）。 2.宣告多數拘役者，比照前款定其刑期，但不得逾 120 日（刑 51 VI ）。 3.宣告多數罰金者，於各刑中之最多額以上，各刑合併之金額以下，定其金額（刑 51 VII ）。
(三) 採併科主義者	1.同時宣告死刑與從刑併執行之（刑 51 II 但 ）。 2.同時宣告無期徒刑與罰金及從刑者併執行之（刑 51 IV 但 ）。 3.宣告多數沒收者併執行之（刑 51 IX ）。 4.依刑法第 51 條第 5 款至第 9 款所定之刑，併執行之。但應執行者為 3 年以上有期徒刑與拘役時，不執行拘役（刑 51 X ）。

三、想像競合犯

想像競合犯（Idealkonkurrenz）**者，一行為而觸犯數罪名之謂**（刑 55 前段）。即以一個犯罪意思，實施一個犯罪行為，而侵害數個法益，符合數個犯罪構成要件，成立數個罪名之意。

如以殺人之意思，開槍擊斃一人擊傷一人，即係以一個槍擊行為，觸犯殺人與傷害二罪名，應構成想像競合罪。

第九節　刑　罰

一、刑罰之本質

㈠**絕對學派**：此派認為刑罰之目的在於應報，則「以目反目，以眼反眼」，因犯人之被罰，係因違反法律，犯了罪之故（quia pecatumest）。刑罰就是一種報應。

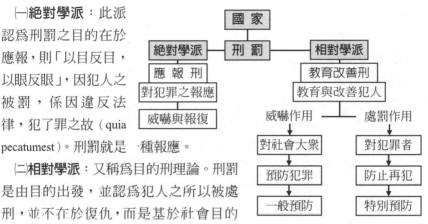

㈡**相對學派**：又稱為目的刑理論。刑罰是由目的出發，並認為犯人之所以被處刑，並不在於復仇，而是基於社會目的（Gesellschaftszweck）與全體利益（Gesamtinteresse），故其主要目的除了對一般人民之威嚇外，在於教育犯人、改善犯人，因此刑罰是改善刑、教育刑與目的刑。此派又分為一般預防學派，與特別預防學派。

1.一般預防學派（Generalprävention）：此派認為犯罪是危害社會秩序與安全，而刑罰之機能有影響社會一般人心理之作用，由此以防止一般大眾誤蹈犯罪之途。故刑罰以預防一般人之犯罪為目的。

2.特別預防學派（Spezialprävention）：認為刑罰之主要機能並不以一般人為對象，而係針對個人之犯罪所實施之作用，由此以防止犯罪之再發，此種作用包括個人之生理與心理的教育作用在內。因此刑罰之理由在使將來不再發生犯罪現象（ne pecetur）。

二、刑罰之種類（刑 33、34、36-38）

主刑	死　刑	目前對死刑應否存廢爭論最多。 在適用上限制滿 80 歲人及未滿 18 歲人，不得處死刑或無期徒刑，本刑為死刑或無期徒刑者，減輕其刑（刑 63）。	生命刑

	無 期 徒 刑	終身	自由刑
	有 期 徒 刑	二月以上，十五年以下。但遇有加減時，得減至二月未滿，或加至二十年。	
	拘　　　役	一日以上，六十日未滿。但遇有加重時，得加至一百二十日。	
	罰　　　金	一千元以上，以百元計算之。	財產刑
從刑	沒　　　收		
	褫 奪 公 權	一年以上，十年以下，終身。	資格刑
	追徵、追繳或抵償		

依刑法第 32 條規定，刑罰分爲主刑與從刑二種：

㈠**主刑**：主刑（Haupstrafe）者，乃得獨立科處之刑罰之謂。又分（刑33）：

1.生命刑：即剝奪犯人之生命，使永遠與社會隔離之刑罰。

2.自由刑：即剝奪犯人身體自由之刑罰。有三種：

⑴無期徒刑：即將惡性重大之犯人，終身予以監禁使之與社會隔離之刑罰。

⑵有期徒刑：即剝奪犯人一定期間之自由之刑罰。刑法第 33 條規定，有期徒刑爲 2 月以上 15 年以下，遇有加減時，得減至 2 月未滿，或加至 20 年。

⑶拘役：其刑期爲 1 日以上，60 日未滿，遇有加重時，得加至 120 日。

3.財產刑：對於一定之犯罪行爲，判令犯罪者繳納一定金錢之刑罰，其名稱爲罰金及沒收，但在主刑只有罰金一種。依刑法之規定，罰金最少一百元以上（刑33 I ⑤），由審判官自由裁量之。

㈡**從刑**：從刑（Nebenstrafe）者，即附屬於主刑而科處之刑罰。又稱爲附加刑。有三種：

1.褫奪公權：即剝奪犯人所應享之公法上權利能力。亦即使犯人喪失享有公權之資格，故又稱爲資格或權利刑。即褫奪下列資格（刑36）：

⑴爲公務員之資格：此處所稱之公務員，不能依刑法第 10 條第 2 項所稱之法令從事於公務之人員，應指依據公務人員任用法任

用之人員。

(2)為公職候選人之資格：此所稱之「公職候選人」，指凡參與遴選擔任公務之職位者，均屬之。

2.沒收（Einziehung, Confiscation）者，謂國家強制剝奪與犯罪有密切關係之物的所有權之一種處分。即沒收下列之物（刑38）：

(1)違禁物：違禁物者，為構成犯罪之法定必要物，如軍械爆裂物之類，國家為保全公益，不得不加以限制。但何者不得為私人所有，刑法當不能概舉無遺，而須藉行政命令補充之。

(2)供犯罪所用或犯罪預備之物：所謂供犯罪所用之物，係指直接用以實施犯罪之物而言；如殺人所用之刀槍是。至於供犯罪預備之物，即以實施犯罪而準備之物；如意圖殺人而購置之刺刀或毒藥等。此等物件均屬於犯人所有者為限，始得沒收。

(3)因犯罪所生或所得之物：此係針對因犯罪行為而不法利得之受益者的手中予以強行剝奪為旨趣。

(4)特別規定沒收物：前述違禁物，不問屬於犯罪行為人與否，沒收之。而供犯罪所用或供犯罪預備之物，因犯罪所生或所得之物，則以屬於犯罪行為人者為限，始得沒收，但有特別規定者，依其規定。

3.追徵、追繳或抵償：法律有規定追徵、追繳或抵償者，於裁判時併宣告之（刑40-1）。

三、刑罰之加減例

(一) 加重之標準	1.死刑不得加重（刑64 I）。 2.無期徒刑不得加重（刑65 I）。 3.有期徒刑加重者，其最高度及最低度同時加重之，但不得逾20年（刑33 I ③）。 4.拘役加重者，僅加重其最高刑（刑68）。但只得加至120日（刑33 I ④）。 5.罰金加重者，其最高度及最低度同加重（刑67）。
(二) 減輕之標準	1.死刑減輕者，為無期徒刑（刑64 II）。 2.無期徒刑減輕者，為20年以下15年以上有期徒刑（刑65 II）。

3.有期徒刑、拘役、罰金減輕者，減輕其刑至二分之一，但同時有免除其刑之規定者，其減輕得減至三分之二（刑66）。
4.有期徒刑減輕者，其最高度及最低度同減輕之（刑67）。
5.拘役減輕者，僅減輕其最高度（刑68）。
6.罰金減輕者，其最高度及最低度同減之（刑67）。
7.酌量減輕其刑者，準用減輕其刑之規定（刑73）。

四、累犯

累犯（Rückfall, reiteration）者，累次重覆犯罪之意，其再犯一次者稱為再犯，因累次反覆而稱三犯、四犯，因此累犯係再犯以上之總稱，又有認為此係廣義之累犯。

累 犯

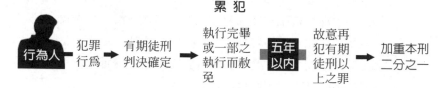

但在刑法上所稱之累犯須具備一定之要件，依第47條第1項規定：「受徒刑之執行完畢，或一部之執行而赦免後，五年以內故意再犯有期徒刑以上之罪者，為累犯，加重本刑至二分之一。」第2項規定：「第九十八條第二項關於因強制工作而免其刑之執行者，於受強制工作處分之執行完畢或一部之執行而免除後，五年以內故意再犯有期徒刑以上之罪者，以累犯論。」

五、自首

自首者，犯人在其犯罪未發覺前，自行向該管公務員報告自己犯罪之事實，而接受裁判之謂。刑法第62條規定：「對於未發覺之罪自首而受裁判者，得減輕其刑。但有特別規定者，依其規定。」

六、緩刑

㈠**緩刑之意義**：緩刑者，法院宣告罪刑之際，基於法定條件，於一定期間內對於犯人暫緩刑之執行，若於期間內不再犯罪，其刑之宣告，失其效力之謂。

　　依刑法第 74 條規定：「受二年以下有期徒刑、拘役或罰金之宣告，而有下列情形之一，認以暫不執行為適當者，得宣告二年以上五年以下之緩刑，其期間自裁判確定之日起算。一未曾因故意犯罪受有期徒刑以上刑之宣告者。二前因故意犯罪受有期徒刑以上刑之宣告，執行完畢或赦免後，五年以內未曾因故意犯罪受有期徒刑以上刑之宣告者。」

　　㈡**緩刑之效力**：緩刑期滿而緩刑的宣告未經撤銷，其在法律上的效果如何，從足以充分鼓勵犯人改善其惡性言，不但所宣告之刑罰不再付之執行，即刑罰之宣告亦失去效力。此即附條件罪刑宣告主義。亦即緩刑期滿，而緩刑之宣告未經撤銷者，其刑之宣告失其效力。但依第 75 條第 2 項、第 75 條之 1 第 2 項撤銷緩刑宣告者，不在此限（刑 76）。

刑 法 之 猶 豫 制 度

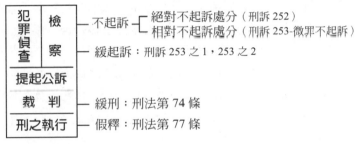

七、假釋

　　㈠**假釋之意義**：即受徒刑執行之人，經過一定刑期，有悛悔實據，如附以條件許其暫行釋放出獄，在釋放出獄中，保持善行，其出獄日數，即算入刑期內之制度也。又稱為假出獄。

　　㈡**刑法第 77 條規定**：受徒刑之執行而有悛悔實據者，無期徒刑逾 25 年，有期徒刑逾二分之一，累犯逾三分之二，由監獄報請法務部，得許假釋出獄。但下列情形不在此限：

　　　1.有期徒刑執行未滿 6 個月者。

　　　2.犯最輕本刑 5 年以上有期徒刑之罪之累犯，於假釋期間，受徒刑之執行完畢，或一部之執行而赦免後，5 年以內故意再犯最輕本刑為 5

年以上有期徒刑之罪者。

　　3.犯第91條之1所列之罪，於徒刑執行期間接受輔導或治療後，經鑑定、評估其再犯危險未顯著降低者。

　　㈢**對性犯罪者之假釋：**

　　1.依監獄行刑法第81條第2項、第3項分別規定「犯刑法第二百二十一條至第二百三十條（妨害性自主罪）及其特別法之罪，而患有精神疾病之受刑人，於假釋前，應經輔導或治療。」、「報請假釋時，應附具足資證明受刑人確有悛悔情形之紀錄及假釋審查委員會之決議。前項受刑人之假釋並應附具曾受輔導或治療之紀錄。」再配合本法第九十一條之一之修正，則性侵害犯罪之加害人進入強制治療之程序，理應依監獄行刑法接受輔導或治療後，經評估、鑑定其再犯危險並未顯著降低者，始有接受刑法強制治療之必要；反之，如受刑人依前開規定接受輔導或治療後，其再犯危險顯著降低，即可依假釋程序審核是否有悛悔實據，而准予假釋。從而，監獄中之治療評估小組作整體評估、鑑定時，似無一方面認受刑人接受輔導或治療，其再犯危險顯著降低而准其假釋，另一方面又評估其應繼續接受強制治療之矛盾情形。故刑法之強制治療應是刑期內之輔導或治療不具成效，其再犯危險仍未顯著降低時，始有進一步施以強制治療之必要。

　　2.針對特定的性犯罪假釋犯實施電子監控制度。

八、時效

		追 訴 權 時 效（刑80）	行 刑 權 時 效（刑84）	
不同點	意　義	追訴權之經過一定期間而消滅	已判決確定刑罰之經過一定期間而消滅	
	性　質	刑罰確定前之時間的經過	刑罰確定後之時間的經過	
		使觀念的刑罰權歸於消滅	使現實的刑罰權歸於消滅	
	效　果	犯最重本刑為死刑	30年	40年
		無期徒刑		
		10年以上有期徒刑		
		3年以上10年未滿有期期刑	20年	30年

	1 年以上 3 年未滿	10 年	15 年
	1 年未滿、拘役、罰金	5 年	7 年
	專科　收		
時　效 起算日	自犯罪成立之日起算。但犯罪行為有繼續之狀態者，自行為終了之日起算。		自裁判確定之日起算。但因保安處分先於刑罰執行者，自保安處分執行完畢之日起算。
共同點	使實體法的刑罰權歸於消滅。		

第十節　保安處分

一、保安處分之意義

保安處分（德：Sicherungsmassnahme；法：mesuure de sûreté）之語義，至今尚無統一之說法，依行政機關所裁決或法院依據法律審判之不同，有行政法上保安處分與刑法上保安處分之別。

二、保安處分之種類

在刑法上之保安處分有下列七種：

㈠**感化教育處分**：因未滿 14 歲而不罰者，得令入感化教育處所，施以感化教育。因未滿 18 歲而減輕其刑者，得於刑之執行完畢或赦免後，令入感化教育處所，施以感化教育。感化教育期間為 3 年以下。但執行已逾 6 月，認無繼續執行之必要者，法院得免其處分之執行（刑86）。

㈡**監護處分**：因行為時因精神障礙或其他心智缺陷，致不能辨識其行為違法或欠缺依其辨識而行為之能力者，不罰，其情狀足認有再犯或有危害公共安全之虞時，令入相當處所，施以監護。有行為時因前項之原因，致其辨識行為違法或依其辨識而行為之能力，顯著減低者，得減輕其刑。及瘖啞人之行為，得減輕其刑。其情狀足認有再犯或有危害公共安全之虞時，於刑之執行完畢或赦免後，令入相當處所，施以監護。但必要時，得於刑之執行前為之。前二項之期間為 5 年以下。但執行中認無繼續執行之必要者，法院得免其處分之執行（刑87）。

㈢**禁戒處分**：施用毒品成癮者，於刑之執行前令入相當處所，施以禁戒。

此項禁戒期間為1年以下。但執行中認無繼續執行之必要者,法院得免其處分之執行 (刑88)。因酗酒而犯罪,足認其已酗酒成癮並有再犯之虞者,於刑之執行前,令入相當處所,施以禁戒。上項禁戒期間為1年以下。但執行中認無繼續執行之必要者,法院得免其處分之執行 (刑89)。

(四)**強制工作處分**:有犯罪之習慣或因遊蕩或懶惰成習而犯罪者,於刑之執行前,令入勞動場所,強制工作。上項之處分期間為3年。但執行滿1年6月後,認無繼續執行之必要者,法院得免其處分之執行。執行期間屆滿前,認為有延長之必要者,法院得許可延長之,其延長之期間不得逾1年6月,並以一次為限 (刑90)。

(五)**強制治療處分**:

　　1.傳染花柳病或痲瘋罪之強制治療處分:對於明知自己患有花柳病或痲瘋,隱瞞而與他人為猥褻之行為或姦淫,致傳染於他人者,得令入相當處所,強制治療,其期間至治癒時為止 (刑91)。

　　2.強制性交罪之強制治療處分:犯第221條至第227條、第228條、第229條、第230條、第234條、第332條第2項第2款、第334條第2款、第348條第2項第1款及其特別法之罪,而有下列情形之一者,得令入相當處所,施以強制治療 (刑91之1):

　　　　(1)徒刑執行期滿前,於接受輔導或治療後,經鑑定、評估,認有再犯之危險者。

　　　　(2)依其他法律規定,於接受身心治療或輔導教育後,經鑑定、評估,認有再犯之危險者。

　　前項處分期間至其再犯危險顯著降低為止,執行期間應每年鑑定、評估有無停止治療之必要。

(六)**保護管束處分**:凡受感化教育、監護、禁戒、強制工作等處分,均按其情形,得以保護管束代之。其期間為3年以下。其不能收效者,得隨時撤銷之,仍執行原處分 (刑92)。

(七)**驅逐出境處分**:外國人受有期徒刑以上刑之宣告者,得於刑之執行完畢或赦免後,驅逐出境 (刑95)。

第六章　家庭暴力防治法

第一節　家庭暴力之概念

一、意義

㈠**家庭暴力**：指家庭成員間實施身體或精神上不法侵害之行為（家暴2①）。

㈡**家庭暴力罪**：指家庭成員間故意實施家庭暴力行為而成立其他法律所規定之犯罪（家暴2②）。

二、家庭成員之範圍

家庭成員包括下列各員及其未成年子女（家暴3）：

㈠配偶或前配偶。

㈡現有或曾有同居關係、家長家屬或家屬間關係者。

㈢現為或曾為直系血親或直系姻親。

㈣現為或曾為四親等以內之旁系血親或旁系姻親。

三、主管機關

本法所稱主管機關：在中央為內政部；在直轄市為直轄市政府；在縣（市）為縣（市）政府（家暴4）。

第二節　民事保護令

一、保護令及其聲請

㈠**保護令之種類**：有三種：

1. 通常保護令	法院於審理終結後，認有家庭暴力之事實且有必要者，應依聲請或依職權核發通常保護令（家暴14Ⅰ）。
2. 暫時保護令	法院為保護被害人，得於通常保護令審理終結前，依聲請核發暫時保護令（家暴16Ⅱ）。

3. 緊急保護令	法院於受理緊急保護令之聲請後，依聲請人到庭或電話陳述家庭暴力之事實，足認被害人有受家庭暴力之急迫危險者，應於四小時內以書面核發緊急保護令，並得以電信傳眞或其他科技設備傳送緊急保護令予警察機關（家暴 16IV）。

(二)**保護令之聲請人**：被害人得向法院聲請通常保護令、暫時保護令；被害人爲未成年人、身心障礙者或因故難以委任代理人者，其法定代理人、三親等以內之血親或姻親，得爲其向法院聲請之。檢察官、警察機關或直轄市、縣（市）主管機關得向法院聲請保護令。保護令之聲請、撤銷、變更、延長及抗告，均免徵裁判費，並準用民事訴訟法第 77 條之 23 第 4 項規定（家暴 10）。

　　保護令之聲請，應以書面爲之。但被害人有受家庭暴力之急迫危險者，檢察官、警察機關或直轄市、縣（市）主管機關，得以言詞、電信傳眞或其他科技設備傳送之方式聲請緊急保護令，並得於夜間或休息日爲之（家暴 12 I）。

(三)**保護令聲請之管轄**：保護令之聲請，由被害人之住居所地、相對人之住居所地或家庭暴力發生地之法院管轄（家暴 11）。

(四)**通常保護令之有效期間**：通常保護令之**有效期間為 1 年以下**，自核發時起生效。通常保護令失效前，法院得依當事人或被害人之聲請撤銷、變更或延長之。**延長之期間為 1 年以下**，並以一次爲限。通常保護令所定之命令，於期間屆滿前經法院另爲裁判確定者，該命令失其效力（家暴 15）。

二、保護令之執行與聲明異議

(一)**執行**：保護令核發後，當事人及相關機關應確實遵守，並依下列規定辦理（家暴 21）：

　　1.不動產之禁止使用、收益或處分行爲及金錢給付之保護令，得爲強制執行名義，由被害人依強制執行法聲請法院強制執行，並暫免徵收執行費。

　　2.於直轄市、縣（市）主管機關所設處所爲未成年子女會面交往，及由直轄市、縣（市）主管機關或其所屬人員監督未成年子女會面交往之保護令，由相對人向直轄市、縣（市）主管機關申請執行。

3.完成加害人處遇計畫之保護令，由直轄市、縣（市）主管機關執行之。

4.禁止查閱相關資訊之保護令，由被害人向相關機關申請執行。

5.其他保護令之執行，由警察機關爲之。

前項第二款及第三款之執行，必要時得請求警察機關協助之。

㈡**聲明異議**：當事人或利害關係人對於執行保護令之方法、應遵行之程序或其他侵害利益之情事，得於執行程序終結前，向執行機關聲明異議。此項聲明異議，執行機關認其有理由者，應即停止執行並撤銷或更正已爲之執行行爲；認其無理由者，應於 10 日內加具意見，送原核發保護令之法院裁定之。對於前項法院之裁定，不得抗告（家暴 27）。

第三節　刑事程序

一、家庭暴力等罪之逕行逮捕或拘提

警察人員發現家庭暴力罪之現行犯時，應逕行逮捕之，並依刑事訴訟法第 92 條規定處理。檢察官、司法警察官或司法警察偵查犯罪認被告或犯罪嫌疑人犯家庭暴力罪或違反保護令罪嫌疑重大，且有繼續侵害家庭成員生命、身體或自由之危險，而情況急迫者，得逕行拘提之。

此項拘提，由檢察官親自執行時，得不用拘票；由司法警察官或司法警察執行時，以其急迫情形不及報請檢察官者爲限，於執行後，應即報請檢察官簽發拘票。如檢察官不簽發拘票時，應即將被拘提人釋放（家暴 29）。

二、急迫危險之認定

檢察官、司法警察官或司法警察依第 29 條第 2 項、第 3 項規定逕行拘提或簽發拘票時，應審酌一切情狀，尤應注意下列事項（家暴 30）：

㈠被告或犯罪嫌疑人之暴力行爲已造成被害人身體或精神上傷害或騷擾，不立即隔離者，被害人或其家庭成員生命、身體或自由有遭受侵害之危險。

㈡被告或犯罪嫌疑人有長期連續實施家庭暴力或有違反保護令之行爲、酗酒、施用毒品或濫用藥物之習慣。

㈢被告或犯罪嫌疑人有利用兇器或其他危險物品恐嚇或施暴行於被害人之紀錄,被害人有再度遭受侵害之虞者。

㈣被害人爲兒童、少年、老人、身心障礙或具有其他無法保護自身安全之情形。

第四節　父母子女

一、不利之推定

法院依法爲未成年子女酌定或改定權利義務之行使或負擔之人時,對已發生家庭暴力者,推定由加害人行使或負擔權利義務不利於該子女(家暴43)。

二、子女最佳利益之改定

法院依法爲未成年子女酌定或改定權利義務之行使或負擔之人或會面交往之裁判後,發生家庭暴力者,法院得依被害人、未成年子女、直轄市、縣(市)主管機關、社會福利機構或其他利害關係人之請求,爲子女之最佳利益改定之(家暴44)。

第五節　預防及處理

一、警察人員之處理

警察人員處理家庭暴力案件,必要時應採取下列方法保護被害人及防止家庭暴力之發生(家暴48):

㈠於法院核發緊急保護令前,在被害人住居所守護或採取其他保護被害人或其家庭成員之必要安全措施。

㈡保護被害人及其子女至庇護所或醫療機構。

㈢告知被害人其得行使之權利、救濟途徑及服務措施。

警察人員處理家庭暴力案件，應製作書面紀錄；其格式，由中央警政主管機關定之。

二、專業人員得請求協助

醫事人員、社會工作人員、臨床心理人員、教育人員及保育人員為防治家庭暴力行為或保護家庭暴力被害人之權益，有受到身體或精神上不法侵害之虞者，得請求警察機關提供必要之協助（家暴49）。

三、執行人員之通報

醫事人員、社會工作人員、臨床心理人員、教育人員、保育人員、警察人員及其他執行家庭暴力防治人員，在執行職務時知有疑似家庭暴力情事者，應立即通報當地主管機關，至遲不得逾24小時（家暴50）。

四、加害人處遇計畫之規範內容

中央衛生主管機關應訂定家庭暴力加害人處遇計畫規範；其內容包括下列各款（家暴54）：

㈠處遇計畫之評估標準。

㈡司法機關、家庭暴力被害人保護計畫之執行機關（構）、加害人處遇計畫之執行機關（構）間之連繫及評估制度。

㈢執行機關（構）之資格。

中央衛生主管機關應會同相關機關負責家庭暴力加害人處遇計畫之推動、發展、協調、督導及其他相關事宜。

第六節　家庭暴力被害人之補助

直轄市、縣(市)主管機關得核發家庭暴力被害人下列補助（家暴58）：

一、緊急生活扶助費用。

二、非屬全民健康保險給付範圍之醫療費用及身心治療、諮商與輔導費用。

三、訴訟費用及律師費用。

四、安置費用、房屋租金費用。

五、子女教育、生活費用及兒童托育費用。

六、其他必要費用。

　　前項補助對象、條件及金額等事項規定，由直轄市、縣（市）主管機關定之。

　　家庭暴力被害人年滿 20 歲者，得申請創業貸款；其申請資格、程序、利息補助金額、名額及期限等，由中央目的事業主管機關定之。

第七章　勞動基準法

第一節　勞動契約

一、契約種類

㈠**定期契約**：因臨時性、短期性、季節性及特定性工作所簽訂（勞9Ⅰ、勞施6①～④）。

　　1.臨時性工作：係指無法預期之非繼續性工作，其工作期間在 6 個月以內者。

　　2.短期性工作：係指可預期於 6 個月內完成之非繼續性工作。

　　3.季節性工作：係指受季節性原料、材料來源或市場銷售影響之非繼續性工作，其工作期間在 9 個月以內者。

　　4.特定性工作：係指可在特定期間完成之非繼續性工作。其工作期間超過 1 年者，應報請主管機關核備。

㈡**不定期契約**：有繼續性工作應爲不定期契約。定期契約屆滿後，有下列情形之一者，視爲不定期契約（勞9Ⅱ）。

　　1.勞工繼續工作而雇主不即表示反對意思者。

　　2.雖經另訂新約，惟其前後勞動契約之工作期間超過 90 日，前後契約間斷期間未超過 30 日者。

二、勞動契約的終止

㈠**由雇主終止**：

　　1.雇主須預告始得終止勞動契約：有下列情形之一得終止勞動契約（勞11）：

　　　⑴歇業或轉讓時。

　　　⑵虧損或業務緊縮時。

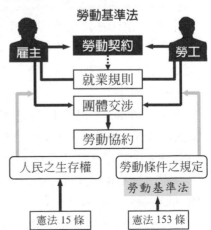

　　　　(3)不可抗力暫停工作在 1 個月以上時。

　　　　(4)業務性質變更，有減少勞工之必要，又無適當工作可供安置時。

　　　　(5)勞工對於所擔任之工作確不能勝任時。

　　2.雇主無須預告即可終止勞動契約：有下列情形之一為條件(勞12)：

　　　　(1)於訂立勞動契約時為虛偽意思表示，使雇主誤信而有受損害之虞者。

　　　　(2)對於雇主、雇主家屬、雇主代理人或其他共同工作之勞工，實施暴行
　　　　　或有重大侮辱之行為者。

　　　　(3)受有期徒刑以上刑之宣告確定，而未諭知緩刑或未准易科罰金者。

　　　　(4)違反勞動契約或工作規則，情節重大者。

　　　　(5)故意損耗機器、工具、原料、產品，或其他雇主所有物品，或故意洩
　　　　　漏雇主技術上、營業上之秘密，致雇主受有損害者。

　　　　(6)無正常理由繼續曠工 3 日，或 1 個月內曠工達 6 日者。

　　　　雇主依前項第 1 款、第 2 款及第 4 款至第 6 款規定終止契約者，應自
　　　　知悉其情形之日起，30 日內為之。

　　3.雇主終止勞動契約的預告期間：雇主依第 11 條或第 13 條但書規
定終止勞動契約者，其預告期間依下列各款之規定（勞16）：

　　　　(1)繼續工作 3 個月以上 1 年未滿者，於 10 日前預告之。

　　　　(2)繼續工作 1 年以上 3 年未滿者，於 20 日前預告之。

　　　　(3)繼續工作 3 年以上者，於 30 日前預告之。

　　　　勞工於接到前項預告後，為另謀工作得於工作時間請假外出。其請假
　　　　時數，每星期不得超過 2 日之工作時間，請假期間之工資照給。雇主未
　　　　依第 1 項規定期間預告而終止契約者，應給付預告期間之工資。

　　4.雇主終止勞動契約的禁止及例外：勞工在停止工作期間或醫療期
間，雇主不得終止契約。但雇主因天災、事變或其他不可抗力致事業不
能繼續，經報主管機關核定者，不在此限（勞13）。

　　㈡由勞工終止：

　　1.勞工須預告始得終止勞動契約：特定性定期契約期限逾 3 年者，
於屆滿 3 年後，勞工得終止契約。但應於 30 日前預告雇主。不定期契約，
勞工終止契約時，應準用第 16 條第 1 項規定期間預告雇主（勞15）。

　　2.勞工無須預告即可終止勞動契約：有下列情形之一者，勞工得不
經預告終止契約（勞14）：

　　　　(1)雇主於訂立勞動契約時為虛偽之意思表示，使勞工誤信而有受損害之

　　虞者。

(2)雇主、雇主家屬、雇主代理人對於勞工，實施暴行或有重大侮辱之行為者。

(3)契約所訂之工作，對於勞工健康有危害之虞，經通知雇主改善而無效果者。

(4)雇主、雇主代理人或其他勞工患有惡性傳染病，有傳染之虞者。

(5)雇主不依勞動契約給付工作報酬，或對於按件計酬之勞工不供給充分之工作者。

(6)雇主違反勞動契約或勞工法令，致有損害勞工權益之虞者。

　　勞工依前項第1款、第6款規定終止契約者，應自知悉其情形之日起，30日內為之。有第1項第2款或第4款情形，雇主已將該代理人解僱或已將患有惡性傳染病者送醫或解僱，勞工不得終止契約。有關資遣費之計算（勞17），於本條終止契約準用之。

第二節　工資、工作時間與職業災害

一、工資之議定

　　工資由勞雇雙方議定之，但不得低於基本工資。此項基本工資，由中央主管機關擬定後，報請行政院核定之（勞21）。惟童工之基本工資不得低於基本工資百分之七十（勞施14）。

二、工作時間

(一)勞工	勞工每日正常工作時間不得超過8小時，每二週工作總時數不得超過84小時（勞30）。
(二)童工	1. 15歲以上未滿16歲之受僱從事工作者。雇主不得僱用未滿15歲之人，並須法定代理人同意（勞44）。 2.童工每日工作時間不得超過8小時，例假日不得工作（勞47）。童工不得於午後8時至翌晨6時之時間內工作（勞48）。
(三)女工	1.雇主不得使女工於午後10時至翌晨6時之時間內工作（勞49 I）。 2.女工分娩前後，應停止工作，給予產假八星期；妊娠3個月以上流產者，應停止工作，給予產假四星期（勞50 I）。此項女工受僱工作在6個月以上者，停止工作期間工資照給；未滿6個月者減半發給（勞50 II）。

三、延長工作時間時工資加給之計算方法

雇主延長勞工工作時間者,其延長工作時間之工資依左列標準加給之(勞24):

㈠延長工作時間在 2 小時以內者,按平日每小時工資額加給三分之一以上。

㈡再延長工作時間在 2 小時以內者,按平日每小時工資額加給三分之二以上。

㈢依第 32 條第 3 項規定,延長工作時間者,按平日每小時工資額加倍發給之。

四、工資優先權及積欠工資墊償基金(勞28)

1.雇主因歇業、清算或宣告破產,本於勞動契約所積欠之工資未滿 6 個月部分,有最優先受清償之權。

2.雇主應按其當月僱用勞工投保薪資總額及規定之費率,繳納一定數額之積欠工資墊償基金,作為墊償前項積欠工資之用。積欠工資墊償基金,累積至規定金額後,應降低費率或暫停收繳。此項費率,由中央主管機關於萬分之十範圍內擬訂,報請行政院核定之。

3.雇主積欠之工資,經勞工請求未獲清償者,由積欠工資墊償基金墊償之;雇主應於規定期限內,將墊款償還積欠工資墊償基金。

4.積欠工資墊償基金,由中央主管機關設管理委員會管理之。基金之收繳有關業務,得由中央主管機關,委託勞工保險機構辦理之。第 2 項之規定金額、基金墊償程序、收繳與管理辦法及管理委員會組織規程,由中央主管機關定之。

五、勞工之特別休假

勞工在同一雇主或事業單位,繼續工作滿一定期間者,每年應依下列規定給予特別休假(勞38):

㈠1 年以上 3 年未滿者 7 日。

㈡3 年以上 5 年未滿者 10 日。

㈢5 年以上 10 年未滿者 14 日。

㈣ 10 年以上者，每 1 年加給 1 日，加至 30 日為止。

六、退休年齡

㈠**自請退休**：勞工工作 15 年以上年滿 55 歲，或工作 25 年以上者及工作 10 年以上年滿 60 歲者（勞 53）。

㈡**強制退休**：勞工年滿 65 歲，或心神喪失或身體殘廢不堪勝任工作者。惟對於年滿 65 歲所規定之年齡，如擔任具有危險、堅強體力等特殊性質之工作者，得由事業單位報請中央主管機關予以調整，但不得少於 55 歲（勞 54）。

七、退休金之給與標準

勞工退休金之給與標準如下（勞 55）：

㈠按其工作年資，每滿 1 年給與兩個基數。但超過 15 年之工作年資，每滿 1 年給與一個基數，最高總數以四十五個基數為限。未滿半年者以半年計；滿半年者以 1 年計。此退休金基數之標準，係指核准退休時一個月平均工資。亦即最高可領取 45 個月。

㈡依第 54 條第 1 項第 2 款規定，強制退休之勞工，其心神喪失或身體殘廢係因執行職務所致者，依前款規定加給百分之二十。

八、勞工退休準備金

雇主應按月提撥勞工退休準備金，專戶存儲，並不得作為讓與、扣押、抵銷或擔保之標的；其提撥之比率、程序及管理等事項之辦法，由中央主管機關擬訂，報請行政院核定之（勞 56Ⅰ）。

九、職業災害補償

勞工因遭遇職業災害而致死亡、殘廢、傷害或疾病時，雇主應依下列規定予以補償。但如同一事故，依勞工保險條例或其他法令規定，已由雇主支付費用補償者，雇主得予以抵充之（勞 59）：

㈠ 疾病補償	勞工受傷或罹患職業病時，雇主應補償其必需之醫療費用。職業病之種類及其醫療範圍，依勞工保險條例有關之規定。
㈡	勞工在醫療中不能工作時，雇主應按其原領工資數額予以補償。

不能工作 補償	但醫療期間屆滿 2 年仍未能痊癒，經指定之醫院診斷，審定爲喪失原有工作能力，且不合第三款之殘廢給付標準者，雇主得一次給付 40 個月之平均工資後，免除此項工資補償責任。
(三) 殘廢補償	勞工經治療終止後，經指定之醫院診斷，審定其身體遺存殘廢者，雇主應按其平均工資及其殘廢程度，一次給予殘廢補償。殘廢補償標準，依勞工保險條例有關之規定。
(四) 死亡補償	勞工遭遇職業傷害或罹患職業病而死亡時，雇主除給與 5 個月平均工資之喪葬費外，並應一次給與其遺屬 40 個月平均工資之死亡補償。

第三節　性別工作平等法

一、適用對象

　　雇主與受僱者之約定優於本法者，從其約定。本法於公務人員、教育人員及軍職人員，亦適用之。但第 33 條、第 34 條及第 38 條之規定，不在此限。公務人員、教育人員及軍職人員之申訴、救濟及處理程序，依各該人事法令之規定（性平 2）。

二、不得性別歧視

　　雇主對求職者或受僱者之招募、甄試、進用、分發、配置、考績或陞遷等，不得因性別或性傾向而有差別待遇。但工作性質僅適合特定性別者，不在此限（性平 7）。

三、薪資給付及離職等之平等

　　(一)**薪資給付**：雇主對受僱者薪資之給付，不得因性別或性傾向而有差別待遇；其工作或價值相同者，應給付同等薪資。但基於年資、獎懲、績效或其他非因性別或性傾向因素之正當理由者，不在此限。雇主不得以降低其他受僱者薪資之方式，規避前項之規定（性平 10）。

　　(二)**退休、資遣、離職及解僱**：雇主對受僱者之退休、資遣、離職及解僱，不得因性別或性傾向而有差別待遇。工作規則、勞動契約或團體協約，不得規定或事先約定受僱者有結婚、懷孕、分娩或育兒之情事時，

應行離職或留職停薪；亦不得以其為解僱之理由。違反前二項規定者，其規定或約定無效；勞動契約之終止不生效力（性平 11）。

四、性騷擾

(一)**所謂性騷擾**：謂下列二款情形之一（性平 12）：

1.受僱者於執行職務時，任何人以性要求、具有性意味或性別歧視之言詞或行為，對其造成敵意性、脅迫性或冒犯性之工作環境，致侵犯或干擾其人格尊嚴、人身自由或影響其工作表現。

2.雇主對受僱者或求職者為明示或暗示之性要求、具有性意味或性別歧視之言詞或行為，作為勞務契約成立、存續、變更或分發、配置、報酬、考績、陞遷、降調、獎懲等之交換條件。

(二)**性騷擾防治措施、申訴及懲戒**（性平 13）：

1.雇主應防治性騷擾行為之發生。其僱用受僱者 30 人以上者，應訂定性騷擾防治措施、申訴及懲戒辦法，並在工作場所公開揭示（性平 13 I）。有關性騷擾防治措施、申訴及懲戒辦法之相關準則，由中央主管機關定之。

2.雇主於知悉有性騷擾情形時，應採取立即有效之糾正及補救措施（性平 13 II）。否則應受罰鍰處分（性平 38 之 1）。

(三)**托兒設施**：僱用受僱者 250 人以上之雇主，應設置托兒設施或提供適當之托兒措施。主管機關應給予經費補助（性平 23）。

五、受僱者之請假

(一) 生理假	女性受僱者因生理日致工作有困難者，每月得請生理假一日，其請假日數併入病假計算。生理假薪資之計算，依各該病假規定辦理（性平 14）。
(二) 產假、 陪產假	雇主於女性受僱者分娩前後，應使其停止工作，給予產假八星期；妊娠 3 個月以上流產者，應使其停止工作，給予產假四星期；妊娠 2 個月以上未滿 3 個月流產者，應使其停止工作，給予產假一星期；妊娠未滿 2 個月流產者，應使其停止工作，給予產假 5 日。產假期間薪資之計算，依相關法令之規定。受僱者於其配偶分娩時，雇主應給予陪產假 3 日。陪產假期間工資照給（性平 15）。

(三)育嬰留職停薪	受僱者任職滿 1 年後，於每一子女滿 3 歲前，得申請育嬰留職停薪，期間至該子女滿 3 歲止，但不得逾 2 年。同時撫育子女 2 人以上者，其育嬰留職停薪期間應合併計算，最長以最幼子女受撫育 2 年爲限（性平 16 I）。
(四)哺乳時間	子女未滿一歲須受僱者親自哺乳者，除規定之休息時間外，雇主應每日另給哺乳時間二次，每次以 30 分鐘爲度。此項哺乳時間，視爲工作時間（性平 18）。
(五)家庭照顧假	受僱於僱用 5 人以上雇主之受僱者，於其家庭成員預防接種、發生嚴重之疾病或其他重大事故須親自照顧時，得請家庭照顧假；其請假日數併入事假計算，全年以 7 日爲限。家庭照顧假薪資之計算，依各該事假規定辦理（性平 20）。
(六)配偶未就業	受僱者之配偶未就業者，不適用育嬰假、哺乳時間、工作時間減少或家庭照顧假之規定（性平 22）。

六、救濟程序

(一)性騷擾之損害賠償	受僱者或求職者因第 12 條受性騷擾情事，受有損害者，由雇主及行爲人連帶負損害賠償責任。但雇主證明其已遵行本法所定之各種防治性騷擾之規定，且對該事情之發生已盡力防止仍不免發生者，雇主不負賠償責任。如被害人依前項但書之規定不能受損害賠償時，法院因其聲請，得斟酌雇主與被害人之經濟狀況，令雇主爲全部或一部之損害賠償。雇主賠償損害時，對於爲性騷擾之行爲人，有求償權（性平 27）。
(二)賠償金額及回復名譽	前三條工作權益受損、性騷擾之損害及性騷擾等情形，受僱者或求職者雖非財產上之損害，亦得請求賠償相當之金額。其名譽被侵害者，並得請求回復名譽之適當處分（性平 29）。此項損害賠償請求權，自請求權人知有損害及賠償義務人時起，2 年間不行使而消滅。自有性騷擾行爲或違反各該規定之行爲時起，逾 10 年者，亦同（性平 30）。
(三)雇主之申訴	違反本法規定，縣市主管機關得對雇主處以罰鍰，對於縣市主管機關所爲之處分有異議時，可先向行政院勞工委員會性別工作平等會訴願。

第八章　智慧財產權

第一節　智慧財產權之概念

一、智慧財產權之意義與特點

　　智慧財產權（英：intellectual property rights；德：geistiges Eigentum），又稱為無體財產權或工業財產權，即人類以智慧之精神活動所創造之成果，由法律所創設之財產上權利。其主要目的在提升人類之文化、經濟與科技的發展，以增進人類的生活環境品質。故智慧財產權之特點為：

　　㈠**人類以智慧之精神活動的成果**：即人類以智慧創造的結晶，有所發明或創作，以提供人類在生活上獲得方便，提升生活品質，得改善人類之生活環境。

　　㈡**法律所創設之財產上權利**：即在法律上對發明者或創作者，提供一定的保障，使其在一定期間之內，對其發明、創作擁有排他性的專用權，只有發明或創作人對智慧成果得加以利用，獲得經濟上的利益或名譽上的提升。法律創設此財產上權利，以鼓勵更多發明與創作，以提升人類之文化、經濟與科技的發展。

二、智慧財產權之種類

　　即人類之智慧精神活動的結晶，由法律所創設之財產上權利。因此，實際上智慧財產權之對象，則因其種類而不同，有：

　　㈠**商標權**（英：trademark right；德：Warenzeichenrecht）：凡為表彰自己之商品或服務，使消費者認識其註冊之標識，並得藉以與他人之商品或服務相區別之謂（商標5II）。有二：

　　　1.商品商標：因申請註冊而取得商標權，使用於指定之商品。

　　　2.服務商標：表彰自己在營業上所提供服務之標識。

　　㈡**專利權**（英：patent right；德：Patentrecht）：為鼓勵、保護、利用發明與創作，以促進產業發展，我政府於 1944 年公布專利法，其後陸續修正。

本法之主管機關為經濟部（專 3）。本法所稱之專利必須是產業上可以利用，具有新穎性、進步性與創作性之要件，其型態可分為：

專利型態	內　　　　　　容
1. **發明專利**	(1)意義：即利用自然法則之技術思想之創作（專 21）。凡可供產業上利用之發明，而事前未曾公開者，得依法申請取得發明專利（專 22）。 (2)不予專利情形：如僅為科學上之發現，則不予發明專利。諸如動、植物及生產動、植物之主要生物學方法。但微生物學之生產方法，不在此限。人體或動物疾病之診斷、治療或外科手術方法。妨害公共秩序、善良風俗或衛生者（專 24）。
2. **新型專利**	(1)意義：指利用自然法則之技術思想，對物品之形狀、構造或裝置之創作（專 93）。凡可供產業上利用之新型，而事前未曾公開也未為公眾所知悉者，得依法申請取得新型專利（專 94）。 (2)不予專利情形：新型有妨害公共秩序、善良風俗或衛生者，則不予新型專利（專 96）。
3. **新式樣專利**	(1)意義：指對物品之形狀、花紋、色彩或其結合，透過視覺訴求之創作。稱聯合新式樣者，謂同一人因襲其原新式樣之創作且構成近似者（專 109）。凡可供產業上利用之新式樣，而事前未曾公開者，得依法申請取得新式樣專利（專 110）。 (2)不予專利情形：如為純功能性設計之物品造形、純藝術創作或美術工藝品、積體電路電路布局及電子電路布局、或物品妨害公共秩序、善良風俗或衛生者，物品相同或近似於黨旗、國旗、國父遺像、國徽、軍旗、印信、勳章者，均不予新式樣專利（專 112）。

　　㈢**著作權**（英：copyright；德：Urheberrecht）：即屬於文學、科學、藝術或其他學術範圍之創作，因著作完成所生之著作人格權及著作財產權。有三：

　　　　1.著作人格權：即著作人就其著作享有公開發表及表示本名、別名或不具名之權利（著 15、16）。

　　　　2.著作財產權：著作人於著作完成創作時，所享有之著作權。

　　　　3.製版權：無著作財產權或著作財產權消滅之文字著述或美術著作，經製版人就文字著述整理印刷，或就美術著作原件以影印、印刷或類似方式重製首次發行，並依法登記者，製版人就其版面，專有以影印、印刷或類似方式重製之權利（著 79 I）。

第二節　商標法

　　商標法（英：trademark law），商標是為表彰商標權之符號，得以文字、圖形、記號、顏色、聲音、立體形狀或其聯合式所組成。此項商標，應足以使商品或服務之相關消費者認識其為表彰商品或服務之標識，並得藉以與他人之商品或服務相區別（商標5）。

　　㈠**互惠原則**：外國人所屬之國家，與中華民國如無互相保護商標之條約或協定，或依其本國法令對中華民國人申請商標註冊不予受理者，其商標註冊之申請，得不予受理（商標3）。

　　㈡**主張申請註冊優先權之條件及程序**：在與中華民國有相互承認優先權之國家，依法申請註冊之商標，其申請人於首次申請日次日起 6 個月內，向中華民國申請註冊者，得主張優先權（商標4Ⅰ）。

一、商標之申請註冊

　　凡因表彰自己之商品或服務，欲取得商標權者，應申請註冊（商標2）。

　　㈠**申請註冊**：申請商標註冊，由申請人備具申請書，載明商標、指定使用之商品或服務及其類別，向商標專責機關申請之。此項商標，應以視覺可感知之圖樣表示之。申請商標註冊，以申請書載明申請人、商標圖樣及指定使用之商品或服務，提出

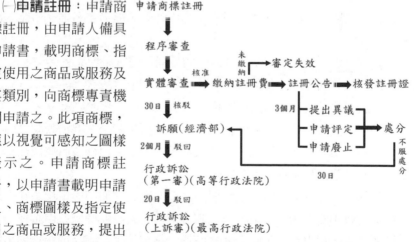

申請當日為申請日。申請人得以一商標註冊申請案，指定使用於二個以上類別之商品或服務。類似商品或服務之認定，不受施行細則所定商品或服務分類之限制（商標17）。

㈡**數人申請類似商標之決定**：二人以上於同日以相同或近似之商標，於同一或類似之商品或服務各別申請註冊，有致相關消費者混淆誤認之虞，而不能辨別時間先後者，由各申請人協議定之；不能達成協議時，以抽籤方式定之（商標 18）。

二、不得為商標註冊之情形

商標有下列情形之一者，不得註冊（商標 23）：

㈠不符合第 5 條規定者。

㈡表示商品或服務之形狀、品質、功用或其他說明者。

㈢所指定商品或服務之通用標章或名稱者。

㈣商品或包裝之立體形狀，係為發揮其功能性所必要者。

㈤相同或近似於中華民國國旗、國徽、國璽、軍旗、軍徽、印信、勳章或外國國旗者。

㈥相同於國父或國家元首之肖像或姓名者。

㈦相同或近似於中華民國政府機關或展覽性質集會之標章或所發給之褒獎牌狀者。

㈧相同或近似於國際性著名組織或國內外著名機構之名稱、徽記、徽章或標章者。

㈨相同或近似於正字標記或其他國內外同性質驗證標記者。

㈩妨害公共秩序或善良風俗者。

(十一)使公眾誤認誤信其商品或服務之性質、品質或產地之虞者。

(十二)相同或近似於他人著名商標或標章，有致相關公眾混淆誤認之虞，或有減損著名商標或標章之識別性或信譽之虞者。但得該商標或標章之所有人同意申請註冊者，不在此限。

(十三)相同或近似於他人同一或類似商品或服務之註冊商標或申請在先之商標，有致相關消費者混淆誤認之虞者。但經該註冊商標或申請在先之商標所有人同意申請者，除二者之商標及指定使用之商品或服務均相同外，不在此限。

(十四)相同或近似於他人先使用於同一或類似商品或服務之商標，而申請

人因與該他人間具有契約、地緣、業務往來或其他關係，知悉他人商標存在者。但得該他人同意申請註冊者，不在此限。

㈤有他人之肖像或著名之姓名、藝名、筆名、字號者。但得其同意申請註冊者，不在此限。

㈥有著名之法人、商號或其他團體之名稱，有致相關公衆混淆誤認之虞者。

㈦商標侵害他人之著作權、專利權或其他權利，經判決確定者。但得該他人同意申請註冊者，不在此限。

㈧相同或近似於我國或與我國有相互承認保護商標之國家或地區之酒類地理標示，而指定使用於酒類商品者。

三、商標權

商標權（英：trademark right；德：Warenzeichenrecht），商標自註冊公告當日起，由權利人取得商標權，商標權期間爲 10 年。商標權期間得申請延展，每次延展專用期間爲 10 年（商標 27）。商標專用權屬於人民財產權之一種，亦受憲法之保障。惟商標專用權人結束營業，且並無於結束營業前或其後就同一商標專用權，授權他人使用或移轉他人繼續營業之可能時，因其已喪失存在之目的，自無再予保障之必要。商標專用權人倘僅係暫時停止營業；或權利人本人雖結束營業，而仍有移轉他人繼續營業之可能時，其商標既有繼續使用之價值，即難謂與廢止營業相同，而使其商標專用權當然消滅（司釋 492）。

㈠**商標權申請延長註冊**：申請商標權期間延展註冊者，應於期間屆滿前 6 個月起至屆滿後 6 個月內申請；其於期間屆滿後 6 個月內申請者，應加倍繳納註冊費。此項核准延展之期間，自商標權期間屆滿之次日起算（商標 28）。

㈡**商標權之取得及應得商標權人同意之情形**：商標權人於經註冊指定之商品或服務，取得商標權。除商標法第 30 條另有規定外，下列情形，應得商標權人之同意（商標 29）：

1.於同一商品或服務，使用相同於其註冊商標之商標者。

　　2.於類似之商品或服務，使用相同於其註冊商標之商標，有致相關消費者混淆誤認之虞者。

　　3.於同一或類似之商品或服務，使用近似於其註冊商標之商標，有致相關消費者混淆誤認之虞者。

　　㈢**不受他人商標權效力拘束之情形**：下列情形，不受他人商標權之效力所拘束（商標 30 I）：

　　1.凡以善意且合理使用之方法，表示自己之姓名、名稱或其商品或服務之名稱、形狀、品質、功用、產地或其他有關商品或服務本身之說明，非作為商標使用者。

　　2.商品或包裝之立體形狀，係為發揮其功能性所必要者。

　　3.在他人商標註冊申請日前，善意使用相同或近似之商標於同一或類似之商品或服務者。但以原使用之商品或服務為限；商標權人並得要求其附加適當之區別標示。

　　附有註冊商標之商品，由商標權人或經其同意之人於市場上交易流通，或經有關機關依法拍賣或處置者，商標權人不得就該商品主張商標權。但為防止商品變質、受損或有其他正當事由者，不在此限（商標 30II）。

四、商標權侵害之救濟

　　㈠**侵害之排除及損害賠償**：商標權人對於侵害其商標權者，得請求損害賠償，並得請求排除其侵害；有侵害之虞者，得請求防止之。未經商標權人同意，而有第 29 條第 2 項各款規定情形之一者，為侵害商標權（商標 61）。

　　㈡**侵害商標權之推定**：未得商標權人同意，有下列情形之一者，視為侵害商標權（商標 62）：

　　1.明知為他人著名之註冊商標而使用相同或近似之商標或以該著名商標中之文字作為自己公司名稱、商號名稱、網域名稱或其他表彰營業主體或來源之標識，致減損著名商標之識別性或信譽者。

　　2.明知為他人之註冊商標，而以該商標中之文字作為自己公司名稱、商號名稱、網域名稱或其他表彰營業主體或來源之標識，致商品或

服務相關消費者混淆誤認者。

㈢**損害賠償額之計算**（商標 63）：

　　1.依民法第 216 條規定。但不能提供證據方法以證明其損害時，商標權人得就其使用註冊商標通常所可獲得之利益，減除受侵害後使用同一商標所得之利益，以其差額爲所受損害。

　　2.依侵害商標權行爲所得之利益；於侵害商標權者不能就其成本或必要費用舉證時，以銷售該項商品全部收入爲所得利益。

　　3.就查獲侵害商標權商品之零售單價五百倍至一千五百倍之金額。但所查獲商品超過一千五百件時，以其總價定賠償金額。

　　前項賠償金額顯不相當者，法院得予酌減之。

　　商標權人之業務上信譽，因侵害而致減損時，並得另請求賠償相當之金額。

㈣**判決書之刊登**：商標權人得請求由侵害商標權者負擔費用，將侵害商標權情事之判決書內容全部或一部登載新聞紙（商標 64）。

㈤**侵害商標物品之查扣**：商標權人對輸入或輸出有侵害其商標之物品，得申請海關先予查扣（商標 65 I）。

五、商標之證明標章

㈠**申請註冊**：凡以標章證明他人商品或服務之特性、品質、精密度、產地或其他事項，欲專用其標章者，應申請註冊爲證明標章。證明標章之申請人，以具有證明他人商品或服務能力之法人、團體或政府機關爲限。此項申請人係從事於欲證明之商品或服務之業務者，不得申請註冊（商標 72）。

㈡**證明標章之使用**：證明標章之使用，指證明標章權人爲證明他人商品或服務之特性、品質、精密度、產地或其他事項之意思，同意其於商品或服務之相關物品或文書上，標示該證明標章者（商標 73）。

六、商標之團體標章

㈠**申請註冊**：凡具有法人資格之公會、協會或其他團體爲表彰其組織

或會籍，欲專用標章者，應申請註冊爲團體標章。此項團體標章註冊之申請，應以申請書載明相關事項，並檢具團體標章使用規範，向商標專責機關申請之（商標 74）。

　　㈡**團體標章之使用**：指爲表彰團體或其會員身分，而由團體或其會員將標章標示於相關物品或文書上（商標 75）。

七、商標之團體商標

　　㈠**申請註冊**：凡具法人資格之公會、協會或其他團體，欲表彰該團體之成員所提供之商品或服務，並得藉以與他人所提供之商品或服務相區別，欲專用標章者，得申請註冊爲團體商標。此項團體商標註冊之申請，應以申請書載明商品或服務類別及名稱，並檢具團體商標使用規範，向商標專責機關申請之（商標 76）。

　　㈡**團體商標之使用**：團體商標之使用，指爲表彰團體之成員所提供之商品或服務，由團體之成員將團體商標使用於商品或服務上，並得藉以與他人之商品或服務相區別者（商標 77）。

八、商標專用權之侵害

　　㈠**處罰規定**：未得商標權人或團體商標權人同意，有下列情形之一者，處 3 年以下有期徒刑、拘役或科或併科新臺幣 20 萬元以下罰金（商標 81）：

　　　　1.於同一商品或服務，使用相同之註冊商標或團體商標者。

　　　　2.於類似之商品或服務，使用相同之註冊商標或團體商標，有致相關消費者混淆誤認之虞者。

　　　　3.於同一或類似之商品或服務，使用近似於其註冊商標或團體商標之商標，有致相關消費者混淆誤認之虞者。

　　㈡**販賣仿冒商標商品**：明知爲第 81 條商品而販賣、意圖販賣而陳列、輸出或輸入者，處 1 年以下有期徒刑、拘役或科或併科新臺幣 5 萬元以下罰金（商標 82）。

　　㈢**沒收之規定**：犯第 81、82 條之罪所製造、販賣、陳列、輸出或輸入之商品，或所提供於服務使用之物品或文書，不問屬於犯人與否，沒收之（商標 83）。

第三節　專利法

一、專利制度之概念

　　專利制度主要目的係為鼓勵、保護、利用發明與創作，以促進產業發展而制定之法律（專1）。專利權，就是將其客體之專利發明專屬性獨占性的賦予支配之財產權之謂。因此專利權雖與所有權有相同性質，但所有權之客體為有體物（動產或不動產），故與專利權之為無體物者不同。因所有權之客體係物理上有存在之物，是故在同一物上如有複數人同時利用該物乃是事實上不可能發生，而專利權因在物理上並不存在，因此如有複數人同時利用該專權在事實上是可能發生，此又為兩者之不同。

二、專利之種類

(一) 發明專利	指利用自然法則之技術思想之創作（專21）。
(二) 新型專利	指利用自然法則之技術思想，對物品之形狀，構造或裝置之創作（專93）。
(三) 新式樣專利	指對物品之形狀、花紋、色彩或其結合，透過視覺訴求之創作（專109）。

三、專利之發明

　　專利之發明（英：invention；德：Erfindung），在專利法所謂發明，指利用自然法則之技術思想之創作（專21）。故有三項重點：

(一) 發明須利用 自然法則	因此不利用自然法則之原理，只用人類之精神活動所獲得之成果，並非發明，諸如運動之規則、經濟法則、商品販賣方法、計算方法等均非發明。
(二) 發明須為技 術性者	即發明須可產生技術性之效果，只是一種綜合性的整理並非發明，而且此種技術必須是有實施與反復實現之可能。
(三) 發明須具有 創作性	此與自然法則之重新認識的發現有所不同。而且此種創作須為高深之創作始可。

四、專利要件

㈠**發明專利之取得**：凡可供產業上利用之發明，無下列情事之一者，得依專利法申請取得發明專利（專22）：

　　1.申請前已見於刊物或已公開使用者。

　　2.申請前已為公眾所知悉者。

　　發明有下列情事之一，致有前項各款情事，並於其事實發生之日起6個月內申請者，不受前項各款規定之限制：

　　1.因研究、實驗者。

　　2.因陳列於政府主辦或認可之展覽會者。

　　3.非出於申請人本意而洩漏者。

　　申請人主張前項第一款、第二款之情事者，應於申請時敘明事實及其年、月、日，並應於專利專責機關指定期間內檢附證明文件（專22III）。

　　發明如為其所屬技術領域中具有通常知識者依申請前之先前技術所能輕易完成時，仍不得依專利法申請取得發明專利（專22IV）。

㈡**不得取得發明專利之情形**：申請專利之發明，與申請在先而在其申請後始公開或公告之發明或新型專利申請案所附說明書或圖式載明之內容相同者，不得取得發明專利。但其申請人與申請在先之發明或新型專利申請案之申請人相同者，不在此限（專23）。

㈢**不給予發明專利之情形**：下列各款，不予發明專利（專24）：

　　1.動、植物及生產動、植物之主要生物學方法。但微生物學之生產方法，不在此限。

　　2.人體或動物疾病之診斷、治療或外科手術方法。

　　3.妨害公共秩序、善良風俗或衛生者。

五、專利發明人權（德：Erfinderrecht）

　　專利發明人權，即發明人發明完成之同時，原始取得之權利；又稱為發明權。關於此權利之性質，在發明人權利之中心，是在獲取專利權，但此權是公權或私權或公權兼有私權，在學說上仍有爭議。即獲取專利之權利是財產權之一種，讓與、信託、授權他人實施或設定質權只是向專責機

關登記即可（專59）。如發明專利為共有時，除共有人自己實施外，須得共有人全體之同意，始得讓與或授權他人實施（專61）。

六、專利發明之申請（英：patent application；德：Patentanmeldung）

㈠**申請專利之手續**：申請發明專利，由專利申請權人備具申請書、說明書及必要圖式，向專利專責機關申請之。申請權人為雇用人、受讓人或繼承人時，應敘明發明人姓名，並附具僱傭、受讓或繼承證明文件。申請發明專利，以申請書、說明書及必要圖式齊備之日為申請日。此項說明書及必要圖式以外文本提出，且於專利專責機關指定期間內補正中文本者，以外文本提出之日為申請日；未於指定期間內補正者，申請案不予受理。但在處分前補正者，以補正之日為申請日（專25）。

㈡**發明說明**：第25條之說明書，應載明發明名稱、發明說明、摘要及申請專利範圍。發明說明應明確且充分揭露，使該發明所屬技術領域中具有通常知識者，能瞭解其內容，並可據以實施。申請專利範圍應明確記載申請專利之發明，各請求項應以簡潔之方式記載，且必須為發明說明及圖式所支持。發明說明、申請專利範圍及圖式之揭露方式，於本法施行細則定之（專26）。

七、專利發明之各別申請與分割申請

㈠**每發明之各別申請**：申請發明專利，應就每一發明提出申請。二個以上發明，屬於一個廣義發明概念者，得於一申請案中提出申請（專32）。

㈡**兩個以上發明之分割申請**：申請專利之發明，實質上為二個以上之發明時，經專利專責機關通知，或據申請人申請，得為分割之申請（專33）。

八、專利之實施

㈠**特許實施**：為因應國家緊急情況或增進公益之非營利使用或申請人曾以合理之商業條件在相當期間內仍不能協議授權時，專利專責機關得依申請，特許該申請人實施專利權；其實施應以供應國內市場需要為主。但就半導體技術專利申請特許實施者，以增進公益之非營利使用為限。專利權人有限制競爭或不公平競爭之情事，經法院判決或行政院公平交易委員會處分確定者，雖無前項之情形，專利專責機關亦得依申請，特許該申請人

實施專利權。專利專責機關接到特許實施申請書後，應將申請書副本送達專利權人，限期 3 個月內答辯；屆期不答辯者，得逕行處理。特許實施權，不妨礙他人就同一發明專利權再取得實施權。特許實施權人應給與專利權人適當之補償金，有爭執時，由專利專責機關核定之。特許實施權，應與特許實施有關之營業一併轉讓、信託、繼承、授權或設定質權。特許實施之原因消滅時，專利專責機關得依申請廢止其特許實施（專 76）。

㈡**特許實施權之廢止**：依第 76 條規定取得特許實施權人，違反特許實施之目的時，專利專責機關得依專利權人之申請或依職權廢止其特許實施（專 77）。

㈢**授權實施之協議**：再發明，指利用他人發明或新型之主要技術內容所完成之發明。再發明專利權人未經原專利權人同意，不得實施其發明。製造方法專利權人依其製造方法製成之物品為他人專利者，未經該他人同意，不得實施其發明。前二項再發明專利權人與原發明專利權人，或製造方法專利權人與物品專利權人，得協議交互授權實施。此項協議不成時，再發明專利權人與原發明專利權人或製造方法專利權人與物品專利權人得依第 76 條規定申請特許實施。但再發明或製造方法發明所表現之技術，須較原發明或物品發明具相當經濟意義之重要技術改良者，再發明或製造方法專利權人始得申請特許實施。再發明專利權人或製造方法專利權人取得之特許實施權，應與其專利權一併轉讓、信託、繼承、授權或設定質權（專 78）。

九、商標專利之權利期間

種　　類	期間	內　　　　　容	法　律
商標權	10年	自註冊公告當日起，由權利人取得商標權。	商標 27
發明專利權	20年	申請專利之發明，自公告之日起給予發明專利權。其期限自申請日起算。	專 51
新型專利	10年	申請專利之新型，自公告之日起給予新型專利權。其期限自申請日起算。	專 101
新式樣專利	12年	申請專利之新式樣，自公告之日起給予新式樣專利權。其期限自申請日起算。	專 113

第四節　著作權

一、著作權之概念

著作權（英：copyright；德：Urheberrecht；法：droit d'auteur），即著作人以文學、科學、藝術或其他學術範圍之創作完成所生之著作人格權及著作財產權，而有獨占支配之權利（著 3①,③）。爲智慧財產權之一，係受著作權法之保護。而著作權之保護僅及於該著作之表達，而不及於其所表達之思想、程序、製程、系統、操作方法、概念、原理、發現（著 10-1）。著作財產權存續於著作人之生存期間及其死亡後 50 年（著 30 I）。著作權之種類有：

㈠**著作人格權**：公開發表權及公開發表著作之推定（著 15），表示著作人本名、別名或不具名之權利（著 16），著作內容之保護（著 17）。

㈡**著作財產權**：著作人專有重製權（著 22），專有公開口述權（著 23），專有公開播送權（著 24），專有公開上映權（著 25），專有公開傳輸權（著 26-1），專有公開展示權（著 27），專有改作、編輯權（著 28），專有移轉散布權（著 28-1），專有出租權（著 29）等。

二、著作權法主管機關

著作權法之主管機關爲經濟部。著作權業務，由經濟部指定專責機關辦理（著 2）。

三、著作物

著作物係指屬於文學、科學、藝術或其他學術範圍之創作之表現之謂（著 3 ①）。因須以著作之創作表達爲內容，故如大學教授授課內容，就是著作權之標的；但如單純之臚列事實，如飯店之菜單、火車站之開車時間表或車票之內容等並非著作物。又因屬於文學、科學、藝術或其他學術範圍之創作，如純粹屬於技術之範圍，諸如專利法所規定之發明、新型或新式樣之構想等已由專利法規範，非屬著作物。

四、著作權標的之限制

下列各款不得為著作權之標的（著9）：

㈠憲法、法律、命令或公文。

㈡中央或地方機關就前款著作作成之翻譯物或編輯物。

㈢標語及通用之符號、名詞、公式、數表、表格、簿冊或時曆。

㈣單純為傳達事實之新聞報導所作成之語文著作。

㈤依法令舉行之各類考試試題及其備用試題。

前項第一款所稱公文，包括公務員於職務上草擬之文告、講稿、新聞稿及其他文書。

五、製版權

無著作財產權或著作財產權消滅之文字著述或美術著作，經製版人就文字著述整理印刷，或就美術著作原件以影印、印刷或類似方式重製首次發行，並依法登記者，製版人就其版面，專有以影印、印刷或類似方式重製之權利。製版人之權利，自製版完成時起算存續 10 年（著79）。

六、著作權之保護

著作權人或製版權人對於侵害其權利者，得請求排除之，有侵害之虞者，得請求防止之（著84）。侵害著作人格權者，負損害賠償責任。雖非財產上之損害，被害人亦得請求賠償相當之金額（著85 I）。對侵害著作權者有處罰規定，其重要者為：如重製他人著作（著91）、公開侵害著作（著92）、侵害著作人格權、著作權及違反強制授權利用（著93），及侵害製版權（著95）之規定。

七、著作權侵害之救濟

著作權人或製版權人對於侵害其權利之救濟之方者：

㈠**侵害著作人格權之救濟**：侵害著作人格權者，負損害賠償責任。雖非財產上之損害，被害人亦得請求賠償相當之金額。此項侵害，被害人並得請求表示著作人之姓名或名稱、更正內容或為其他回復名譽之適當處分（著85）。

㈡**著作人死亡後之請求救濟權人**：著作人死亡後，除其遺囑另有指定外，下列之人，依順序對於違反第 18 條或有違反之虞者，得依第 84 條及前條第 2 項規定，請求救濟（著86）：1.配偶。2.子女。3.父母。4.孫子女。5.兄弟姊妹。6.祖父母。

第五節　智慧財產法院

　　我國智慧財產訴訟案件管轄之發展方向，於民國 96 年已成立智慧財產法院，依法審理智慧財產民事、刑事及行政訴訟案件。

一、法院掌理之審判事務

　　智慧財產法院依法掌理關於智慧財產之民事訴訟、刑事訴訟及行政訴訟之審判事務（智法2）。

二、法院管轄範圍

　　智慧財產法院管轄案件如下（智法3）：

㈠依專利法、商標法、著作權法、光碟管理條例、營業秘密法、積體電路電路布局保護法、植物品種及種苗法或公平交易法所保護之智慧財產權益所生之第一審及第二審民事訴訟事件。

㈡因刑法第 253 條至第 255 條、第 317 條、第 318 條之罪或違反商標法、著作權法、公平交易法第 35 條第 1 項關於第 20 條第 1 項及第 36 條關於第 19 條第 5 款案件，不服地方法院依通常、簡式審判或協商程序所為之第一審裁判而上訴或抗告之刑事案件。但少年刑事案件，不在此限。

㈢因專利法、商標法、著作權法、光碟管理條例、積體電路電路布局保護法、植物品種及種苗法或公平交易法涉及智慧財產權所生之第一審行政訴訟事件及強制執行事件。

㈣其他依法律規定或經司法院指定由智慧財產法院管轄之案件。

第九章　國際法

第一節　國際公法

一、國際法之概念

國際法（英：international law；德：Völkerrecht；法：droit international），即在國際上享有權利與負擔義務之法人，在其相互關係上必須遵守之規則。過去認為國際法是基於國家間之合意，以規範國家間關係之法律，但在今日，除了國家間之關係以外，包括規範國家以外之主體（國際組織或個人）間之相互關係，或與國家之相互關係之法律，綜合稱為國際社會之法。此與國際私法對照，稱為國際公法（public international law），但因國際私法是國內法，而國際法雖是公法，但並非如國內法上有公法與私法之對立關係。

二、國際法之淵源

法源是指法律規範之存在形式而言，而國際法之淵源是指國際法之存在形式，則各國直接適用之法律規範，此為國際法之形式的法源（formal sources）。另外使國際法發生效力之解釋，或決定特定問題之適用不適用，此際國際法院之判決、學說，國際機構之決議，有關條約，國際會議或宣言等各種關係要素均須列入考慮，這些都是為使國際法規之內容更明確之適用，稱為實質之法源（material sources）。

（一）形式的法源：

　　1.條約：即國家間所締結，而以國際法為準之國際書面協議（條2 I）。此即創設締約國間所適用之規範。條約可補充國際習慣法，並予修正。條約有二種：

　　　　(1)契約條約（contract treaty）：主要在調整特定國家間之利害，即為二國間具有閉鎖條約之性質，譬如領土割讓條約。

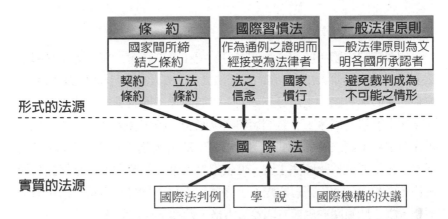

(2)立法條約（Law-making treaty）：即對建立國際社會之一般規範，在法源上是相當重要的。如防止及懲辦滅種罪公約、宇宙條約等是。

2.國際習慣法（customary international law）：在國際法之法源上占有重要之地位。這些習慣廣泛為國際社會所適用，且關係國際法之基本構造之重要規則，也都以習慣法之形態而規定。所謂國際習慣，依國際法院規約第 38 條第 1 項 b 規定：「作爲通例之證明而經接受爲法律者」。國際法院對於國際習慣法之形成要件認爲有「國家慣行」（state practice）與「法之信念」（opinio juris）二個要素。此稱爲客觀要件與主觀要件。

3.一般法律原則（general principles of law）：即各國國內法共通之一般法律原則，而適用在國家間關係之原則之意。此在國際法院規約第 38 條第 1 項 c 規定：「一般法律原則爲文明各國所承認者」。其所以採一般法律原則爲法源，蓋爲避免發生裁判不能（non liquet），亦即適用法規之不存在或不明瞭，爲避免裁判成爲不可能之情形。在歐洲各國對私法及程序法原有共通性，而十九世紀以來國際仲裁法院也有適用國內法原則之先例，因此國際法院規約才採爲國際法之法源。

㈡實質的法源：作爲國際法形式法源之補助資料的範圍與內容可謂多采多姿。其中國際法判例、學說與國際機構的決議或宣言都是重要的法源依據。在判例方面，國際法院規約確定爲「法律原則之補助資料」（法約 38Id）。

三、國際法之主體與客體

㈠**國際法之主體**：所謂國際法主體是指在國際社會，有能力享受國際法上權利，負擔國際法上義務的國際法人；此法人必須具備主動的主體、被動的主體與訴訟的主體等三要素，已如前述；而具備此三要素者，在國際法上，只有國家、交戰團體與國際團體三種，私人並不在內。私人雖亦有主動主體之實例，如聯合國憲章第 71 條所稱之非政府組織。私人基本上雖不能列為國際法主體，但依國際人權公約及歐洲人權保護公約之特定條約中，個人擁有國際法上之權利義務，且得主張準司法手續之權利，故在此範圍內應擁有國際法人格，乃為一般之通說。

㈡**國際法之客體**：國際法是以不屬於任何國家之領域，及不受國家之保護，也非國家保護對象的人民，為直接規範之對象。亦即不擁有國際法之主體性，亦非國際法主體之構成部分，而完全是屬於國際法上權利義務對象之區域及人民，稱為國際法上客體。

國際法上客體，一般是開放給所有的國家與國民為原則，例如公海、公空、宇宙空間、國際水路、南極、或聯合國管轄之區域；有非自治領土（聯憲 11 章）、國際託管區域（聯憲 12 章），其性格就是國際公共之區域。

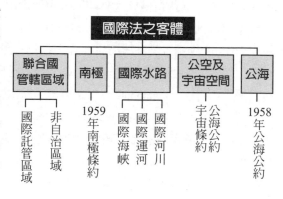

國際法之客體

聯合國管轄區域	南極	國際水路	公空及宇宙空間	公海
國際託管區域 ／ 非自治區域	1959年南極條約	國際河川 ／ 國際運河 ／ 國際海峽	宇宙條約 ／ 公海公約	1958年公海公約

四、國家承認

國家承認（recognition of state），因獨立（如 1776 年美國）、分裂（1918年奧國與匈牙利之分裂）或合併（複數國家之合併，如 1871 年德意志帝國）等而新成立之國家，由他國承認為國際法主體之謂。

承認之客觀要件，即所謂國家性（statehood）之基準為：㈠一定之領土；㈡住民；㈢實效之政府；㈣外交能力等四種前提，因此必須是政府

對一定之領土與人民已確立安全之支配的客觀要件，與有遵守國際法之意思與能力的主觀要件爲必要。尤其以武裝鬥爭而分離獨立之情形，其原來的本國是否已放棄收復失地，或不可能再有征服之機會，如欠缺對領土與人民之實際支配而予承認，則爲**過早之承認**（premature recognition）。如 1932 年滿州國成立之際，事實上在日本帝國主義之支配下，日本立即予以承認，在國際上乃被批判爲「過早承認」。承認有以宣言方式之**明示的承認**，與建立外交關係之**默示的承認**之分。

五、國家之權利義務

基本權利義務思想	自然法思想	最先是普芬道大所著《自然法與萬民法》其後爲十九世紀末二十世紀初瓦特爾之《萬國法》。
	實證法思想	十九・二十世紀美國國際法學會
基本權利	獨立權 領土管轄權 平等權 自衛權	
基本義務	基本人權之尊重 對他國不干涉義務 不鼓勵他國內亂 不威脅和平之義務 不行使武力之義務 不協助侵略國之義務 侵略國取得之領土不予承認之義務 履行國際法之義務 遵照國際法之原則	

　㈠國家之權利：

　　1.獨立權：各國有獨立權，因而有權自由行使一切合法權力，包括其政體之選擇，不接受其他任何國家之命令。（第 1 條）

　　2.領土管轄權：各國對其領土以及境內之一切人與物，除國際法公認豁免者外，有行使管轄之權。（第 2 條）

　　3.平等權：各國有與地國在法律上平等之權利。（第 5 條）

4.自衛權：各國受武力攻擊時，有行使單獨或集體自衛之權利。（第12條）

(二)**國家之義務：**

1.基本人權尊重之義務：各國對其管轄下之所有人民，有不分種族、性別、語言或宗教，尊重其人權及基本自由之義務。（第6條）

2.對他國不干涉義務：各國對任何他國之內政外交，有不加干涉之義務。（第3條）

3.不鼓動他國內亂：各國有不在他國境內鼓動內亂，並防止本國境內有組織鼓動此項內亂活動之責任。（第4條）

4.不威脅和平之義務：各國有保證其領土內之情況不威脅國際和平與秩序之義務。（第7條）

5.和平解決爭端之義務：各國有以和平方法解決其與他國之爭端，俾免危及國際和平安全及正義之義務。（第8條）

6.不行使武力之義務：各國有責不得藉戰爭爲施行國家政策之工具，並不得使用威脅或武力，或以與國際法律秩序牴觸之任何其他方法，侵害他國之領土完整或政治獨立。（第9條）

7.不協助侵略國之義務：對於任何正在採取違反第9條之行動之國家，或聯合國正對其採取防止或強制措施之國家，各國有不予協助之義務。（第10條）

8.侵略國取得之領土不予承認之義務：各國對於他國採取違反第九條之行動而獲得之任何領土，有不予承認之義務。（第11條）

9.履行國際法之義務：各國有一秉信誠履行由條約與國際法其他淵源而產生之義務，並不得藉口其憲法或法律之規定而不履行此種義務。（第13條）

10.遵照國際法之原則：各國有責遵照國際法及國際法高於各國主權之原則，處理其與他國之關係。（第14條）

六、聯合國大會

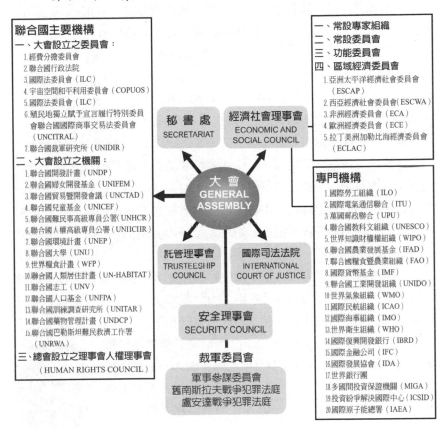

聯合國主要機構

一、大會設立之委員會：
1. 經費分擔委員會
2. 聯合國行政法院
3. 國際法委員會（ILC）
4. 宇宙空間和平利用委員會（COPUOS）
5. 國際法委員會（ILC）
6. 殖民地獨立賦予宣言履行特別委員會暨聯合國國際商事交易法委員會（UNCITRAL）
7. 聯合國裁軍研究所（UNIDIR）

二、大會設立之機關：
1. 聯合國開發計畫（UNDP）
2. 聯合國婦女開發基金（UNIFEM）
3. 聯合國貿易暨開發會議（UNCTAD）
4. 聯合國兒童基金（UNICEF）
5. 聯合國難民事高級專員公署(UNHCR)
6. 聯合國人權高級專員公署(UNIICIIR)
7. 聯合國環境計畫（UNEP）
8. 聯合國大學（UNU）
9. 世界糧食計畫（WFP）
10. 聯合國人類居住計畫（UN-HABITAT）
11. 聯合國志工（UNV）
12. 聯合國人口調金（UNFPA）
13. 聯合國訓練調查研究所（UNITAR）
14. 聯合國藥物管理計畫（UNDCP）
15. 聯合國巴勒斯坦難民救濟工作署（UNRWA）

三、總會設立之理事會人權理事會
（HUMAN RIGHTS COUNCIL）

秘書處
SECRETARIAT

經濟社會理事會
ECONOMIC AND SOCIAL COUNCIL

大會
GENERAL ASSEMBLY

託管理事會
TRUSTEESHIP COUNCIL

國際司法法院
INTERNATIONAL COURT OF JUSTICE

安全理事會
SECURITY COUNCIL

裁軍委員會

軍事參謀委員會
舊南斯拉夫戰爭犯罪法庭
盧安達戰爭犯罪法庭

一、常設專家組織
二、常設委員會
三、功能委員會
四、區域經濟委員會
1. 亞洲太平洋經濟社會委員會（ESCAP）
2. 西亞經濟社會委員會（ESCWA）
3. 非洲經濟委員會（ECA）
4. 歐洲經濟委員會（ECE）
5. 拉丁美洲加勒比海經濟委員會（ECLAC）

專門機構
1. 國際勞工組織（ILO）
2. 國際電氣通信聯合（ITU）
3. 萬國郵政聯合（UPU）
4. 聯合國教科文組織（UNESCO）
5. 世界知識財權機組織（WIPO）
6. 聯合國農業發展基金（IFAD）
7. 聯合國糧食暨農業組織（FAO）
8. 國際貨幣基金（IMF）
9. 聯合國工業開發組織（UNIDO）
10. 世界氣象組織（WMO）
11. 國際民航組織（ICAO）
12. 國際海事組織（IMO）
13. 世界衛生組織（WHO）
14. 國際復興開發銀行（IBRD）
15. 國際金融公司（IFC）
16. 國際發展協會（IDA）
17. 世界銀行團
18. 多國間投資保證機關（MIGA）
19. 投資紛爭解決國際中心（ICSID）
20. 國際原子能總署（IAEA）

七、國際犯罪

　　國際犯罪（international crime；internationales Verbrechen），可大別為：

　　㈠**具有涉外性之犯罪**：即原來屬國內法上之犯罪，只是其犯罪行為具有國際性，而須要國際上合作情形之犯罪，因此須依國內法所規定之犯罪構成要件與追訴處罰程序辦理。譬如國外犯或犯人逃亡至國外之情形。這種具有涉外性之國內犯罪當須透過國際刑警組織（ICPO）協力緝捕，但在國際上並不存在有協助之義務，國與國間通常訂有引渡條約或依據平日對犯罪緝捕之相互合作或互惠，有互相協助逮捕之情形為多。

㈡**國際法上犯罪**：即犯罪之追訴除了各國依照其國內刑法或刑訴法，加以追訴處罰之外，因對國際社會全體法益造成侵害，其追訴與處罰得直接依據國際法，原則上由國際機構負責審理，其情形有：

1.海盜、買賣奴隸、毒品之交易、海底電線之損壞（聯合國海洋法公約第七部分公海，第 86-120 條）、違反戰爭法規慣例、違反戰爭犧牲者之保護條約、或生物種之交易捕獲之取締等。尤其海盜早已列為萬國公罪，任何國家都可追訴處罰。

2.關於劫持航空器之海牙公約或蒙特婁公約，關於航空器內之東京公約、國際環境污染及國際恐怖行為等，侵害到各國共同利益之情形，在各國多數國間簽定條約，由各國負追訴處罰之責。締約國應設定嚴密之刑罰，並採追訴等審判措施，如在其領域內發現犯人，是否引渡關係國或由自國追訴處罰，應選擇處理（海牙公約 2、4）。

3.戰爭或其他武力行為係非戰公約所禁止者，其違反因係侵害國際社會全體之利益，故特別稱為其為「國際犯罪」。第二次大戰後德國與日本在戰爭期中負國家責任者，則以「違反和平之犯罪」、「違反人道之犯罪」等以戰爭犯罪而追訴處罰。如德國納粹幹部**艾希曼**（Eichmann）任希特勒屬下蓋世太保（Gestapo）猶太組組長，曾迫害猶太人約六百萬人，於第二次世界大戰後潛赴阿根廷，改名換姓，嗣 1960 年以色列特務人員，乃赴

艾希曼

阿根廷逮捕，並秘密押解至特拉維夫，公開審判。並於 1962 年 5 月 31 日被處絞首刑。二次戰後聯軍並於 1948 年在東京設立遠東國際軍事法庭，以審判日本的主要戰犯，判處戰時首相**東條英機**（1884-1948）等之死刑。2003年 3 月 20 日美國以伊拉克擁有化學毒氣

東條英機

等大量破壞性武器為由，對伊拉克發動戰爭，並佔領伊拉克逮捕伊拉克總統**哈珊**及其重臣，2004 年 7 月 1 日組織「特別法庭」對哈珊等 12 名舊政府官員提出控訴，認為

哈珊

哈珊犯「違反人道之罪」，故應按受刑罰制裁。舊南斯拉
夫總統**米洛塞維奇**（Milosevic）被海牙國際法庭列爲戰犯，
被控在克羅埃西亞、波士尼亞及科索夫三場戰爭中犯下
66 項罪狀，但 2006 年 3 月 31 日，米洛塞維奇卻於獄中
突然死亡。

米洛塞維奇

第二節　國際私法

一、國際私法之概念

　　國際私法雖冠有「國際」二字，但並非國際公法。惟當某件牽涉到
個人之事項，同時隸屬於兩個或兩個以上的管轄權時，兩種或兩種以上
的國內法，往往有不同或相反的規定，而成爲「法律之衝突」，這時就
運用國際私法的規則，以避免、減少或解決這種衝突。不過國際私法，
並非在涉外事件的處理法內直接規定內外國人間權利義務的實質內
容，此直接規定涉外事件權利義務的實質內容，是由其民商法所規定，
因此，一國之民商法規定涉外案件之權利義務，而一國之國際私法，則
規定如何適用此類案件之法律。故國際私法乃是一種適用規範
（Rechtsanwendbarkeitsnormen），在性質上較**偏向程序法**。

　　蓋法律關係有內國法律關係、外國法律關係、及涉外法律關係之分。
在內國由國內人間所發生之法律，如我國國民之間所發生的債權債務糾
紛，當由我國法院適用我國法律來解決。又如在外國有該國人民發生民
事糾紛，也應由該國法院適用其本國法律來解決，此均不會發生任何疑
問。但如糾紛問題之當事人爲外國人，或無國籍人、或雙方雖然均爲中
國人，但其爭訟的財物在外國、或其行爲地在外國、或其事實發生在外
國，此等法律關係，稱爲涉外法律關係。此種糾紛案件應由內國法院管
轄，或由外國法院管轄，又管轄法院究竟應適用我國法律來裁判或適用
當事人的本國法律來裁判？國際私法就是專爲解決這類問題而設的。目
前在我國係依「涉外民事法律適用法」來解決。

二、國際私法之內容

我國涉外民事法律適用法，係於 1953 年 6 月 6 日公布施行，全文共 31 條，內容包括人之行為能力、法律行為之方式、債權讓與、侵權行為、婚姻、離婚、父母子女、監護、扶養、繼承、遺囑等項。我國有關涉外民事法律適用法則，雖以本法為依據，但如有漏未規定應如何處理？依本法第 30 條規定：「涉外民事，本法未規定者，適用其他法律之規定，其他法律無規定者，依法理。」目前有關規定散見於民法及其他民事法規中者，為數不少，如關於外國人之權利能力，規定於民法總則施行法第 2 條及第 12 條等，關於外國法院判決之效力，規定於民事訴訟法第 402 條等，其他如無法律可資依據，當可配合民法第 1 條之規定，依法理以為解決。

三、國際私法之公序

依涉外民事法律適用法適用外國法時，如其規定有背於中華民國公共秩序或善良風俗者，不適用之（涉外 25）。這種規定方式係對於有違反公序良俗之外國法不予適用，故又稱為「排除條款」（德：Ausschließungsklausel；法：clause d'exclusion）。亦即在國際私法上將適用外國法以公序良俗劃定界限，因此如發動公序良俗。則國際私法的功能將被迫退後。易言之，此與民法第 72 條相同，不過實質上仍有區分。例如民法上強行規定係屬於公序良俗，這種國內法上之強行規定，並不當然適用於國際私法上，這是涉外法律規定在國內法律之強行規定事項（如行為能力），原則上適用外國法就可明瞭（涉外 1）。

四、外國人之地位

㈠**外國人之概念**：指不具有中華民國國籍之人。通常是包括無國籍人。外國人在法律上之地位，原則上與中國人相同，均須服從中華民國法律之支配。惟在國際法上外國人所享有之權利雖不確定，而得由各國任意決定之，但通常以採相互主義或平等主義為多。所謂相互主義就是外國政府如賦予我國僑民以私權時，我國政府對該國的僑民也應該給與相同的待遇。至於平等主義，就是外國人與本國人都同等享有任何私權的意思。

㈡**外國法人**：

　　1.我國民法之解釋：依民法第 25 條規定：「法人非依法律之規定，不得成立。」依此，則依據中國法律成立之法人，爲中國法人，非依中國法律成立之法人，當爲外國法人，故係採準據主義。又依民法第 30 條、第 48 條第 2 項及第 61 條第 2 項之規定，法人非向其主事務所或分事務所所在地主管機關登記，不能成立，是兼採住所地主義。

　　2.外國法人之認許：外國法人之認許者，乃承認外國法人在我國法律上得爲法人，亦即將依外國法律成立之法人，承認其在中國亦得爲法人，使其在中國領域內得爲權利主體之謂。因此，外國法人須經認許程序，始得享有權利能力。並非一經承認，就可使外國法人成爲中國法人，亦不能使在外國尙未成爲法人者，一變而成爲法人。當此國際關係頻繁，國際交易之發展，外國法人之承認，誠屬必要，但不可漫無限制，故我民法總則施行法第 11 條規定：「外國法人，除法律規定外，不認許其成立。」足見，得予認許之外國法人，以法律有規定者爲限。則主管機關認許外國法人時，當須依據該法人目的事業之法律規定辦理，如認許外國公司，依照公司法第八章之規定是。

第十章　司法訴訟制度

第一節　司法概說

一、司法之意義

　　司法者，乃獨立之機關就具體紛爭之事件，適用法律，並藉公權力予以裁定適法或違法之國家作用之謂。

二、法院之審級制度

　　㈠**法院之審級**：我國法院分爲三級，地方法院或其分院爲第一級法院，設於直轄市或縣（市）。高等法院或其分院爲第二級法院，設於省、直轄市或特別區域。最高法院爲第三級法院，設於中央政府所在地。案件之審判原則上採三級之審判，以地方法院或其分院爲第一審，高等法院或其分院爲第二審。最高法院爲第三審。但有些較輕之刑事案件與訴訟標的較小之民事案件，則以第二審爲終審，不得上訴於第三審。反之，有某些特殊之刑事案件，如下列案件，則以高等法院爲第一審，而以最高法院爲終審。

　　　1.內亂、外患及妨害國交罪之刑事案件，以及殘害人群之罪。

　　　2.依法應由高等法院或其分院爲第一審法院之選舉訴訟。

　　㈡**審級制度的目的**：審級制度是爲保障人民之訴訟權所設計之制度。

三、法官審理方式

　　㈠**法官審理訴訟案件之方式**：有獨任制與合議制二種：

　　　1.獨任制：由法官一人組織審判機關而實施裁判權者，稱爲獨任制。其優點在於專任專一，審理迅速並節省經費。依地方法院審判案件，以法官一人獨任或三人合議行之（法組3I）。足見我國地方法院審判案件，是採獨任制爲原則，遇有特殊情形亦可採三人之合議制。

　　　2.合議制：由法官三人以上組織審判機關而實施裁判權者，稱爲合

議制。其優點在於能集思廣義審慎周詳。依規定，高等法院採三人，而最高法院採五人之合議制（法組3II,III）。但得以法官一人行準備及調查證據程序，以期辦案迅速並節省經費。

四、法院之組織及職權

㈠司法組織及業務表解：

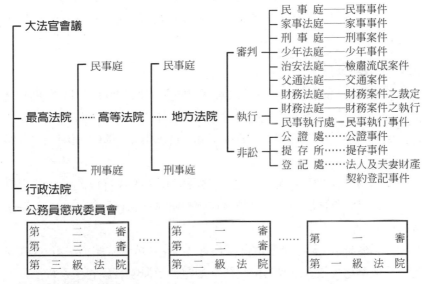

㈡法院之管轄事件：

法院之審級	管　轄　事　件
地方法院	1.民事、刑事第一審訴訟案件。但法律別有規定者，不在此限。 2.其他法律規定之訴訟案件。 3.法律規定之非訟事件。（法組9）
高等法院	1.關於內亂、外患及妨害國交之刑事第一審訴訟案件。 2.不服地方法院及其分院第一審判決而上訴之民事、刑事訴訟案件。但法律另有規定者，從其規定。 3.不服地方法院及其分院裁定而抗告之案件。 4.其他法律規定之訴訟案件。（法組32）
最高法院	1.不服高等法院及其分院第一審判決而上訴之刑事訴訟案件。 2.不服高等法院及其分院第二審判決而上訴之民事、刑事訴訟案件。

<table>
<tr><td></td><td>3.不服高等法院及其分院裁定而抗告之案件。
4.非常上訴案件。
5.其他法律規定之訴訟案件。（法組 48）</td></tr>
</table>

㈢**選編判例之決議及判例之變更**：最高法院之裁判，其所持法律見解，認有編爲判例之必要者，應分別經由院長、庭長、法官組成之民事庭會議、刑事庭會議或民、刑事庭總會議決議後，報請司法院備查。最高法院審理案件，關於法律上之見解，認有變更判例之必要時，適用前項規（法組 57）。

五、檢察機關

㈠**檢察一體**：檢察官依司法院之解擇，非屬憲法第 80 條所指之法官（司釋 13）。蓋依法院組織法之規定，檢察官有上下命令服從之關係，非如法官行使審判權，採審判獨立之原則不同，此即檢察一體之原則。其有關規定爲：

1.**越境權**：檢察官於其所屬檢察署配置之法院管轄區域內執行職務。但遇有緊急情形時，則可越境在管轄區域外執行職務（法組 62、刑訴 16）。

2.**服從命令**：檢察官服從監督長官之命令。依法院組織法第 63 條規定：「檢察總長依本法及其他法律之規定，指揮監督該署檢察官及高等法院以下各級法院及分院檢察署檢察官。檢察長依本法及其他法律之規定，指揮監督該署檢察官及其所屬檢察署檢察官。檢察官應服從前二項指揮監督長官之命令。」

3.**職務承繼**：檢察總長、檢察長得親自處理其所指揮監督之檢察官之事務（法組 64 前段）。

4.**事務移轉**：檢察總長及檢察長，得將其所指揮監督之檢察官事務移轉於其所指揮監督之其他檢察官處理之（法組 64 後段）。

㈡**檢察官之職權**：檢察官之職權如下（法組 60）：

1.實施偵查、提起公訴、實行公訴、協助自訴、擔當自訴及指揮刑事裁判之執行。

2.其他法令所定職務之執行。

㈢**特別偵察組之設置**：最高法院檢察署設特別偵查組，職司下列案件（法組 63-1）：

1.涉及總統、副總統、五院院長、部會首長或上將階級軍職人員之貪瀆案件。

2.選務機關、政黨或候選人於總統、副總統或立法委員選舉時，涉嫌全國性舞弊事件或妨害選舉之案件。

3.特殊重大貪瀆、經濟犯罪、危害社會秩序，經最高法院檢察署檢察總長指定之案件。

六、一事不再理原則

一事不再理（拉：ne bis in idem；英：double jeopardy），法院對於訴訟案件之判決，一經宣告或確定，除再審、覆判、上訴或非常上訴外，不得再就同一內容的案件，重新為同一的訴訟之謂。即法院對於同一訴訟事件，不再受理之謂。此為訴訟法上一大原則。刑事訴訟法上對於同一犯罪行為，經處罰一次後不得再行第二次處罰，此為二重處罰之禁止（二重危險 double jeopardy 之禁止）。惟刑法上之所謂一事不再理，係指同一刑罰權不能就同一事實再度行使而言。外國之裁判，自不可與本國刑罰權同日而語，故同一行為雖經外國判決確定，仍可適用我國刑法重新裁判。

在民事訴訟法上係指當事人不得就已起訴之事件，於訴訟繫屬中，更行起訴（民訴 253），又除別有規定外，確定之終局判決就經裁判之訴訟標的，有既判力（民訴 400 I）。但必先後二訴為同一事件，始受此項原則之限制。所謂同一事件，又係指同一當事人，就同一法律關係，而為同一之請求而言。若三者有一不同，即不得謂為同一事件。起訴違背上述原則者，法院應以裁定駁回之（民訴 249 I ⑦）。

第二節　民事訴訟

一、意義

國家司法機關，基於私人之要求，調查法律上要件是否具備，以保

護私權之法律上程序。通常我們稱之爲「民事官司」。如甲撞壞乙的車輛，支付修理費 5 萬元，乙乃請求法院確定其損害，並請求法院判決甲應賠償 5 萬元之法定程序，謂之民事訴訟程序。民事訴訟程序時，原則上採公開審理主義。

二、種類

㈠**一般訴訟**：即係指一般確定私權之訴訟而言。民事訴訟之第一審程序有通常訴訟程序、調解程序及簡易訴訟程序：

1.通常訴訟程序：乃一般確定私權之訴訟，適用通常訴訟程序之謂。通常訴訟程序，又可分爲第一審、第二審及第三程序與上訴審程序。

2.調解程序：下列事件，除有第 406 條第 1 項各款所定情形之一者外，於起訴前，應經法院調解（民訴 403）：

民事調解程序流程[1]

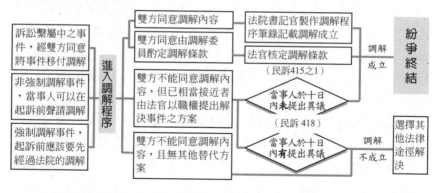

⑴不動產所有人或地上權人或其他利用不動產之人相互間因相鄰
　關係發生爭執者。

⑵因定不動產之界線或設置界標發生爭執者。

⑶不動產共有人間因共有物之管理、處分或分割發生爭執者。

⑷建築物區分所有人或利用人相互間因建築物或其共同部分之管
　理發生爭執者。

---

[1] 參照台灣新竹地方法院發布之訴訟程序流程圖。

⑸因增加或減免不動產之租金或地租發生爭執者。

⑹因定地上權之期間、範圍、地租發生爭執者。

⑺因道路交通事故或醫療糾紛發生爭執者。

⑻雇用人與受雇人間因僱傭契約發生爭執者。

⑼合夥人間或隱名合夥人與出名營業人間因合夥發生爭執者。

⑽配偶、直系親屬、四親等內之旁系血親、三親等內之旁系姻親、家長或家屬相互間因財產權發生爭執者。

⑾其他因財產權發生爭執，其標的之金額或價額在新臺幣 10 萬元以下者。

前項第 11 款所定數額，司法院得因情勢需要，以命令減至新台幣 25 萬元或增至 75 萬元。

3.簡易訴訟程序：於第一審訴訟事件中，因事件輕微、簡單或應予迅速審結者，稱為簡易事件。適用簡易程序之事件，可分為三類（民訴 427）：

⑴金額在50萬元以下	關於財產權之訴訟，其標的之金額或價額在新臺幣 50 萬元以下者，適用簡易程序。
⑵依事件性質	下列各款訴訟，不問其標的之金額或價額，因其事件之性質，一律適用簡易程序： ①因房屋定期租賃或定期借貸關係所生之爭執涉訟者。 ②僱用人與受僱人間，因僱傭契約涉訟，其僱傭期間在 1 年以下者。 ③旅客與旅館主人、飲食店主人或運送人間，因食宿、運送費或因寄存行李、財物涉訟者。 ④因請求保護占有涉訟者。 ⑤因定不動產之界線或設置界標涉訟者。 ⑥本於票據有所請求而涉訟者。 ⑦本於合會有所請求而涉訟者。 ⑧因請求利息、紅利、租金、贍養費、退職金及其他定期給付涉訟者。 ⑨因動產租賃或使用借貸關係所生之爭執涉訟者。
⑶當事人合意	①不合於前二項規定之訴訟，得以當事人之合意，適用簡易程序，其合意應以文書證之。

| | ②不合於第一項及第二項之訴訟，法院適用簡易程序，當事人不抗辯而爲本案之言詞辯論者，視爲已有前項之合意。 |

　　4.小額訴訟程序：關於請求給付金錢或其他代替物或有價證券之訴訟，其標的金額或價額在新台幣 10 萬元以下者，適用小額程序。法院認適用小額程序爲不適當者，得依職權以裁定改用簡易程序，並由原法官繼續審理。此項裁定，不得聲明不服。第一項之訴訟，其標的金額或價額在新台幣 50 萬元以下者，得以當事人之合意適用小額程序，其合意應以文書證之（民訴 436 之 8）。

　　㈡**特別訴訟**：即就一般訴訟以外之特別事項所生之訴訟。此種訴訟，因其性質特殊，應適用特別訴訟程序之規定。

種　　類	內　　　　　容	法律
1. 督促程序	即法院依債權人之聲請，就以給付金錢或其他代替物或有價證券之一定數量爲標的之請求，對債務人發支付命令之程序也。	民訴508 以下
2. 保全程序	即指保全強制執行之假扣押及假處分之程序而言。	民訴522 以下
3. 公示催告 程序	即法院依當事人之聲請，以公告之方法，催告不明之相對人，於一定期間內申報權利，如不申報，則使其受到失權效果之程序也。	民訴539 以下
4. 人事訴訟 程序	即以自然人之身分關係或能力爲標的之訴訟程序也。如婚姻事件、親子事件、禁治產事件及宣告死亡事件程序等均是。	民訴568 以下

三、當事人

　　㈠**當事人之意義**：當事人（德：Partei）者，爲民事訴訟法律關係之主體，以自己之名義，向法院請求保護私權之人及其他民事審判之相對人也。

　　㈡**當事人之稱謂**：

依程序分	原　　　　告	被　　　　告
第一審程序	原告	被告
上訴程序	上訴人	被上訴人
抗告程序	抗告人及再抗告人	

再審程序	再審原告	再審被告
督促程序	債權人（聲請發支付命令之當事人）	債務人（對造當事人）
保全程序	債權人（聲請假扣押或假處分之當事人）	債務人（對造當事人）
其他聲請程序	聲請人（聲請指定管轄、推事迴避、確定訴訟費用額、返還提存物或保證書、訴訟救助、保全證據、公示催告、除權判決、監護、撤銷監護、宣告死亡判決等）	相對人

㈢**訴訟能力**：即能獨立以法律行為負義務者，有訴訟能力（民訴45）。

　　1.自然人之訴訟能力：

　　⑴本國人：

　　　①有訴訟能力人：成年人及未成年人已結婚者，民法上有行為能力，故有訴訟能力。法定代理人允許限制行為能力人獨立營業者，該限制行為能力人關於其營業有行為能力，故有訴訟能力（64.7.8民庭總會）。

　　　②無訴訟能力人：無行為能力人，無訴訟能力。故未滿7歲之未成年人及監護或受監護宣告之人，在民法上均無行為能力，當不能為法律行為（民13Ⅰ，15）。故民法第75條規定之無行為能力，亦無訴訟能力。法定代理人允許限制行為能力人處分之財產（民84），在訴訟法上仍無訴訟能力。但未成年人之夫或妻就婚姻關係（民訴570），收養關係（民訴584）、認領關係（民訴596Ⅱ）等，未成年人有訴訟能力。

　　⑵外國人：外國人之行為能力，依其本國法定之（涉外1Ⅰ）。

四、訴訟之過程

㈠**起訴**：起訴者，指原告為確定其私權，請求法院開始判決之程序也。起訴之要件通稱為訴訟成立要件，起訴要件如有欠缺，除可以補正，審判長應定期命其補正外，原告之訴，有下列各款情形之一，法院應以裁定駁回之（民訴249）：

　　1.訴訟事件不屬普通法院之權限，不能依第31條之2第2項規定移送者。

2.訴訟事件不屬受訴法院管轄而不能為第 28 條之裁定者。

3.原告或被告無當事人能力者。

4.原告或被告無訴訟能力，未由法定代理人合法代理者。

5.由訴訟代理人起訴，而其代理權有欠缺者。

6.起訴不合程式或不備其他要件者。

7.起訴違背第 31 條之 1 第 2 項、第 253 條、第 263 條第 2 項之規定，或其訴訟標的為確定判決之效力所及者。

原告之訴，依其所訴之事實，在法律上顯無理由者，法院得不經言詞辯論，逕以判決駁回之（民訴 249II）。

上項情形，法院得處原告新臺幣六萬元以下之罰鍰（民訴 249III）。

上項裁定得為抗告，抗告中應停止執行（民訴 249IV）。

㈡**言詞辯論**：

1. 廣義	指法院、當事人及其他訴訟關係人，於法院所定期日，以言詞為聲明、聲請、提出攻擊或防禦方法，並為事實上及法律上陳述之行為。
2. 狹義	專指當事人在言詞辯論期日所為之行為而言。即民訴法第 221 條所指之辯論是。民訴法規定，在事實審法院之判決程序，以採言詞審理主義為原則。

㈢**送達**：送達者，法院書記官依一定程式，將訴訟文書交付訴訟關係人之行為也。

㈣**裁判**：裁判者，乃法院、審判長、受命法官或受託法官，就具體紛爭之事件，適用法律，並藉公權力予以法律判斷之意思表示也。

1.判決：法院原則上本於言詞辯論，並依法定方式，對於當事人所主張實體上權利之爭點，認定其是否適當所為之意思表示之謂。對於判決不服者，除別有規定外，得提起上訴。

2.裁定：即法院、審判上、受命法官或受託法官在訴訟中，對當事人或訴訟關係人關於非實體上權利之爭點，所為之意思表示之謂。對裁定之不服得提起抗告或提出異議。

㈤**上訴**：當事人對法院之判決不服，可以向上級法院提起上訴，對裁定不服可以抗告，對於確定之判決有重大瑕疵，亦可提起再審。

㈥**抗告**：當事人或其他訴訟關係人，對於下級法院所爲不利於己之裁定，向上級法院（簡易程序爲管轄之地方法院）聲明不服，請求廢棄或變更原裁定之訴訟行爲也。提起抗告，應於裁定送達後 10 日之不變期間內爲之。但送達前之抗告，亦有效力（民訴 487）。

㈦**再審**：即法院對於已因判決確定而終結之訴訟事件，更爲審判也。當事人對於已確定的終局判決，如有不服，而**發現有再審所定的法定原因時**，可以在 30 日之期間內提起再審之訴。

㈧**督促程序**：乃法院依債權人之聲請，關於給付金錢或其他代替物或有價證券之一定數量爲標的之請求，對債務人發支付命令，如債務人不於 20 日之法定期間內提出異議，即使該支付命令發生與確定判決有同一效力之特別訴訟程序。

㈨**保全程序**：民事判決除經宣告假執行者外，非經確定，不能聲請強制執行。因此，往往債務人利用漫長之訴訟期間而脫產，則債權人縱獲勝訴判決，也不能依強制執行獲得清償。因此，如何防止債務人脫財，以保護債權人權利，以待判決後能順利強制執行，即爲保全程序。

㈩**公示催告程序**：指法院依當事人之聲請，以公示方法，催告不明之利害關係人，於一定期間內申報權利，如不申報，即喪失權利之特別訴訟程序也。申報權利之公示催告，以得依背書轉讓之證券或其他法律有規定者爲限（民訴 539 I ）。

(十一)**人事訴訟程序**：指以自然人之身分關係或能力關係爲目的之特別訴訟程序。我民訴法將婚姻事件、親子事件、禁治產事件及宣告死亡事件合併列爲人事訴訟程序，以別於一般訴訟程序。因身分關係與能力關係，不但涉及當事人利益，常影響社會秩序與國家公益，故其特色則特別限制當事人之處分權，以及加強國家之干涉。

(十二)**強制執行程序**：①

強制執行，是國家機關，依據執行名義，運用國家強制力，強制債務人履行義務，以實現已確定私權的行爲。例如甲欠乙壹佰萬元不還，

①參照台灣新竹地方法院發布之訴訟程序流程圖。

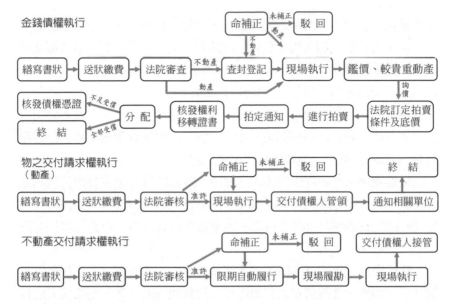

乙向法院提起民事訴訟，法院乃判決乙勝訴。乙即持該判決書聲請法院強制執行，法院乃查封、拍賣甲之財產，以拍賣所得償積欠乙之壹佰萬元及其利息，此即強制執行。強制執行最常見者即為拘提、管收、查封與拍賣債務人之財產。

　　1.拘提管收：

　　　⑴拘提：債務人受合法通知，無正當理由而不到場者，執行法院得拘提之（強21）。拘提應用拘票。拘票由執行法官簽名。

　　　⑵管收：執行拘提時，執行法院得命債務人提供擔保，無相當擔保者，管收之，其非經拘提到場者亦同（強22）。

　　2.查封：債權人請求執行機關實施強制執行時，必須提出強制執行的公文書，此在法律上稱為執行名義。

　　3.拍賣：

　　　⑴動產之拍賣：動產查封後，執行法官應速定拍賣期日，查封日至拍賣期日，至少應留 7 日之期間（強57）。

　　　⑵不動產之拍賣：拍賣不動產，執行法院應命鑑定人就該不動產估定價格，以為拍賣最低價額（強80）。

4.異議之訴：是指債務人或第三人基於實體上之法律關係，請求排除強制執行之方法而言。

第三節　刑事訴訟

一、意義

乃國家為確定刑罰權及其範圍的一切訴訟程序之總稱。亦即國家為確定刑罰權，除以法律規定何種行為為犯罪行為與科處刑罰之範圍外，對此犯罪行為應如何追訴、處罰，如何執行之程序，此種法律程序稱為刑事訴訟。

二、當事人

㈠**當事人之意義**：刑事訴訟之當事人，係指檢察官、自訴人及被告（刑訴3）。

1.檢察官：檢察官係代表國家追訴犯罪之機關，其職權為：實施偵查、提起公訴、實行公訴、協助自訴、擔當自訴、指揮刑事裁判之執行及其他法令所定職務之執行。

2.自訴人：即自訴案件之當事人，除檢察官之外，另有原告之自訴人。自訴人須為有行為能力之犯罪被害人（刑訴319Ⅰ）。

3.被告：有起訴才有被告，但在公訴案件，為檢警列為偵查對象之犯罪嫌疑人，亦稱為被告（刑訴228），不過在起訴之前，則稱為犯罪嫌疑人（刑訴229）。經判決有罪受刑罰執行時，則稱為受刑人（刑訴468）。

㈡**當事人能力**：

1.檢察官之訴訟能力：檢察官代表國家為訴訟之原告，當為有效之訴訟行為。

2.自訴人之訴訟能力：自訴人有無訴訟能力，以起訴時為準。自訴人於辯論終結前，喪失行為能力或死亡者，得由第319條第1項所列得提起自訴之人聲請法院承受訴訟。法人為被害人時，應由其代表人提起自訴（27上946）。

3.被告之訴訟能力：被告是否具有訴訟能力，仍以其是否有意思能力爲斷。即在訴訟程序上能否防禦自己之利害，自由決定其意思爲準。

三、刑事訴訟之程序

㈠**傳喚**：傳喚者、檢察官、審判長或受命推事，使被告於一定日時親赴一定處所就訊之命令也。

㈡**拘提**：拘提者，乃檢察官、審判長或受命推事，於一定時間內，拘束被告之自由，強制其到場就訊之處分。法院拘提被告時，要用拘票。拘提以防止被告之逃亡及其湮滅、僞造、變造證據、或勾串共犯及證人爲目的。被告拘提到場，應即時訊問，至遲不得逾 24 小時，除有羈押之情形外，於訊問完畢，應即釋放。

㈢**通緝**：通緝者，因被告逃亡或藏匿，由通緝機關以通緝書通知其他機關拘提或逮捕，解送於一定處所，所爲之強制處分（刑訴 84、85）。

㈣**逮捕**：逮捕者，乃以強制力拘束被告之身體，並解送至一定處所之謂。有通緝被告之逮捕，與現行犯之逮捕，則通緝經通知或公告後，檢察官、司法警察官得拘提被告或逕行逮捕之（刑訴 87 I）。而現行犯，不問何人得逕行逮捕之（刑訴 88 I）。

㈤**羈押**：羈押者乃被告因犯罪嫌疑重大，爲保全證據及便於訴訟之進行，由法官拘束被告自由之強制處分之謂。

羈押之要件，被告經法院訊問後，認爲犯罪嫌疑重大，而有下列情形之一，非予羈押，顯難進行追訴、審判或執行者，得羈押之（刑訴 101）：

1.逃亡或有事實足認爲有逃亡之虞者。

2.有事實足認爲有湮滅、僞造、變造證據或勾串共犯或證人之虞者。

3.所犯爲死刑、無期徒刑或最輕本刑爲五年以上有期徒刑之罪者。

㈥**搜索**：搜索者，乃以發現被告或證物爲目的，對於身體、物件、電磁紀錄及住宅或其他處所，施以搜索之強制處分。

1.應用搜索票：搜索，原則上應用搜索票，搜索票由法官簽名。法官並得對執行人員爲適當之指示（刑訴 128）。

2.夜間搜索之限制：凡有人住居或看守之住宅或其他處所，原則上

不得於夜間入內搜索。

(七)**扣押**：所謂扣押，乃檢察官或推事，爲實行訴訟，保全證據，將可爲證據或得沒收之物，暫時予以占有之強制處分。所謂「得沒收之物」，依刑法第 38 條之規定爲：違禁物、供犯罪所用或供犯罪預備之物，及因犯罪所生或所得之物。其中，違禁物不問屬於犯罪行爲人與否，均得沒收之。其餘，原則上以屬於犯罪行爲人所有始得沒收。

(八)**起訴**：刑事訴訟程序應由起訴才正式開始。惟通常起訴有公訴與自訴兩種情形：

1. 公訴程序：

(1)起訴程序：乃檢察官代表國家，執行犯罪追訴權　，請求法院認定被告犯罪，並科以被告刑罰之程序。**檢察官依偵查所得之證據，足認被告有犯罪嫌疑者**，而向法院起訴，謂之公訴。案經起訴後，即繫屬於法院，進入審判階段。因此，公訴程序是由偵查開始：

①偵查之進行：偵查乃檢察官、司法警察官或其他偵查機關，調查人犯，及搜集一切犯罪證據，以決定有無犯罪嫌疑，及應否提起公訴之準備程序。檢察官因告訴、告發、自首或其他情事知有犯罪嫌疑者，應即開始偵查（刑訴 228 I ）。

所謂**告訴**，即犯罪被害人向檢察官表示追訴之意思之謂。所謂**告發**，即被害人及其他有告訴權人以外之第三人，或公務員因執行職務知有犯罪嫌疑，而向偵查機關報告犯罪事實者之謂。所謂**自首**，即犯罪人於犯罪發覺前，自行向偵查機關，報告自己犯罪事實，請求受法律之制裁之謂。

偵查由檢察官指揮司法警察官調查、搜集證據，並傳喚被告到場詢問，其程序原則上應秘密行之。被告雖得選任辯護

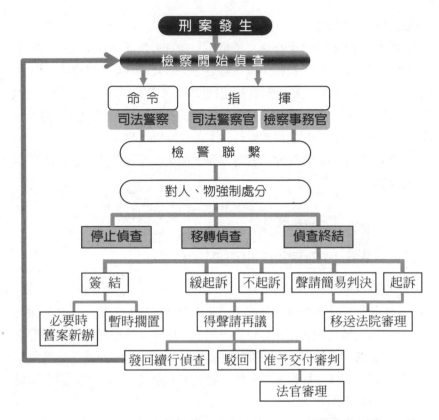

人到場，但不得檢閱卷宗及證物，並不得抄錄或攝影。被告經合法傳喚，無正當理由不到場者，得拘提之（刑訴75）。被告逃亡或藏匿時，則通緝之。被告經詢問後，認有羈押之必要時，得羈押之（刑訴101）。

②偵查之終結：檢察官偵查後，依所得資料及證據，應決定是否起訴。如足認被告有犯罪嫌疑時，應提起公訴。

(2)微罪不舉：基於刑法之最後手段性及謙抑思想，檢察官對於輕微案件得為不起訴處分（刑訴253）。

2.自訴程序：乃犯罪被害人，逕向法院請求，確定被告之犯罪，並科處刑罰之程序。我國刑事訴訟法除採國家追訴主義，由檢察官代表國家偵查起訴外，兼採被害人追訴主義。故公訴程序之外，尚有自訴程序。

㈨**審理案件之程序**：審理案件，先爲程序上之審理，調查其是否具備起訴要件，因此可分爲兩方面說明：

刑事訴訟程序流程

　　1.未具備起訴要件之處理：如未具備起訴要件，即不必經過通常審判之程序，按其情形，分別論知免訴、不受理或管轄錯誤之判決；不再進行實體上之審理。

　　2.具備起訴要件之審理：如具備起訴要件，則進一步作實體上之審理，調查被告有無犯罪及其犯罪之情形，按其情形，分別予以判決。

㈩**證據之交互詰問**：所謂「**交互詰問**」（英：cross examination），即在訊問證人時，由兩當事人交互訊問證人之方式。交互詰問制度設計之主要目的，在辯明供述證據之眞僞，以發見實體之眞實，而由當事人一造聲請傳喚之證人、鑑定人，此造對於該證據最爲關心及瞭解，自應先由

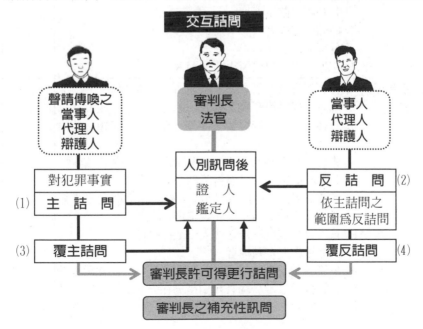

該當事人、代理人或辯護人為主詰問，次由他造之當事人、代理人或辯護人反詰問，再由先前之一造當事人、代理人或辯護人為覆主詰問，再次由他造當事人等為覆反詰問，交叉為之以示公平，並有助訴訟程序之順利進行。此即為保護正當法律程序所為之規定。

㈡**判決**：判決者，乃法院針對訴訟事件，認定事實，適用法律，所為之意思表示。其種類有下列六種：

判決之種類	內　　　　　容	法　律
1.**有罪判決**	依審判所得之證據，足以證明被告犯罪者，論知有罪判決，又分為兩種：	
	⑴科刑判決：被告犯罪已經證明者，應論知科刑之判法。	刑訴299 I 前段
	⑵免刑判決：被告犯罪已經證明，依刑法規定應免除其刑者，應論知免刑之判決。	刑訴299 I 後段
2.**無罪判決**	不能證明被告犯罪或依法律規定其行為不罰者，論知無罪判決。	刑訴301
3.**免訴判決**	案件有下列情形之一者，應論知免訴之判決： ⑴曾經判決確定者。 ⑵時效已完成者。 ⑶曾經大赦者。 ⑷犯罪後之法律已廢止其刑罰者。	刑訴302
4.**不受理判決**	案件有下列情形之一者，應論知不受理之判決： ⑴起訴之程序違背規定者。 ⑵已經提起公訴或自訴之案件，在同一法院重行起訴者。 ⑶告訴或請求乃論之罪，未經告訴、請求，或其告訴、請求經撤回，或已逾告訴期間者。 ⑷曾為不起訴處分、撤回起訴或緩起訴期滿未經撤銷，而違背第 260 條之規定再行起訴者。 ⑸被告死亡或為被告之法人已不存續者。 ⑹對於被告無審判權者。 ⑺依第 8 條之規定不得為審判者：即同一案件繫屬於有管轄權之數法院者，由繫屬在先之法院審判。其不得審判之法院，對於該審應以論知不受理而終結	刑訴303

	其訴訟關係。	刑訴331
	(8)自訴代理人經合法通知無正當理由不到庭，應再行通知，並告知自訴人。自訴代理人無正當理由仍不到庭者，應諭知不受理之判決。	刑訴334
	(9)不得提起自訴而提起者。	
5.管轄錯誤之判決	無管轄權之案件，應諭知管轄錯誤之判決，並同時諭知移送於管轄法院	刑訴304
6.逕行判決(缺席判決)	(1)被告心神喪失或因疾病不能到庭，顯有應諭知無罪或免刑判決之情形者，得不待其到庭，逕行判決。	刑訴294III
	(2)被告拒絕陳述者，得不待其陳述逕行判決，其未受許可而退庭者亦同。	刑訴305
	(3)法院認為應科拘役、罰金或應諭知免刑或無罪之案件，被告經合法傳喚，無正當理由不到庭者，得不待其陳述逕行判決。	刑訴306
	(4)自訴人於辯論終結前，喪失行為能力或死亡者，得為承受訴訟之人逾期不為承受，或無承受訴訟之人，法院得逕行判決，或通知檢察官擔當訴訟。	刑訴332
	(5)被告經合法傳喚，無正當之理由不到庭者，得不待其陳述，逕行判決。	刑訴371
	(6)許被告用代理人之案件，得由代理人到庭，毋庸被告自行到庭，法院自得逕行判決。	刑訴281 II

(三)**不經言詞辯論之判決**：有下列情形者，得不經言詞辯論而為判決：

　　1.依刑訴法第 161 條第 4 項駁回起訴之裁定已確定，非有新事實或新證據或有再審原因，而再行起訴者（刑訴 307）。

　　2.刑訴法第 302 條至 304 條為免訴、不受理、管轄錯誤之判決者（刑訴 307）。

　　3.第 367 條之判決及對於原審諭知管轄錯誤、免訴或不受理之判決上訴時，第二審法院認其為無理由而駁回上訴，或認為有理由而發回該案件之判決，得不經言詞辯論為之（刑訴 372）。

　　4.第三審法院之判決，不經言詞辯論為之。但法院認為有必要者，得命辯論。此項辯論，非以律師充任之代理人或辯護人，不得行之（刑訴 389）。

　　5.非常上訴之判決，不經言詞辯論為之（刑訴 444）。

6.簡易判決處刑：簡易判決處刑，既在簡化訴訟程序，得因檢察官之聲請，不經通常審判程序，逕以簡易判決處刑（刑訴449）。

7.受判決人已死亡者，爲其利益聲請再審之案件，應不行言詞辯論，由檢察官或自訴人以書狀陳述意見後，即行判決（刑訴437）。

㈢上訴：係指當事人及其他有上訴權人，對於下級法院尚未確定之判決，於收到判決書之日起20日之不變期間內，向原審級管轄直接上級法院聲明不服而請求撤銷或變更原判決之方法。如對台中地方法院之判決不服，得向台灣高等法院台中分院上訴，此爲第二審上訴；對台灣高等法院台中分院之判決不服，得向最高法院上訴，此爲第三審上訴。

㈣抗告：乃有抗告權人對於下級法院**未確定之裁定，聲明不服**，請求直接上級法院以裁定予以撤銷或變更之救濟方法。此與對於下級法院之判決聲明不服，請求救濟之上訴不同，亦與請求同級法院之證據調查或訴訟指揮聲明異議（刑訴288之3）或準抗告也不同（刑訴416）。

㈤**再審**：即有再審權人，對於已確定之判決，以**認定事實不當為理由**，請求原審法院重新審理，藉以撤銷或變更原判決之救濟方法。此與非常上訴係爲糾正原確定判決違背法令所設之救濟程序有別。亦與上訴係對於未確定之判決聲明不服不同。再審係以確定判決爲其對象。此項判決，不問其爲有罪、無罪、免訴、免刑等均可爲之。又聲請再審爲受判決人之利益聲請固無問題，即爲受判決人之不利益而聲請，亦無不可。惟再審採不告不理原則，除非有再審權人請求再審，否則法院不得依職權爲之。

㈥**非常上訴**：最高法院檢察署檢察長，於刑事判決確定後，發現該案件之**審判係違背法令者**，得向最高法院請求撤銷或變更原判決，或其訴訟程序之救濟方法，稱爲非常上訴。此與再審係對於已確定之判決，以認定事實不當爲理由，請求原審法院重新審判者不同，亦與一般之上訴，係對未確定之判決聲明不服有別。

非常上訴以統一法令解釋、適用爲其主旨，除原確定判決不利於被告違法者，應爲有利被告之判決外，其爲不利益於被告之判決者，效力則不及於被告。所謂判決違背法令，係指判決不適用法則或適用不當，

及有刑事訴訟法第 379 條各款之情形而言。非常上訴之提起，並無時間之限制，且其提起採便宜主義，即原確定判決縱屬違背法令，惟提起與否最高法院檢察官仍有審酌之權。

㈦**附帶民事訴訟**：附帶民事訴訟者，乃因犯罪而損害之人，於刑事訴訟進行中，在第二審言詞辯論終結前，對於被告及依民法負賠償責任之人，附帶提起民事訴訟，以請求回復損害之程序也。

四、簡易程序

第一審法院依被告在偵查中之自白或其他現存之證據，已足認定其犯罪者，得因檢察官之聲請，不經通常審判程序，逕以簡易判決處刑。但有必要時，應於處刑前訊問被告。此項案件檢察官依通常程序起訴，經被告自白犯罪，法院認為宜以簡易判決處刑者，得不經通常審判程序，逕以簡易判決處刑。依前二項規定所科之刑以宣告緩刑、得易科罰金之有期徒刑及拘役或罰金為限（刑訴 449）。

五、協商程序

除所犯為死刑、無期徒刑、最輕本刑 3 年以上有期徒刑之罪或高等法院管轄第一審案件者外，案件經檢察官提起公訴或聲請簡易判決處刑，於第一審言詞辯論終結前或簡易判決處刑前，檢察官得於徵詢被害人之意見後，逕行或依被告或其代理人、辯護人之請求，經法院同意，就下列事項於審判外進行協商，經當事人雙方合意且被告認罪者，由檢察官聲請法院改依協商程序而為判決（刑訴 455 之 2）：

㈠被告願受科刑之範圍或願意接受緩刑之宣告。

㈡被告向被害人道歉。

㈢被告支付相當數額之賠償金。

㈣被告向公庫或指定之公益團體、地方自治團體支付一定之金額。

檢察官就前項第二款、第三款事項與被告協商，應得被害人之同意。第一項之協商期間不得逾 30 日。

六、裁判之執行

㈠**死刑之執行**：受死刑之諭知而未經羈押者，檢察官於執行時，應傳換之，傳喚不到者，應行拘提。如受刑人逃亡或藏匿者，得通緝之（刑訴469）。諭如死刑判決確定後，檢察官應速將該案卷宗，送交司法行政最高機關（刑訴460）。死刑應經司法行政最高機關令准於令到 3 日內執行（刑訴461）。死刑於監獄內執行之（刑訴462）。

㈡**自由刑（徒刑、拘役）之執行**：受徒刑或拘役之諭知，審判中未經羈押者，檢察官於執行時，應傳喚之，傳喚不到者，應即拘提之。如已逃亡或藏匿者，得通緝之（刑訴469）。處拘役或徒刑之人犯，於監獄內分別拘禁之（刑訴466）。受拘役之宣告，而犯罪動機，在公益上或道義上，顯可宥恕者，得易以訓誡。此訓誡由檢察官斟酌以言詞或書面為之，執行完畢，其所受宣告之刑，以已執行論（刑訴482）。

㈢**財產刑之執行**：罰金、罰鍰、沒收、沒入及追徵之裁判，應依檢察官之命令執行之（刑訴470）。罰金應於裁判確定後兩個月內完納。期滿而不完納者，強制執行，其無力完納者，易服勞役（刑42）。罰金、沒收及追徵，得就受刑人之遺產執行（刑訴470III）。沒收物，由檢察官處分之（刑訴472）。

第四節　裁判之效力

裁判應經宣示，對外發表始生效力，不經宣示者，經公告或送達時發生效力。其效力可分四種：

一、拘束力

法院對於訴訟案件所作成之裁判，經宣示或送達時，即生拘束力，除了裁定經當事人或其他受裁定人提起抗告，而原審法院認為抗告有理由，而更正其裁定外，不得重覆裁判或任意自行撤銷、變更補充之。此為裁判之拘束力與不變力，亦即裁判之對內與對外之效力。（行訴 206、民訴231）至於刑訴判決，如係文字誤寫，依釋字第 43 號，得參照民訴法第232 條以裁定更正之。

二、確定力

裁判於確定後，發生確定力，此又可分為：

㈠**形式確定力**：即當事人對於確定之判決，除依下列情形表示不服外，不得再行聲明不服，法院對該判決亦不得撤銷變更之謂：

　　1.行政訴訟：除有第 243 條違背法令情形或第 273 條規定再審之事由，或依第 284 條提出重新審理。

　　2.民事訴訟：得依第 496 條再審程序表示不服。

　　3.刑事訴訟：得依第 420 條再審或第 441 條非常上訴程序表示不服。

㈡**實質的確定力**：亦稱既判力。即訴訟標的之法律關係，於終局判決中經裁判者，當事人不得就該法律關係更行起訴，此即「一事不再理之原則」。如再行起訴者，法院應為免訴之判決。

三、執行力及形成力

即國家依一定程序，執行裁判內容之效力。裁判於確定後，即有執行之效力。但在民訴上經宣告假執行者，在其確定前即有執行力，裁定則不問其是否確定，原則上縱有抗告，除別有規定外，無停止執行之效力（民訴 491 Ⅰ）。

四、證明力

即裁判具有一定證據之證明力。裁判之公文書，在證據法上即得推定為真正（民訴 355），因此確定之裁判，足為其他案件認定事實之證據，依民訴法第 496 條第 1 項第 11 及 12 款，即為適例。至於刑事訴訟依第 500 條規定：「附帶民事訴訟之判決，應以刑事訴訟判決所認定之事實為據。」又犯罪是否成立以他罪為斷，而他罪已經起訴者，得於其判決確定前，停止本罪之審判（刑訴 295），此均係確定判決，具有證明力之證明。

第五節　鄉鎮市區之調解

一、鄉鎮市區調解的用意

　　鄉鎮市區調解是由鄉鎮市區公所設置的鄉鎮市區調解委員會，就當事人間有關民事或簡單的刑事案件加以調解，使雙方相互讓步，使爭議達成和解為目的。此調解制度的法律依據是《鄉鎮市調解條例》。雖然名稱是《鄉鎮市調解條例》，由於條例第 35 條第 2 項規定：「本條例於直轄市、市之區調解委員會準用之。」

二、得提起調解之刑事案件

　　某些犯罪，依法必須由被害人或其他有告訴權人，向犯罪偵查機關申告犯罪事實，並希望國家進行追訴處罰之案件，稱為**告訴乃論**之案件。刑事只有告訴乃論之罪，始得向調解委員會聲請調解。

　　㈠**親告罪之概念**：即法律規定以被害者之告訴為起訴要件之罪，謂之親告罪。亦稱**告訴乃論之罪**，或**請求乃論之罪**。即規定必須由受害人提出告訴，否則檢察官不得直接起訴。

　　　1.親告罪之情形：有二種情形：

　　　　⑴犯罪的被害法益輕微，只用損害賠償就可以解決的案件，而列為親告罪者。例如：

> ### 過失傷害罪
> 因過失不注意而傷害人者（刑 284）。

汽車駕駛過失撞傷人

> ### 毀損器物罪
> 故意毀損他人之物致令不堪用，足以生損害於公眾或他人者（刑 354）。

甲用石頭擊斃踐食菜園之他人豬隻

(2)為犯罪被害人保全名譽、尊重其意思，不願其被害事實與經過讓外界知悉，維護家庭和平及關係人名譽，而列為親告罪。例如：

通 姦 罪

有配偶而與人通姦者（刑239）。

誹 謗 罪

意圖散布於眾，而指摘或傳述足以毀損他人名譽之事者（刑310）。

2.告訴期間：告訴乃論之罪，其告訴應自得為告訴之人知悉犯人之時起，**於 6 個月內為之**。得為告訴人之有數人，其一人遲誤期間者，其效力不及於他人（刑訴237）。

3.親告罪以外之罪：即為非親告罪，此種犯罪，不待被害人提起告訴，檢察官知有犯罪之嫌疑，即主動予以論究起訴，科處犯罪人以應得之刑罰。

㈡**刑法上規定適用親告罪之案件為：**

1.第 116 條之妨害友邦元首，或派至中華民國之外國代表名譽，及第 118 條之侮辱外國旗章罪，須外國政府請求乃論（刑119）。

2.對配偶犯刑法第 221 條強制性交罪者，第 224 條強制猥褻罪或未滿 18 歲之人犯第 227 條對未成年人為性交猥褻罪者須告訴乃論（刑229之1）。

3.第 230 條血親為性交罪（刑236）、第 238 條詐術結婚罪、第 239 條通姦罪及第 240 條第 2 項之妨害婚姻及家庭罪，須告訴乃論；但第 239 條之通姦，其配偶縱容或宥恕者，不得告訴（刑245）。

4.第 277 條第 1 項、第 281 條、第 284 條及第 285 條之罪，須告訴乃論。但公務員於執行職務時，犯第 277 條第 1 項之罪，不在此限（刑287）。

5.第 298 條略誘婦女結婚罪及第 306 條之侵任住宅罪，須告訴乃論；但第 298 條第 1 項之略誘罪，其告訴以不違反被略誘人之意思為限（刑308）。

6.第二十七章之妨害名譽及信用罪，須告訴乃論（刑 314）。

7.第 315 條妨害書信秘密罪、第 315 條之 1 妨害秘密罪、第 316 條至第 318 條之 2，洩漏業務上秘密罪，須告訴乃論（刑 319）。

8.親屬或其他五親等內血親，或三親等內姻親之間，犯第二十九章之竊盜罪者，須告訴乃論（刑 324II）。

9.親屬或其他五親等內血親，或三親等內姻親之間，犯第三十一章之侵佔罪者，須告訴乃論（刑 338）。

10.親屬或其他五親等內血親，或三親等內姻親之間，犯第 339 條至第 342 條之詐欺背信罪者，須告訴乃論（刑 343）。

11.第 352 條毀損文書罪、第 354 條至第 356 條之毀棄損壞罪，須告訴乃論（刑 357）。

附錄一：

100 年高普特考法學緒論、法學大意測驗題出現率

本書蒐集 100 年高普特考測驗題，共 838 題，分析在各章節中命題之出現情形，讀者當可照命題之出現率，作重點準備。惟如有憲法與法學緒論合併命題者，憲法部分則不列入本書，另列入「中華民國憲法」之專冊中。因民法所佔比率最高，讀者可另外閱讀「民法概論」一書，深入準備。其情形如下表：

章序	總 論 章 名	法緒	大意	章序	各 論 章 名	法緒	大意
一	法律之本質			一	憲法	38	53
二	法律之功能			二	行政法	21	18
三	法律之目的			三	民法	94	110
四	法律之派別	5	2	四	商事法	54	76
五	法系	1	1	五	刑法	54	58
六	法律與命令之概念	6	12	六	家庭暴力防治法	19	16
七	法律與其他社會規範	2	1	七	勞動基準法	30	21
八	法律規範			八	智慧財產權	16	2
九	法律之淵源	3	6	九	國際法		1
十	法律之類別	12	13	十	司法制度與訴訟法	6	1
十一	法律之制定、修正及廢止	6	12				
十二	法規之效力	5	7				
十三	法律之解釋	6	11				
十四	法規之適用	19	8				
十五	法規之制裁	1					
十六	權利與義務	1	1				
十七	我國法制發展簡史	4					
十八	法律體系	2	3				
	合　　計	73	77		合　　計	332	356

總計：法學緒論 405 題；法學大意 433 題，總共 838 題

附錄二：100 年法學緒論高普特考測驗題

公務人員特種考試海岸巡防人員、關務人員、稅務人員、 簡稱（100海巡三）
退除役軍人轉任公務人員及國軍上校以上軍官轉任公
務人員（三等海岸巡防人員、三等稅務人員、三等退除役軍
人轉任考試）

公務人員特種考試關務人員（三等考試） 簡稱（100關三）

公務人員特種考試關務人員（四等考試） 簡稱（100關四）

公務人員特種考試稅務人員、退除役軍人轉任公務人員 簡稱（100稅退四）
（四等稅務人員、四等退除役軍人轉任考試）

公務人員特種考試身心障礙人員（三等考試） 簡稱（100身障三）

公務人員特種考試身心障礙人員（四等考試） 簡稱（100身障四）

交通事業鐵路、公路、港務人員升資（員級晉高員級） 簡稱（100交高員）

交通事業鐵路、公路、港務人員升資（佐級晉員級） 簡稱（100交員）

公務人員特種考試一般警察人員、警察人員、交通事業 簡稱（100警鐵）
鐵路人員（三等一般警察人員、高員三級鐵路人員考試）

公務人員特種考試一般警察人員、警察人員、交通事業 簡稱（100行警四）
鐵路人員（四等一般警察人員／行政警察考試）

公務人員特種考試一般警察人員、警察人員、交通事業 簡稱（100消警四）
鐵路人員（四等一般警察人員／消防、水上警察人員輪機組）

公務人員特種考試一般警察人員、警察人員、交通事業 簡稱（100鐵員）
鐵路人員（員級鐵路人員考試）

公務人員高等考試三級考試 簡稱（100高三）

公務人員普通考試 簡稱（100普）

公務人員特種考試司法人員（三等考試） 簡稱（100司三）

公務人員特種考試司法人員（四等考試） 簡稱（100司四）

公務人員特種考試民航人員、外交領事人員及國際新聞 簡稱（100民航三）
人員、國際經濟商務人員、法務部調查局調查人員、
國家安全局國家安全情報人員及社會福利工作人員考
試（民航三等考試）

公務人員特種考試民航人員、外交領事人員及國際新聞 簡稱（100調三）
人員、國際經濟商務人員、法務部調查局調查人員、
國家安全局國家安全情報人員及社會福利工作人員（調
查人員、國家安全情報人員、社會福利工作人員三等考試）

公務人員特種考試民航人員、外交領事人員及國際新聞 簡稱（100社四）
人員、國際經濟商務人員、法務部調查局調查人員、
國家安全局國家安全情報人員及社會福利工作人員（社

　　會福利工作人員四等考試）

公務人員升官等、關務人員升官等（薦任）　　　簡稱（100關薦）

特種考試地方政府公務人員（三等考試）　　　簡稱（100地三）

特種考試地方政府公務人員（四等考試）　　　簡稱（100地四）

第一編　總論

第四章　法學之派別

C 1.自然法之思想源遠流長，在不同的時代有不同的主張，下列敘述何者不
　　屬於自然法的思想？（100司三）
　　A 神、自然、理性都是自然法的法源
　　B 法是本於人類理性而產生，無待於國家之制定
　　C 法有其個別性，隨各民族之文化而生變異，並非一成不變的規範
　　D 法具有不因時地而變異的普遍妥當性

B 2.關於自然法的敘述，下列何者錯誤？（100民航三）
　　A 自然法又稱自然律，來自人類對自然界現象的觀察經驗，歸納整理而成的法則
　　B 自然法為自然界各種生物或無生物所共同遵循的法律
　　C 自然法理論提供了近代世界發展的重要思想基礎
　　D 自然法理論所討論的是人類社會中各種法律的正當性基礎

C 3.下列對自由法運動的敘述，何者錯誤？（100晉）
　　A 自由法運動主張司法造法
　　B 自由法運動認為法律體系並不完美
　　C 自由法運動拒絕法官從事利益衡量
　　D 自由法運動批判概念法學

D 4.下列何者不屬於自由法運動的主張？（100海巡三）
　　A 批判概念法學　B 強調法律體系有漏洞
　　C 主張司法造法　D 禁止法官對個案進行利益衡量

A 5.根據民法第 1 條，法官在無法律、無習慣的情況下，可以根據法理來裁
　　判。此與下列何種法學思想理論相契合？（100行警四）
　　A 自由法論　B 機械法學　C 概念法學　D 純粹法學

第五章　法系

D 1.下列關於中華法系的敘述，何者正確？（100社四）
　　A 中國傳統上重視法律規範
　　B 中國傳統法制以平等主義為基礎
　　C 中國傳統法制上曾存在獨立的法院
　　D 中國傳統法制以禮教倫常為核心

第六章　法律與命令之概念

C 1.依據中央法規標準法之規定，下列何者非屬立法機關制定法律所得使用
之名稱？（100交高員）

　　A 律　B 通則　C 辦法　D 條例

C 2.下列何者並非各機關發布之命令之名稱？（100行警四）

　　A 規程　B 細則　C 通則　D 綱要

C 3.下列何者僅屬行政規則，並非法規命令？（100行警四）

　　A 專利法施行細則

　　B 採購申訴審議規則

　　C 行政院衛生署流行疫情處理協調會報設置要點

　　D 民間公證人懲戒程序規則

D 4.下列何種法規範，不屬於中央法規標準法第 3 條所稱的「命令」？（100社
四）

　　A 強制汽車責任保險給付標準　　B 大學法施行細則

　　C 違章建築處理辦法　　　　　　D 莫拉克颱風災後重建特別條例

A 5.依中央法規標準法規定，下列何者非機關發布命令之名稱？（100地三）

　　A 通則　B 綱要　C 辦法　D 標準

C 6.如法律於 9 月 10 日公布，依中央法規標準法第 13 條規定於何時開始生
效？（100地三）

　　A 同年 9 月 10 日　B 同年 9 月 11 日　C 同年 9 月 12 日　D 同年 9 月 13 日

第七章　法律與其他社會規範

C 1.「在道德裡，每個人就像荒野中的基督一樣，崇高而孤寂的面對自我」，
這在於闡明道德的何種特性？（100行警四）

　　A 無因性　B 有因性　C 自律性　D 他律性

D 2.有關「法律」與「道德」之敘述，下列何者錯誤？（100消警四）

　　A 法律規範以國家公權力為後盾

　　B 法律規範之強制力高於道德規範

　　C 行為雖違反道德規範，未必會違反法律規範

　　D 所有的道德規範者皆以法律規範做為其基礎

第九章　法律之淵源

D 1.關於判例之敘述，下列何者是錯誤的？（100關三）

　　A 在我國最高法院之裁判，經法定程序得採為判例

　　B 判例是英美法系國家主要的法律淵源

　　C 對大陸法系國家而言，判例一般具有事實上之拘束力

　　D 在我國各級法院之裁判均可選為判例

C 2. 在成文法的國家中，在法律適用時，除援用成文法之外，還可援用補充
　　法源。下列何者不屬於補充法源？（100社四）

　　A 習慣法　B 判例　C 行政命令　D 法理

B 3. 下列何者是間接法源？（100地三）

　　A 全民健康保險法　B 最高法院判例　C 國際條約　D 臺南市自治規則

第十章　法律之類別

B 1. 依法律制定的形式及程序為標準，可將法律區分為那兩類？（100關三）

　　A 實體法和程序法　B 成文法和不成文法
　　C 普通法和特別法　D 公法和私法

D 2. 下列何者的相關條文，不屬於普通法與特別法之適用關係？（100交高員）

　　A 勞動基準法與大量解僱勞工保護法　B 勞動基準法與企業併購法
　　C 勞動基準法與性別工作平等法　　　D 勞動基準法與勞工保險條例

A 3. 有關國際法與國內法之關係，下列敘述何者正確？（100行警四）

　　A 國內法可輔助國際法的執行
　　B 國內法與國際法並不會互相補充
　　C 國內法並不會受到國際法之限制
　　D 國內法必須有國際法之制定以實現其效力

C 4. 以法律的優先順序為區別標準，可將法律區分為那兩類？（100行警四）

　　A 實體法和程序法　B 成文法和不成文法　C 普通法和特別法　D 公法和私法

D 5. 下列何者為特別法與普通法的關係？（100行警四）

　　A 公司法與海商法　　　　　　　B 行政執行法與行政院組織法
　　C 地方制度法與鄉鎮市調解條例　D 懲治走私條例與刑法

D 6. 下列何者為普通法與特別法的關係？（100消警四）

　　A 刑法與刑事訴訟法　　　　　　B 保險法與票據法
　　C 公平交易法與公平交易法施行細則　D 公司法與企業併購法

B 7. 有關強行法與任意法之敘述，下列何者正確？（100普）

　　A 公法領域內都是強行法　B 私法領域內有強行法
　　C 民法規定都是任意法　　D 公司法規定都是任意法

A 8. 有關普通法與特別法之敘述，下列何者正確？（100司三）

　　A 必須二種以上法律就同一事項均有規定，且其規定內容不同，始有比較之必要
　　B 普通法與特別法的區別係屬絕對
　　C 刑事訴訟法是刑法的特別法
　　D 普通法與特別法的關係不可能存在於同一法典的不同條文中

C 9. 下列有關法律性質之區分，何者正確？（100司四）

　　A 民法、民事訴訟法均為實體法　　B 刑法、刑事訴訟法均為程序法
　　C 民事訴訟法、刑事訴訟法均為程序法　D 民法為實體法、刑法為程序法

D 10.下列關於國內法與國際法的敘述，何者錯誤？（100民航三）

A 國內法乃由一個國家制定，並在其範圍內行使之法律

B 國際法為國際團體所承認，行使不以一國之範圍為限

C 國際私法屬於國內法

D 國際法完全不具強制力

A 11.下列何者不是我國現行法律體系之特徵？（100地三）

A 程序法格外發達　　　B 公法與私法二元區分

C 法官為特別職公務員　D 民商合一制度

B 12.下列何者不是違反強行法之規定而可能有的後果？（100地三）

A 行為有效但受處罰　　B 行為有效且不受處罰

C 行為無效且不受處罰　D 行為無效並受處罰

第十一章　法律之制定、修正及廢止

C 1.九二一震災重建暫行條例第 75 條規定：「本條例施行期間自生效日起算五年。」關於該條例之效力，下列敘述何者正確？（100關三）

A 期滿當然廢止，但應由立法院公告廢止

B 期滿當然廢止，不得由主管機關公告延長期限

C 主管機關認為需要延長者，應於期限屆滿一個月前送立法院審議

D 主管機關認為需要延長者，逕由主管機關公告延長之期限

A 2.依中央法規標準法之規定，法律生效日期有三種，下列何者不包括在內？

（100交高員）

A 法律公布當日生效

B 法律規定特定施行日期

C 法律授權以行政命令規定施行日期

D 法律自公布日施行者，自公布日之日起算第三日起發生效力

B 3.命令之廢止由何機關為之？（100交員）

A 最高行政法院　B 原發布機關　C 檢察機關　D 最高法院

D 4.下列何者不是立法院通過的「法律」？（100行警四）

A 公文程式條例　B 法院組織法　C 地方稅法通則　D 多層次傳銷管理辦法

B 5.有關法律之制定及效力之敘述，下列何者錯誤？（100行警四）

A 法律經立法院三讀通過，並不會立刻發生效力

B 所有法律案皆須經過立法院有關委員會之審查

C 所有法律皆須經三讀程序制定之

D 立法院之第三讀會應將議案全案付表決

C 6.下列關於法律制定之敘述，何者錯誤？（100調三）

A 監察院有法律案之提案權

B 人民沒有法律案之提案權

C 法律案在完成三讀之前，提案者經立法院院會同意，得撤回原案

D 第三讀會，原則上只得為文字之修正

第十二章　法規之效力

C 1. 依中央法規標準法之規定，法規明定自公布日施行者，自公布之當日起，算至何時起發生效力？（100消警四）

　　A 即自公布當日起生效　　　　B 自公布日之次日零時起生效

　　C 自公布當日起，算至第三日　D 自公布當日起，算至第五日

A 2. 基隆市老舊機車淘汰補助辦法訂有施行期間，自發布日起至民國 99 年 12 月 31 日止。試問該辦法何時失效？（100民航三）

　　A 期滿當然失效，但應由主管機關公告之

　　B 期滿後，由主管機關另行公告失效日期

　　C 自期滿之日起，算至第三日起失效

　　D 經主管機關公告後，算至第三日起失效

C 3. 我國產業創新條例施行細則於民國 99 年 10 月 15 日發布，該細則第 21 條規定：「本細則自發布日施行。」試問該細則自何日起發生效力？（100關薦）

　　A 99 年 10 月 15 日　　B 99 年 10 月 16 日

　　C 99 年 10 月 17 日　　D 99 年 10 月 18 日

D 4. 法規以命令特定施行日期者，自何日起發生效力？（100海巡二）

　　A 自該特定日起算至第三日發生效力

　　B 自該特定日起算至第三十日始發生效力

　　C 為顧及信賴保護，自該特定日起算至一年後始發生效力

　　D 自該特定日起發生效力

B 5. 下列有關法律不溯及既往原則之敘述，何者錯誤？（100司三）

　　A 為法律適用之原則，故不論在公法或私法領域均有其適用之餘地

　　B 在刑法領域應無例外地適用

　　C 其目的在維護既得權益，故在尊重既得權之前提下立法者得制定溯及既往之法律

　　D 刑法第 1 條「行為之處罰，以行為時之法律有明文規定者為限」，是法律不溯及既往原則之表現

第十三章　法律之解釋

D 1. 下列何種解釋之性質與其他三者明顯不同？（100身障四）

　　A 無權解釋　B 學術解釋　C 個人解釋　D 立法解釋

A 2. 中華民國憲法第 4 條規定：「中華民國領土，依其固有之疆域，非經國民大會之決議，不得變更之」，依下列何一法律解釋方法之運用，該領土自應及於領海與領空？（100消警四）

　　A 擴充解釋　B 目的解釋　C 當然解釋　D 歷史解釋

C 3. 下列有關法律解釋之敘述，何者錯誤？（100調三）

A 應先作文義解釋，再作論理解釋

B 文義解釋與論理解釋之結果如有衝突，應以論理解釋爲準

C 對於抽象文字，應從狹義解釋

D 限制人民自由之法律，應從狹義解釋

B 4. 法官審理案件，認爲下列何種法規範有牴觸憲法之疑義時，得以裁定停止審判程序，聲請司法院大法官解釋？（100社四）

A 判例　B 法律　C 最高法院決議　D 行政規則

D 5. 一項法律規定，若大多數國家均有共通或類似的規定，在遇到解釋我國法律發生困難時，參考外國對此問題的研究或意見，從而獲得答案。此屬於下列何種解釋方法？（100關薦）

A 擴張解釋　B 體系解釋　C 歷史解釋　D 比較解釋

B 6. 民法第 106 條規定，代理人非經本人之許諾，不得爲本人與自己之法律行爲，亦不得既爲第三人之代理人，而爲本人與第三人之法律行爲。一般解釋上認爲，父母贈與未成年子女，並不違反該條之規定，請問此係運用何一解釋方法？（100關四）

A 類推適用　B 目的限縮　C 擴充解釋　D 當然解釋

第十四章　法規之適用

B 1. 下列何種情形，人民得主張信賴保護？（100海巡三）

A 行政處分之作成係因當事人所提錯誤資訊所作成

B 對合法行政處分之信賴

C 對政府經濟政策的信賴

D 當事人明知行政處分違法

B 2. 就特定事項，法律規定應援用其他法律或其他條文之規定者，稱爲：（100身障三）

A 擬制　B 準用　C 推定　D 解釋

D 3. 有關法律不溯及既往原則之適用範圍，下列何者正確？（100身障三）

A 僅適用於行政法　B 僅適用於刑法

C 僅適用於民法　D 原則上得適用於一切法律領域

B 4. 下列有關法律優位原則之敘述，何者正確？（100身障三）

A 重要事項應交由法律規定

B 命令與法律皆不可牴觸憲法

C 法規命令的制定，應有法律之明確授權

D 法官判決不可違反法令

A 5. 傷害罪所保護的行爲客體爲「人」，若將「胎兒」涵蓋在內，屬於下列何種情形？（100身障四）

A 受禁止之類推適用　B 受禁止之習慣法

C 受禁止之效力溯及既往　D 構成要件不明確

D 6.有關法律保留原則的敘述，下列何者錯誤？（100 行警四）

　　A 沒有法律授權，行政機關不能就涉及人民權利事項予以限制規定

　　B 又稱作積極的依法行政

　　C 其爲現代法治國家應遵守的原則

　　D 一切行政行爲皆應以法律爲依據

D 7.司法院大法官解釋認爲，下列何者係屬違憲審查範圍？（100 行警四）

　　A 重大政治問題　B 屬議會自律事項　C 領土範圍　D 法律有無違反比例原則

D 8.下列關於司法機關適用「不告不理原則」之敘述，何者錯誤？（100 普）

　　A 其內涵係指非經當事人請求，法院不得對於法律爭議逕爲裁判

　　B 民事案件適用之

　　C 行政案件適用之

　　D 刑事案件不適用之

D 9.下列敘述，何者非爲司法機關適用法律之原則？（100 司三）

　　A 不得以法律不明確、不完備而拒絕審判

　　B 一事不再理原則

　　C 不告不理原則

　　D 法官依法獨立審判，可以拒絕適用違憲疑慮之法律

C 10.公務員服務法第 17 條規定：「公務員執行職務時，遇有涉及本身或其家族之利害事件，應行迴避。」此原則稱爲：（100 司四）

　　A 信賴保護原則　B 誠實信用原則　C 利益迴避原則　D 比例原則

B 11.刑事訴訟法爲發現實體真實、保障人權，俾刑罰權得以正確行使爲目的。試問有關刑事訴訟法類型區分，以下說明何者正確？（100 司四）

　　A 行政法　B 程序法　C 任意法　D 特別法

B 12.凡應以法律規定之事項，行政機關不得以行政命令取代，稱爲何種原則？（100 民航三）

　　A 明確性原則　B 法律保留原則　C 特別法優於普通法原則　D 比例原則

A 13.下列何者非法律解釋的方法？（100 民航三）

　　A 類推適用　B 擴大解釋　C 文義解釋　D 限縮解釋

A 14.集會遊行法第 26 條規定：「集會遊行之不予許可、限制或命令解散，應公平合理考量人民集會、遊行權利與其他法益間之均衡維護，以適當之方法爲之，不得逾越所欲達成目的之必要限度。」所據之法律原則，是：（100 調三）

　　A 比例原則　B 法律保留原則　C 法律優位原則　D 信賴保護原則

B 15.中央法規標準法第 18 條規定：「各機關受理人民聲請許可案件適用法規時，除依其性質應適用行爲時之法規外，如在處理程序終結前，據以准許之法規有變更者，適用新法規。但舊法規有利於當事人而新法規未廢除或禁止所聲請之事項者，適用舊法規。」所據之法律原則，是：（100 調三）

A 法律保留原則　B 信賴保護原則　C 比例原則　D 法律優位原則

B 16.「類推適用」是一種法律的補充，試問不能適用在下列何種法律？（100社四）

　　A 民法　B 刑法　C 國際貿易法　D 商事法

D 17.下列何者非法律保留事項？（100關薦）

　　A 電動車輛免徵貨物稅　B 限制欠稅營利事業負責人出境
　　C 要求商品下架並銷毀　D 節能省水的宣導

D 18.關於依法行政之敘述，下列何者錯誤？（100關薦）

　　A 侵害人民權利事項，須有法律根據　B 免除特定人義務，須有法律根據
　　C 行政機關頒布命令，不得牴觸法律　D 行政機關適用法律，無裁量空間

A 19.法律不溯及既往原則與下列何者無關？（100地三）

　　A 比例原則　B 法安定性原則　C 處罰法定原則　D 信賴保護原則

第十五章　法規之制裁

C 1.關於公務員之懲戒處分，下列敘述何者錯誤？（100司三）

　　A 九職等公務員之記過與申誡得逕由主管長官行之
　　B 掌理公務員懲戒之機關為司法院公務員懲戒委員會
　　C 所有懲戒處分皆不適用於政務官
　　D 撤職與休職均為懲戒處分之類型

第十六章　權利與義務

D 1.下列何者非屬使法律關係消滅之方式？（100身障四）

　　A 終止　B 解除　C 撤銷　D 催告

第十七章　我國法制發展簡史

D 1.關於日本統治臺灣期間（1895-1945）的法律文化，下列敘述何者錯誤？（100海巡三）

　　A 曾在臺施行過《匪徒刑罰令》　B 對臺灣人之犯罪得處以「笞刑」
　　C 遵行臺灣的民事舊慣　　　　　D 統治初期即施行日本的民商法典

B 2.請問以下何國的法律，曾經直接施行於臺灣？（100關三）

　　A 德國　B 日本　C 美國　D 法國

C 3.下列何組人選，曾被清廷任命為「修訂法律大臣」，領導晚清中國進行繼受外國法的艱鉅工程？（100警鐵）

　　A 梁啓超、康有為　B 楊度、董康　C 沈家本、伍廷芳　D 江庸、張之洞

B 4.關於傳統中華法系的描述，以下何者錯誤？（100行警四）

　　A 以倫理、義務為本位　B 有相當發達的民商法典
　　C 採身分差等立法原則　D 曾經被東亞諸國所繼受

第十八章　法律體系

D 1. 有關法令位階之敘述，下列何者錯誤？（100警鐵）

　　A 法律不得牴觸憲法增修條文

　　B 法規命令不得牴觸憲法

　　C 施行細則不得牴觸其母法

　　D 法律之施行法不得牴觸法規命令

A 2. 法律不得牴觸下列何者？（100消警四）

　　A 憲法　B 命令　C 自治條例　D 自治規則

第二編　各　論

第一章　憲法

C 1. 依司法院大法官解釋，下列有關地方自治監督之敘述，何者錯誤？（100海巡三）

　　A 上級監督機關對地方自治團體之自治事項得為適法性監督

　　B 為確保地方自治團體之自治功能，地方自治事項具體個案爭議之解決，應循行政爭訟程序處理

　　C 凡涉及中央所定法律之事項，地方自治團體與中央間關係之爭議，應由中央監督機關決定之

　　D 自治團體自治條例有無牴觸法律發生疑義時，得聲請司法院解釋之

D 2. 關於我國大法官在民主法制變遷發展中曾經做出的解釋，下列敘述何者錯誤？（100海巡三）

　　A 大法官曾經針對大學法強制各大學設置軍訓室，認為其違反大學自治而做出違憲解釋

　　B 大法官曾經針對中央民意代表應全面改選做出解釋

　　C 大法官曾經針對檢肅流氓條例限制人民身體自由逾越必要程度做出違憲解釋

　　D 大法官曾經針對刑法上通姦罪的條文做出違憲解釋

A 3. 依司法院大法官解釋，下列有關性言論之表現與性資訊之流通的敘述，何者正確？（100海巡三）

　　A 不問是否出於營利目的之性言論與性資訊，皆受憲法保障之言論

　　B 僅限於非以營利為目的之性言論與性資訊始受憲法保障

　　C 僅限於不以未成年人為對象之性言論與性資訊始受憲法保障

　　D 僅限於具教育目的之性言論與性資訊受憲法保障

B 4. 當法院確信其裁判所欲適用之法律違憲時，下列何者正確？（100關三）

　　A 法院得不適用該法律而逕為裁判

　　B 法院得停止訴訟程序而聲請司法院大法官解釋憲法

　　C 法院僅能依該法律為裁判而不得聲請司法院大法官解釋憲法

　　D 只有當該法院為最高法院時，方得聲請司法院大法官解釋憲法

D 5. 依據憲法增修條文之規定，自第七屆起代表自由地區平地原住民之立法
委員，如何選出？（100關三）

A 依據各政黨區域立委得票數比例分配，但須獲得百分之五以上選票之政黨，始
能分配

B 依據各政黨全國不分區及僑居國外國民所獲得票數比例分配

C 依據各政黨全國不分區及僑居國外國民所獲得票數比例分配，但須獲得百分之
五以上選票之政黨，始能分配

D 憲法未明文直接規定

C 6. 有關自治條例是否違憲之審查，下列敘述何者錯誤？（100稅退四）

A 直轄市自治條例與法律是否牴觸，由行政院宣告之

B 縣（市）自治條例與法律牴觸者，由中央各該主管機關宣告之

C 委辦規則與法律發生牴觸者，由該地方自治團體上級機關宣告之

D 自治團體自治條例有無牴觸法律發生疑義時，得聲請司法院解釋之

D 7. 依據憲法增修條文之規定，立法委員之選舉自第七屆起，下列何項係依
政黨名單投票選舉之？（100稅退四）

A 自由地區直轄市所選出之立法委員

B 自由地區平地原住民所選出之立法委員

C 自由地區山地原住民所選出之立法委員

D 自僑居國外國民所選出之立法委員

C 8. 地方制度法第 29 條規定有關委辦規則的事項，下列何者錯誤？（100稅退四）

A 地方政府為辦理上級機關委辦事項所為之規定

B 地方政府可依其法定職權為之

C 地方政府可基於法律或自治條例之授權為之

D 名稱準用自治規則之規定

A 9. 當監察院對於未依法申報財產之政務官科處罰鍰時，此時監察院所為之
行為係：（100稅退四）

A 行政行為　B 私法行為　C 立法行為　D 司法行為

A 10. 依地方制度法規定，自治法規經地方立法機關通過，並由各該行政機關
公布者，稱之為何？（100身障三）

A 自治條例　B 自治規則　C 自治規約　D 委辦規則

D 11. 依據地方制度法，下列敘述何者錯誤？（100身障四）

A 直轄市、縣（市）、鄉（鎮、市）得就其自治事項或依法律及上級法規之授權，
制定自治法規

B 直轄市政府、縣（市）政府、鄉（鎮、市）公所就其自治事項，得依其法定職
權或基於法律、自治條例之授權，訂定自治規則

C 直轄市政府、縣（市）政府、鄉（鎮、市）公所為辦理上級機關委辦事項，得
依其法定職權或基於法律、中央法規之授權，訂定委辦規則

D 地方立法機關得訂定自律規則，並應報請各該上級政府與監察院備查

B 12. 有關憲法解釋，下列敘述何者錯誤？（100交高員）

　　A 憲法解釋是憲法變遷的途徑之一

　　B 機關適用法令有疑義時，應立即聲請憲法解釋

　　C 人民聲請釋憲屬違憲審查之一環

　　D 各級法院於審判時，有合理確信法律有違憲者，得聲請釋憲

C 13. 依司法院大法官解釋，有關憲法所保障的言論自由，下列敘述何者錯誤？

　　（100交高員）

　　A 國家應予最大限度的維護

　　B 言論自由權具有實現自我、溝通意見、追求真理及監督政治等功能

　　C 刑法對誹謗罪的規定，過度限制了憲法所保障的言論自由權，應屬違憲

　　D 記者從事新聞報導時，依其所提證據資料具有相當理由確信其有關公共事務的
　　　報導係真實有據者，即不能以誹謗罪相繩

D 14. 依據憲法本文以及增修條文中之相關規定，有關副總統缺位時之敘述，

　　下列何者正確？（100交高員）

　　A 執政黨於 3 個月內提名，再由人民直接選舉之

　　B 總統應於 3 個月內提名候選人，再由人民直接選舉之

　　C 如任期已過半，則不需補選

　　D 總統應於 3 個月內提名候選人，由立法院選舉之

D 15. 消費者債務清理條例之施行，係由下列何者所公布？（100警鐵）

　　A 行政院消費者保護委員會　　B 司法院

　　C 行政院公平交易委員會　　　D 總統

B 16. 有關法治國觀念的敘述，下列何者錯誤？（100警鐵）

　　A 人民權利義務事項，應以法律定之，以落實主權在民的理想

　　B 行政行為違法不當，人民不得提起爭訟，以示對國家體制的尊重

　　C 國家機關基本組織與職權，均應由憲法或法律定之

　　D 行政機關的行政行為，應受法律及一般法律原則之拘束

B 17. 憲法第 2 條國民主權之規定，與下列何項憲法基本原則關係最為密切？

　　（100警鐵）

　　A 文化國原則　B 民主原則　C 法治國家原則　D 社會國家原則

D 18. 下列何者並非我國公法的基礎原理或原則？（100行警四）

　　A 國民主權原則　B 法治國家原則　C 基本權利保障　D 集體主義原則

B 19. 法律案經立法院三讀通過後，在成為正式之法律前，須經過：（100行警四）

　　A 司法院院長公布　　　B 總統公布

　　C 行政院院長公布　　　D 立法院院長公布

B 20. 下列何項資格須經考試院依法考選銓定之？（100行警四）

　　A 國立大學助理教授　B 民間公證人

　　C 國民小學教師　　　D 內政部之約聘人員

C 21.依司法院大法官解釋，有關人民居住遷徙自由的保護，下列敘述何者錯誤？（100行警四）

A 居住、遷徙之自由，包括入出國境之權利

B 國家不得將國民排斥於國家領土之外

C 國家對居住、遷徙之自由不應予以任何限制

D 法律不區分國民是否於臺灣地區設有住所而有戶籍，一律非經許可不得入境，係屬違憲之規定

C 22.副總統於任期屆滿前半年發生缺位之情事，下列敘述何者正確？（100行警四）

A 各政黨應於三個月內提名候選人

B 由人民投票進行補選

C 總統應於三個月內提名候選人，由立法院補選，繼任至原任期屆滿時為止

D 因任期已逾一半，不須進行補選

A 23.下列何者不屬行政院會議得議決之事項？（100消警四）

A 應行提出於立法院有關監察院院長、副院長及監察委員之人事案

B 應行提出於立法院有關司法院之預算案

C 應行提出於立法院有關總統府之預算案

D 應行提出於立法院之法律案

C 24.有關解散立法院之敘述，下列何者正確？（100消警四）

A 於立法院通過行政院院長之不信任案後十日內，經諮詢行政院院長後，總統得宣告解散立法院

B 於立法院通過行政院院長之不信任案後十日內，經諮詢立法委員後，總統得宣告解散立法院

C 於立法院通過行政院院長之不信任案後十日內，經諮詢立法院院長後，總統得宣告解散立法院

D 於立法院通過行政院院長之不信任案後十日內，經立法院院長呈請總統後，總統得宣告解散立法院

B 25.下列何者並不是司法院大法官解釋認為憲法保障商業言論自由的理由？（100高三）

A 商業言論所提供之訊息為真實

B 商業言論所提供之訊息須無獲利性

C 商業言論所提供之訊息係以合法交易為目的，且有助於消費大眾作出經濟上之合理抉擇者

D 商業言論所提供之訊息須無誤導性

B 26.直轄市之自治條例規定有罰則時：（100普）

A 須送行政院備查　B 須送行政院核定　C 須送立法院備查　D 須送立法院核定

B 27.法律的制定首要程序為法律案的提出，下列關於提出法律案之敘述，何者錯誤？（100司三）

　　A 立法委員提出法律案，應有 15 人以上之連署

　　B 交通部就其執掌事項有向立法院提出法律案之權

　　C 司法院就其所掌有關司法機關之組織及司法權行使之事項，得向立法院提出法律案

　　D 法律案之提出，應以書面爲之，不得以口頭敘述替代

A 28. 依據地方制度法第 26 條規定，地方政府就違反地方自治事項之行政業務者得處以行政罰。試問以下何者非屬本項之行政罰？（100 司四）

　　A 管收　B 停業　C 停工　D 罰鍰

D 29. 憲法第 8 條第 1 項前段規定：「人民身體之自由應予保障，除現行犯之逮捕由法律另定外，非經司法或警察機關依法定程序，不得逮捕拘禁。」試問有關本項條文敘述，以下何者正確？（100 司四）

　　A「司法機關」的意義，等同法院組織法法院機關

　　B「警察機關」的意義，等同刑事訴訟法偵查機關

　　C「法定程序」之意旨，同意檢察機關實施羈押限制人身自由

　　D「法定程序」之意旨，適用偵查、訴追、審判、刑之執行

D 30. 人民權利遭受不法侵害，認確定終局裁判適用法律或命令所表示之見解，與其他審判機關之確定終局裁判，適用同一法律或命令時所已表示之見解有異者，得向何機關聲請統一解釋？（100 司四）

　　A 立法院　B 監察院　C 最高法院　D 司法院

A 31. 審理民事案件之法官，於審理時認爲某一法律確實牴觸憲法，其應如何處理，方能使該違憲法律失效？（100 調三）

　　A 停止訴訟，聲請司法院大法官解釋

　　B 法律牴觸憲法者「無效」，因此法官得逕行拒絕適用

　　C 將案件移送總統審議

　　D 將當初草擬法律之公務員移送監察院

B 32. 縣（市）與其他縣（市）合併改制爲直轄市，原縣（市）自治法規應由何機關廢止之？（100 社四）

　　A 改制前之原縣（市）政府　B 改制後之直轄市政府　C 行政院　D 立法院

B 33. 以下何者爲正確之敘述？（100 關薦）

　　A 大陸地區人民爲中華民國國民，因此有權隨時進出臺灣地區

　　B 海外僑民如依國籍法有中華民國國籍，即爲中華民國國民

　　C 中華民國國民在臺灣設有戶籍者，仍應經許可方得入境

　　D 中華民國國民設戶籍於臺灣地區者，若有違反國家安全之情事，得驅逐出境

D 34. 下列何者非屬憲法第 11 條之大學自治所保障之範圍？（100 關薦）

　　A 教學　B 研究　C 學習事項　D 學生上課自由

A 35. 總統爲避免國家或人民遭遇緊急危難或應付財政經濟上重大變故，得經行政院會議之決議發布緊急命令，爲必要之處置，但須於發布命令後多

少日內，提交立法院追認，如立法院不同意時，該緊急命令立即失效？
（100關薦）

　　A10 日　　B15 日　　C20 日　　D30 日

D 36.臺灣地區與大陸地區人民關係條例第 21 條第 1 項前段規定，大陸地區人民經許可進入臺灣地區者，非在臺灣地區設有戶籍滿 10 年，不得擔任公務人員，依司法院釋字第 618 號解釋，下列敘述何者正確？（100關薦）

　　A 不平等待遇　　　B 違反恣意禁止原則

　　C 違反比例原則　　D 合理之區別對待

A 37.以下何種組織不能成為行政法主體？（100關薦）

　　A 考選部　　B 直轄市及縣　　C 農田水利會　　D 國立中正文化中心

A 38.法官依據法律審判，不得違法。以下敘述何者錯誤？（100關薦）

　　A 法律內容實質違反憲法，得拒絕適用法律

　　B 法律的公布，形式上違反憲法時，得拒絕適用

　　C 法官必須秉持不告不理原則

　　D 法官必須秉持一事不再理原則

第二章　行政法

C 1.依司法院大法官解釋意旨，下列何者違反平等原則？（100關三）

　　A 大陸地區人民經許可進入臺灣地區者，非在臺灣地區設有戶籍滿十年，不得擔任公務人員之規定

　　B 未成立法律上婚姻關係之異性伴侶，法律未規定得享有配偶相互贈與之財產免徵贈與稅之待遇

　　C 軍事審判法令規定，受理案件遭受冤獄之受害人，不能依冤獄賠償法行使賠償請求權

　　D 勞動基準法未有如公務人員退休法規定請領退休金之權利不得扣押、讓與或供擔保之規定

C 2.一般而言，下列何者屬行政的特徵？（100身障四）

　　A 被動　　B 消極　　C 主動　　D 不告不理

D 3.行政程序法規定機關職務協助之相關程序，主要在實現下列那一項原則？（100身障四）

　　A 管轄法定原則　　B 管轄恆定原則

　　C 正當程序原則　　D 行政一體原則

A 4.相同事件，應給予相同對待；不同事件，應給予不同對待，此乃說明下列那一項行政法原則？（100交員）

　　A 平等原則　　B 誠信原則　　C 比例原則　　D 裁量原則

B 5.下列何者為行政程序法第 2 條第 2 項所定義之行政機關？（100警鐵）

　　A 臺南市　　B 臺南市政府　　C 臺南市里辦公室　　D 臺南市政府主計處

C 6. 我國行政程序法關於行政處分之概念，基本上係受何國之影響？（100行警四）

　　A 美國　B 英國　C 德國　D 西班牙

A 7. 有關依法行政原則，下列何者錯誤？（100高三）

　　A 行政行為應受法律拘束，不受一般法律原則之影響

　　B 包含積極的與消極的兩種面向

　　C 可區分為法律優越以及法律保留兩項

　　D 為法治國家的重要表徵

A 8. 行政程序法第 6 條規定：「行政行為，非有正當理由，不得為差別待遇。」此乃說明下列何種原則？（100民航三）

　　A 平等原則　B 比例原則　C 正當原則　D 明確性原則

B 9. 土地法施行法第 49 條規定：「徵收土地於不妨礙徵收目的之範圍內，應就損失最少之地方為之，並應儘量避免耕地。」此一規定是下列何種行政法基本原則之展現？（100民航三）

　　A 信賴保護原則　B 比例原則　C 明確性原則　D 情事變更原則

A 10. 下列何者不適用行政程序法之程序規定？（100調三）

　　A 監察院對公務員違反公職人員財產申報法而課處罰鍰

　　B 內政部入出國及移民署訂定「外國人停留居留及永久居留辦法」

　　C 行政院國家通訊傳播委員會廢止某廣播電台之執照

　　D 國立大學與公費學生締結行政契約

B 11. 依司法院釋字第 533 號解釋之意旨，中央健康保險局與各醫事服務機構締結之全民健康保險特約醫事服務機構合約之法律性質為何？（100關薦）

　　A 私法契約　B 行政契約　C 行政處分　D 行政指導

B 12. 以下何者是直接行政？（100關薦）

　　A 私立大學頒授學位　B 市公所免費施打疫苗

　　C 海基會的文書認證　D 二二八事件紀念基金會對於受難者家屬給予賠償

A 13. 上級政府或主管機關，對於下級政府或機關所陳報之事項，加以審查，並作成決定，以完成該事項之法定效力，屬於下列何者？（100關薦）

　　A 核定　B 備查　C 核備　D 審核

C 14. 依據公務人員保障法第 25 條規定，非現職公務人員基於其原公務人員身分之請求權遭受侵害，得進行何項法定救濟程序？（100關薦）

　　A 陳情　B 申訴及再申訴　C 復審　D 訴願

A 15. 行政機關適用法律的原則，不包括：（100關薦）

　　A 採不告不理原則，基於人民申請，被動適用法律

　　B 於不牴觸法律範圍內，得自由裁量

　　C 基於行政一體，須受上級指揮監督

　　D 得頒布命令

C 16. 交通警察對闖紅燈之駕駛開罰單之行為，屬於：（100地三）
　　A 行政指導行為　B 行政監督行為　C 行政處分行為　D 行政公告行為

B 17. 便利商店咖啡聯合漲價被行政院公平交易委員會罰二千萬元，這項制裁
　　是屬於：（100地三）
　　A 商法上的制裁　B 行政法上的制裁　C 民法上的制裁　D 刑法上的制裁

B 18. 下列何者並非行政權行使之基本原則？（100地四）
　　A 法律保留原則　B 罪刑法定原則　C 比例原則　D 信賴保護原則

B 19. 行政罰之裁處權經過幾年期間消滅？（100地四）
　　A 五年　B 三年　C 十年　D 視所涉之行政罰種類而定

D 20. 依行政程序法第 3 條第 2 項之規定，下列何種事項不適用行政程序法之
　　程序規定？（100關三）
　　A 警察對於交通違規之舉發　　　　B 考試院對於所屬人員之免職
　　C 國立大學對教師所為不予續聘之決定　D 刑事案件犯罪偵查程序

D 21. 下列何者非司法院釋字第 491 號解釋所揭示法律明確性原則之要件？（100
　　普）
　　A 可經由司法審查加以確認　B 為受規範者所得預見
　　C 意義並非一般人難以理解　D 行政機關享有判斷餘地

第三章　民法

B 1. 甲將其所有之A屋出售予乙，約定買賣價金為新臺幣（下同）一仟萬元。
　　隔日丙表示願出一仟二佰萬元購買，甲欣然同意，並將A屋之所有權移
　　轉登記予丙。試問：A屋之所有權屬於何人？理由為何？（100海巡三）
　　A 乙，因為乙先向甲購買了 A 屋
　　B 丙，因為甲丙間已完成 A 屋之移轉登記
　　C 甲，因為甲丙間之意思表示係屬通謀虛偽意思表示，無效
　　D 丙，因為丙價高者得

A 2. 依民法之規定，有關新監護制度之敘述，下列何者錯誤？（100海巡三）
　　A 監護人未依法開具財產清冊視為拒絕就職
　　B 監護人不得受讓受監護人之財產
　　C 監護人非有正當理由並經法院許可不得辭任
　　D 監護人之行為與受監護人利益相反時，得選任特別代理人

B 3. 下列敘述何者錯誤？（100關三）
　　A 文義解釋，可能有兩種以上的解釋結果
　　B「誠實信用」與「公序良俗」，屬於不確定法律概念，法官不得對其進行價值
　　　判斷
　　C 概念法學強調法律體系的邏輯完整性
　　D 自由法論認為法秩序有漏洞

A 4. 甲、乙、丙三人共同向丁租用房屋一棟，現打算終止租約，應如何向丁
為終止之意思表示？（100關三）
　　A 須由甲、乙、丙全體向丁表示才可
　　B 甲、乙、丙任何二人表示即可
　　C 甲、乙、丙任何一人表示即可
　　D 必須以書面為終止之表示才可

D 5. 下列債務中，何者可由第三人清償？（100關三）
　　A 乙與甲約定，由甲為乙畫像之債務
　　B 乙在甲家幫傭，乙負有每日為甲打掃三小時之債務
　　C 乙向甲借錢，約定甲不得接受第三人清償
　　D 乙在甲餐廳用餐，第三人向甲表示代乙付帳

A 6. 關於租賃之規定，下列敘述何者為錯誤？（100關三）
　　A 不動產租賃契約，期限逾一年者應訂立書面，否則租賃契約無效
　　B 租賃物為房屋者，原則上承租人得為一部轉租
　　C 租用基地建築房屋時，承租人要將房屋出賣時，基地所有人有優先承買權
　　D 租賃物為動物時，其飼養費由承租人負擔

C 7. 下列關於代理的敘述，何者正確？（100關三）
　　A 代理人之意思表示，因其意思欠缺，致其效力受影響時，其事實之有無，應就
本人決之
　　B 代理人之意思表示，因明知其事情或可得而知其事情，致其效力受影響時，其
事實之有無，應就相對人決之
　　C 代理人之意思表示，因其被詐欺、被脅迫，致其效力受影響時，其事實之有無，
應就代理人決之
　　D 代理人之代理權係以法律行為授與者，其意思表示，如依照本人所指示之意思
而為時，其事實之有無，應就代理人決之

D 8. 甲竊取乙之財物，下列有關乙之損害賠償請求權之敘述，何者錯誤？（100
關三）
　　A 自乙知悉是甲所竊時起，滿二年後，時效完成
　　B 如乙始終不知是甲所竊，則在被竊滿十年後，時效完成
　　C 乙在被竊十五年內，仍可向甲請求返還不當得利
　　D 自乙知悉是甲所竊時起，滿一年後，時效完成

A 9. 下列關於民法上「損害賠償」的敘述，何者錯誤？（100關四）
　　A 人格權受侵害只有慰撫金（精神上的損害賠償）
　　B 財產權受侵害不會有慰撫金（精神上的損害賠償）
　　C 人格權受侵害之慰撫金，原則上不得讓與或繼承
　　D 財產權受侵害之損害賠償，原則上可以讓與或繼承

B 10. 甲擅自將乙機車上之後視鏡卸下，裝置在自己同型之機車上，則下列敘
述何者正確？（100關四）

A 乙因添附而喪失後視鏡之所有權，但得向甲請求支付償金

B 乙得請求甲返還該後視鏡

C 甲乙因添附而分別共有該機車

D 甲乙因添附而公同共有該機車

B 11.有關未成年人兩願離婚之敘述，下列何者錯誤？（100關四）

　　A 應得法定代理人之同意　B 無須得法定代理人之同意

　　C 應以書面爲之　　　　　D 應向戶政機關爲離婚之登記

C 12.請問以下何者敘述，較符合我國民法於 1996 年修正有關父母對於未成年子女權利之行使的規定？（100稅退四）

　　A 由父親單獨行使，改爲父母雙方共同行使，重大事項權利之行使意思不一致時，得請求法院依子女最佳利益酌定之

　　B 由父親單獨行使，改爲父母雙方共同行使，重大事項權利之行使意思不一致時，得請求法院依父母最佳利益酌定之

　　C 由父母雙方共同行使、意思不一致時由父行使，改爲由父母雙方共同行使，重大事項權利之行使意思不一致時，得請求法院依子女最佳利益酌定之

　　D 由父母雙方共同行使、意思不一致時由父行使，改爲由父母雙方共同行使，重大事項權利之行使意思不一致時，得請求法院依父母最佳利益酌定之

B 13.下列關於意思表示的敘述，何者正確？（100稅退四）

　　A 因被詐欺或被脅迫而爲意思表示者，表意人之撤銷權，自意思表示後，經過 1 年而消滅

　　B 表意人於發出通知後死亡者，其意思表示，不因之失其效力

　　C 對話人爲意思表示者，其意思表示，以通知達到相對人時，發生效力

　　D 非對話而爲意思表示者，其意思表示，以通知發出時，發生效力

C 14.有關遺產繼承之敘述，下列何者正確？（100稅退四）

　　A 胎兒一律不得繼承

　　B 被繼承人之兄弟姊妹之繼承順序優先於被繼承人之父母

　　C 被繼承人之子女之繼承順序優先於被繼承人之父母

　　D 被繼承人之配偶之繼承順序同被繼承人之父母

B 15.有關特留分之敘述，下列何者錯誤？（100身障三）

　　A 我國民法繼承編有特留分之明文規定

　　B 特留分之數額得依法律規定決定之，亦得依遺囑決定之

　　C 應得特留分之人若因被繼承人之遺贈，致其應得之數不足時，得行使扣減權

　　D 遺囑人僅於不違反特留分規定之範圍內，得以遺囑自由處分遺產

D 16.有關口授遺囑之敘述，下列何者錯誤？（100身障三）

　　A 口授遺囑限於生命危急或其他特殊情形始可爲之

　　B 口授遺囑必須要有二人以上之見證人

　　C 口授遺囑若予以錄音的話，可不作成筆記

　　D 口授遺囑皆應提經法院認定其真僞

C 17. 有關代位繼承的敘述，下列何者錯誤？（100身障三）

　　A 被代位繼承人須爲被繼承人的直系血親卑親屬

　　B 代位繼承人須爲被代位繼承人的直系血親卑親屬

　　C 被代位繼承人須於遺產分割前死亡或喪失繼承權

　　D 代位繼承人代位繼承被代位繼承人之應繼分

B 18. 甲將A屋出賣於乙，乙已支付定金，翌日該屋竟因鄰居丙失火而焚毀，則下列敘述，何者正確？（100身障三）

　　A 甲可請求將對丙之損害賠償請求權讓與乙，並請求乙給付其餘價金

　　B 甲免對乙之給付義務，但應返還定金

　　C 甲免對乙之給付義務，但定金可不必返還

　　D 甲應負給付不能之損害賠償責任，但乙應給付其餘價金

A 19. 有關認領之敘述，下列何者錯誤？（100身障三）

　　A 非婚生子女不得向已死亡之生父請求認領

　　B 認領之效力溯及於出生時

　　C 除非認領反於事實，否則生父不得撤銷之

　　D 對於生父之認領，生母得否認之

D 20. 甲有配偶乙，子女A、B，其中A又生C、D，此外別無其他親屬。甲死亡時留下遺產 150 萬元，並未留下遺囑。但A於甲死亡前早已死亡。請問依照民法規定，其遺產最後將如何分配？（100身障二）

　　A 乙 75 萬，B、C、D 各 25 萬　　　　B 乙、B 各 75 萬

　　C 乙 75 萬，B25 萬，C、D 各 12.5 萬　D 乙、B 各 50 萬，C、D 各 25 萬

B 21. 甲將其擁有之A車借乙使用後，再就A車與乙成立讓與合意。本題之交付方式爲何？（100身障四）

　　A 現實交付　B 簡易交付　C 占有改定　D 指示交付

B 22. 下列之債之發生原因，何者是意定之債？（100身障四）

　　A 侵權行爲　B 契約　C 無因管理　D 不當得利

B 23. 下列何種情形，會使法定繼承人喪失其繼承權？（100身障四）

　　A 殺害被繼承人未遂但未被判刑　B 詐欺被繼承人而使其變更遺囑

　　C 對被繼承人不履行扶養義務　　D 虐待被繼承人，但經被繼承人宥恕

C 24. 甲將A車出售於乙之後，又將同車出售於丙並爲交付。此際，甲對乙所負之給付義務，乃：（100身障四）

　　A 自始主觀不能　B 自始客觀不能

　　C 嗣後主觀不能　D 嗣後客觀不能

C 25. 下列何種契約非雙務契約？（100身障四）

　　A 合夥　B 合會　C 無償之消費借貸　D 買賣

A 26. 下列何項請求權時效爲 2 年？（100身障四）

　　A 動產租賃之租金請求權　　　B 利息請求權

　　C 不動產租賃之租金請求權　　D 退職金請求權

C 27.有關民法繼承制度之敘述，下列何者錯誤？（100身障四）

A 除配偶外，法定繼承人僅限於與被繼承人有一定親屬關係之人

B 繼承之開始不須任何人爲意思表示或請求

C 繼承人得於繼承開始前主張「繼承回復請求權」

D 權利義務專屬於被繼承人本身者，非繼承之標的

D 28.下列敘述何者錯誤？（100交高員）

A 限制行爲能力人變造其身分證年齡，使相對人信其有行爲能力而與其訂立買賣契約，該買賣契約有效

B 滿 18 歲之人未經其法定代理人允許，即受已成年人之授權，代理該成年人出賣機車一部，該買賣契約有效

C 滿 20 歲之成年人，在無意識或精神錯亂中將其所有價值 1000 萬元之土地以 300 萬元出賣予他人，該買賣契約無效

D 滿 18 歲之人未經其法定代理人之允許自書遺囑，其自書遺囑無效

C 29.下列何者不屬於不動產物權消滅之事由？（100交高員）

A 混同　B 拋棄　C 與動產附合　D 標的物滅失

C 30.甲乙兩人爲A無限公司股東，A公司從事進出口貿易業務，今丙因貨物買賣而對A公司有新臺幣（下同）100 萬元之債權。請問，丙應如何主張其債權？（100交高員）

A 由於 A 公司爲無限公司，故丙得以 A 公司以及甲乙爲連帶債務人，主張其 100 萬元之債權

B A 公司爲該買賣之契約當事人，甲乙則否，故丙自僅得向 A 公司主張其 100 萬元之債權

C 甲乙對於 A 公司之債務負有補充責任，故倘丙依強制執行程序向 A 公司主張債權仍無法獲得完全之滿足時，丙始得請求甲乙對於不足之部分負連帶清償責任

D 倘 A 公司章程特定甲爲代表公司之股東，並負責業務之執行，則由於乙對外無代表權且對於公司之業務並未涉入，故丙僅得以 A 公司與甲爲連帶債務人

A 31.有關拋棄繼承之敘述，下列何者正確？（100交員）

A 拋棄繼承應以書面向法院爲之

B 拋棄繼承得僅針對部分應繼分做拋棄

C 拋棄繼承得僅針對被繼承人之債務做拋棄

D 繼承人有數人時，應共同拋棄繼承

A 32.下列何者不屬於非因法律行爲而取得不動產物權之事由？（100交員）

A 物權契約　B 繼承　C 公用徵收　D 法院判決

C 33.有關遺囑之敘述，下列何者錯誤？（100警鐵）

A 遺囑是單獨行爲

B 遺囑是要式行爲

C 限制行爲能力人之遺囑須經法定代理人之允許

D 遺囑人死亡前得隨時撤回遺囑

B34.民法第 1064 條規定：「非婚生子女，其生父與生母結婚者，視為婚生子女」，此即法律適用上所稱之下列何者？（100警鐵）
　　A 推定　B 擬制　C 準用　D 類推

B35.甲擅自將向乙借用之自行車出賣給善意之丙，並交付之，則下列敘述，何者錯誤？（100警鐵）
　　A 乙可對甲主張侵權行為損害賠償請求權
　　B 乙可依物上請求權之規定請求丙返還自行車
　　C 乙可依不當得利規定請求甲返還所獲利益
　　D 乙可主張享有甲不法管理所生之利益

B36.甲將其擁有之A車借乙使用後，再就A車與乙成立讓與合意，A車之所有權人為何？（100警鐵）
　　A 甲　B 乙　C 甲乙分別共有　D 甲乙公同共有

B37.夫妻離婚時，有關贍養費之給與，下列敘述何者錯誤？（100警鐵）
　　A 以請求者無過失為限　　B 以被請求者有過失為限
　　C 請求者須陷於生活困難　D 被請求者縱無過失，他方亦得請求

A38.下列何者不是買賣契約中，物之瑕疵擔保責任的效力？（100行警四）
　　A 請求精神上損害賠償　B 種類買賣得請求另行交付無瑕疵之物
　　C 解約　　　　　　　　D 減少價金

B39.下列何種契約不含勞務契約性質？（100行警四）
　　A 寄託　B 和解　C 倉庫　D 旅遊

B40.有關時效取得之敘述，下列何者錯誤？（100行警四）
　　A 動產可因時效取得所有權　　B 已登記之不動產可因時效取得所有權
　　C 地上權亦可為時效取得之客體　D 典權亦可為時效取得之客體

D41.關於拍賣之規定，下列敘述何者錯誤？（100行警四）
　　A 拍賣人為拍賣之表示，為一種要約之引誘，拍賣人不受拘束
　　B 應買之表示為要約
　　C 拍定之表示為承諾
　　D 拍賣物一定歸出價最高之應買者

B42.下列何種契約具有從契約之性質？（100行警四）
　　A 和解　B 保證　C 合會　D 運送

B43.甲有配偶乙，子女A、B，別無其他親屬。甲死亡時留下遺產 90 萬元，並留下有效遺囑將遺產全部贈與密友丙。請問依照民法規定，乙、A、B各可主張多少數額的特留分？（100行警四）
　　A 乙 30 萬元，A、B 各 15 萬元　B 乙、A、B 各 15 萬元
　　C 乙 15 萬元，A、B 各 10 萬元　D 乙、A、B 各 10 萬元

A44.因不可歸責於債務人事由，致給付不能者，債務人之責任為何？（100行警四）
　　A 免給付義務　B 應為部分之給付　C 應為替代給付　D 應為全部給付

C 45.甲欠乙 100 萬元，由丙提供丙之A屋及B地同時設定抵押權於乙，本題之共同抵押人為誰？（100行警四）

 A 甲　B 乙　C 丙　D 甲乙

C 46.對於無主物先占之敘述，下列何者錯誤？（100行警四）

 A 占有人以所有之意思而占有

 B 占有物為無主物

 C 占有物為不動產

 D 除法令另有規定外，占有人取得所有權

A 47.繼承人甲的特留分因為被繼承人乙對非繼承人丙為遺贈而遭到侵害，請問甲有何權利？（100行警四）

 A 甲得主張由遺贈財產扣減　　B 甲對丙有損害賠償請求權

 C 甲對其他繼承人得主張扣減　D 甲有抗辯權

A 48.下列債權中，何者可以讓與第三人？（100行警四）

 A 乙向甲購買房屋，甲可請求之價金債權

 B 乙與甲約定，乙可請求甲為乙畫像之債權

 C 父母對於其子女之扶養費債權

 D 乙在甲家幫傭，甲依約可請求乙每天打掃 3 小時之債權

B 49.有關代位繼承的敘述，下列何者錯誤？（100行警四）

 A 代位繼承人代位繼承被代位繼承人之應繼分

 B 被代位繼承人須於遺產分割前死亡或喪失繼承權

 C 代位繼承人須為被代位繼承人的直系血親卑親屬

 D 被代位繼承人須為被繼承人的直系血親卑親屬

C 50.關於消費借貸契約，下列何者錯誤？（100消警四）

 A 要物契約　　　　　　　　B 契約標的為金錢或其他代替物

 C 借用人負有原物返還之義務　D 借用人取得標的物之所有權

B 51.甲向乙借款一筆，並以其對丙之債權設定權利質權予乙，若丙對甲之債權先於乙對甲之債權到期，乙得如何實行其債權？（100消警四）

 A 請求乙對丙為給付　B 請求丙提存給付物

 C 請求丙提供擔保　　D 請求甲對丙為給付

B 52.甲將A地出售並交付於乙之後，又將同地出售於丙並辦畢所有權移轉登記，則下列敘述，何者錯誤？（100消警四）

 A 丙可主張乙是無權占有

 B 乙可聲請法院撤銷甲、丙間之詐害行為

 C 乙可依債務不履行之規定，請求甲損害賠償

 D 如丙係故意以背於善良風俗之方法加損害於乙，仍應負侵權行為損害賠償責任

C 53.下列之人相互間何者無須互負扶養義務？（100消警四）

 A 非同居之夫與妻　　　　B 非同居之父母與子女

 C 非同居之連襟與妯娌　　D 家長與家屬

B 54.有關動產質權之敘述，下列何者錯誤？（100消警四）

　　A 動產質權係以他人動產爲標的物

　　B 動產質權不須占有標的物

　　C 得就質物賣得價金優先受償

　　D 其爲擔保物權

A 55.甲完成自書遺囑後，復於遺囑最後記明「本遺囑廢棄」之字句，則本遺囑之效力如何？（100消警四）

　　A 視爲撤回　B 視爲撤銷　C 視爲成立　D 視爲有效

A 56.依民法之規定，受輔助宣告之人，應置：（100消警四）

　　A 輔助人　B 補助人　C 輔佐人　D 保佐人

B 57.下列何項法律規定與保護弱勢承租人無關？（100鐵員）

　　A 民法買賣不破租賃之規定　B 不動產出租人之留置權

　　C 出租人之修繕義務之規定　D 租賃之默示更新

D 58.關於買賣契約，下列敘述何者爲錯誤？（100鐵員）

　　A 爲雙務契約　B 爲有償契約　C 爲債權契約　D 爲要物契約

A 59.有關利息之債之敘述，下列何者正確？（100鐵員）

　　A 約定利率，超過週年百分之二十者，債權人對於超過部分之利息，無請求權

　　B 約定利率，超過週年百分之十者，債務人得隨時清償原本

　　C 如當事人有書面約定，則在利息遲付逾一年後，債權人得不待催告而將遲付之利息滾入原本

　　D 因回復原狀而應給付金錢者，應自損害發生時起，按年息百分之六，加給利息

D 60.民法第 739 條之 1 規定「本節所規定保證人之權利，除法律另有規定外，不得預先拋棄」，而法律規定保證人得拋棄之權利爲：（100鐵員）

　　A 主債務人所有的抗辯　　B 主債務人之撤銷權

　　C 主債務人之抵銷權　　　D 保證人之先訴抗辯權

B 61.下列何者不是動產物權之讓與方法？（100鐵員）

　　A 簡易交付　B 登記　C 占有改定　D 指示交付

A 62.甲夫乙妻依法收養A爲養子，於下列何種情形，得請求法院宣告終止收養關係？（100鐵員）

　　A 甲虐待 A　B 甲不慎傷害 A　C 甲與乙離婚　D 甲或乙死亡

B 63.依民法規定，監護人執行監護職務所負之責任爲何？（100高三）

　　A 應負無過失責任　　　B 應負抽象輕過失責任

　　C 僅就具體輕過失負責　D 僅就重大過失負責

C 64.甲有配偶乙，子女A、B，別無其他親屬。甲死亡時留下遺產 90 萬元，並留下有效遺囑將遺產全部贈與密友丙。請問依照民法規定，乙、A、B 各可主張多少數額的特留分？（100高三）

　　A 乙、A、B 各 10 萬元　B 乙 15 萬元，A、B 各 10 萬元

　　C 乙、A、B 各 15 萬元　D 乙 30 萬元，A、B 各 15 萬元

A 65.下列關於意思表示的敘述,何者正確?（100高三）

 A 虛僞意思表示,隱藏他項法律行爲者,適用關於該項法律行爲之規定

 B 表意人因過失而不知相對人之姓名、居所者,得依民事訴訟法公示送達之規定,以公示送達爲意思表示之通知

 C 意思表示因傳達人或傳達機關傳達不實者,傳達人或傳達機關之撤銷權,自意思表示後,經過一年而消滅

 D 向法定代理人允許其獨立營業之限制行爲能力人爲意思表示者,以其通知達到其法定代理人時,發生效力

C 66.甲、乙就A車成立讓與合意後,讓與人甲又以借用人身分與乙訂立A車之使用借貸契約。本題之交付方式爲何?（100高三）

 A 現實交付 B 簡易交付 C 占有改定 D 指示交付

C 67.甲、乙就A屋成立買賣契約,但甲卻誤將B屋移轉於乙,此種錯誤稱爲:（100普）

 A 動機錯誤   B 債權行爲錯誤

 C 物權行爲錯誤 D 債權行爲及物權行爲錯誤

B 68.就他人之財產或營業概括承受其資產及負債者,債務人關於未到期之債權所負之責任爲何?（100普）

 A 自到期時起,2 年內單獨負擔其責任

 B 自到期時起,2 年內與承擔人連帶負擔其責任

 C 自到期時起,2 年內與承擔人個別負擔其責任

 D 自到期時起,與承擔人個別負擔其責任

B 69.依目前民法親屬編之規定,下列何種婚姻是屬於絕對無效之法律行爲?（100司三）

 A 男未滿 18 歲女未滿 16 歲而結婚者

 B 公開儀式結婚但未向戶政機關登記者

 C 未曾訂定婚約即結婚者

 D 未成年人結婚未得法定代理人同意者

D 70.下列何種權利有消滅時效制度之適用?（100司三）

 A 抵押權 B 質權 C 留置權 D 繼承回復請求權

A 71.有關結婚、離婚之法律規範,以下敘述何者錯誤?（100司四）

 A 應經法院公開儀式見證 B 應由雙方書面許諾同意

 C 應有二人以上確認簽名 D 應向戶政事務所辦理登記

B 72.有關路上拾得遺失物,依據現行相關民法、刑法之規定,以下敘述何者正確?（100司四）

 A 拾金不昧良善美德,納爲己有無法究責

 B 拾金不昧良善美德,歸還原主得求報酬

 C 天上掉下來的禮物,納爲己有該當竊盜

 D 天上掉下來的禮物,招領無著充爲公有

C 73.有關我國民法的描述，下列何者錯誤？（100 民航三）

　　A 現行民法典分爲五編

　　B 我國民法主要繼受德國民法

　　C 我國採民商分立制度

　　D 民法的內容可分爲財產與身分關係兩大部分

B 74.下列關於習慣與法律的敘述，何者正確？（100 民航三）

　　A 女兒結婚時，應給嫁妝

　　B 女兒結婚時給嫁妝只是習慣，法律並無強制規定

　　C 女兒結婚時給嫁妝雖是法律的規定，但沒有強制性

　　D 女兒結婚時給嫁妝雖是習慣，但可以請求國家強制履行

D 75.關於消滅時效及除斥期間，下列敘述何者正確？（100 民航三）

　　A 消滅時效適用之客體爲形成權；除斥期間適用之客體爲請求權

　　B 消滅時效的期間固定不變；除斥期間會因中斷而延長

　　C 消滅時效完成後，形成權消滅，無利益可拋棄；除斥期間經過後，當事人可以拋棄期限利益

　　D 時效利益必須當事人主張，法院不得依職權審酌；除斥期間經過後，法院應依職權審酌，不待當事人主張

C 76.關於請求權的概念，下列敘述何者錯誤？（100 民航三）

　　A 請求權乃要求他人爲特定行爲的權利

　　B 抗辯權爲對抗請求權的相對權利

　　C 請求權只存在於私法民事關係中

　　D 請求權包含積極的作爲與消極的不作爲兩方面

A 77.基於個人主義思想所演變成的民法上之原則，下列敘述何者錯誤？（100 民航三）

　　A 所有權社會化　　B 所有權絕對　　C 契約自由　　D 過失責任

C 78.下列何人爲甲之三親等血親？（100 民航三）

　　A 甲的姊夫乙　　B 甲的表妹丙　　C 甲的叔叔丁　　D 甲的姑丈戊

D 79.甲與乙約定，若乙通過 100 年公務人員特種考試民航人員考試，則甲出售其所有的A屋於乙，做爲乙工作時之住所，但甲於考試放榜前，即將該屋出售於丙，並辦理所有權移轉登記。有關甲、乙、丙三人間之法律關係，下列敘述何者正確？（100 民航三）

　　A 甲乙間之契約爲附解除條件之買賣契約

　　B 甲丙間之買賣契約因違反誠信原則而無效

　　C 甲丙間之買賣契約雖屬有效，但乙得主張撤銷該所有權移轉登記行爲

　　D 甲乙間之買賣契約附有停止條件

A 80.以下何者並非民法上之「法律行爲」？（100 調三）

　　A 父母對已成年子女結婚之「同意」　　B 債務之免除

　　C 締結買賣契約　　　　　　　　　　　D 出賣人對買受人交付買賣標的物

C 81.設甲死亡時留下遺產新臺幣（下同）900 萬元，乙為甲之配偶，則下列關於遺產分配之敘述，何者錯誤？（100調三）

A 若甲有子女 2 人，則乙可繼承 300 萬元

B 若甲沒有子女，父母皆健在，則乙可繼承 450 萬元

C 若甲沒有子女，且父母皆已死亡，僅有胞兄一人，則乙可繼承 600 萬元

D 若甲沒有子女及兄弟，且父母皆已死亡，但祖父母尚健在，則乙可繼承 600 萬元

C 82.以下關於權利能力與行為能力的論述，何者為非？（100調三）

A 胎兒以非死產者為限，有權利能力

B 未滿七歲者，無行為能力

C 未成年人之權利能力受限制，應得法定代理人同意方得行使權利

D 權利能力終於死亡

D 83.下列有關法人之敘述，何者錯誤？（100調三）

A 社團法人亦能有公益法人

B 公法人亦能成為私權之主體

C 私法人亦能享有公權

D 自然人所能享有或負擔之權利、義務，法人均能享有或負擔

C 84.因詐欺或脅迫，而為意思表示者，其法律效果為：（100社四）

A 無效　B 效力未定　C 得撤銷　D 有效

D 85.依據民法規定，下列何者不屬於出租人之義務？（100社四）

A 負擔租賃物之稅捐　　　B 租賃物之修繕義務

C 租賃物之交付及保持義務　D 對租賃物應負善良管理人之保管義務

C 86.某大企業徵聘業務經理 1 名，某甲錄取後，發現僱傭契約規定「員工之配偶不得為東南亞外籍人士，違者應自動離職。」1 年後，某甲與越南籍女友結婚，遭公司引用該契約條款規定，要求離職。請問依民法之規定，「禁止與東南亞外籍人士結婚」契約規定是否有效？（100關薦）

A 無效。因為憲法第 7 條明定中華民國人民無分種族，在法律上一律平等。契約亦受憲法直接之規範

B 有效。因為基於契約自由與私法自治，憲法並不能直接規範民事法律行為

C 無效。因為該契約條款有違憲法種族平等精神，而適用民法「法律行為，有背於公共秩序或善良風俗者，無效」

D 有效。公司有權管理員工之配偶身分

C 87.以下何種組織具有法人人格？（100關薦）

A 學校的社團　　B 律師事務所的合夥

C 私立大學　　D 民間合會（互助會）

B 88.下列何者不發生繼承效力？（100關薦）

A 所積欠的稅款債務　B 所積欠的刑罰罰金債務

C 占有　　　　　　D 夫妻的離婚剩餘財產差額分配請求權

D 89.不動產所有權以法律行為移轉，不以何者為要件？（100關薦）

　　A 當事人需具備權利能力

　　B 當事人需有讓與合意

　　C 當事人必須完成登記

　　D 當事人必須交付他方占有不動產

B 90.下列何者不是我國現行法上的權利主體？（100地三）

　　A 甲婦腹中之胎兒　　B 臺東美麗灣之自然生態

　　C 中華郵政公司　　　D 七星農田水利會

C 91.下列有關於物權之取得時點，何者錯誤？（100地三）

　　A 原始建築物：於建築完畢時取得

　　B 先占：於占有之時取得

　　C 繼承：於受領遺產時取得

　　D 果實自落鄰地：於落地時歸鄰地所有人取得

C 92.下列何者為第四順位法定繼承人？（100地四）

　　A 父母　B 父母之兄弟姊妹　C 祖父母　D 兄弟姊妹

B 93.下列關於民法上代理制度的敘述，何者正確？（100地四）

　　A 法律行為與事實行為均可委由他人代理為之

　　B 限制行為能力人亦可為他人之代理人

　　C 民法上僅承認意定代理

　　D 身分行為可委由他人以自己名義代為

D 94.下列何者並非形成有效之婚姻關係的要件？（100地四）

　　A 雙方當事人均非重婚　　　B 二人以上之證人

　　C 向戶政機關為結婚之登記　D 公開之儀式

第四章　商事法

D 1.關於股份有限公司之發起人，下列敘述何者為錯誤？（100海巡三）

　　A 如為自然人，須具有完全之行為能力，才能為發起人

　　B 財團法人工業技術研究院可以其技術作為出資成為發起人

　　C 發起人經全體同意訂立章程

　　D 發起人不得享有報酬或特別利益

C 2.某甲由郵購目錄上，向廠商訂購一套衣服，其後發現家裡已有類似之衣服，故不願購買時，依消費者保護法規定，得否解除契約？（100海巡三）

　　A 不得解除契約

　　B 支付違約金後，得解除買賣契約

　　C 於收受商品七日內，無須附理由說明而退回商品或以書面通知企業經營者解除買賣契約

　　D 於收受商品七日內，須附理由說明而退回商品或以書面通知企業經營者解除買賣契約

A 3. 下列何者非屬勞工保險條例第 6 條所稱之被保險人？（100海巡三）

　　A 無一定雇主或自營作業而參加農會之會員

　　B 在政府登記有案之職業訓練機構接受訓練者

　　C 無一定雇主或自營作業而參加漁會之甲類會員

　　D 在職外國籍員工

A 4. 關於股份有限公司章程之敘述，下列何者錯誤？（100關三）

　　A 公司為超越章程所載所營事業之法律行為，對公司不生效力

　　B 章程應載明董事與監察人之人數與任期

　　C 公司章程得規定公司得為保證人

　　D 公司變更章程時，應經股東會特別決議

A 5. 從事設計商品之企業經營者，提供商品流入市場，若主張其提供之商品符合當時科技或專業水準可合理期待之安全性，應由何人負舉證責任？（100關三）

　　A 企業經營者　B 消費者　C 消費者保護文教基金會　D 事業主管機關

A 6. 下列何一議案，得以股東會假決議之方式進行決議？（100關三）

　　A 決定董事報酬　B 變更公司章程　C 選任董事　D 出租公司全部營業

D 7. 依據勞工保險條例第 2 條有關職業災害保險之給付，下列那一項不屬之？（100關三）

　　A 醫療　B 傷病　C 失能　D 老年

C 8. 下列有關經理人之敘述何者正確？（100關四）

　　A 公司經理人職權僅得依章程規定

　　B 曾犯詐欺罪經有期徒刑 1 年以上宣告，服刑期滿 1 年者得任公司經理人

　　C 公司經理人原則上不得兼任其他營利事業之經理人

　　D 公司經理人得變更董事或執行業務股東之決定

A 9. 下列有關少數股東權利之敘述，何者錯誤？（100關四）

　　A 少數股東除股東會之臨時動議外，並無提案權

　　B 少數股東可以提出自己的董事候選人名單

　　C 少數股東可以請求召集股東會

　　D 少數股東得請求對董事提起訴訟

A 10. 依消費者保護法規定，刊登或報導廣告之企業經營者，其可得而知廣告內容與事實不符者，就消費者因信賴該廣告所受之損害，與提供廣告的企業經營者負何種責任？（100關四）

　　A 連帶責任　B 個別侵權責任　C 不真正連帶責任　D 毋須負責

C 11. 有關全民健康保險不予給付的情形，下列那一項敘述有錯誤？（100關四）

　　A 違反全民健康保險法有關規定者

　　B 經審查非屬醫療必需之診療服務及藥品

　　C 因自殺所生之醫療費用

　　D 依其他社會保險法令請領殘廢給付後，再以同一傷病申請住院診療

D 12.以下何事項無須經股東會特別決議，即得為之？（100稅退四）

    A 公司讓與全部或主要部分之營業或財產　B 公司進行分割

    C 公司變更章程　　　　　　　　　D 公司選舉董事監察人

A 13.有關全民健康保險安全準備之運用方式，下列那一項不屬之？（100稅退四）

    A 投資國外優質私人基金　B 投資於公債

    C 存放於公營銀行　　　　D 特約醫院整修貸款

D 14.下列何者依消費者保護法規定，於符合一定要件下，不用負無過失責任？

    （100稅退四）

    A 輸入商品之企業經營者　B 製造商品之企業經營者

    C 設計商品之企業經營者　D 從事經銷之企業經營者

B 15.有關公司法與金融控股公司法之敘述，下列何者正確？（100身障三）

    A 公司法是金融控股公司法之特別法

    B 金融控股公司法應優先於公司法適用

    C 金融控股公司法之規定若牴觸公司法之規定，無效

    D 金融控股公司法是基於公司法之授權而訂定之子法

C 16.下列有關股份轉讓之敘述何者為錯誤？（100身障三）

    A 股份有限公司，可限制員工行使新股承購權所購得之股份，在一定期間不得轉
      讓，但不得逾 2 年

    B 股份有限公司，對於股東依新股認購權所購得之股份，不得限制其轉讓

    C 股份有限公司之員工行使認股選擇權所認購之股份，可限制其轉讓

    D 股份有限公司之員工依分紅入股所取得之股份，不得限制其轉讓

B 17.企業經營者未經消費者要約，即逕行寄送商品之行為，稱為：（100身障三）

    A 郵購　B 現物要約　C 訪問買賣　D 分期付款買賣

B 18.關於消費訴訟，下列敘述何者為錯誤？（100身障三）

    A 由消費關係所發生之法院管轄

    B 消費者保護團體只要設立 2 年以上，即可以自己名義替消費者提起訴訟

    C 消費者保護團體以自己名義替消費者提起訴訟，其標的價額超過新臺幣 60 萬
      者，超過部分免繳裁判費

    D 企業經營者敗訴時，法院得依職權宣告減免擔保之假處分

A 19.有關公司經理人之敘述，何者錯誤？（100身障三）

    A 公司法規定，經理人之委任、解任，於股份有限公司，應以股東會決議行之

    B 公司經理人為任意機關，其設置與否，得由公司章程規定

    C 受破產之宣告，尚未復權者，不得充任經理人，已充任者，當然解任

    D 經理人之職權，應依章程與契約訂定之

B 20.公司之經營有顯著困難或重大損害時，法院得依據股東之聲請為下列何

    種行為？（100身障三）

    A 命令解散　　　B 裁定解散

    C 合意解散　　　D 法院並無解散公司之職權

B 21.有關全民健康保險之保險費，下列敘述何者錯誤？（100身障三）
    A 保險費以被保險人之投保金額及保險費率計算之
    B 保險費率至少每 3 年精算一次
    C 受僱者之投保金額分級以基本工資爲下限
    D 自營作業者以營利所得爲投保金額

A 22.有關性別工作平等法產假之規定，下列何者錯誤？（100身障三）
    A 產假之日數併入病假計算，產假期間不得支領薪資
    B 女性受僱者如妊娠未滿 2 個月而流產，仍得請產假
    C 女性受僱者得於分娩前開始請產假，不限於分娩後
    D 雇主應給予女性受僱者分娩之產假長度爲 8 個星期

A 23.關於股票，下列敘述何者錯誤？（100身障四）
    A 爲設權證券
    B 爲有價證券
    C 公開發行股票之公司得決定不發行實體之股票
    D 一般實體發行之股票，應有董事 3 人以上之簽名

D 24.股份有限公司股東之出資除現金外，得以對公司所有之貨幣債權，或公司所需之技術、商譽抵充之，而決定得否抵充及得抵充之數額應由何種程序決定？（100身障四）
    A 股東會特別決議   B 股東會普通決議
    C 董事會特別決議   D 董事會普通決議

B 25.定型化契約中的定型化契約約款牴觸個別磋商條款時，其效力如何？（100身障四）
    A 有效   B 無效   C 效力未定   D 得撤銷

B 26.依消費者保護法規定，定型化契約條款解釋上如果有疑義時，應做何種的解釋？（100身障四）
    A 有利企業經營者   B 有利消費者
    C 有利消費者保護團體   D 有利善意第三者

B 27.有關有限公司之敘述，下列何者錯誤？（100交員）
    A 有限公司股東無論出資多寡，每人一表決權，除非公司章程另有規定
    B 有限公司之董事可以由非股東之人當選之
    C 有限公司之董事可以爲與公司有競爭關係之行爲，只要向全體股東說明其行爲之重要內容，並經三分之二以上股東同意
    D 有限公司變更章程時，應得全體股東之同意

C 28.關於股份有限公司監察人之敘述，何者錯誤？（100交員）
    A 監察人有權列席公司董事會並陳述意見
    B 監察人亦爲公司之負責人，對公司負有忠實義務與善良管理人之注意義務
    C 公司之總稽核可以同時兼任監察人，蓋兩者功能相同，可以節省公司成本支出
    D 監察人於董事會不召集股東會時，得爲公司之利益召集股東會

A29.若章程無特別規定，有限公司表決權如何計算？（100警鐵）

　　A 每一股東有一表決權　　　B 股東按其出資多寡，比例分配表決權

　　C 每一張股單有一表決權　　D 僅執行業務股東有表決權

C30.依據司法院釋字第 550 號解釋之意旨，下列那一項關於全民健康保險的敘述有錯誤？（100警鐵）

　　A 國家推行全民健康保險的義務，係兼指中央與地方

　　B 地方自治團體得經由全民健康保險，實現照顧其居民生活之義務

　　C 執行全民健康保險制度的行政費用，應由中央與地方分攤

　　D 為維持全民健康保險的支出，可依據法律由地方分攤保險費之補助

B31.票據法與民法就同一事項均有規定時，應如何適用？（100行警四）

　　A 民法優先適用　　　　　　　B 票據法優先適用

　　C 依施行細則決定何者優先適用　D 由主管機關決定何者優先適用

A32.消費者對於企業經營者未經要約而逕行寄送之商品，下列敘述何者錯誤？（100行警四）

　　A 消費者要保管該商品並通知企業經營者

　　B 消費者不負保管義務

　　C 消費者可不通知企業經營者，但在寄送後 1 個月內未經消費者表示承諾，而企業經營者仍不取回商品者，視為企業經營者拋棄其寄投之商品

　　D 消費者得向企業經營者請求償還因寄送物所受之損害

B33.依公司法之規定，下列敘述何者正確？（100行警四）

　　A 公司得為他合夥事業之合夥人

　　B 若公司間或與行號間有業務往來，公司得貸與資金

　　C 若公司間或與行號間有長期融通資金之必要，公司得貸與資金

　　D 公司章程若無禁止規定，公司原則上得為保證人

B34.關於我國勞工保險主管機關的敘述，下列何者最為正確？（100行警四）

　　A 在中央為勞工保險局　B 在中央為行政院勞工委員會

　　C 在直轄市為勞工局　　D 在中央為內政部

C35.下列關於全民健康保險之敘述，何者錯誤？（100行警四）

　　A 全民健康保險與勞工保險皆屬於社會保險　B 全民健康保險之性質為疾病保險

　　C 全民健康保險為我國第一個社會保險　　　D 全民健康保險具有強制性

D36.下列關於全民健康保險中眷屬保險之敘述，何者錯誤？（100行警四）

　　A 被保險人應繳納眷屬保險之保險費　　　B 被保險人無職業之父母屬之

　　C 眷屬超過三口者，保險費僅以三口計算　D 適用眷屬保險者仍得自行辦理投保

A37.關於股份有限公司之經理人之敘述，下列何者錯誤？（100消警四）

　　A 不可為外國人

　　B 經理人之報酬須經董事會決議通過

　　C 原則上不可兼任其他營利事業之經理人

　　D 在國內要有住所

C 38. 依勞工保險條例之規定，有關勞工保險普通事故的傷病給付期間之敘述，何者正確？（100消警四）

A 最長三個月　B 最長六個月　C 最長一年　D 最長二年

C 39. 消費者因消費行為而受到損害，下列何者並非消費者得向企業經營者所得請求之賠償？（100鐵員）

A 財產上的損害賠償

B 三倍損害額的懲罰性損害賠償

C 五倍損害額的懲罰性損害賠償

D 非財產上的損害賠償

B 40. 公司轉投資其他公司為有限責任股東時，其所有投資總額，原則上不得超過本公司實收股本百分之多少？（100高三）

A 三十　B 四十　C 五十　D 六十

A 41. 消費者保護法規定，於訂立定型化契約之前，消費者應有幾日以內之審閱期間？（100高三）

A 30 日以內　B 20 日以內　C 15 日以內　D 10 日以內

B 42. 下列關於股份有限公司董事會之敘述何者錯誤？（100普）

A 公司董事人數不得少於 3 人

B 公司董事必須是公司股東

C 董事會為決議時，有利益衝突的董事於表決時必須迴避，否則此一決議無效

D 每年度會計終了，董事會必須編造相關財務與業務表冊送監察人查核並經股東會決議

B 43. 某網站軟體販售，於其定型化契約規定：「試用期 15 分鐘」。依消費者保護法規定，相關條款若違反誠信原則對於消費者顯失公平，相關法律效果為何？（100司四）

A 效力未定　B 自始無效　C 得撤銷之　D 損失補償

B 44. 消費者與業者簽訂之定型化契約中，若出現中央主管機關公告不得記載事項之契約條款，則該契約條款之效力如何？（100民航三）

A 經消費者書面同意後始生效力　　B 無效

C 經消費者向消保官申訴成立後失效　D 經法院判決認定顯失公平者無效

B 45. 依最新修正全民健康保險法第 6 條之規定，投保單位對保險人核定案件有爭議時，應先進行何種救濟程序？（100民航三）

A 訴願　B 審議　C 申訴　D 複查

A 46. 依據民國 100 年 4 月新修正之勞工保險條例第 5 條規定，為監督勞工保險業務及審議保險爭議事項，應由有關政府代表、勞工代表、資方代表及專家成立何種組織？（100民航三）

A 勞工保險監理委員會　B 勞保爭議審議委員會

C 勞資爭議委員會　　　D 勞保委員會

D 47. 依最新修正全民健康保險法第 1 條第 2 項規定之保險事故，下列何者不屬之？（100民航三）

　　A 疾病　B 生育　C 傷害　D 死亡

B 48. 下列何種類型之消費爭議解決途徑，不在消費者保護法規範之列？（100社四）

　　A 申訴　B 仲裁　C 調解　D 訴訟

B 49. 全民健康保險法規定全體國民一律強制納保，未繳納保費者將被課處罰鍰與滯納金。某甲認為憲法僅規定人民有「服兵役」、「納稅」與「受國民教育」之義務，而不包含「繳納健保保費」，主張該法違憲拒絕繳費。大法官對此一議題的見解為何？（100關薦）

　　A 人民有遵守法律之政治義務，但「強制納保」之規定已經牴觸比例原則，因此違憲

　　B 「強制納保」規定係國家為達成全民納入健康保險，以履行對全體國民提供健康照護之責任所必要，符合憲法推行全民健康保險之意旨

　　C 「強制納保」是以法律增加憲法所無之負擔，故應屬違憲

　　D 繳費與否與財產權無關，因此「強制納保」並無侵犯人民權利

C 50. 因全民健康保險所生之給付範圍法律爭議，其救濟程序應先履行何項程序？（100關薦）

　　A 申訴　B 異議　C 審議　D 訴願

A 51. 依消費者保護法第 19 條規定，郵購或訪問買賣之消費者，對所收受之商品不願買受時，得於收受商品後幾日內，解除契約而無須負擔任何費用？（100地三）

　　A 7 日　B 10 日　C 15 日　D 30 日

B 52. 依勞工保險條例第 9 條規定，何者非被保險人得繼續參加勞工保險之情形？（100地三）

　　A 應徵召服兵役　　　　　　　　B 當選為民意代表

　　C 派遣出國考察、研習或提供服務　D 在職勞工，年逾六十而繼續工作

C 53. 下列關於公司之敘述，何者正確？（100地四）

　　A 股份有限公司之董事必須是公司之股東

　　B 股份有限公司之監察人不得單獨行使監察權

　　C 有限公司之不執行業務股東，均得行使監察權

　　D 有限公司之董事非得其他全體股東過半數之同意，不得將其出資轉讓於他人

B 54. 下列關於消費者保護法之敘述，何者錯誤？（100地四）

　　A 定型化契約中之定型化契約條款若牴觸個別磋商條款之約定，其牴觸部分無效

　　B 依消費者保護法所提起之訴訟，不管是否企業經營者故意所致之損害，消費者均得請求損害額三倍以下之懲罰性賠償金

　　C 未經消費者要約而對之郵寄或投遞之商品，消費者不負保管義務

　　D 郵購或訪問買賣之消費者，對所收受之商品不願買受時，得於收受商品後七日內退回商品

第五章　刑法

B 1.有關現行刑法教唆犯之敘述，下列何者錯誤？（100海巡三）

　　A 教唆他人使之實行犯罪行為者，為教唆犯

　　B 被教唆人除了違犯故意違法行為外，其還必須具有罪責能力，教唆者才會受處罰

　　C 教唆人之處罰，不一定獲得減輕

　　D 被教唆人如未至犯罪，教唆者不受處罰

A 2.甲知悉懷胎婦女乙甫生產出嬰兒丙，甲提供一只塑膠袋供乙將丙丟入袋中，乙並將丙棄置於舊衣回收箱內，丙死亡。請問當事人責任為何？（100關三）

　　A 甲成立幫助殺人罪、乙成立生母殺嬰罪

　　B 甲成立殺人罪、乙成立生母殺嬰罪

　　C 甲成立幫助殺人罪、乙成立普通殺人罪

　　D 甲成立生母殺嬰罪之幫助犯、乙成立生母殺嬰罪

D 3.甲教唆其八歲稚子乙在商店中行竊物品，乙失風被捕。試問甲、乙二人刑責如何？（100關三）

　　A 甲成立教唆竊盜罪、乙不成立犯罪

　　B 甲成立竊盜罪之間接正犯、乙成立竊盜罪，但得減輕其刑

　　C 甲成立竊盜罪、乙成立竊盜罪，但得減輕其刑

　　D 甲成立竊盜罪之間接正犯、乙不成立犯罪

C 4.下列關於我國刑法上公務員不違背職務受賄罪之敘述，何者有誤？（100關三）

　　A 仲裁人亦為適格之行為主體

　　B 我國設有準受賄罪之規定

　　C 對於公務員職務上之行為行賄者，有處罰規定

　　D 受賄之內容包含不正利益

B 5.下列關於刑法教唆犯之敘述，何者為錯誤？（100關三）

　　A 教唆他人使之實行犯罪行為者，為教唆犯　　B 在刑法上教唆與精神幫助相同

　　C 我國對於教唆犯採取限制從屬原則　　　　　D 失敗之教唆不罰

D 6.有關刑法感化教育的規定，以下何者正確？（100關四）

　　A 感化教育之期間為 2 年以下

　　B 因未滿 12 歲而不罰者，得令入感化教育處所，施以感化教育

　　C 因未滿 18 歲而減輕其刑，且僅宣告拘役者，應於執行前進行感化教育

　　D 感化教育已逾 6 月，認無繼續執行之必要者，法院得免其處分之執行

A 7.刑法第 17 條規定：「因犯罪致發生一定之結果，而有加重其刑之規定者，如行為人不能預見其發生時，不適用之。」以刑法第 277 條第 2 項前段普通傷害致死罪為例，下列敘述何者為正確？（100關四）

A 行為人對於被害人死亡結果之發生必須要有預見可能性

B 行為人對於被害人死亡結果之發生不須要有預見可能性

C 行為人之普通傷害行為不須要有過失

D 被害人死亡結果之發生不須要與普通傷害行為有因果關係

A 8. 關於共犯的限制從屬性原則，以下敘述何者正確？（100 稅退四）

　A 共犯的成立，是以存在一個故意且違法的正犯主行為作為前提要件

　B 共犯的成立，是以存在一個具有罪責的正犯主行為作為前提要件

　C 共犯的成立，必須在主觀要件上加以限制

　D 共犯的成立，必須在客觀要件上加以限制

A 9. 下列關於我國刑法上的緊急避難之敘述，何者錯誤？（100 稅退四）

　A 因避免自己或他人一切權利之緊急危難而出於不得已之行為

　B 應考慮法益衡量

　C 可向非侵害之第三人主張

　D 避難行為過當者，仍得減輕或免除其刑

B 10. 某警察局小隊長甲與其經營書廊之妻乙因投資虧損，兩人遂共同商議，決定收取甲轄區內非法賭博電玩業者丙之「獻金」，由丙至乙之畫廊內，隨意挑選一幅不知名畫作，然後交付乙「價金」300 萬元，以確保其電動玩具店不會被警察找麻煩。下列敘述，何者正確？（100 身障三）

　A 甲、乙成立刑法第 122 條第 1 項違背職務受賄罪之共同正犯，但乙應減輕其刑

　B 甲、乙成立刑法第 122 條第 1 項違背職務受賄罪之共同正犯，但乙得減輕其刑

　C 甲成立刑法第 122 條第 1 項違背職務受賄罪之正犯，乙成立違背職務受賄罪之幫助犯，其得按正犯之刑減輕之

　D 甲、乙成立刑法第 122 條第 1 項違背職務受賄罪之共同正犯，且甲得加重其刑至二分之一

C 11. 有關行刑權時效的規定，以下何者錯誤？（100 身障三）

　A 宣告死刑、無期徒刑或 10 年以上有期徒刑者，40 年

　B 宣告 3 年以上 10 年未滿有期徒刑者，30 年

　C 宣告 1 年以上 3 年未滿有期徒刑者，20 年

　D 宣告 1 年未滿有期徒刑、拘役、罰金或專科沒收者，7 年

C 12. 下列何者非刑法上故意所需認識或預見之對象？（100 身障三）

　A 行為客體　　B 構成要件行為　　C 客觀處罰條件　　D 行為結果

D 13. 下列何者非刑法上之阻卻違法事由？（100 身障三）

　A 逮捕現行犯　　　　　　　　B 自助行為

　C 依優生保健法第 9 條而為之人工流產　　D 不知法律

D 14. 有關累犯的敘述，下列何者錯誤？（100 身障四）

　A 所謂累犯，是指受徒刑之執行完畢，或一部之執行而赦免後，5 年以內故意再犯有期徒刑以上之罪

　B 累犯之處罰，加重本刑至二分之一

C 裁判確定後，發覺爲累犯者，依前條之規定更定其刑
D 累犯之規定，於前所犯罪在外國法院受裁判者，亦適用之

B 15. 有關刑之加減的敘述，下列何者錯誤？（100身障四）
A 死刑減輕者，爲無期徒刑
B 無期徒刑減輕者，爲 25 年以下 20 年以上有期徒刑
C 有期徒刑減輕者，減輕其刑至二分之一
D 拘役加減者，僅加減其最高度

D 16. 下列關於刑法之敘述，何者錯誤？（100身障四）
A 刑法規定犯罪行爲的法律要件　B 刑法規定犯罪行爲的法律效果
C 刑法是最嚴厲的制裁法　　　　D 刑法總則篇規定不同犯罪的個別要件

D 17. 下列關於刑法上加重結果犯之敘述，何者爲正確？（100交高員）
A 加重結果犯之處罰，較該結果之故意犯重
B 加重結果犯不問行爲與結果間之因果關係
C 加重結果犯之處罰規定爲我國所特有
D 加重結果犯之處罰，以有特別規定者爲限

B 18. 刑法上具有完全責任能力之最低年齡爲幾歲？（100交員）
A 17　B 18　C 20　D 22

B 19. 某甲誤某乙爲某丙而射殺之，乙死亡，請問甲的刑責如何？（100警鐵）
A 甲成立殺人未遂罪與過失致死罪，二罪想像競合
B 甲成立故意殺人既遂罪
C 甲成立過失致人於死罪
D 甲成立殺人既遂罪與殺人未遂罪，二罪想像競合

D 20. 刑法第 14 條規定：「行爲人雖非故意，但按其情節應注意並能注意，而
不注意者爲過失」。下列關於刑法第 14 條之敘述，何者錯誤？（100行警
四）
A 其內容主要在於設定定義　B 其內容亦在於解釋名詞
C 此爲立法解釋　　　　　　D 此爲司法解釋

D 21. 有關刑事被告之責任能力的敘述，以下何者正確？（100行警四）
A 未滿 18 歲人之行爲，不罰
B 滿 80 歲人之行爲，不罰
C 瘖啞人之行爲，不罰
D 行爲時因精神障礙，致不能辨識其行爲違法者，不罰

C 22. 關於刑法假釋與緩刑之敘述，下列何者錯誤？（100行警四）
A 緩刑是針對爲了救濟短期自由刑之缺失　B 假釋是爲了鼓勵受刑人改過向上
C 五年以下有期徒刑之宣告始能宣告緩刑　D 假釋是在刑罰未執行完畢前之釋放

C 23. 行爲人對於構成犯罪之事實並無認識而實現客觀不法構成要件，其對於
犯罪判斷之影響爲何？（100行警四）
A 阻卻違法性　B 成立誤想犯　C 阻卻構成要件故意　D 成立不能未遂

A 24.有關「刑法」之敘述，下列何者正確？（100消警四）

 A 屬公法　B 屬私法　C 既屬公法也屬私法　D 不屬公法也不屬私法

D 25.下列敘述何者正確？（100消警四）

 A 中止犯以具備因果關係為要件　B 未遂犯以具備因果關係為要件

 C 舉動犯以具備因果關係為要件　D 結果犯以具備因果關係為要件

C 26.某甲「一刀刺死」某乙，對於甲行為刑法可能之評價，下列敘述何者為
不可能？（100消警四）

 A 殺人罪　B 傷害致死罪　C 遺棄致死罪　D 無罪

D 27.下列何者屬於主觀不法構成要件？（100鐵員）

 A 行為人的性格　B 行為人的利益　C 行為人的年齡　D 行為人的意圖

D 28.下列有關「刑法性質」之敘述，何者錯誤？（100鐵員）

 A 刑法乃施行於一國主權下的法律，屬於國內法

 B 刑法為規範刑罰權主體（國家）和犯罪行為主體（行為人）間的關係，故為公
法

 C 刑法為成文法

 D 刑法不是強行法

A 29.刑法第 153 條第 1 款規定：「以文字、圖畫、演說或他法，公然為左列
行為之一者，處二年以下有期徒刑、拘役或一千元以下罰金：一、煽惑
他人犯罪者。」下列有關此條文之解釋，何者正確？（100高三）

 A 此規定所謂之他人，係指不特定之人

 B 此規定所謂之他人，係指特定之人

 C 他人必須有犯罪之著手，行為人始構成此罪

 D 他人必須犯罪既遂，行為人始構成此罪

D 30.下列何者屬於抽象危險犯？（100高三）

 A 殺人罪　B 傷害罪　C 竊盜罪　D 偽證罪

B 31.甲在百公尺外埋伏欲射殺仇人乙，當時乙、丙站在一起談話，甲明知可
能會誤射中丙，仍執意開槍，丙果真中槍死亡。甲對丙之死亡應負何種
罪責？（100普）

 A 過失殺丙既遂　　B 故意殺丙既遂

 C 過失殺丙未遂　　D 故意殺丙未遂

D 32.殺人罪之追訴時效期間為幾年？（100普）

 A 20 年　B 10 年　C 15 年　D 30 年

D 33.關於刑法中之故意，下列何者錯誤？（100普）

 A 刑法以處罰故意犯為原則

 B 故意分為直接故意與間接故意

 C 故意分為確定故意與不確定故意

 D 行為人對於構成犯罪之事實，明知並有意使其發生者，為間接故意

D 34. 關於刑法中罪刑法定原則之實質內涵，下列敘述何者錯誤？（100司三）
　　A 習慣不得作爲刑事審判的直接法源　B 否定絕對不定期刑
　　C 禁止類推適用　　　　　　　　　　D 絕對禁止溯及既往

B 35. 下列何者不是刑事制裁中刑罰之手段？（100司三）
　　A 追徵、追繳或抵償　B 沒入　C 罰金　D 褫奪公權

D 36. 下列何種行爲，不成立犯罪？（100司四）
　　A 殺人未遂行爲　B 使人受重傷未遂行爲
　　C 竊盜未遂行爲　D 僞造、變造私文書未遂

D 37. 下列何種行爲，依刑法之規定，有處罰預備犯？（100司四）
　　A 傷害直系血親尊親屬　B 強制性交　C 妨害公務　D 殺人

B 38. 關於刑法褫奪公權之敘述，下列何者錯誤？（100民航三）
　　A 剝奪犯罪行爲人爲公務員之資格　B 受宣告者仍得參選公職
　　C 可分爲終身褫奪與定期褫奪　　　D 性質上爲能力刑

C 39. 下列何者不屬於我國刑法第 34 條所規定之從刑？（100民航三）
　　A 沒收　B 褫奪公權　C 罰金　D 抵償

C 40. 下列何者非刑法第 10 條所謂之公務員？（100民航三）
　　A 最高行政法院法官　　　　B 交通部民用航空局局長
　　C 臺北市政府僱用之清潔人員　D 署立醫院會計室主任

A 41. 下列何種行爲不成立犯罪？（100調三）
　　A 預備聚眾公然對依法執行職務之公務員施強暴脅迫
　　B 冒充外國公務員而行使其職權
　　C 公務員因過失而致職務上依法逮捕拘禁之人脫逃
　　D 對於公署公然侮辱

D 42. 下列有關刑法責任能力規定之敘述，何者錯誤？（100社四）
　　A 滿八十歲人之行爲得減輕其刑
　　B 十四歲以上，未滿十八歲人之行爲得減輕其刑
　　C 瘖啞人之行爲，得減輕其刑
　　D 行爲時因精神障礙或其他心智缺陷，致不能辨識其行爲違法或欠缺依其辨識而
　　　行爲之能力者，得減輕其刑

A 43. 下列何者非屬刑法規定的阻卻違法事由？（100社四）
　　A 自首　B 依法令之行爲　C 緊急避難　D 正當防衛

C 44. 犯最重本刑爲 3 年以上 10 年未滿有期徒刑之罪者，其追訴權時效爲：（100社四）
　　A 5 年　B 10 年　C 20 年　D 30 年

A 45. 有關刑法正當防衛之敘述，下列何者錯誤？（100關薦）
　　A 對合法或不法之侵害皆可行使　B 出於防衛自己或他人之權利
　　C 僅限於現在之侵害　　　　　　D 防衛行爲不應過當

B 46.以下何者不屬於刑法的「結果犯」？（100關薦）

　　A 刑法第 271 條的殺人罪　　　B 刑法第 168 條的偽證罪

　　C 刑法第 346 條的單純恐嚇罪　D 刑法第 288 條的墮胎罪

A 47.下列何種刑罰屬於財產刑？（100關薦）

　　A 沒收　B 有期徒刑　C 褫奪公權　D 保安處分

C 48.下列何者非刑法上保安處分之類型？（100地三）

　　A 強制工作　B 強制治療　C 強制入學　D 驅逐出境

A 49.若甲於民國（下同）100 年 9 月 1 日觸犯某罪刑，依法應被科處「三年以下有期徒刑」。惟於 100 年 10 月 1 日該法已修正為「一年以下有期徒刑」，且自同年 10 月 15 日起生效。請問當法院於 100 年 10 月 30 日審判甲案時，應該如何適用法律？（100地三）

　　A 基於新法優於舊法原則，應適用新法

　　B 基於法律不溯及既往原則，應適用舊法

　　C 基於信賴保護原則，應適用舊法

　　D 基於自由心證原則，審判庭得自行決定欲適用之法律

A 50.下列何種行為並不成立犯罪？（100地四）

　　A 普通傷害未遂行為　B 重傷害未遂行為　C 過失傷害行為　D 背信未遂行為

B 51.下列有關刑法上公務員執行職務犯罪之敘述，何者錯誤？（100地四）

　　A 公務員即使因過失而讓職務上依法逮捕拘禁之人脫逃，仍應受處罰

　　B 公務員假借職務上之機會，故意傷害他人身體者，其所成立之傷害罪，應加重其刑至三分之一

　　C 公務員在離職之後，無故洩漏因職務而知悉之他人工商秘密者，仍應受處罰

　　D 公務員登載於職務上所掌管之公文書上之事項，即使不實，只要公務員並非明知，即不受處罰

B 52.下列有關刑法上公務員受賄之敘述，何者錯誤？（100地四）

　　A 只有對於違背職務之行為行賄，才對行賄者處罰

　　B 若於擔任公務員之前預先受賄，則不論有無履行，均應依準受賄罪處罰

　　C 不論是否違背職務，只要受賄，便加以處罰

　　D 所收受之賄賂，即使已不能沒收，仍應追徵其價額

D 53.下列何種法律不能採用類推適用之方法解決法律漏洞問題？（100地四）

　　A 民法　B 海商法　C 票據法　D 刑法

B 54.以下何者為「刑罰」？（100地四）

　　A 沒入　B 抵償　C 警告性處分　D 罰鍰

第六章　家庭暴力防治法

B 1.有關家庭暴力保護令之敘述，以下何者錯誤？（100海巡三）

　　A 警察機關應依保護令，保護被害人至被害人之住居所，確保其安全占有住居所

　　B 命相對人遷出被害人住居所或遠離被害人之保護令，若被害人同意相對人不遷

　　　出便失其效力

　　C 法院核發暫時保護令或緊急保護令，得不經審理程序

　　D 義務人不依保護令交付未成年子女時，權利人得聲請警察機關限期命義務人交付

B 2. 醫事人員在執行職務時知有疑似家庭暴力情事者，至遲應在多少時間內立即通報當地主管機關？（100關四）

　　A 12 小時　　B 24 小時　　C 36 小時　　D 48 小時

D 3. 家庭暴力防治法對於家庭暴力處理之程序有不少特殊的規定，以下敘述何者錯誤？（100稅退四）

　　A 保護令事件之審理不公開

　　B 檢察官進行拘提家庭暴力犯罪嫌疑人時，可不用拘票

　　C 法院為定管轄權，應以秘密方式訊問，將該筆錄及相關資料密封，並禁止閱覽

　　D 保護令事件得進行調解或和解

C 4. 結婚之後丈夫主張為關心與呵護妻子，限制妻子不得外出，甚至安排親友監視行蹤，事事向他報告，請問妻子依家庭暴力防治法可以採取何種法律行動？（100身障四）

　　A 到地檢署按鈴申告妨害自由　　B 打電話給警察主張社會秩序維護法

　　C 蒐證準備證明遭受精神虐待　　D 向朋友訴苦減輕精神壓力

C 5. 下列何者不屬於家庭暴力防治法適用的對象？（100交高員）

　　A 有同居關係之同性戀人間　　　　B 離婚之後公公與媳婦之間

　　C 不同住在一起的六親等遠房親戚　D 四親等以內之表兄弟姐妹間

D 6. 以下何者並「非」家庭暴力防治法所規定的民事保護令種類？（100交員）

　　A 通常保護令　B 暫時保護令　C 緊急保護令　D 非常保護令

D 7. 若不願繼續忍受配偶精神上之虐待，家庭暴力防治法提供下列何種法律途徑自救？（100警鐵）

　　A 到地檢署按鈴申告　B 跟里長告狀　C 寫信到市長信箱　D 到警察局報案

A 8. 家庭暴力防治法所稱的主管機關，下列敘述何者錯誤？（100行警四）

　　A 中央為警政署　B 直轄市為直轄市政府　C 縣為縣政府　D 市為市政府

D 9. 緊急保護令的聲請人，不包括下列何者？（100消防四）

　　A 受到家庭暴力的人　B 檢察官　C 警察機關　D 鄰居

A 10. 法院於受理緊急保護令之聲請後，若認被害人有受家庭暴力之急迫危險者，應於幾小時內以書面核發緊急保護令？（100鐵員）

　　A 四小時　B 五小時　C 六小時　D 八小時

D 11. 法院依法為某未成年子女A酌定B為其權利義務之行使或負擔之人的裁判後，B對A為家庭暴力，請問下列何人無法向法院請求，為A之最佳利益改定之？（100高三）

　　A A 本身　B 縣市主管機關　C 社會福利機構　D A 友人之父母

A 12. 直轄市家庭暴力防治中心應辦理的事項，不包括下列何者？（100高三）

A 協調、督導警政、社政與司法機關家庭暴力防治事項之執行

B 提供二十四小時電話專線服務

C 提供被害人及其未成年子女短、中、長期庇護安置

D 追蹤及管理轉介服務案件

A 13. 家庭暴力通常保護令失效前，當事人及被害人得聲請法院延長期限最長為幾年？（100普）

A 一年　B 二年　C 三年　D 四年

D 14. 依家庭暴力防治法之規定，下列何者為緊急保護令之聲請權人？（100司三）

A 被害人　B 利害關係人　C 社會福利機構　D 檢察官

D 15. 為促進家庭和諧，防制家庭暴力及保護被害人權利，受虐配偶一方可聲請保護令。試問，保護令管轄機關為何？（100司四）

A 警察局　B 社會局　C 檢察署　D 地方法院

C 16. 以下何者不適用家庭暴力防治法？（100調二）

A 甲乙為同居三年，但未結婚之男女情侶。甲男嚴重毆打乙女

B 甲乙曾為夫妻，但三個月前已經離婚。甲男仍至乙女住所毆打乙女

C 甲乙為通信多年之筆友，約會見面後，甲男即多次威脅乙女，造成乙女精神緊張與恐慌

D 甲乙為同住一處之父子，甲經常以竹棍鐵棒毆打未成年之子乙

C 17. 依據家庭暴力防治法，關於保護令之敘述，何者正確？（100社四）

A 命相對人遷出被害人住居所或遠離被害人之保護令，若被害人同意相對人不遷出便失其效力

B 法院核發暫時保護令或緊急保護令，須經審理程序

C 義務人不依保護令交付未成年子女時，權利人得聲請警察機關限期命義務人交付

D 保護令除緊急保護令外，應於核發後四十八小時內發送當事人、被害人、警察機關及直轄市、縣（市）主管機關

C 18. 以下何者，在法官根據家庭暴力防治法核發保護令時，無須考量？（100關薦）

A 家庭暴力行為是何時發生，過久之前發生，就無核發保護令的必要

B 家庭暴力行為，須以故意為必要

C 居住房屋所有權如屬受害人，就無核發搬遷命令的必要

D 當事人有無聲請的意思

A 19. 家庭暴力防治法中的「暫時保護令」應由何單位核發？（100地四）

A 法院　　B 地檢署

C 警察局　D 主管機關：直轄市政府或縣（市）政府

第七章　勞動基準法

B 1.下列有關基本工資之敘述，何者錯誤？（100關三）

　　A 童工之基本工資不得低於基本工資百分之七十

　　B 部分工時勞工因性質特殊，並不能適用基本工資

　　C 工資由勞雇雙方議定，但不得低於基本工資

　　D 技術生發生職業災害時，其補償所採薪資計算之標準，不得低於基本工資

B 2.依據性別工作平等法之規定，僱用受僱者多少人以上之雇主，應設置托
　　兒設施或提供適當之托兒措施？（100關三）

　　A 兩百人　B 兩百五十人　C 三百人　D 五百人

D 3.有關勞動基準法所定勞工工資最優先受清償之權，下列敘述何者錯誤？
　　（100關四）

　　A 限於雇主歇業、清算或宣告破產之情形

　　B 限於勞工本於勞動契約而遭積欠之工資未滿6個月之部分

　　C 僅優先於一般債權

　　D 優先於同時擁有抵押權之債權，但後於國家租稅債權

D 4.下列何者原則上適用性別工作平等法？（100稅退四）

　　A 公務人員、教育人員，不包括軍職人員

　　B 教育人員、軍職人員，不包括公務人員

　　C 公務人員、軍職人員，不包括教育人員

　　D 公務人員、教育人員以及軍職人員均包括

B 5.勞動基準法有關承攬時之職業災害補償規定，下列敘述何者錯誤？（100身
　　障三）

　　A 如有再承攬，承攬人或中間承攬人，就各該承攬部分所使用之勞工，均與最後
　　　承攬人連帶負職業災害補償責任

　　B 承攬時之事業單位，如為職業災害補償，就其所補償之部分，應屬自己責任，
　　　不得向最後承攬人求償

　　C 承攬時之中間承攬人，如為職業災害補償，就其所補償之部分，非屬自己責任，
　　　得向最後承攬人求償

　　D 承攬時承攬人之工作場所，如為事業單位所提供者，事業單位有督促承攬人，
　　　對其所僱用勞工之勞動條件應符合法令規定之義務

D 6.有關性別工作平等法差別待遇的舉證責任之敘述，下列何者正確？（100身
　　障三）

　　A 受僱者應就差別待遇之性別、性傾向因素負舉證責任

　　B 受僱者應就差別待遇之性別或性傾向因素負舉證責任，雇主應就該工作之特定
　　　性別因素負舉證責任

　　C 受僱者無需負任何舉證責任或釋明差別待遇之事實，雇主應就差別待遇之非性
　　　別、性傾向因素，負完全之舉證責任

　　D 於受僱者釋明差別待遇之事實後，雇主應就差別待遇之非性別、性傾向因素，
　　　或該工作之特定性別因素，負舉證責任

A 7. 勞動基準法的法律性質爲何？（100身障四）

　　A 公法、私法性質並存　B 私法　C 程序法　D 刑法

A 8. 勞工有勞動基準法第 12 條各款所稱情事者，雇主應自知悉其情形之日起 30 日內終止契約。該 30 日之法律性質爲：（100身障四）

　　A 除斥期間　B 消滅時效　C 預告期間　D 禁止期間

B 9. 關於促進工作平等的措施，以下何者錯誤？（100身障四）

　　A 受僱者於其配偶分娩時，雇主應給予陪產假 3 日

　　B 受僱於僱用 10 人以上雇主之受僱者，爲撫育未滿 3 歲子女，得向雇主請求每天減少工作時間 1 小時

　　C 受僱於僱用 5 人以上雇主之受僱者，於其家庭成員預防接種時，得請家庭照顧假

　　D 受僱者之配偶未就業者不得申請育嬰假

A 10. 勞動基準法有關職業災害補償之規定，下列敘述何者錯誤？（100交高員）

　　A 雇主所爲之職業災害補償，性質爲無過失責任，不得主張抵充就同一事故所生損害之損害賠償金額

　　B 雇主之職業災害補償責任，如就同一事故已依勞工保險條例支付費用補償者，雇主得抵充之

　　C 勞工醫療期間屆滿 2 年仍未能痊癒，經指定之醫院診斷審定爲喪失原有工作能力且不合勞動基準法殘廢給付標準者，雇主得一次給付 40 個月之平均工資，免除醫療期間之工資補償責任

　　D 職業災害補償請求權之消滅時效爲 2 年

C 11. 春嬌懷孕分娩生下小孩，爲了照顧年幼的小孩而經常無法準時上下班，公司表示，工作規則中規定，員工如因懷孕、分娩、育兒而影響到工作，應自行離職，因此要求春嬌自行請辭。但是春嬌表示，從不曉得公司有此工作規則，也沒有簽署遵守該工作規則的同意書。依據性別工作平等法，春嬌應如何處理？（100交高員）

　　A 春嬌必須自行請辭，因爲受僱於該公司時即同意遵守該工作規則，當然有效

　　B 春嬌必須自行請辭，因爲該工作規則有附加影響工作表現之條件，仍爲有效

　　C 春嬌無需自行請辭，因爲該工作規則違反性別工作平等法的規定，應爲無效

　　D 春嬌無需自行請辭，因爲春嬌未曾簽署遵守該工作規則之同意書，應爲無效

C 12. 勞工甲時薪平均爲新臺幣 150 元，於星期一（工作日）加班 2 小時，請問該日共可獲得多少加班費？（100交員）

　　A 新臺幣 600 元　B 新臺幣 200 元　C 新臺幣 400 元　D 新臺幣 1200 元

B 13. 勞動基準法有關終止勞動契約之預告期間規定，下列何者錯誤？（100普）

　　A 雇主依同法第 11 條終止勞動契約者，如勞工繼續工作達 3 年以上者，應於 30 日前預告之

　　B 勞工於預告期間內，得於工作時間請假外出以另謀工作，請假時數每星期不得超過 1 日

　　C 雇主依同法第 11 條終止勞動契約者，如未爲預告，應給付勞工預告期間之工資

　　D 不定期契約，勞工終止契約時，應準用同法第 16 條之預告期間

C 14.關於促進工作不等的措施，以下何者錯誤？（100 交員）

　　A 女性受僱者因生理日致工作有困難者，每月得請生理假 1 日，其請假日數併入病假計算

　　B 妊娠未滿 2 個月流產者，應使其停止工作，給予產假 5 日

　　C 受僱者任職滿 6 個月後，於每一子女滿 3 歲前，得申請育嬰留職停薪

　　D 子女未滿 1 歲須受僱者親自哺乳者，除規定之休息時間外，雇主應每日另給哺乳時間 2 次，每次以 30 分鐘爲度

D 15.下列關於勞工之正常工作時間的敘述，何者錯誤？（100 行警四）

　　A 勞工每日正常工作時間不得超過 8 小時

　　B 勞工每二週工作時數不得超過 84 小時

　　C 中央主管機關指定之行業，若經工會同意，則雇主可將二週內或八週內之正常工作時間，於勞動基準法所容許之範圍內，加以調整分配

　　D 勞資雙方可於每日 12 小時之範圍內自由約定正常工作時間

D 16.勞動基準法規定定期勞動契約分爲四種，下列何者工作不屬之？（100 行警四）

　　A 特定性工作　B 季節性工作　C 臨時性工作　D 周期性工作

B 17.依據性別工作平等法的規定，以下何種雇主應設置托兒措施或提供適當的托兒服務？（100 行警四）

　　A 僱用受僱者一百人以上之雇主

　　B 僱用受僱者兩百五十人以上之雇主

　　C 僱用女性受僱者一百人以上之雇主

　　D 僱用有七歲以下子女之受僱者一百人以上之雇主

D 18.以下性別工作平等法有關哺乳時間之規定，何者正確？（100 消警四）

　　A 哺乳時間不視爲工作時間

　　B 適用於子女未滿十八個月需受僱者親自哺乳者

　　C 雇主應於固定休息時間之外給予哺乳時間一次，每次以三十分鐘爲度

　　D 雇主應於固定休息時間之外給予哺乳時間二次，哺乳時間視爲工作時間

C 19.勞動基準法第 9 條所定之定期契約視爲不定期契約者，其前後之勞動契約工作期間，合計至少應逾幾日？（100 消警四）

　　A 30 日　B 60 日　C 90 日　D 120 日

B 20.下列有關派遣勞動契約之敘述，何者錯誤？（100 鐵員）

　　A 派遣機構爲派遣勞工之法律上雇主

　　B 派遣勞工之工資必須與要派人之勞工完全相同

　　C 性質上通稱爲三方兩地契約關係

　　D 登錄型之派遣勞動契約經常容易與職業介紹混淆

C 21.在一電子工廠服務的女性員工甲女於懷孕七個月時，雇主以「甲女生育後，有育兒的義務」為由將甲女解僱，依據性別工作平等法，該解僱效力如何？（100高三）

A 非直接以懷孕為由之解僱，該解僱有效

B 以育兒為由之解僱，該解僱有效

C 雇主不得以育兒作為解僱甲女之理由，該解僱不生效力

D 雇主支付甲女一個月薪資後，即可解僱甲女

B 22.雇主修改工作規則，作不利於勞工之單方變更，我國法院基本上依據下列何一原則判斷其合法性？（100普）

A 工作規則集體合意原則　B 工作規則合理變更原則

C 工作規則契約合意原則　D 工作規則法規制定原則

B 23.依性別工作平等法中「促進工作平等措施」專章之規定，下列敘述何者錯誤？（100司三）

A 女性受僱者因生理日致工作有困難者，每月得請生理假 1 日，其請假日數併入病假計算

B 受僱者於配偶分娩時，雇主應給予陪產假 2 日，陪產假期間不發給工資

C 子女未滿一歲須受僱者親自哺乳者，除規定之休息時間外，雇主應每日另給哺乳時間 2 次，每次以 30 分鐘為度

D 受僱者於其家庭成員預防接種、發生嚴重之疾病或其他重大事故須親自照顧時，得請家庭照顧假，全年以 7 日為限

B 24.有關職業災害補償，下列敘述何者錯誤？（100司三）

A 受僱人只須受僱於雇主即可，即使未另訂補償契約，亦有可能成立職業災害補償

B 雇主須有故意或過失，始有可能成立職業災害補償

C 即使受僱人與有過失，亦不得酌減補償金額

D 受僱人因職業災害而致財物毀損者，不屬於職業災害之補償範圍

A 25.關於勞動基準法之基本概念，下列敘述何者錯誤？（100民航三）

A 雇主與勞工所訂勞動條件，得低於該法所定之標準

B 平均工資乃計算事由發生之當日前六個月內所得工資總額除以該期間之總日數所得之金額

C 該法未規定者，適用其他法律之規定

D 勞工乃受雇主僱用從事工作獲致工資者

B 26.依據性別工作平等法第 16 條之規定，下列關於育嬰留職停薪之敘述，何者錯誤？（100民航三）

A 受僱者任職滿一年後，於每一子女滿三歲前，得申請育嬰留職停薪

B 期間至該子女滿三歲止，最長三年

C 同時撫育子女二人以上者，其育嬰留職停薪期間應合併計算

D 受僱者於育嬰留職停薪期間，得繼續參加原有之社會保險

A 27.速食業者甲得知櫃臺員工某乙爲同性戀者,即以「顧客不喜歡同性戀者」爲由要求乙離職。甲之行爲是否牴觸性別工作平等法?（100調三）
A 違法。此乃基於性傾向歧視之解僱行爲
B 合法。雇主有自行決定解僱與否之權利
C 合法。性別工作平等法僅處理「男女平等」,而與同性戀性傾向無關
D 違法。甲應先向主管機關核備之後,方得解僱員工

C 28.有關性別工作平等法促進工作平等措施,下列何者正確?（100社四）
A 女性受僱者,每月得請生理假二日
B 受僱者於其家庭成員發生嚴重之疾病須親自照顧時,得請家庭照顧假,併入病假計算
C 雇主於受僱者之配偶分娩時,應給予受僱者陪產假三日
D 受僱者任職滿一年後,於每一子女滿三歲前,得申請育嬰留職停薪,期間不得逾一年

D 29.下列何者不屬於得適用勞動基準法之勞工?（100地三）
A 工廠之員工　B 學校之工友　C 科技公司的秘書人員　D 職業高爾夫球員

D 30.下列何者不屬於勞動基準法所規定之定期勞動契約?（100地四）
A 特定性工作　B 季節性工作　C 短期性工作　D 周期性工作

第八章　智慧財產權

B 1.關於著作權法上之合理使用的敘述,下列何項錯誤?（100關三）
A 合理使用之著作利用行爲,無須得著作財產權人之同意,亦不構成侵害著作財產權
B 合理使用之規定,亦適用於著作人格權
C 爲司法程序使用之必要,於合理範圍內,重製他人之著作,屬於合理使用之行爲
D 合理使用之判斷,應審酌一切情狀

B 2.下列何項行爲侵害著作權?（100關四）
A 購買正版漫畫出租他人
B 圖書館購買正版 DVD,爲避免損害,自行複製後,出借複製之 DVD
C 於網路上看到他人關於政治時事問題之論述,深表贊同,且該論述之著作權人未標示不得轉載,因此轉貼於自己網頁上
D 公開展示合法購得之他人美術著作原件

D 3.我國著作財產權之保護期間及於著作人死後多少年?（100關四）
A 20 年　B 30 年　C 40 年　D 50 年

D 4.下列何種情形,我國著作權法並未將其視爲侵害著作權?（100稅退四）
A 以侵害著作人名譽之方法利用其著作
B 輸入未經著作財產權人授權重製之重製物
C 以侵害電腦程式著作財產權之重製物作爲營業之使用
D 未經著作財產權人同意,爲供中央或地方機關之利用而輸入著作之重製物

C 5. 受僱人於職務上完成之著作，下列敘述何者正確？（100交高員）

　A 著作人原則上為僱用人，但得以契約約定為受僱人

　B 如契約約定僱用人為著作人，其著作財產權歸受僱人享有

　C 當事人得以契約約定著作財產權歸僱用人享有

　D 受僱人為公務員時，著作財產權一律歸屬僱用人

D 6. 下列關於著作權授權之敘述，何者錯誤？（100交高員）

　A 非專屬授權之被授權人須得著作財產權人之同意，始得授權第三人利用

　B 授權範圍依當事人約定，如約定不明時，推定為未授權

　C 專屬授權時，著作財產權人就同一範圍不得再為授權

　D 無論專屬或非專屬授權，皆僅著作財產權人得以自己名義進行訴訟

C 7. 考量是否構成合理使用著作之判斷標準，下列何者錯誤？（100交員）

　A 利用之目的　　B 所利用之質量及其在整個著作所占之比例

　C 著作之價格　　D 著作之性質

D 8. 甲未得乙之同意，將乙之文章放置於自己的網站，供公眾瀏覽下載，且未標示乙為著作人。甲之行為未涉及乙之下列何種權利？（100交員）

　A 姓名表示權　B 重製權　C 公開傳輸權　D 公開展示權

A 9. 下列有關新興科技之立法或修法之敘述，何者正確？（100行警四）

　A 於著作權法增訂著作權人享有公開傳輸權

　B 於人工生殖法規定代理孕母所生子女視為婚生子女

　C 於植物品種及種苗法規定基因轉殖植物得任意銷售

　D 於專利法明文承認基因序列及複製人技術之可專利性

B 10 著作自何時起受著作權保護？（100行警四）

　A 公開發表　B 完成著作　C 完成登記手續　D 提出登記申請

C 11. 下列關於共同著作之敘述，何項錯誤？（100行警四）

　A 共同著作係指二人以上共同完成之著作，其各人之創作，不能分離利用者

　B 共同著作之各著作人之應有部分，得由共同著作人以約定定之

　C 共同著作之各著作財產權得以其應有部分讓與他人，無須得其他共有著作財產權人之同意

　D 共有著作財產權人，得於著作財產權人中選定代表人行使著作財產權

B 12. 透過無線電廣播系統，向公眾傳達著作內容，涉及著作權人之何種權利？（100消警四）

　A 公開傳輸權　B 公開播送權　C 公開上映權　D 公開演出權

A 13. 依著作權法之規定，下列關於著作人格權之敘述，何者錯誤？（100司三）

　A 著作人死亡者，關於其著作人格權之保護，視同消滅

　B 著作人於著作公開發表時，有表示其本名、別名或不具名之權利

　C 著作人格權專屬於著作人本身，不得讓與或繼承

　D 依學位授予法撰寫之碩士、博士論文，著作人已取得學位者，推定著作人同意公開發表其著作

B 14. 關於著作人之著作,下列那些權利專屬於著作人本身,不得讓與或繼承?
甲:編輯著作權、乙:公開發表權、丙:公開展示權、丁:公開演出權、
戊:姓名表示權、己:同一性保持權(100司三)
A 甲戊己　B 乙戊己　C 乙丙戊　D 乙丁己

C 15. 下列何者乃著作權法所保護之著作權標的?(100調三)
A 公務員於職務上草擬之講稿　B 國家考試之試題
C 新聞報紙之社論　　　　　　D 政府機關所編之法令集

C 16. 下列何者為著作人格權?(100社四)
A 公開口述權　B 編輯權　C 姓名表示權　D 改作權

第十章　司法制度與訴訟法

C 1. 下列關於法院作成裁定之敘述,何者是錯誤的?(100交員)
A 裁定,原則上是針對程序,而非針對實體上之事項
B 對於裁定不服者,原則上得提起抗告
C 裁定應經言詞辯論為之
D 民事法院保全程序中之決定,均為裁定

D 2. 某政府機關向民間文具公司訂購原子筆一批,卻遲延給付約定報酬,該
公司應循何種程序請求救濟?(100消警四)
A 訴願　B 行政訴訟　C 國家賠償　D 民事訴訟

C 3. 有關刑事訴訟制度,「不告不理」乃重要基本原則。試問本項原則適用
以下何項訴訟機制?(100司四)
A 告訴　B 告發　C 自訴　D 再議

C 4. 近年,我國刑事司法制度採行「證據法則」導入「交互詰問」,乃源自
以下何種制度思潮之影響?(100司四)
A 糾問主義　B 職權進行主義　C 當事人進行主義　D 公開審理主義

C 5. 關於我國司法制度,下列敘述何者錯誤?(100民航三)
A 我國係採司法二元制之大陸法系國家
B 我國除普通法院外,另設有行政法院
C 我國之行政法院掌理行政案件之審判,屬於行政權之一環
D 私法上之爭議,原則上適用民事訴訟法,由普通法院審判

C 6. 下列何者為刑事訴訟程序中的非常救濟程序?(100地四)
A 再議程序　B 抗告程序　C 再審程序　D 保全程序

附錄三：100 年高普特考法學大意測驗題

公務人員初等考試（一般行政）　　　　　　　　　簡稱（100初行）

公務人員初等考試（人事行政、勞工行政、經建行政、政風）　簡稱（100初）

公務人員特種考試身心障礙人員（五等考試）　　　簡稱（100身障五）

公務人員特種考試一般警察人員、警察人員及交通事業鐵路人員（佐級鐵路人員考試）　簡稱（100鐵佐）

公務人員特種考試司法人員（五等考試）　　　　　簡稱（100司五）

公務人員特種考試民航人員、外交領事人員及國際新聞人員、國際經濟商務人員、法務部調查局調查人員、國家安全局國家安全情報人員及社會福利工作人員（國家安全情報人員五等考試）　簡稱（100國安五）

公務人員特種考試原住民族（五等考試）　　　　　簡稱（100原民五）

特種考試地方政府公務人員（五等考試：一般行政）　簡稱（100地五行）

特種考試地方政府公務人員（五等考試：一般民政、人事行政、戶政、勞工行政、經建行政、政風）　簡稱（100地五民）

第一編　總論

第四章　法學之派別

B 1.下列何種法學理論提倡「活的法律」？（100國安五）

　　A 概念法學　B 法社會學　C 立憲主義　D 註釋法學

D 2.下列何者不得以被保險人眷屬之身分，參加全民健康保險？（100原民五）

　　A 被保險人無職業之祖父母

　　B 被保險人之成年子女，22 歲，尚在就學而未工作

　　C 家庭主婦

　　D 在營服義務役者

第五章　法系

D 1.行政機關基於法律授權所頒訂之對外發生法律效果之一般抽象的規定稱之為：（100國安五）

　　A 行政處分　B 一般處分　C 職權命令　D 法規命令

第六章 法律與命令之概念

C 1. 下列何者僅屬行政規則，並非法規命令？（100初）
A 商標法施行細則
B 土地稅減免規則
C 教育部補助大專校院研究人才延攬方案經費審查作業要點
D 證券投資信託事業管理規則

A 2. 有關「行政規則」的敘述，下列何者錯誤？（100初）
A 性質為機關內部行為無須遵守行政程序
B 欠缺直接對外效力
C 機關之裁量基準屬於此一行為類型
D 得由原發布機關廢止之

B 3. 下列何種規定，發布後須即送立法院？（100初）
A 自治條例　B 法規命令　C 法律　D 委辦規則

B 4. 法規定有施行期限，期滿當然廢止時，應由何者公告之？（100初）
A 總統　B 主管機關　C 行政院　D 立法院

B 5. 下列何者為法律？（100初）
A 立法院處務規程　　　　　　B 行政院組織法
C 監察院陳情受理中心設置要點　D 試務處組織簡則

C 6. 下列何者並非命令？（100身障五）
A 辦理強制執行事件應行注意事項　B 期貨交易法施行細則
C 民事訴訟法施行法　　　　　　　D 法官遴調作業要點

D 7. 下列何者並非命令？（100鐵佐）
A 非訟事件法施行細則　　B 土地登記規則
C 中央銀行發行新臺幣辦法　D 地方稅法通則

B 8. 有關法律之敘述，下列何者錯誤？（100鐵佐）
A 法律得定名為通則
B 法律之施行日期，由總統另定之
C 法律應經立法院通過
D 應以法律規定之事項，不得以命令定之

C 9. 中央法規標準法第 2 條有關法律之名稱，下列那一項不屬於其所列舉之名稱範圍？（100鐵佐）
A 條例　B 通則　C 準則　D 律

B 10. 下列何者並非法律？（100鐵佐）
A 道路交通管理處罰條例　B 立法院議事規則
C 公文程式條例　　　　　D 全民健康保險法

B 11. 依據中央法規標準法第 7 條規定，各機關依其職權或基於法律授權訂定之命令，於分別下達或發布之後，應即送何機關？（100地五行）
A 司法院　B 立法院　C 行政院　D 監察院

B 12.下列何者不是由總統所發布？（100地五行）

　　A 緊急命令　B 法規命令　C 戒嚴令　D 特赦令

第七章　法律與其他社會規範

D 1.在現代社會中法律與道德仍互有關聯，下列敘述何者錯誤？（100國安五）

　　A 道德規範有時直接形成法律　　　　B 道德規範影響對法律的解釋

　　C 法律規範形成社會公共道德的一部分　D 道德規範皆是裁決規範

第九章　法律之淵源

D 1.下列對民事裁判上援用習慣法的敘述，何者錯誤？（100初行）

　　A 民法第 1 條提到的習慣就是習慣法

　　B 習慣法的成立，不能牴觸公共秩序

　　C 習慣法是補充法源

　　D 習慣法的成立，與普通一般人的確信心無關

C 2.在我國，判例的編製是根據下列何一法律？（100初行）

　　A 民事訴訟法　B 司法院大法官審理案件法

　　C 法院組織法　D 民法

B 3.下列對判例的說明，何者錯誤？（100身障五）

　　A 判例屬於民事裁判上的補充法源

　　B 在我國判例優先於成文法

　　C 判例有助於法律安定性

　　D 法院判決所依據的判例，若當事人認為有違憲疑義，可以聲請大法官解釋

C 4.下列對習慣法的敘述，何者錯誤？（100鐵佐）

　　A 習慣法的成立，須以多年慣行之事實及普通一般人之確信心為其基礎

　　B 習慣法不得牴觸公共秩序、善良風俗

　　C 刑事裁判可以根據習慣法處罰

　　D 習慣法屬於民事裁判的補充法源

D 5.習慣成為一種法源，除了反覆之慣行外，尚須具備下列何項要件？（100國安五）

　　A 社區居民間的協議　B 經法院正式公告

　　C 經立法院認可　　　D 規範上的普遍確信

D 6.判例是由下列那一個機關所作成的？（100原民五）

　　A 檢察署　B 警察局　C 大法官會議　D 最高法院

第十章　法律之類別

C 1.有關強行法與任意法之敘述，下列何者錯誤？（100初行）

　　A 公法領域內有強行法　B 私法領域內有強行法

　　C 民法規定都是任意法　D 公司法規定並非都是任意法

B 2. 下列何者其性質偏屬於任意法？（100鐵佐）

A 行政法　B 民法　C 刑法　D 憲法

B 3. 假設 A 法第 5 條爲 B 法第 7 條之特別規定，當後者修正後，何者應優先適用？（100司五）

AB 法第 7 條　BA 法第 5 條　C 由法官決定　D 視何者較有利於當事人

D 4. 假設甲法第 10 條規定準用乙法第 9 條之規定，當後者修正後，應如何適用？（100司五）

A 由法官決定

B 準用乙法第 9 條修正前之規定

C 準用對當事人較爲有利之規定

D 準用乙法第 9 條修正後之規定

A 5. 「法規對其他法規所規定之同一事項而爲特別之規定者，應優先適用之」，此乃下列那一項原則的敘述？（100國安五）

A 特別法優先原則　B 後法優於前法原則

C 法律保留原則　　D 法律明確原則

A 6. 法律的性質有實體法與程序法之分，下列何者屬於程序法？（100國安五）

A 訴願法　B 民法　C 公司法　D 刑法

B 7. 有關法院在面對特別法與普通法的規定有所不同時的適用原則，下列何者正確？（100原民五）

A 優先適用普通法　　　　B 優先適用特別法

C 適用有利於當事人之規定　D 兩者皆不予適用

A 8. 公職人員財產申報法規定「公職人員應於就（到）職 3 個月內申報財產，每年並定期申報一次」，此一規定之性質屬於何種法律？（100地五行）

A 強行法　B 任意法　C 程序法　D 社會法

A 9. 有關實體法與程序法之敘述，下列何者錯誤？（100地五民）

A 行政執行法屬於實體法

B 消費者保護法屬於實體法

C 涉外民事法律適用法屬於程序法

D 消費者債務清理條例屬於程序法

A 10. 有關「集會遊行法」之敘述，下列何者正確？（100地五民）

A 屬公法　B 屬私法　C 既屬公法也屬私法　D 不屬公法也不屬私法

A 11. 某直轄市政府如果與人民因民法上之租賃契約之租金問題發生爭執時，應由下列何者審理？（100地五民）

A 普通法院　B 高等行政法院　C 最高行政法院　D 行政院法規委員會

C 12. 有關民事訴訟法之敘述，下列何者錯誤？（100地五民）

A 屬於法律而非命令　　　B 屬於程序法而非實體法

C 屬於特別法而非普通法　D 屬於國內法而非國際法

B 13. 行政程序法第 3 條第 1 項規定：「行政機關為行政行為時，除法律另有
規定外，應依本法規定為之。」此一規定顯示了行政程序法相較於其他
法律為：（100地五民）
A 新法　B 普通法　C 舊法　D 特別法

第十一章　法律之制定、修正及廢止

C 1. 法律定有施行期限者，下列敘述何者正確？（100初行）
A 不得延長
B 主管機關認為需要延長者，應於期限屆滿 1 個月送請總統同意
C 主管機關認為需要延長者，應於期限屆滿 1 個月前送立法院審議
D 主管機關認為需要延長者，得逕發布命令延長之，但最長不得超過 1 年

C 2. 原發布命令之機關已遭裁併者，該「命令之廢止或延長」應如何解決？
（100初行）
A 由行政院相關部會統籌　　　　B 由立法院相關委員會討論
C 由業務承受機關或其上級機關為之　D 由法務部辦理

A 3. 中央法規標準法明定法規有下列何種情形者，廢止之？（100初行）
A 機關裁併，有關法規無保留之必要者
B 規定之主管機關或執行機關已裁併或變更者
C 同一事項規定於二種以上之法規，無分別存在之必要者
D 基於政策或事實之需要，有增減內容之必要者

C 4. 下列何者，不屬於中央法規標準法第 21 條所規定之法規廢止的原因？（100
身障五）
A 機關裁併，有關法規已無保留之必要者
B 同一事項，已有公布施行之新法規者
C 法律有漏洞者
D 法規規定之事項已執行完畢者

C 5. 下列何者由總統公布之？（100身障五）
A 法規命令　B 自治條例　C 法律　D 自治規則

B 6. 有關「法規之廢止程序」，下列何者錯誤？（100司五）
A 法律之廢止，仍須經立法院通過且由總統公布
B 命令由原發布機關廢止之，並即送立法院審查
C 法規自公告廢止之日起，至第三日起失效
D 法規定有施行期限者，期滿當然廢止

A 7. 依據中央法規標準法規定，有關法規之廢止敘述，下列何者錯誤？（100司
五）
A 法規規定有施行期限者，期滿當然廢止，無須由機關公告
B 法律之廢止，應經立法院通過，總統公布

C 命令之廢止，由原發布機關爲之

D 機關裁併，有關法規已無保留之必要者，應予廢止

C 8.關於法律修正之程序，下列敘述何者正確？（100國安五）

A 由行政院報經監察院核可

B 無須經提案及審查程序，直接進入立法院三讀會議決

C 準用中央法規標準法有關法律制定之規定

D 由行政院以命令修正之，並報立法院備查

C 9.依據中央法規標準法第 21 條規定，因情勢變更，法規規定之事項無繼續
　　施行之必要時，應採取下列何種措施？（100國安五）

A 停止適用　B 修正法規　C 廢止法規　D 變更法規

A 10.有關法律的制定程序，下列何者正確？（100原民五）

A 應經立法院通過且由總統公布

B 經行政院通過且由立法院公布

C 經相關委員會通過且由立法院公布

D 經主管部會通過且由行政院公布

A 11.依據中央法規標準法第 20 條規定，法規規定之主管機關或執行機關已裁
　　併或變更時，應就該法規爲何種措施？（100地五行）

A 修正　B 廢止　C 撤銷　D 變更

A 12.有關法規廢止程序之敘述，下列何者正確？（100地五民）

A 法律之廢止，應經立法院通過，總統公布

B 法律之廢止，應經立法院通過，由原機關公布

C 命令之廢止，應經立法院通過，由行政院公布

D 命令之廢止，應經立法院通過，由原機關公布

第十二章　法規之效力

C 1.法規如特定有施行日期者，其生效日如何起算？（100身障五）

A 自公布後隔日生效　B 自公布後第三日生效

C 自該特定日起生效　D 應再另以命令訂定生效日

A 2.法律授權行政院以命令規定施行日期，而行政院之命令規定該法律自X
　　年 6 月 1 日起施行時，則該法律於何日起發生效力？（100鐵佐）

A X年6月1日　B X年6月2日　C X年6月3日　D X年6月4日

C 3.法律上明定自公布日施行者，則該法律自公布之日起算至第幾日起發生
　　效力？（100司五）

A 第七日　B 第五日　C 第三日　D 第二日

C 4.依據中央法規標準法第 19 條規定，因國家遭遇非常事故，法規一時不能
　　適用時，得採下列何種措施？（100司五）

A 廢止該法規　B 修正該法規　C 暫停適用該法規　D 延長適用該法規

C 5. X年 8 月 3 日公布之Y法律規定，「本法自公布日施行」，則Y法律於何
　　日起發生效力？（100國安五）
　　A X年 8 月 3 日　B X年 8 月 4 日　C X 年 8 月 5 日　D X 年 8 月 6 日

B 6. 行政法規何時生效？（100原民五）
　　A 公布之日起生效
　　B 法規特定有施行日期時，自該特定日起生效
　　C 經主管機關確認生效之日起生效
　　D 公布之日起算至第 5 日發生效力

C 7. 有關「法規生效日」之敘述，下列何者錯誤？（100地五行）
　　A 法規應規定施行日期
　　B 法規可授權以命令規定施行日期
　　C 法規自公布日發生效力
　　D 法規特定有施行日期者，自該特定日起發生效力

第十三章　法律之解釋

C 1. 依據司法院大法官釋字第 42 號解釋：「憲法第十八條所稱之公職涵義甚
　　廣，凡各級民意代表、中央與地方機關之公務員及其他依法令從事於公
　　務者皆屬之。」這項解釋結果，曾運用下列何種解釋方法？（100初）
　　A 歷史解釋　B 比較法解釋　C 擴張解釋　D 擬制

C 2. 刑法第 278 條第 3 項處罰重傷罪的未遂犯。而未遂犯的解釋，必須根據
　　刑法第 25 條未遂犯的規定。請問這裡運用何種解釋方法？（100初）
　　A 類推適用　B 限縮解釋　C 體系解釋　D 擬制

D 3. 憲法第 20 條規定：「人民有服兵役之義務。」若將其中的人民限定為男
　　性國民，這是運用何種解釋方法？（100身障五）
　　A 類推適用　B 擬制　C 反對解釋　D 限縮解釋

C 4. 法律解釋應參考立法資料，這屬於何種法學方法？（100身障五）
　　A 類推適用　B 合憲解釋　C 歷史解釋　D 比較法解釋

D 5. 下列對文義解釋的敘述，何者錯誤？（100鐵佐）
　　A 文義解釋是法律解釋的基礎
　　B 運用文義解釋可能會產生兩種以上的解釋結果
　　C 文義解釋應該要將立法者的意思納入考量
　　D 類推適用屬於文義解釋

C 6. 下列敘述，何者錯誤？（100司五）
　　A 擴張解釋乃擴大解釋法律文義的範圍
　　B 立法史與比較法，有助於闡明法律規定的真義，所以可以作為法律解釋的參考
　　C 為避免法律解釋流於恣意，所以要求法官必須嚴格遵守邏輯三段論法，絕對禁
　　　止從事價值判斷
　　D 解釋法律應一併將法律的社會作用納入考量

D 7. 下列對體系解釋的敘述，何者錯誤？（100司五）
　　A 根據法律條文於所在編章節條款的位置、乃至與整體法律秩序的關連，闡明它
　　　 的規範意旨，稱為體系解釋
　　B 擴張解釋與限縮解釋都屬於體系解釋
　　C 體系解釋需要考量法律制定的目的
　　D 體系解釋不需要將憲法納入考量

D 8. 刑法第 271 條第 2 項處罰殺人罪的未遂犯。而未遂犯的解釋，必須根據
　　刑法第 25 條未遂犯的規定。請問這裡運用何種法學方法？（100司五）
　　A 反對解釋　B 擴張解釋　C 類推適用　D 體系解釋

D 9. 下列對類推適用的敘述，何者錯誤？（100司五）
　　A 類推適用是法律漏洞的補充方法
　　B 類推適用是根據「相類似案件應為相同的處理」
　　C 民法允許類推適用
　　D 刑法對犯罪的處罰允許類推適用

C 10. 如果將「禁止帶狗進入公園」解釋為可以允許帶豬進入公園。請問這是
　　運用何種解釋方法的結果？（100國安五）
　　A 類推適用　B 合憲解釋　C 反面解釋　D 擴張解釋

C 11. 下列對我國民事法律漏洞的敘述，何者錯誤？（100原民五）
　　A 法律漏洞是立者對應規範事項，因疏忽而漏未規定所發生的結果
　　B 法官可以根據法理來填補法律漏洞
　　C 法律漏洞不應由法官填補
　　D 類推適用是填補法律漏洞的方法

第十四章　法規之適用

B 1.「重要事項應以法律規定者」，此乃下列那一項原則的描述？（100初）
　　A 法明確性原則　B 法律保留原則　C 法律優越原則　D 信賴保護原則

D 2. 請問下列對三段論法的敘述，何者錯誤？（100初）
　　A 三段論法的推論，包括大前提、小前提、結論三項命題
　　B 判斷具體生活事實是否合乎大前提的要件，稱為涵攝
　　C「人皆會死；張三是人；所以張三會死。」這項推論是根據三段論法而導出的
　　D 為避免影響審判公正客觀，我國嚴格禁止法官解釋法律。裁判只需要根據三段
　　　 論法即可

C 3. 若基於公益上之需要，對於某種事實之存在或不存在，依據法的政策，
　　予以擬定，不容以反證推翻之，法律條文上常用的文句是：（100身障五）
　　A 推定　B 不在此限　C 視為　D 亦同

A 4. 若T（法律要件），則F（法律效果）。S類似T。故S則F。此屬於何種推
　　論形式？（100國安五）
　　A 類推適用　B 合憲解釋　C 歷史解釋　D 當然解釋

C 5.假設甲法第 10 條規定準用乙法第 9 條之規定,當後者修正後,應如何適用?（100國安五）
　　A 由當事人決定之　　　　　　B 準用修正前之乙法第 9 條規定
　　C 準用修正後之乙法第 9 條規定　D 由法官決定之
C 6.命令不得牴觸法律,此乃說明下列何種原則?（100原民五）
　　A 法律保留　B 憲法保留　C 法律優位　D 授權明確
B 7.依據中央法規標準法規定,有關法規制定之描述,下列何者錯誤?（100地五民）
　　A 應以法律規定之事項,不得以命令定之
　　B 關於國家各機關之組織,得以命令定之
　　C 法律應經立法院通過,總統公布
　　D 重要事項應以法律定之者,即應以法律定之
D 8.比例原則為法治國家思想之一般法律原則,其拘束之對象為:（100地五民）
　　A 只限於行政行為　　　　　B 只限行政與立法行為
　　C 只限行政與司法行為　D 所有國家之行政、立法及司法等行為

第十六章　權利與義務

C 1.甲對乙之債權罹於時效後,甲對乙請求給付時,乙得拒絕甲之請求的權利稱之為:（100地五民）
　　A 形成權　B 請求權　C 抗辯權　D 解除權

第十八章　法律體系

A 1.下列各種規範中,何種規範效力最強?（100鐵佐）
　　A 法律　B 行政規則　C 基於法律授權之法規命令　D 自治條例
D 2.下列法規何者位階最高?（100司五）
　　A 自治條例　B 命令　C 自治規則　D 法律
B 3.在下列的法架構中,效力最高者為何者?（100地五行）
　　A 民法　B 憲法　C 刑法　D 公平交易法

第二編　各論

第一章　憲法

A 1.根據司法院大法官審理案件法,大法官通過統一解釋法律及命令的可決人數為何?（100初行）
　　A 應有大法官現有總額過半數之出席,及出席人數過半數之同意,方得通過
　　B 應有大法官現有總額過半數之出席,及出席人數三分之二之同意,方得通過
　　C 應有大法官現有總額三分之二之出席,及出席人數過半數之同意,方得通過
　　D 應有大法官現有總額三分之二之出席,及出席人數三分之二之同意,方得通過

B 2.依據中華民國憲法增修條文，大法官由總統提名，經下列何機關同意任命？（100初行）

A 行政院　B 立法院　C 司法院　D 監察院

D 3.依據中華民國憲法增修條文，中華民國自由地區選舉人於立法院提出憲法修正案、領土變更案，應公告多久，始能投票複決？（100初行）

A3 個月　B4 個月　C5 個月　D 半年

C 4.關於地方自治團體之組織者，須規定在：（100初行）

A 自治規則　B 委辦規則　C 自治條例　D 自律規則

D 5.鄉（鎮、市）公所就其自治事項，依其法定職權所訂定之法規為：（100初行）

A 授權命令　B 自治條例　C 委辦規則　D 自治規則

B 6.依地方制度法之規定，自治規則應分別冠以各該地方自治團體之名稱，並得依其性質，定名為下列何者？（100初行）

A 條例　B 辦法　C 通則　D 規約

B 7.自治條例與憲法、法律或基於法律授權之法規或上級自治團體自治條例牴觸者，其效力如何？（100初行）

A 自始當然無效，人民自始無須遵守

B 分別由行政院、中央各該主管機關、縣政府予以函告無效

C 由行政院、中央各該主管機關、縣政府送請立法院予以函告無效

D 由行政院、中央各該主管機關、縣政府送請司法院同意函告無效

D 8.下列何者非法治國原則之內涵？（100初行）

A 行政機關應依法行政

B 法院審理案件應獨立審判

C 國家組織應符合權力分立原則

D 民意代表應定期改選

C 9.下列何者並非司法院大法官應作合憲性審查之事項？（100初行）

A 自治條例　B 法律　C 統治行為　D 命令

A 10.中華民國憲法增修條文規定，下列何事項不屬於監察院之權限？（100初行）

A 同意權　B 審計權　C 彈劾權　D 糾舉權

D 11.根據中華民國憲法規定，法律與憲法有無牴觸發生疑義時，應由下列何者解釋？（100初行）

A 總統　B 行政院　C 監察院　D 司法院

A 12.依中華民國憲法規定，行政院對於立法院決議之法律案，認為有窒礙難行，得經總統之核可，於該決議案送達行政院 10 日內，為如何之處理？（100初行）

A 移請立法院覆議　B 移請總統府覆議

C 移請監察院覆議　D 由行政院自行訂定命令停止適用

C 13.依中華民國憲法增修條文第 5 條之規定，關於大法官之敘述，下列何者錯誤？（100初行）

A 任期 8 年　　　　　B 任期屆滿後不得連任

C 任期屆滿後得連任　D 司法院設大法官 15 人

B 14.地方制度法第 28 條規定應以自治條例訂定之事項，下列何者錯誤？（100初）

A 法律規定應經地方立法機關議決者

B 中央主管機關認為應以自治條例定之者

C 關於地方自治團體之組織者

D 創設、剝奪或限制地方自治團體居民之權利義務者

C 15.依據中華民國憲法增修條文，中華民國自由地區選舉人於立法院提出憲法修正案、領土變更案，經公告半年，應於幾個月內投票複決？（100初）

A 一個月　B 二個月　C 三個月　D 四個月

B 16.依據中華民國憲法增修條文，現行總統、副總統任期幾年？（100初）

A 三年　B 四年　C 五年　D 六年

D 17.地方制度法第 25 條有關自治法規之敘述，下列何者錯誤？（100初）

A 由地方自治團體所為　B 分為自治條例與自治規則

C 就自治事項所為　　　D 就委辦事項所為

A 18.立法院對行政院院長提出不信任案，如未獲通過，則在多少時間內，不得再對同一院長提出不信任案？（100初）

A 一年內　B 二年內　C 三年內　D 任期中皆不得再提出

A 19.下列敘述，何者不屬於平等原則之內涵？（100初）

A 人民可以主張不法的平等　B 機關應受行政慣例之拘束

C 恣意的禁止　　　　　　　D 合理的差別待遇

D 20.下列何者得規定罰則？（100身障五）

A 職權命令　　　　　B 鄉（鎮、市）之自治條例

C 直轄市之自治規則　D 縣（市）之自治條例

A 21.憲法第 80 條規定，法官應依據法律獨立審判。請問下列敘述，何者錯誤？（100身障五）

A 民事裁判中，無法律規定，法官可以拒絕裁判

B 民事裁判中，無法律規定，法官可以援引法理

C 民事裁判中，無法律規定，法官可以類推適用

D 民事裁判中，無法律規定，法官可以援用習慣

A 22.有關我國立法院會期之敘述，下列何者為正確？（100身障五）

A 每年兩次，第一次自 2 月至 5 月底，第二次自 9 月至 12 月底

B 每年兩次，第一次自 1 月至 6 月底，第二次自 7 月至 12 月底

C 每年一次，由 1 月中旬開始開會至 12 月底止

D 每年一次，由 2 月初開始開會至 11 月底止

B 23.我國法律之立法權限屬於下列何機關？（100鐵佐）

　　A 行政院法規委員會　B 立法院　C 監察院　D 法務部

C 24.縣（市）之自治法規中，何者得規定罰則？（100鐵佐）

　　A 自治規則　B 委辦規則　C 自治條例　D 自律規則

A 25.總統於立法院通過對行政院院長之不信任案後 10 日內，經諮詢立法院院長後，得宣告解散立法院。立法院解散後，至遲應於下列何期限內舉行立法委員選舉？（100鐵佐）

　　A 60 日　B 90 日　C 180 日　D 1 年

C 26.將「領土」解釋為包括「領海」、「領空」。請問這運用何種解釋方法？（100鐵佐）

　　A 類推適用　B 限縮解釋　C 擴張解釋　D 反對解釋

C 27.下列何者是規定國家的基本組織及其活動的法律？（100司五）

　　A 行政程序法　B 行政院組織法　C 憲法　D 國家安全法

A 28.依司法院大法官釋字第 387 號解釋之意旨，行政院院長向總統提出辭職時，下列何者應一併提出辭職？（100司五）

　　A 不管部會之政務委員　　　B 中央銀行總裁
　　C 國家通訊傳播委員會委員　D 公平交易委員會委員

B 29.憲法及憲法增修條文所為之下列各種規定，何者是共和國原則之體現？（100國安五）

　　A 立法委員由人民選舉產生
　　B 國家元首之總統由人民選舉產生
　　C 中華民國之主權屬於國民全體
　　D 國家重要事項之決定須經行政院院會之議決

A 30.下列何者不屬於司法院職權範圍內之事項？（100國安五）

　　A 總統彈劾案之提出　B 公務員之懲戒　C 統一解釋法令　D 解釋憲法

A 31.警察在人民住處裝設窺視其一舉一動之攝影機時，主要是侵害人民之何種基本權利？（100國安五）

　　A 隱私權　B 言論自由　C 人身自由　D 秘密通訊自由

B 32.依憲法增修條文規定，下列何者的任期係不分屆次，個別計算？（100國安五）

　　A 立法委員　B 司法院大法官　C 考試委員　D 監察委員

A 33.下列何者不是行政院向立法院負責之方式？（100原民五）

　　A 立法院開會時，行政院院長及各部會首長得列席陳述意見
　　B 立法院通過不信任案時，行政院院長應提出辭職
　　C 行政院應向立法院提出施政方針及施政報告
　　D 行政院院長及各部會首長應至立法院備詢

A 34.憲法第 2 條所採之主權在民原則，係下列那一項原則之體現？（100原民五）

　　A 民主原則　B 法治國家原則　C 社會國家原則　D 共和國原則

B 35.有關國家限制人民基本權利之敘述，下列何者正確？（100原民五）

　　A 只有法院得限制人民之基本權利

　　B 限制人民基本權利，須有法律之授權依據

　　C 人民之基本權利不得加以限制

　　D 具體個案限制人權是否合法，由司法院大法官審理之

C 36.下列何者不屬於司法院大法官權限範圍內之事項？（100原民五）

　　A 統一解釋法令　B 總統彈劾案之審理

　　C 公務員之懲戒　D 自治法規是否牴觸法律之解釋

A 37.下級政府就其得全權處理之業務，依法完成法定效力後，陳報上級政府知悉。此在地方制度法規定中，稱為：（100原民五）

　　A 備查　B 核定　C 報准　D 自治

B 38.上級政府對於下級政府所陳報之事項，加以審查，並作成決定，以完成該事項之法定效力。此在地方制度法規定中，稱為：（100原民五）

　　A 核備　B 核定　C 委辦　D 委託

A 39.下列何者無任期保障？（100原民五）

　　A 內政部部長　B 審計長　C 未兼任院長、副院長之大法官　D 立法委員

A 40.依憲法第 171 條第 1 項之規定，法律與憲法牴觸者，則該法律的效力為何？（100原民五）

　　A 無效　B 得撤銷　C 效力未定　D 仍然有效

D 41.「公用徵收」係對於人民何種基本權利之限制？（100原民五）

　　A 工作權　B 居住自由　C 人身自由　D 財產權

C 42.我國憲法所採之基本原則中，不包括下列何者？（100地五行）

　　A 共和國原則　B 民主國原則　C 聯邦國原則　D 法治國原則

D 43.下列何種事項無須經立法院之議決？（100地五行）

　　A 國家重要事項之決定　B 總統之罷免

　　C 預算案之通過　　　　D 內政部部長之任命

B 44.憲法有關基本權利之規定，不直接受其拘束者，為下列何者？（100地五行）

　　A 法院　B 私人企業　C 立法院　D 地方自治團體

A 45.澎湖縣政府對下列何一事項，應以自治條例定之？（100地五行）

　　A 創設縣民權利義務事項　B 縣議會自律事項

　　C 縣政府節約用電事項　　D 縣政府員工自強活動事項

A 46.地方制度法第 27 條規定自治規則之訂定，下列何者錯誤？（100地五行）

　　A 其為地方政府就委辦事項所為之法規

　　B 須冠以地方自治團體之名稱

　　C 地方政府依其法定職權或基於法律、自治條例之授權為之

　　D 屬於法律授權訂定者，應函報該法律所定中央主管機關備查

B 47. 下列何種命令不是由行政機關所發布？（100地五民）

　　A 職權命令　B 緊急命令　C 法規命令　D 行政規則

D 48. 下列何者不是考試院為行使其職權所設立之機關？（100地五民）

　　A 銓敘部　B 考選部　C 公務人員保障暨培訓委員會　D 公務員懲戒委員會

A 49. 依憲法之規定，中央與地方皆擁有之權力為：（100地五民）

　　A 行政權　B 司法權　C 考試權　D 監察權

C 50. 依地方制度法第 30 條規定，鄉（鎮、市）之自治條例牴觸法律時，由何

　　機關函告其無效？（100地五民）

　　A 行政院　B 內政部　C 縣政府　D 中央各該主管機關

B 51. 依據地方制度法第 32 條規定，委辦規則須經委辦機關核定者，後者如未

　　於 1 個月內為核定與否之決定時，其效力如何？（100地五民）

　　A 逾期不生效力　B 逾期視為核定　C 不得延長期限　D 逾期效力未定

C 52. 地方自治團體就自治事項不經地方議會議決而由地方行政機關訂定之自

　　治法規為何？（100地五民）

　　A 自治規章　B 自治條例　C 自治規則　D 自治規約

A 53. 下列何者不屬於總統之職權？（100地五民）

　　A 對立法院議決之法律案提出覆議　　B 解散國會

　　C 宣布戒嚴　　　　　　　　　　　　D 設置國家安全局

第二章　行政法

C 1. 下列何者非刑法第 10 條第 2 項意義下之公務員？（100初行）

　　A 依法令服務於國家、地方自治團體所屬機關而具有法定職務權限者

　　B 依法令從事於公共事務，而具有法定職務權限者

　　C 於國營事業機構執行私經濟行為之職務者

　　D 受國家、地方自治團體所屬機關依法委託，從事與委託機關權限有關之公共事

　　　務者

B 2. 行政程序法第 119 條規定「信賴不值得保護之情形」，下列何者不屬之？

　　（100初）

　　A 相對人以詐欺、脅迫方法使機關作成行政處分

　　B 相對人未依法提出申請

　　C 相對人明知行政處分違法

　　D 相對人對重要事項提供不正確資料，致機關依此作成處分

B 3. 依據司法院大法官釋字第 491 號解釋意旨，下列何者不屬於法律明確性

　　原則之內涵？（100司五）

　　A 抽象規範，其意義須非難以理解　B 須無裁量瑕疵

　　C 可由司法審查加以確認　　　　　　D 為一般受規範者可得預見

B 4.機關作成裁量出於不相關之動機，係屬於下列何種裁量瑕疵之類型？（100司五）

　　A 裁量逾越　B 裁量濫用　C 裁量怠惰　D 裁量限縮

A 5.未經法律規定或法律授權，行政機關即不得合法作成行政行為，此係基於下列何原則之要求？（100國安五）

　　A 法律保留原則　B 法律優越原則　C 公益原則　D 比例原則

D 6.行政機關處罰人民不得過當，是下列那一項原則之要求？（100國安五）

　　A 不當聯結禁止原則　B 誠信原則　C 信賴保護原則　D 比例原則

C 7.行政行為採取之方法應有助於目的之達成，是屬於：（100國安五）

　　A 誠實信用原則　B 信賴保護原則　C 比例原則　D 明確性原則

D 8.下列何者一般不會將其歸類為民法的特別法？（100國安五）

　　A 消費者保護法　B 動產擔保交易法　C 祭祀公業條例　D 訴願法

D 9.有關比例原則之敘述下列何者錯誤？（100原民五）

　　A 德國法諺：「不能用大炮打麻雀」，即為比例原則之意義

　　B 包含三個子原則，即適當性原則、必要性原則、衡量性原則

　　C 規定於行政程序法第 7 條

　　D 行政機關的作為如符合其他行政法上一般原理原則時，一定符合比例原則

A 10.行政行為有多種同樣能達成目的之方法時，應選擇對人民權益損害最少者。此乃那一種原則的說明：（100原民五）

　　A 必要性原則　B 適當性原則　C 均衡性原則　D 公平性原則

C 11.有關平等原則之敘述，下列何者正確？（100原民五）

　　A 人民得主張平等原則，要求行政機關為不法的相同對待

　　B 性別相同事件一律須為相同的處理，否則將違反平等原則

　　C 平等原則所禁止者為無正當理由之差別對待

　　D 平等原則只適用在給付行政，對於干預行政不適用

D 12.在一般行政法原則中，強調「方法」與「目的」之均衡性的原則，稱為：（100地五行）

　　A 誠實信用原則　B 平等原則　C 信賴保護原則　D 比例原則

C 13.關於司法院釋字第 525 號解釋闡明信賴保護原則之適用要件，下列那一項描述為錯誤？（100地五行）

　　A 須在信賴基礎之存續期間內所為

　　B 對構成信賴要件之事實有客觀上具體表現之行為

　　C 僅限於授益行政處分之撤銷或廢止

　　D 其利益須值得保護

C 14.下列何者不是行政法之一般原理原則？（100地五行）

　　A 明確原則　B 誠信原則　C 私法自治原則　D 法律保留原則

C 15.行政機關在處罰人民時，對於人民有利、不利之事實皆須加以考量，係
下列何原則之要求？（100地五行）

　　A 平等原則　B 比例原則　C 有利不利兼顧原則　D 信賴保護原則

B 16.行政法上之法規命令，如果牴觸法律，其效力為：（100地五民）

　　A 有效　B 無效　C 得撤銷　D 效力未定

D 17.行政機關已核發公司設廠的許可，事後欲廢止該設廠之許可時，應注意
那一項原則的要求？（100地五民）

　　A 私法自治原則　B 平等互惠原則　C 比例原則　D 信賴保護原則

A 18.在大學入學條件，如一般生與僑生有不同規定時，須受何種原則之審查？
（100地五民）

　　A 平等原則　B 信賴保護原則　C 誠信原則　D 法律不溯及既往原則

第三章　民法

D 1.下列對民事裁判的敘述何者錯誤？（100初行）

　　A 民事裁判可以依法理

　　B 民事裁判可以類推適用

　　C 民事裁判可以允許法官補充法律漏洞

　　D 民事裁判可以允許法官適用違反善良風俗的習慣

A 2.第一順位之法定繼承人有數人，其中一人拋棄繼承權者，其應繼分歸屬
於何人？（100初行）

　　A 其他同為繼承之人　B 第二順位之繼承人　C 配偶　D 由法院定之

C 3.無權代理人以代理人名義所為之法律行為，其法律效果為何？（100初行）

　　A 無效　B 不成立　C 效力未定　D 得撤銷

D 4.夫妻一方生死不明超過多久可以訴請法院裁判離婚？（100初行）

　　A 6 個月　B 1 年　C 2 年　D 3 年

A 5.於一定期日應為意思表示或給付者，若該期日為星期日、紀念日或其他
休息日時，應以何日為準？（100初行）

　　A 休息日之次日　　　B 休息日之前一日

　　C 仍為休息日當天　D 休息日後之一個星期

B 6.人之權利能力，始於：（100初行）

　　A 成年　B 出生　C 取得身分證後　D 結婚後

A 7.下列關於意思表示的敘述，何者正確？（100初行）

　　A 意思表示是法律行為的要素

　　B 表意人若知其事情即不為意思表示者，其意思表示無效

　　C 對話意思表示與非對話意思表示的區別，是以當事人是否面對面溝通為標準

　　D 表意人無欲為其意思表示所拘束之意，而為意思表示者，其意思表示無效

D 8.債權人關於提存物之權利，應於提存後多久之期限內行使之，逾期其提存物歸屬國庫？（100初行）

　　A2 年　B5 年　C7 年　D10 年

C 9.下列各種請求權，何者因 5 年間不行使而消滅？（100初行）

　　A 飯店之住宿費　　　　　　B 醫生之診費

　　C 出租人每月可收取之租金　D 商人所供給之商品之代價

C 10.下列有關行為能力的敘述，何者正確？（100初行）

　　A 限制行為能力人未得法定代理人之允許，所為之任何法律行為，只要經法定代理人之承認，即生效力

　　B 法定代理人未允許限制行為能力人處分之財產，限制行為能力人，就該財產所訂之契約無效

　　C 法定代理人允許限制行為能力人獨立營業者，限制行為能力人，關於其營業之各個行為，無須再得法定代理人之允許

　　D 限制行為能力人用詐術使人信其為有行為能力人或已得法定代理人之允許者，其法律行為無效，但不得對抗善意第三人

C 11.下列對民法第 1 條法理的說明，何者錯誤？（100初）

　　A 在民事裁判上，法理是補充法源

　　B 習慣法的援用優先於法理

　　C 援用法理優先於習慣

　　D 法理的具體化，需要學說與實務的長期努力

D 12.下列何者不屬於民事裁判的法源？（100初）

　　A 法律　B 習慣　C 法理　D 案件事實

B 13.下列關於清償之敘述，何者錯誤？（100初）

　　A 債務人原則上有期前清償之權利　B 債務人有一部清償之權利

　　C 債務人無分期給付之權利　　　　D 債務人無緩期清償之權利

A 14.甲向A銀行申辦信用卡，則甲與A銀行間成立何種契約？（100初）

　　A 委任契約　B 寄託契約　C 消費寄託　D 承攬契約

B 15.下列何種契約其請求權時效為 15 年？（100初）

　　A 不動產租金之請求權　　　　B 消費借貸之返還請求權

　　C 買賣契約中物之瑕疵擔保請求權　D 承攬報酬額之請求權

C 16.甲積欠乙之貨款，遂以自己所開立之銀行支票對乙為清償，此種情形通稱為：（100初）

　　A 代物清償　B 代位求償　C 新債清償　D 代替給付

D 17.我國繼承法規定，得為遺囑之年齡為幾歲？（100初）

　　A 十三歲　B 十四歲　C 十五歲　D 十六歲

C 18.連帶債務人中之一人，不能償還其分擔額者，其不能償還之部分，應如何分擔？（100初）

    A 由求償權人以外之其他債務人依比例分擔

    B 由求償權人自行承擔

    C 由求償權人與他債務人依比例分擔

    D 由求償權人分擔一半

D 19. 民法規定，未滿八十歲之失蹤人失蹤幾年（普通期間）後，法院得因利害關係人或檢察官之聲請而為死亡之宣告？（100初）

    A 一年　B 三年　C 五年　D 七年

B 20. 下列關於第三人清償債務之敘述，何者錯誤？（100初）

    A 債之清償，得由第三人為之

    B 當事人有訂定不得由第三人清償者，第三人仍得為清償

    C 債務人有異議時，債權人仍可接受其清償

    D 第三人就債之履行有利害關係者，債權人不得拒絕其清償

C 21. 被傳達人誤傳的意思表示，其效力如何？（100初）

    A 有效　B 無效　C 得撤銷　D 效力未定

B 22. 消滅時效完成後，發生下列何種效力？（100初）

    A 權利歸於消滅

    B 債務人得拒絕給付

    C 債務人不知時效已消滅仍為給付者，得請求返還

    D 債務人給付者，構成債權人之不當得利

B 23. 依民法規定，因婚姻而發生之親屬關係，稱為：（100初）

    A 血親　B 姻親　C 妻親　D 宗親

D 24. 下列對於不確定法律概念的敘述，何者錯誤？（100身障五）

    A 不確定法律概念又可稱為概括條款

    B 不確定法律概念需透過法官的價值補充

    C 誠實信用屬於不確定法律概念

    D 為避免法官恣意，民法禁止使用不確定法律概念

B 25. 下列關於條件的敘述，何者正確？（100身障五）

    A 附解除條件之法律行為，於條件成就時，始生效力

    B 有些法律行為，不得附條件

    C 民法關於條件之規定為強行法，當事人不得另為與規定不同的特約

    D 法律行為所附的條件未成就以前，當事人得各憑本事，以任何手段使其條件成就，或阻其條件成就

B 26. 下列何者為單獨行為？（100身障五）

    A 贈與　B 債之免除　C 使用借貸　D 和解

A 27. 下列何種關係因離婚而消滅？（100身障五）

    A 姻親關係　　　B 姻親間之近婚關係

    C 自然血親關係　D 因血親關係而生之扶養關係

C 28.有關特留分之敘述，下列何者錯誤？（100 身障五）

A 遺囑人僅於不違反特留分規定之範圍內，得以遺囑自由處分遺產

B 應得特留分之人若因被繼承人之遺贈，致其應得之數不足時，得行使扣減權

C 特留分之數額得依法律規定決定之，亦得依遺囑決定之

D 我國民法繼承編有特留分之明文規定

C 29.親屬會議由幾位會員組織而成？（100 身障五）

A 9 位　B 7 位　C 5 位　D 3 位

D 30.典權約定期限高於法定期限者，則下列敘述何者正確？（100 身障五）

A 典權設定無效

B 期限約定無效，成為未定期限之典權

C 非重新約定期限者，其典權不生效力

D 縮短為法定期限

C 31.被第三人脅迫而為之意思表示，其效力如何？（100 身障五）

A 有效　B 無效　C 得撤銷　D 效力未定

B 32.依民法規定，法人對於其董事或其他有代表權之人因執行職務所加於他人之損害，應負何種責任？（100 身障五）

A 具體輕過失責任　B 與該行為人連帶負賠償之責任

C 不用負任何責任　D 過失責任

D 33.依我國民法規定，滿幾歲為成年，具有行為能力？（100 身障五）

A 十四歲　B 十六歲　C 十八歲　D 二十歲

D 34.下列情形何者非屬結婚得撤銷之事由？（100 身障五）

A 違反法定結婚年齡之限制　B 結婚時係在精神錯亂中者

C 結婚時不能人道而不能治者　D 結婚未經法定代理人之代理

B 35.夫妻一方濫用日常家務代理權時，他方得加以限制，此限制可否對抗善意第三人？（100 身障五）

A 可以　　　　　　　B 不可以

C 視被代理之行為而定　D 視限制之意思表示是否經公證而定

B 36.以契約訂定向第三人為給付者，要約人得請求債務人向第三人為給付，第三人對於債務人，亦有直接請求給付之權，此種契約通稱為何？（100 身障五）

A 第三人負擔契約　B 第三人利益契約

C 第三人連帶契約　D 第三人共同契約

B 37.下列有關死亡宣告的敘述，何者最正確？（100 鐵佐）

A 失蹤滿 3 年後得為死亡之宣告者，為 70 歲以上的人

B 失蹤人失蹤滿 7 年後，檢察官得聲請法院為死亡宣告

C 受死亡宣告者，以判決內所確定死亡之時，視為死亡

D 失蹤人受死亡宣告後，其財產之管理，依非訟事件法之規定

A 38.下列何種契約非以物供他人使用或收益爲內容？（100鐵佐）

　　A 寄託契約　B 租賃契約　C 消費借貸　D 使用借貸

D 39.在無人承認繼承之情形下，遺產管理人應於就職後多久期間內編製財產清冊？（100鐵佐）

　　A6 個月內　B5 個月內　C4 個月內　D3 個月內

C 40.下列有關法律行爲的敘述，何者正確？（100鐵佐）

　　A 所有法律行爲，均須依法定方式爲之

　　B 法律行爲是指法律上有明文規定的行爲

　　C 法律行爲應受善良風俗的拘束

　　D 顯失公平的暴利行爲，無效

C 41.以在他人土地上有建築物，或其他工作物，或竹木爲目的而使用其土地之權稱爲：（100鐵佐）

　　A 承租權　B 地役權　C 地上權　D 典權

B 42.直系血親卑親屬之特留分爲其應繼分之多少？（100鐵佐）

　　A 三分之二　B 二分之一　C 三分之一　D 四分之一

D 43.依民法第 973 條規定，男未滿幾歲，不得訂定婚約？（100鐵佐）

　　A20 歲　B19 歲　C18 歲　D17 歲

D 44.己身所從出或從己身所出之血親，依民法第 967 條規定，稱爲：（100鐵佐）

　　A 旁系姻親　B 直系姻親　C 旁系血親　D 直系血親

B 45.發見埋藏物時，下列關於其所有權之敘述，何者最正確？（100鐵佐）

　　A 發見人與國庫各得埋藏物之半

　　B 埋藏物係在他人所有之動產中發見者，該動產之所有人與發見人，各得埋藏物之半

　　C 埋藏物係在他人所有之不動產中發見者，由該不動產之所有人取得埋藏物之所有權

　　D 發見之埋藏物，足供學術、藝術、考古、或歷史之資料者，發見人應爲招領揭示，無人認領時，始取得其所有權

D 46.未滿幾歲的人，在法律上的行爲，須完全由法定代理人代爲處理？（100鐵佐）

　　A20 歲　B18 歲　C14 歲　D7 歲

A 47.依民法第 83 條規定，限制行爲能力人用詐術使人信其爲有行爲能力人或已得法定代理人之允許者，其法律行爲之效力爲何？（100鐵佐）

　　A 有效　B 失效　C 無效　D 效力未定

A 48.地上權人，如因不可抗力，妨礙其土地之使用時，得否請求免除或減少租金？（100鐵佐）

　　A 不得請求免除或減少租金　B 得請求免除或減少租金

　　C 僅得請求減少租金　　　　D 僅得請求減少租金至二分之一

B 49.對於普通抵押權之敘述，下列何者錯誤？（100鐵佐）

　　A 普通抵押權係擔保物權　　　　　B 抵押物僅能爲債務人所有

　　C 普通抵押權不須移轉標的物之占有　D 普通抵押權人具有優先受償之效力

C 50.在羅馬日耳曼法系各國法律制度中，具有相當多的共同特徵，下列敘述

　　何者正確？（100司五）

　　A 各國之法源以判例法爲主　　　　　B 法律以程序法爲優先

　　C 傳統上以民法爲核心，以債法爲重點　D 法律分類在區別普通法與衡平法

C 51.債權讓與之性質爲：（100司五）

　　A 債權行爲　B 債務行爲　C 準物權行爲　D 物權行爲

B 52.有關民法繼承制度之敘述，下列何者錯誤？（100司五）

　　A 權利義務專屬於被繼承人本身者，非繼承之標的

　　B 繼承人得於繼承開始前主張「繼承回復請求權」

　　C 繼承之開始不須任何人爲意思表示或請求

　　D 除配偶外，法定繼承人僅限於與被繼承人有一定親屬關係之人

A 53.連帶債權之債務人，於給付時最低限度應向何人爲之，即生給付之效力？

　　（100司五）

　　A 向債權人中任一人　　　　B 向半數以上債權人

　　C 向三分之二以上債權人　D 向債權人全體

C 54.有關民法繼承規定之敘述，下列何者錯誤？（100司五）

　　A 配偶有相互繼承遺產之權

　　B 同一順序之繼承人有數人時，原則上按人數平均繼承

　　C 繼承人殺害被繼承人雖未致死且未受刑之宣告，仍然喪失其繼承權

　　D 被繼承人之直系血親卑親屬之繼承順序，以親等近者爲先

A 55.下列有關消滅時效中斷的效力之敘述，何者正確？（100司五）

　　A 時效中斷除在當事人之間有效力外，在繼承人、受讓人之間，亦有效力

　　B 時效中斷者，自中斷之事由開始時，重行起算

　　C 因起訴而中斷之時效，自起訴時，重行起算

　　D 經確定判決或其他與確定判決有同一效力之執行名義所確定之請求權，其原有

　　　消滅時效期間不滿三年者，因中斷而重行起算之時效期間爲三年

D 56.失蹤人爲八十歲以上者，得於失蹤滿多久後，爲死亡之宣告？（100司五）

　　A 六個月　B 一年　C 二年　D 三年

A 57.依民法規定，拾得漂流物或沉沒品者，適用下列何者之規定？（100司五）

　　A 遺失物拾得　B 無主物先占　C 埋藏物發見　D 偶至物尋回

D 58.下列何者非民法關於時效取得之必要條件？（100司五）

　　A 所有之意思　B 和平占有　C 公然占有　D 善意占有

C 59.甲將A地設定典權予乙，乙將A地轉典予丙，丙將A地交付受僱人丁在其

　　上植竹收筍，試問：A地之直接占有人爲何人？（100司五）

　　A 甲　B 乙　C 丙　D 丁

C 60.典權約定期限高於法定期限者，則下列敘述何者正確？（100司五）

    A 典權設定無效　　　B 期限約定無效

    C 縮短為法定期限　　D 非重新約定期限者，其典權不生效力

A 61.不動產所有人，因擔保數債權，就同一不動產，設定數抵押權者，其次序應如何定之？（100國安五）

    A 依登記之先後　B 依債權額之大小　C 依債權成立之先後　D 依約定之先後

B 62.繼承開始之時點為：（100國安五）

    A 被繼承人作成遺囑時　　　　B 被繼承人死亡時

    C 繼承人知悉被繼承人死亡時　D 繼承人承認繼承時

A 63.有關口授遺囑之敘述，下列何者錯誤？（100國安五）

    A 口授遺囑皆應聲請法院認定其真偽

    B 口授遺囑若予以錄音的話，可不作成筆記

    C 口授遺囑必須要有二人以上之見證人

    D 口授遺囑限於生命危急或其他特殊情形始可為之

C 64.甲女被乙男脅迫而結婚，其婚姻效力如何？（100國安五）

    A 有效　B 無效　C 得撤銷　D 效力未定

D 65.債權人對於債務人或第三人不移轉占有而供擔保之不動產，得就其賣得價金優先受清償之權，稱為：（100國安五）

    A 質權　B 典權　C 留置權　D 普通抵押權

C 66.依民法第87條規定，表意人與相對人通謀而為虛偽意思表示者，其意思表示之效力為何？（100國安五）

    A 有效　B 失效　C 無效　D 效力未定

D 67.直系血親卑親屬作為第一順位之繼承人，其中有人於繼承開始前死亡時，其直系血親卑親屬得繼承其應繼分，此稱為：（100國安五）

    A 再轉繼承　B 限定繼承　C 概括繼承　D 代位繼承

C 68.兄弟姊妹之特留分為其應繼分之多少？（100國安五）

    A 三分之二　B 二分之一　C 三分之一　D 四分之一

D 69.未成年人未得其法定代理人之同意而結婚時，若結婚後已逾多久時間，法定代理人不得撤銷該婚姻？（100國安五）

    A 三個月　B 六個月　C 九個月　D 一年

C 70.下列何種契約規定，當事人以自然人為限？（100國安五）

    A 合夥　B 旅遊　C 合會　D 保證

D 71.依民法規定，除契約另有訂定者外，下列何者非動產質權所擔保債權之範圍？（100國安五）

    A 原債權之遲延利息　　　　　B 實行質權之費用

    C 因質物隱有瑕疵而生之損害賠償　D 債務不履行之損害賠償

C 72. 對於無人承認之繼承，親屬會議可選定下列何者？（100國安五）

　　A 破產管理人　B 遺囑執行人　C 遺產管理人　D 代理人

D 73. 最高限額抵押權所擔保之債權，其請求權已因時效而消滅，如抵押權人於消滅時效完成後，幾年間不實行其抵押權者，該債權不再屬於最高限額抵押權擔保之範圍？（100國安五）

　　A1 年　B2 年　C3 年　D5 年

C 74. 下列親屬關係，何人是甲之旁系姻親？（100原民五）

　　A 甲之舅舅　B 甲之表妹　C 甲之姊夫　D 甲之叔公

B 75. 甲對乙有 100 萬元之金錢債權，如在未得甲之同意下，乙、丙約定由丙承擔乙對甲之債務時，其效力如何？（100原民五）

　　A 絕對無效　B 非經甲承認，對甲不生效力　C 甲得撤銷之　D 甲得解除之

D 76. 下列有關繼承問題之敘述，何者正確？（100原民五）

　　A 被繼承人無子女時，其兄弟姊妹之繼承順序優先於父母

　　B 被繼承人甲之子乙先於甲死亡時，乙之妻得於甲死亡時為代位繼承

　　C 拋棄繼承權之繼承人須以書面向戶政機關為之，始生始力

　　D18 歲之限制行為能力人，無須經法定代理人之允許，亦得為遺囑

A 77. 下列繼承人中，何者有於繼承開始前死亡或喪失繼承權者，由其直系血親卑親屬代位繼承其應繼分？（100原民五）

　　A 直系血親卑親屬　B 父母　C 兄弟姊妹　D 祖父母

C 78. 下列有關消滅時效完成之敘述，何者正確？（100原民五）

　　A 時效完成後，債權人不得起訴請求給付

　　B 時效期間，得以法律行為加長或減短之

　　C 時效完成後，得拋棄時效之利益

　　D 請求權已經時效消滅，債務人仍為履行之給付者，得以不知時效為理由，請求返還

B 79. 下列何者非契約成立之方式？（100原民五）

　　A 要約與承諾之合致　B 承諾與意思實現之合致

　　C 交錯要約之合致　　D 必要之點合致，非必要之點未有反對之表示

B 80. 不動產物權之公示原則為何？（100原民五）

　　A 交付　B 登記　C 移轉占有　D 簽訂契約

A 81. 關於買賣契約的物之瑕疵擔保責任，下列敘述，何者錯誤？（100原民五）

　　A 買受人須無過失

　　B 為出賣人之法定擔保責任，不以出賣人有故意過失為必要

　　C 瑕疵擔保責任在於維持交易上之對價等值與誠實信用

　　D 價值減少之程度無關重要者，不得視為瑕疵

B 82. 下列那一項法律行為自始無效？（100原民五）

A 甲被乙脅迫簽下贈與契約

B 夫妻一方恐日後有虐待情事，預先簽訂離婚契約

C 甲未告知販賣菜刀店家殺人意圖情形下，向店家購買一把殺人用之菜刀

D 甲因被公司送出國受訓，回國後公司與其訂定至少服務兩年，否則賠償受訓費用的契約

B 83. 下列何者為要物行為？（100原民五）

A 租賃契約　B 定金契約　C 買賣契約　D 承攬契約

D 84. 下列何者適用 5 年短期消滅時效？（100原民五）

A 律師之報酬　B 運送費　C 承攬人之報酬　D 利息

D 85. 下列行為之效力，何者為得撤銷？（100原民五）

A 限制行為能力人未得法定代理人同意之土地買賣契約

B 無權利人所為之無權處分

C 無權代理之行為

D 限制行為能力人未得法定代理人同意而與他人結婚

C 86. 甲將其護照及貴重珠寶放到銀行的保管箱中，則甲與銀行間成立何種契約？（100原民五）

A 寄託契約　B 委任契約　C 租賃契約　D 消費寄託

B 87. 下列何種情形，甲不得對乙請求其返還所受給付或利益？（100原民五）

A 甲因受乙脅迫所締結買賣契約而交付予乙之價金

B 甲於清償期限屆滿前返還其向債權人乙之借款

C 甲為逃避強制執行，與乙通謀虛偽而交付予乙之動產

D 甲對無權占用其不動產之乙因此所受之利益

A 88. 錯誤之撤銷，為下列何種法律行為？（100原民五）

A 單獨行為　B 契約行為　C 要式行為　D 準物權行為

C 89. 民法對於非對話之意思表示生效時點，採下列何種主義？（100原民五）

A 表示主義　B 發信主義　C 到達主義　D 了解主義

C 90. 甲於 100 年 4 月 1 日向乙借錢，雙方約定甲須於 15 日內還錢，問甲最後還錢之日為何日？（100地五行）

A 4 月 14 日　B 4 月 15 日　C 4 月 16 日　D 4 月 17 日

C 91. 下列何者為動產？（100地五行）

A 煤礦公司在地上敷設的台車軌道　B 剛種植於農地上的橘子樹

C 災區設置之貨櫃屋　　　　　　　D 有屋頂的違章建築

B 92. 依據現行民法之規定，民事，法律未規定時，法院應優先適用下列何者，而為判決？（100地五行）

A 法理　B 習慣　C 判例　D 學說

C 93.下列有關社團及財團之敘述，何者錯誤？（100地五行）
　　A 兩者都應有董事的設置　　　　B 兩者都可以有監察人的設置
　　C 兩者都可以有社員總會的設置　D 兩者都應有章程

C 94.阿明到便利超商買鹽，結果誤拿白糖而結帳，其意思表示之錯誤為下列
　　何種類？（100地五行）
　　A 意思表示內容錯誤　B 重大動機錯誤　C 表示行為錯誤　D 傳達錯誤

B 95.下列何者非屬法律上之物？（100地五行）
　　A 電力公司供應的電　B 瓶中所剩的一滴牛奶
　　C 氧氣筒內的氧氣　　D 捐血中心提供血袋內的血液

A 96.甲 19 歲，變造身分證為 20 歲，使機車行之乙方相信其有行為能力，而
　　與甲為機車之買賣，該買賣行為效力如何？（100地五行）
　　A 有效　B 無效　C 得撤銷　D 效力未定

C 97.甲向A銀行借款 100 萬元，並由乙擔任連帶保證人，下列敘述，何者正
　　確？（100地五行）
　　A 乙仍享有先訴抗辯權
　　B 該項保證契約存在於甲與乙間
　　C 原則上乙關於該項保證債務之負擔，不能較主債務人甲為重
　　D 如甲為無行為能力人時，乙所為之保證一定無效

A 98.旅遊契約中，下列何者並非旅遊營業人對旅客應負之義務？（100地五行）
　　A 旅客在旅遊途中購物所生之一切糾紛　B 旅遊途中意外事故之處理
　　C 旅遊品質之確保　　　　　　　　　　D 依約定旅程進行之義務

D 99.甲委由會計師乙幫其處理財務事項，下列敘述，何者錯誤？（100地五行）
　　A 原則上乙應親自處理
　　B 此為概括委任之情形
　　C 如甲要乙替其出賣 A 地時，須另外有特別授權
　　D 受任人乙違法複委任時，只需就該第三人之選任及指示負責

D 100.下列有關區分所有建築物之敘述，何者正確？（100地五行）
　　A 共有部分修繕費及其他負擔，由各所有人依人數平均分攤之
　　B 共有部分推定為各所有人之公同共有
　　C 其一部分之所有人，有使用他人正中宅門之必要者，原則上非得他人之同意，
　　　不得使用之
　　D 使用他人正中宅門，致所有人受損害者，應支付償金

B 101 假設甲乙為兄妹，丙為甲妻，丁為乙夫，問丙丁之親屬關係為何？（100
　　地五行）
　　A 二等旁系血親　B 二等旁系姻親　C 三等旁系姻親　D 沒有親屬關係

C 102 受僱人於執行職務時，不法侵害他人權利者，僱用人應與其負連帶責
　　任，性質上屬於：（100地五民）

A　過失責任　B　無過失責任　C　中間責任　D　絕對責任

C103 法人於民法中擁有許多能力和權利，下列何者不屬之？（100地五民）

A　權利能力　B　侵權行為能力　C　自由權　D　名譽權

A104 假設甲乙為兄弟，丙為甲妻，甲因出遊不幸車禍死亡，丙再與乙結婚，問丙乙該婚姻之效力如何？（100地五民）

A　有效　B　無效　C　得撤銷　D　效力未定

C105 關於合會，下列敘述，何者錯誤？（100地五民）

A　會首及會員以自然人為限　　　B　會首不得身兼同一合會之會員
C　無行為能力者不得為合會之會員　D　首期合會金由會首取得

D106 下列何者不屬於親權內容中關於財產上之權利義務？（100地五民）

A　財產上之法定代理權　B　一般財產上之法律行為之同意權
C　特有財產之使用權　　　D　住居所指定權

B107 甲請機車行乙老板修理機車，修車之工資與材料費共計新臺幣 5000 元，甲未支付，乙表示該機車先放在機車行，等甲付清新臺幣 5000 元，再讓甲取回該機車。乙將該機車留在機車行內的權利，係為下列何種權利？（100地五民）

A　債權　B　物權　C　準物權　D　選擇權

C108 甲寄一封信給乙表示願以新臺幣 600 萬元買A屋，其意思表示何時生效？（100地五民）

A　甲已寫完信封　　　　　B　甲將信投入郵筒時
C　郵差將信投入乙之信箱時　D　乙看完信件，了解信之內容時

C109 甲曾至租車公司租車，租期兩天，但甲當時付不出錢，欠租車公司新臺幣 1 萬元。該筆欠款請求權之消滅時效為何？（100地五民）

A15 年　B5 年　C2 年　D1 年

A110 甲建有一獨棟別墅，該棟別墅與下列何物為主、從物關係？（100地五民）

A　別墅旁之獨立車庫　B　別墅內之書房
C　別墅下之土地　　　D　別墅上之煙囪

第四章　商事法

B 1.公司法中有關公司轉投資限制規定之敘述，下列何者錯誤？（100初行）

A　公司負責人違反公司法或章程之規定而為轉投資時，公司負責人應賠償公司因此所受之損害
B　公司之轉投資，由於涉及公司營運風險，基於保護股東之理由，均應獲得股東之同意始可為之
C　公司不得為他公司無限責任股東或合夥事業之合夥人
D　倘公司係以投資為專業之公司，則其轉投資為他公司有限責任股東不受公司法投資總額之限制

C 2. 公司無盈餘時，不得分派股息及紅利。但法定盈餘公積已超過實收資本額多少百分比時，得以其超過部分派充股息及紅利？（100初行）

　　A 百分之三十　B 百分之四十　C 百分之五十　D 百分之六十

C 3. 股份有限公司實施庫藏股所收買之股份，受有何種限制？（100初行）

　　A 股份應於 1 年內轉讓於員工　B 股份應於 2 年內轉讓於員工
　　C 股份應於 3 年內轉讓於員工　D 公司可長期持有，不受限制

B 4. 關於消費爭議之調解程序，下列敘述何者錯誤？（100初行）

　　A 係以消費者依法申訴未能獲得妥善處理為前提
　　B 申請調解係向各鄉鎮之消費者服務中心為之
　　C 調解程序得不公開
　　D 調解成立者應做成調解書

A 5. 依公司法規定，股份有限公司持有已發行股份總數百分之一以上之股東，得以書面向公司提出股東常會議案，但以幾項為限？（100初行）

　　A 1 項　B 2 項　C 3 項　D 並無限制

D 6. 依公司法規定，區分本國公司與外國公司的標準為：（100初行）

　　A 是否以營利為目的　　　　B 是否在中華民國境內營業
　　C 總公司是否設在中華民國　D 是否依照我國公司法組織、設立

B 7. 下列何者不屬於全民健康保險法第 8 條所規定之被保險人類別？（100初行）

　　A 榮民・榮眷　B 監所受刑人　C 替代役男　D 農會及水利會會員

A 8. 依據全民健康保險法第 67 條規定，保險人應提列多少額度之「安全準備總額」？（100初行）

　　A 最近精算 1 至 3 個月之保險給付總額
　　B 最近精算 1 至 5 個月之保險給付總額
　　C 最近精算 6 個月之保險給付總額
　　D 最近精算 1 年之保險給付總額

B 9. 公開發行股票之公司董事在任期中轉讓超過選任當時所持有之公司股份數額二分之一時，其法律效果為何？（100初）

　　A 當選無效　B 當然解任　C 股東會得決議解任　D 訴請法院裁判解任

D 10. 消費者保護法中關於廣告之規範，下列敘述何者錯誤？（100初）

　　A 登載廣告者，明知廣告內容與真實不符時，對消費者之信賴利益負損害賠償
　　B 企業經營者對消費者之義務不得低於廣告之內容
　　C 企業經營者與消費者進行信用有關之交易時，應於廣告上明示應付所有總費用之年百分率
　　D 媒體業者可事先與消費者約定，對於廣告內容之真實與否不負任何責任

B 11. 有關消費者保護法規定之分期付款買賣，契約書中若未記載利率者，其利率應按現金交易價格週年利率多少計算之？（100初）

　　A 百分之三　B 百分之五　C 百分之七　D 百分之十二

C 12.公司與董事間訴訟，除法律另有規定外，由何人代表公司？（100初）

　　A 董事長　B 總經理　C 監察人　D 檢查人

C 13.下列何種股東沒有股份收買請求權？（100初）

　　A 公司合併或分割時，表示異議的股東

　　B 對公司爲重大行爲之決議前，表示異議的股東

　　C 反對控制公司與從屬公司簡易合併的控制公司股東

　　D 反對控制公司與從屬公司簡易合併的從屬公司股東

D 14.有關股份有限公司合併之敘述，下列何者錯誤？（100初）

　　A 由董事會作成合併契約

　　B 合併議案必須經股東會同意通過

　　C 反對合併的少數股東可以請求公司買回其股份

　　D 反對合併的債權人並無任何救濟方法

B 15.依據全民健康保險法第 68 條之規定，保險人如何取得辦理健保所需之設備費用與週轉金？（100初）

　　A 由保險費收入提列　B 由中央政府撥付

　　C 由安全準備金撥補　D 由保險人自行籌措

C 16.依據全民健康保險法第 77 條之規定，該法所定之罰鍰由何者處罰之？（100初）

　　A 行政院衛生署　　　B 縣（市）衛生局

　　C 中央健康保險局　D 保險醫事服務機構

B 17.如無特別規定，依全民健康保險法規定，保險對象應自行負擔之門診或急診費用之比例爲何？（100初）

　　A 百分之十　B 百分之二十　C 百分之三十　D 百分之四十

C 18.全民健康保險法第 11 條規定「非屬保險對象」之情形，下列何者不屬之？（100初）

　　A 監所受刑人　B 接受保安處分之人　C 外國人　D 失蹤超過 6 個月以上之人

A 19.依據全民健康保險法第 21 條之規定，投保金額分級表之下限爲何者？（100身障五）

　　A 基本工資　B 最低工資　C 平均工資　D 投保薪資

B 20.依據勞工保險條例第 5 條規定，勞工保險之保險人爲何者？（100身障五）

　　A 勞工委員會　B 勞工保險局　C 縣市勞工局　D 全民健康保險局

D 21.下列何者非屬於消費者保護法所定義之消費者？（100身障五）

　　A 購買商品贈送他人者　B 爲自用目的而購買商品者

　　C 使用試用贈品者　　　D 購買商品再轉售之小販

C 22.依消費者保護法規定，因企業經營者之故意而致消費者受有損害者，消費者最高得請求損害額幾倍以下之懲罰性賠償金？（100身障五）

　　A 1 倍　B 2 倍　C 3 倍　D 依法不得請求懲罰性賠償金

B 23.股份有限公司若由自然人組成，至少應有幾名股東？（100 身障五）

　　A 1 名　B 2 名　C 5 名　D 7 名

C 24.下列關於監察人的敘述何者錯誤？（100 身障五）

　　A 監察人得隨時調查公司業務及財務狀況　B 監察人有股東會召集權

　　C 監察人應共同行使職權　　　　　　　　D 監察人不得兼任公司其他職員

C 25.公司與他公司相互投資各達對方有表決權之股份總數或資本總額多少以上者，為相互投資公司？（100 身障五）

　　A 三分之二　B 二分之一　C 三分之一　D 四分之一

D 26.股份有限公司董事的行為若違反競業禁止的規定，其法律效果為何？（100 身障五）

　　A 該行為無效　　　　　　　　　B 該行為得撤銷

　　C 該行為之所得即為公司之所得　D 股東會得以決議行使歸入權

B 27.依公司法規定，股份有限公司的業務執行機關原則上為下列何者？（100 身障五）

　　A 董事長　B 董事會　C 總經理　D 股東會

A 28.下列何者不是公司分派盈餘前必為的程序？（100 身障五）

　　A 清償所有發行的公司債　B 彌補虧損　C 完納稅捐　D 提撥法定盈餘公積

A 29.有關公司經理人之敘述，下列何者錯誤？（100 身障五）

　　A 經理人為公司法定機關，無論公司規模大小，均應設置

　　B 無行為能力或限制行為能力者，不得充任經理人，已充任者，當然解任

　　C 公司法規定，經理人之委任、解任，於股份有限公司，應以董事會決議行之

　　D 股份有限公司之經理人，經董事會同意者，得兼任其他營利事業之經理人

A 30.關於消費訴訟，下列敘述何者錯誤？（100 鐵佐）

　　A 因企業經營者之過失所致之損害而提起消費訴訟者，消費者得請求 3 倍以下之懲罰性賠償金

　　B 消費訴訟，得由消費關係發生地之法院管轄

　　C 消費者保護團體得以自己名義提起消費訴訟

　　D 消費者保護團體以自己名義提起不作為訴訟時，得免繳裁判費

B 31.關於消費者保護團體，下列敘述何者錯誤？（100 鐵佐）

　　A 以保護消費者權益為主之團體

　　B 以社團法人為限，財團法人不得為之

　　C 消費者保護團體得從事商品或服務之檢驗

　　D 得提起消費訴訟

B 32.公司如為他公司有限責任股東時，其所有投資總額，除下列何者外，得超過本公司實收股本百分之四十？（100 鐵佐）

　　A 專業投資公司

　　B 有限公司經全體股東三分之二以上之同意

C 公司章程另有規定
D 股份有限公司經代表已發行股份總數三分之二以上股東出席，以出席股東表決權過半數同意之股東會決議

C 33.股份有限公司股東之出資，下列何項不得爲之？（100鐵佐）
　　A 現金　　　　　　　　B 對該公司所有之貨幣債權
　　C 對他公司所有之貨幣債權　D 公司所需之技術、商譽

D 34.以下何事項不須經股東會之特別決議？（100鐵佐）
　　A 公司變更章程
　　B 公司締結與他人經常共同經營之契約
　　C 董事爲自己或他人爲屬於公司營業範圍內之行爲
　　D 公司選任、解任經理人

B 35.有關全民健康保險「眷屬保險」之敘述，下列那一項爲錯誤？（100鐵佐）
　　A 眷屬應隨同被保險人辦理投保及退保
　　B 具有被保險人資格者仍得選擇以眷屬身分投保
　　C 眷屬之保險費由被保險人繳納
　　D 眷屬之保險費最多以三口計算

C 36.股份有限公司現金增資發行新股時，下列何人有新股認購權？（100鐵佐）
　　A 董事　B 監察人　C 員工　D 債權人

B 37.依勞工保險條例第 6 條第 1 項第 1 款規定，受僱於僱用勞工幾人以上之公、民營工廠、礦場、鹽場、農場、牧場、林場、茶場之產業勞工及交通、公用事業之員工，應參加勞工保險？（100鐵佐）
　　A 3 人以上　B 5 人以上　C 8 人以上　D 10 人以上

A 38.勞工保險被保險人之父母或配偶死亡時，被保險人得按其平均月投保薪資，請領幾個月之喪葬津貼？（100鐵佐）
　　A 3 個月　B 6 個月　C 9 個月　D 12 個月

B 39.有關股份有限公司董事之敘述，下列何者錯誤？（100司五）
　　A 董事乃由股東會選任之　　B 董事必須具備股東之身分
　　C 董事之任期不得超過三年　D 董事爲公司之負責人

C 40.關於股份有限公司之股東會權限，下列敘述何者錯誤？（100司五）
　　A 查核董事會造具之表冊　B 決定董事之報酬
　　C 召集股東會　　　　　　D 修改章程

A 41.有關股份有限公司董事會之敘述，下列何者正確？（100司五）
　　A 董事會得以視訊會議方式爲之
　　B 董事會之決議，以董事所代表已發行股份總數表決權過半數爲之
　　C 董事不得居住於國外
　　D 董事得以委託書委託其他股東，代理出席董事會

D 42.依消費者保護法規定，下列敘述何者正確？（100司五）

A 中央主管機關不得規定定型化契約中應記載或不得記載之事項

B 郵購買賣之消費者於收受商品後，得於七日內，以口頭通知企業經營者解除買賣契約

C 企業經營者對消費者或第三人之損害賠償責任，得預先約定限制或免除

D 定型化契約條款未經記載於定型化契約中，而依正常情形顯非消費者所得預見者，該條款不構成契約之內容

A 43. 勞工保險被保險人或其受益人符合請領失能年金、老年年金或遺屬年金給付之條件者，應如何請領？（100司五）

A 擇一請領　　　　　　　B 合併請領

C 請領發生在最前之失能年金　D 請領發生在最後之遺屬年金

D 44. 勞工保險條例第 18 條有關「免繳保險費」之規定，下列敘述何者錯誤？（100司五）

A 被保險人請領傷病給付或住院醫療給付

B 被保險人於該期間內未能領取薪資或喪失收入

C 該期間內之保險年資亦予承認

D 雇主與勞工皆免繳負擔部分之保險費

D 45. 有關勞工保險「失能年金」之請領要件與標準，下列敘述何者錯誤？（100司五）

A 被保險人遭遇傷病被評估為終身無工作能力者

B 給付標準依保險年資計算，其所得替代率為 1.55%

C 被保險人享有新臺幣 4000 元之最低年金保障

D 被保險人具有國民年金保險年資者，無法合併發給

D 46. 依消費者保護法規定，有關於定型化契約之規定，下列敘述何者正確？（100司五）

A 定型化契約僅限以書面方式為之

B 定型化契約應予消費者七日以內之合理審閱期間

C 定型化契約條款一律無效

D 主管機關得選擇特定行業，公告定型化契約之審閱期間

D 47. 依消費者保護法規定，未經消費者要約而對之郵寄或投遞商品，消費者雖未通知寄送人取回，但在寄送後超過多久時間後，若未經消費者表示承諾購買，且寄送人仍不取回其商品者，視為拋棄該商品？（100國安五）

A 10 日　　B 15 日　　C 20 日　　D 1 個月

A 48. 依消費者保護法規定，下列敘述何者正確？（100國安五）

A 定型化契約條款牴觸個別磋商條款之約定者，其牴觸部分無效

B 中央主管機關不得規定定型化契約中應記載或不得記載之事項

C 定型化契約條款，一部無效者，契約全部無效

D 定型化契約條款如有疑義時，應為對企業經營者及消費者雙方均有利之解釋，不得僅有利於其中一方

A 49.下列何項於公司每會計年度終了，不須提交股東常會承認？（100國安五）

A 股東名簿　B 營業報告書　C 財務報表　D 虧損撥補之議案

C 50.關於全民健康保險法「被保險人眷屬」之敘述，下列何項不屬之？（100國安五）

A 無職業之配偶　　　　　　B 無職業之直系血親尊親屬
C 滿 20 歲而仍失業之子女　D 未滿 20 歲且無職業之子女

C 51.公司若欲解除轉投資的限制，除以投資為專業或章程另有規定或經股東會決議者外，不得超過公司實收股本百分之多少？（100國安五）

A 二十　B 三十　C 四十　D 五十

C 52.依據民國 100 年 1 月修正之全民健康保險法規定，下列何者不屬於保險事故的範圍？（100原民五）

A 生育　B 疾病　C 死亡　D 傷害

C 53.民國 100 年 1 月立法院修正公布之全民健康保險法第 31 條規定應扣取「補充保險費」之所得，不包含下列何種所得？（100原民五）

A 利息所得　B 股利所得　C 退休公務員領取之月退休金　D 租金收入

C 54.下列關於重整的敘述何者錯誤？（100原民五）

A 重整的原因限於公司因財務困難，暫停營業或有停業之虞
B 公司須有重建更生之可能
C 重整不限於公開發行公司
D 公司聲請重整須經董事會特別決議

C 55.關於股份有限公司募集設立之敘述，下列何者錯誤？（100原民五）

A 股份有限公司以公開招募股份之方式設立時，應經證券管理機關審核後為之
B 發起人所認之股份，不得少於第一次發行股份數的四分之一
C 股份有限公司設立時，公司之實收資本額應符合主管機關所定最低資本額之要求
D 創立會得為修改章程或公司不設立之決議

D 56.股份有限公司董事的報酬，倘未訂明於章程時，由下列何者決定？（100原民五）

A 董事長　B 董事會　C 監察人　D 股東會

C 57.下列何者屬於未公開發行股票之股份有限公司股東會的特別決議？（100原民五）

A 應有代表已發行股份總數過半數股東之出席，以出席股東表決權過半數之同意行之
B 應有代表已發行股份總數過半數股東之出席，以出席股東表決權過三分之二以上同意行之
C 應有代表已發行股份總數三分之二以上股東之出席，以出席股東表決權過半數之同意行之
D 應有代表已發行股份總數三分之二以上股東之出席，以出席股東表決權三分之二以上同意行之

D 58.股份有限公司第一次發行股份時，發行總數有何限制？（100原民五）

A 不得少於股份總數四分之一　B 不得少於股份總數二分之一

C 不得少於股份總數三分之二　D 沒有限制

C 59.下列何者非股份有限公司的法定解散事由？（100原民五）

A 公司所營事業已成就　　　　　B 股東人數不足

C 董事因被假處分全部不能行使職務　D 與他公司合併

C 60.以下有關有限公司之敘述，何者錯誤？（100原民五）

A 公司之增資，應經股東過半數之同意始得為之

B 股東非得其他全體股東過半數之同意，不得以其出資之全部或一部，轉讓予他
人

C 公司得經全體股東之同意，變更為無限公司

D 董事為公司之負責人

C 61.公司設立後得發行新股作為受讓他公司股份之對價，惟須經下列何種程
序決定？（100原民五）

A 股東會普通決議　B 股東會特別決議

C 董事會特別決議　D 監察人同意

B 62.公司召開股東會時，除信託事業及股務代理機構外，若一人同時受二人
以上股東委託時，其代理之表決權是否受有限制？（100原民五）

A 不得超過已發行股份總數表決權之百分之一

B 不得超過已發行股份總數表決權之百分之三

C 不得超過已發行股份總數表決權之百分之五

D 代理之表決權數不受限制

D 63.依公司法的規定，我國對外國公司不予認許的情事中，不包括下列何者
在內？（100地五行）

A 其目的或業務，違反中華民國法律者

B 其目的或業務，違反中華民國公共秩序或善良風俗者

C 公司之認許事項或文件，有虛偽情事者

D 其投資資金來源，非屬中華民國國民者

C 64.有關股份有限公司股東會召集之敘述，下列何者錯誤？（100地五行）

A 股東常會每年至少召集一次

B 監察人認為有必要時得召集股東會

C 董事長認為有必要時得召集股東會

D 股東臨時會於必要時得召集之

A 65.有關股份有限公司發行股票之敘述，下列何者錯誤？（100地五行）

A 凡屬股份有限公司，即必須發行股票

B 公司設立登記前，不得發行股票

C 公開發行公司，得以無實體方式發行股票

D 股票應由董事 3 人以上簽名，並經簽證

D 66.下列對於關係企業之敘述，何者錯誤？（100地五行）

　　A 關係企業包括控制與從屬公司以及相互投資公司

　　B 控制公司使從屬公司為不合營業常規之經營，應於會計年度終了時為適當補償

　　C 控制公司使從屬公司為不利益之經營者，如控制公司對從屬公司有債權，在控制公司對從屬公司應負擔之損害賠償限度內，不得主張抵銷

　　D 相互投資公司得行使之表決權，不得超過被投資公司已發行有表決權股份總數二分之一

C 67.有關股份之轉讓，下列敘述何者錯誤？（100地五行）

　　A 公司股份之轉讓，不得以章程禁止或限制之。但非於公司設立登記後，不得轉讓

　　B 發起人之股份非於公司設立登記一年後，不得轉讓

　　C 公司股份之轉讓，不得以契約禁止或限制之。但非於公司設立登記後，不得轉讓

　　D 公開發行股票之公司董事在任期中轉讓超過選任當時所持有之公司股份數額二分之一時，其董事當然解任

B 68.股東會選任董事時，除公司章程另有規定外，每一股份有與應選出董事人數相同之選舉權，得集中選舉一人，或分配選舉數人，由選舉權較多者當選為董事的制度，稱為：（100地五行）

　　A 多數投票制　B 累積投票制　C 分配投票制　D 集中投票制

A 69.被保險人有經濟上困難，無力繳納保費而有欠繳之情形時，依全民健康保險法之規定，行政院衛生署全民健康保險局應採取何種措施？（100地五行）

　　A 協助其向全民健康保險紓困基金辦理無息貸款

　　B 課徵滯納金促其繳費

　　C 保費與滯納金繳清之前，採取鎖卡措施，暫時停止給付

　　D 課徵罰鍰，以貫徹強制性社會保險之旨趣

A 70.有關股份有限公司資本與股份之敘述，下列何者錯誤？（100地五民）

　　A 公司資本達一定數額時，應強制公開發行該公司股份

　　B 公司得發行特別股

　　C 公司得發行無記名股票

　　D 公司資本之股份總數，得分次發行

D 71.有關股份有限公司股份表決權之敘述，下列何者錯誤？（100地五民）

　　A 公司各股東，除有法律特別規定，每股有一表決權

　　B 被持有已發行有表決權之股份總數超過半數之從屬公司，所持有控制公司之股份，其股份無表決權

　　C 股東對於會議之事項，有自身利害關係致有害於公司利益之虞者，不得加入表決，亦不得代理他股東行使表決權

　　D 公司依法持有自己之股份，其股份有表決權

C 72.有關公司章程之敘述，下列何者錯誤？（100地五民）

A 股份有限公司之章程應訂明股份總數與每股金額，股份總數由董事會依公司需要，得分次發行

B 公開發行股票公司之董事選舉，採候選人提名制度者，應載明於章程

C 有限公司由於人合性質，故股東無論出資多寡都僅有一表決權，且不得以章程變更之

D 有限公司之章程應載明公司資本總額，於公司設立時由各股東繳足，不得分次發行

D 73.下列何者非股東提案權行使的限制？（100地五民）

A 股東提案以一項為限

B 股東所提議案不得超過 300 字

C 股東持股須達已發行股份總數百分之一以上

D 股東提案後應親自出席股東會，不得委託他人代理出席

A 74.公司募集公司債須經下列何種程序？（100地五民）

A 董事會特別決議　B 股東會普通決議　C 股東會特別決議　D 會計師同意

A 75.下列何者非勞工保險的強制投保對象？（100地五民）

A 實際從事勞動之雇主

B 原有十名員工之公司，因公司裁減員工，規模縮至 3 名員工，該 3 名員工

C 在政府登記有案的職業訓練機構接受職業訓練者

D 公立學校僱用之警衛保全人員

B 76.下列那　項不屬於我國全民健康保險之給付方式？（100地五民）

A 實物給付　B 現金給付　C 物質給付　D 勞務給付

第五章　刑法

C 1.下列何者並非刑罰之性質？（100初行）

A 倫理性　B 痛苦性　C 完整性　D 最後手段性

D 2.下列何者與罪刑法定原則之歷史淵源無關？（100初行）

A 英國 1215 年大憲章　　　　B 啟蒙運動

C 法國 1789 年人權和公民權利宣言　D 納粹興起

B 3.誤以為他人正要實施不法侵害，而反擊，稱為：（100初行）

A 防衛過當　B 誤想防衛　C 防衛濫用　D 正當防衛

C 4.共同正犯屬於以下何種犯罪型態？（100初行）

A 同時犯　B 共犯　C 正犯　D 單獨犯

D 5.甲於超商行竊得手，被店員發現追捕，但順利逃脫。第二日，甲回到超商，持棍棒打傷店員，騎機車逃跑時撞傷路人。應如何論處甲的行為？（100初行）

A 接續犯，成立竊盜、傷害與過失傷害三罪，合併處罰

B 想像競合，依最重的竊盜罪處罰

C 法條競合，依最重的竊盜罪處罰

D 實質競合，成立竊盜、傷害與過失傷害罪，合併處罰

A 6. 有關「刑法」之敘述，下列何者正確？（100初）

A 屬公法　B 屬私法　C 既屬公法也屬私法　D 不屬公法也不屬私法

A 7. 下列何者，得減輕或免除其刑？（100初）

A 防衛過當　B 誤想防衛　C 濫用防衛權　D 對於侵害已經結束的防衛

D 8. 下列何者為「超法律的阻卻違法事由」？（100初）

A 無期待可能性　B 緊急避難　C 業務上的正當行為　D 得被害人承諾

C 9. 下列關於幫助犯之敘述，何者錯誤？（100初）

A 幫助犯具有構成要件故意　B 幫助犯具幫助故意

C 幫助犯不可能暗中幫助　　D 幫助犯可能事前幫助

D 10. 下列關於我國刑法上刑罰之敘述，何者錯誤？（100初）

A 受徒刑之執行完畢，或一部之執行而赦免後，五年以內故意再犯有期徒刑以上之罪者，為果犯，加重本刑至二分之一

B 一行為而觸犯數罪名者，從一重處斷

C 對於未發覺之罪自首而受裁判者，得減輕其刑

D 未滿十八歲人或滿八十歲人犯罪者，不得處死刑，但無期徒刑不在此限

C 11. 甲基於竊盜之犯意於夜間侵入乙住宅，在尚未著手實行竊取財物行為之際，即為警查獲。試問：依實務見解，甲之行為成立何罪？（100初）

A 刑法第 320 條普通竊盜未遂罪

B 刑法第 321 條加重竊盜未遂罪

C 刑法第 306 條侵入住宅既遂罪

D 刑法第 306 條侵入住宅既遂罪與刑法第 321 條加重竊盜未遂罪

B 12. 刑法如何評價年滿八十歲之人的犯罪行為？（100身障五）

A 得予免除其刑　B 得予減輕其刑　C 得予赦免　D 得予保安處分

C 13. 宣告多數有期徒刑時，數罪併罰之執行刑上限是幾年？（100身障五）

A 10 年　B 20 年　C 30 年　D 15 年

B 14. 甲知道有酒醉後打老婆的習性，某日在餐館豪飲後爛醉回家，再度痛打老婆成傷。甲於行為時已經嚴重精神障礙，但行為前無意利用自己的醉酒狀態傷人。問應如何評價甲的行為？（100身障五）

A 甲爛醉已至精神嚴重障礙，不罰　B 成立過失傷害罪

C 成立傷害罪　　　　　　　　　　D 傷害未遂

D 15. 依據現行刑法之規定，犯最重本刑為 3 年以上 10 年未滿有期徒刑之罪者，其追訴權時效為幾年？（100身障五）

A 5 年　B 10 年　C 15 年　D 20 年

B 16. 甲持刀企圖殺乙，敲乙家大門，乙從門上貓眼發現甲殺氣騰騰，因而拒不開門。問應如何評價甲的行為？（100身障五）

A 陰謀殺人　B 預備殺人　C 殺人未遂　D 傷害未遂

B 17.刑法第274條規定生母殺嬰罪，若生母以不哺乳之手段餓死其甫生產之嬰兒，此種犯罪行為係屬於何種犯罪類型？（100身障五）

　　A 純正不作為犯　B 不純正不作為犯　C 純正作為犯　D 不純正作為犯

A 18.十五歲少年殺人，應如何評價其行為？（100身障五）

　　A 成立殺人罪，得減輕處罰　B 成立殺人罪，必須減輕處罰

　　C 成立殺人罪，得免除刑罰　D 欠缺罪責，不成立犯罪，但應交付感化教育

C 19.以下何者屬於刑罰的主刑？（100身障五）

　　A 褫奪公權　B 沒收　C 拘役　D 罰鍰

C 20.有期徒刑執行未滿幾個月不得假釋？（100身障五）

　　A 3個月　B 4個月　C 6個月　D 8個月

B 21.下列犯罪中，何者以行為人須具備直接故意為限，始能成立犯罪？（100身障五）

　　A 違背職務之受賄罪　　B 公務員登載不實罪

　　C 不違背職務之受賄罪　D 廢弛職務釀成災害罪

B 22.驅逐出境主要係針對外國人所執行之何種法律效果？（100身障五）

　　A 自由刑　B 保安處分　C 保護管束　D 禁戒處分

B 23.下列關於刑罰之特別預防理論之敘述，何者錯誤？（100鐵佐）

　　A 刑罰的目的在促成受刑人之再社會化

　　B 刑罰的目的在對社會大眾的心理強制作用

　　C 刑罰的目的在促成受刑人再度適應社會共同生活

　　D 刑罰的目的在遏阻受刑人再犯新罪

C 24.甲推乙去撞丙，結果乙手扭傷，丙跌傷，則：（100鐵佐）

　　A 甲和乙是傷害罪共同正犯　B 乙是傷害罪間接正犯

　　C 乙是傷害罪被害人　　　　D 乙是傷害罪幫助犯

D 25.犯最重本刑為死刑、無期徒刑或10年以上有期徒刑之罪者，必須在幾年內對其進行追訴？（100鐵佐）

　　A 5年　B 10年　C 20年　D 30年

B 26.刑法規定滿80歲人之犯罪行為效果如何？（100鐵佐）

　　A 不罰　B 得減輕其刑　C 得加重其刑　D 感化教育處分

B 27.下列何種犯罪，不罰其預備行為？（100鐵佐）

　　A 殺人罪　B 重傷罪　C 強盜罪　D 擄人勒贖罪

D 28.對於精神疾病犯罪人，得宣告何種保安處分？（100鐵佐）

　　A 禁戒處分　B 勒戒處分　C 強制治療　D 監護處分

D 29.假釋之決定，應由監獄報請何機關審核之？（100司五）

　　A 監獄所在地之地方法院檢察署　B 為原有罪確定判決之法院

　　C 司法院假釋委員會　　　　　　D 法務部

C 30.刑法關於保護管束之對象，下列敘述何者錯誤？（100司五）

A 假釋人　B 受緩刑宣告人　C 受強制治療之人　D 代替其他保安處分之人

A 31.幫助他人實行犯罪行為，但他人不知幫助之情者，下列敘述何者正確？（100司五）

A 仍構成幫助犯　B 與該他人構成共同正犯

C 構成未遂犯　　D 構成法律錯誤，減輕其刑

D 32.甲欲殺害仇人乙，事先喝了大量的酒以壯膽，終在意思不清的狀態下將乙殺死。下列敘述何者正確？（100司五）

A 甲殺人時處於精神障礙或其他心智缺陷狀態，故不處罰

B 依未遂犯之規定減輕甲之刑責

C 甲殺害乙時已不能清楚辨識自己之行為，故只能依過失犯論處

D 甲是故意喝酒招致欠缺辨識自己行為之能力，不構成不罰或減輕其刑

C 33.法院為褫奪公權之宣告，自何時發生效力？（100司五）

A 被告刑滿或因假釋出獄時　B 檢察官下令執行時

C 裁判確定時　　　　　　　D 非常上訴遭駁回時

B 34.非拘束人身自由之保安處分規定有變更時，該如何適用法律？（100司五）

A 適用行為時法律　　　　B 適用裁判時法律

C 適用最有利行為人法律　D 依「從舊從輕」原則適用

A 35.下列何者不是刑法所明定保安處分的種類？（100司五）

A 訓誡處分　B 監護處分　C 強制治療　D 強制工作

B 36.刑法關於易科罰金之敘述，下列何者正確？（100司五）

A 犯最重本刑為三年以下有期徒刑以下之刑之罪，而受六個月以下有期徒刑之宣告者

B 犯最重本刑為五年以下有期徒刑以下之刑之罪，而受六個月以下有期徒刑之宣告者

C 得易科罰金而未聲請者，均不得易服社會勞動

D 易科罰金之規定於數罪併罰之情形，一律不得適用

A 37.甲在河岸散步，見鄰居小孩跌落河流呼救，不伸援手，小孩慘遭溺斃。應如何評價甲的行為？（100國安五）

A 無罪　B 成立過失致死罪　C 成立間接故意的殺人罪　D 成立遺棄致死罪

C 38.刑法規定瘖啞人之行為，該如何科刑？（100國安五）

A 必減輕其刑　B 減輕其刑至二分之一

C 得減輕其刑　D 如有正當理由而無法避免者，免除其刑

B 39.下列何者不屬於刑法所稱之主刑？（100國安五）

A 無期徒刑　B 褫奪公權　C 拘役　D 罰金

D 40.行為不能發生犯罪之結果，又無危險者，下列敘述，何者正確？（100國安五）

　　A 得減輕其刑　B 依未遂犯處罰　C 僅可處以罰金刑　D 不罰

A 41.犯最重本刑為死刑、無期徒刑或十年以上有期徒刑之罪者，其追訴權因多久未起訴而消滅？（100國安五）

　　A 30 年　B 25 年　C 20 年　D 沒有限制

D 42.父親甲要 9 歲之兒子乙趁人不注意的時候，將他人置放於座位邊的皮包偷來給自己。下列敘述，何者正確？（100國安五）

　　A 實際上是由乙進行犯罪行為，並非甲，所以甲不構成犯罪

　　B 甲構成竊盜罪之教唆犯

　　C 甲構成竊盜罪之幫助犯

　　D 甲構成竊盜罪之間接正犯

B 43.甲誤認乙的財物為丙的財物而偷之。就本案所發生的錯誤，下列敘述何者正確？（100原民五）

　　A 打擊錯誤　B 等價的客體錯誤　C 不等價的客體錯誤　D 因果歷程錯誤

D 44.刑法關於依法令之行為不罰，下列何者行為不屬之？（100原民五）

　　A 自助行為　　　　B 父母或教師的懲戒行為

　　C 現行犯的逮捕　　D 明知所屬的上級職務命令違法，而仍實施之行為

A 45.刑法對行為之處罰，下列敘述，何者為正確？（100原民五）

　　A 以處罰故意為原則　B 以處罰過失為原則

　　C 以處罰未遂為原則　D 以處罰故意為例外

A 46.甲詐騙乙，使乙將其所有市價價值 100 萬之真跡字畫以 5 萬元出售予丙。乙於下列何種情形得撤銷其意思表示？（100原民五）

　　A 如丙明知或可得而知甲之詐欺行為，乙得撤銷

　　B 即使丙不知甲之詐欺，乙亦得撤銷

　　C 須甲丙共謀為詐欺，乙始得撤銷

　　D 乙受詐欺為與有過失，不得撤銷

C 47.刑法關於不純正不作為犯之作為義務依據，下列敘述何者錯誤？（100地五行）

　　A 基於法令　B 基於契約　C 基於純粹的倫理原因　D 基於前行為

D 48.依刑法第 87 條第 1 項規定，因刑法第 19 條第 1 項之原因而不罰者，得令入相當處所，施以何種處分？（100地五行）

　　A 強制治療　B 感化教育　C 禁戒　D 監護

B 49.依據我國刑法之規定，以下何者屬於限制責任能力而得減輕其刑之情形？（100地五行）

　　A 12 歲之小學生甲，竊取同班同學的文具

　　B 17 歲之高中生乙，打傷他校學生

　　C 28 歲之研究生丙，在網路上散播不實訊息，並侮辱其指導教授

　　D 60 歲之教授丁，為圖官職，在年節禮盒內夾藏現款，賄賂具有人事權之政府首長

C 50.以下犯罪所侵害之法益，何者正確？（100地五行）

　　A 收受賄賂是侵害社會法益之犯罪

　　B 酒醉駕駛是侵害個人法益之犯罪

　　C 醫師洩漏病患秘密是侵害個人法益之犯罪

　　D 誣告他人犯罪是侵害行政法益之犯罪

B 51.以下何者為刑罰減輕或免除事由？（100地五行）

　　A 依法令之行為

　　B 已著手於犯罪行為之實行，因己意中止或防止其結果之發生者

　　C 未滿 14 歲人之行為

　　D 不知法律而有正當理由無法避免者

C 52.公務員甲在製作「服務成績證明書」時，為了祖護其同事公務員乙，對於乙曾經遭記過一事，刻意刪除不記載在證明書內。對於甲之行為，應論以何罪？（100地五行）

　　A 甲成立刑法第 211 條「偽造公文書罪」

　　B 甲成立刑法第 212 條「偽造特種文書罪」

　　C 甲成立刑法第 213 條「公務員登載不實罪」

　　D 甲成立刑法第 215 條「業務登載不實罪」

A 53.民眾甲前往戶政機關申辦事務時，由於證件不齊備遭到公務員乙拒絕，甲十分不滿，次日假日出遊時，在路上碰到乙，甲即大聲向乙怒罵：「你這個拿人民稅金的米蟲！」對於甲之行為，應論以何罪？（100地五民）

　　A 甲成立刑法第 309 條「公然侮辱罪」

　　B 甲成立刑法第 310 條「毀謗罪」

　　C 甲成立刑法第 140 條「侮辱公務員罪」

　　D 甲成立刑法第 135 條「妨害公務罪」

B 54.下列何者非屬刑罰？（100地五民）

　　A 褫奪公權　B 保護管束　C 拘役　D 沒收

B 55.下列何種犯罪不罰未遂犯？（100地五民）

　　A 刑法第 271 條之殺人罪　B 刑法第 277 條之傷害罪

　　C 刑法第 320 條之竊盜罪　D 刑法第 221 條之強制性交罪

D 56.甲誤乙為丙而殺之，甲所犯何罪？（100地五民）

　　A 過失致死　B 殺人未遂　C 傷害致死　D 殺人既遂

A 57.某外國國家代表隊來臺灣參加籃球比賽，該隊教練於比賽輸球後，在臺北某百貨公司竊取商品平衡壓力，以下有關刑法效力之敘述，何者正確？（100地五民）

　　A 我國刑法採取「屬地原則」，應依我國刑法論處

　　B 我國刑法採取「屬人原則」，應依該教練之本國法處理

　　C 外國國家隊教練享有「外交豁免權」，不可適用我國刑法論處

　　D 我國刑法採取「保護原則」，故應直接驅逐出境

A 58.下列有關正當防衛之敘述，何者正確？（100地五民）

　　A 正當防衛僅得對現在不法侵害實施

　　B 正當防衛係屬阻卻罪責事由

　　C 正當防衛係將法益不受侵害者攻擊之不利益，轉嫁無辜第三人承擔

　　D 第三人不得為保護受不法侵害者之利益，而對侵害者進行正當防衛

第六章　家庭暴力防治法

B 1.「家庭暴力加害人處遇計畫規範」應由下列那一個機關負責？（100初行）

　　A 教育部　B 中央衛生主管機關行政院衛生署

　　C 內政部　D 各縣市家庭暴力防治中心

D 2.A喝醉後時常暴力毆打其妻B及其子C，B遂向法院聲請保護令，法院審酌子女及被害人的安全得對A之會面交往權利限制，以下限制何者不恰當？（100初行）

　　A 於特定安全場所交付子女

　　D 負擔會面交往費用

　　C 禁止過夜會面交往

　　D 要求 A 於會面交往時戴上手銬

C 3.下列何者非家庭暴力防治法第 8 條規定，家庭暴力防治中心所應辦理之事項：（100初）

　　A 提供二十四小時電話專線服務及緊急救援

　　B 提供被害人及未成年子女之短、中、長期庇護

　　C 調查家庭暴力事件之真相

　　D 追蹤管理轉介服務案件

B 4.我國家庭暴力防治法之保護令，其性質為：（100身障五）

　　A 刑事保護令　B 民事保護令　C 行政保護令　D 福利保護令

C 5.對法院所為之保護令裁定若有不服，可以用何種方式加以救濟？（100身障五）

　　A 上訴　B 再議　C 抗告　D 訴願

D 6.家庭暴力防治法規定警察人員發現家庭暴力罪之現行犯時，應如何處理？（100鐵佐）

　　A 通知社工員會同處理　B 申請保護令

　　C 通知檢察官到場　　　D 逕行逮捕

A 7.依據我國家庭暴力防治法，保護令應以下列何種方式聲請之？（100鐵佐）

　　A 原則以書面聲請之，但如有緊急狀況得以言詞為之

　　B 原則以言詞方式聲請之，例外以書面為之

　　C 聲請時應以書面記載聲請人或被害人之住居所等資料

　　D 由被害人以書面向檢察官聲請之

B 8.依據家庭暴力防治法第 31 條，家庭暴力罪或違反保護令罪之被告，如經
　　檢察官或法院訊問後，認為無羈押必要，檢察官或法官可為附條件之處
　　分。請問下列何種處分非本條所列之處分？（100鐵佐）
　　A 具保　B 鑑定　C 責付　D 限制住居

D 9.下列何者不是家庭暴力防治法第 14 條通常保護令可定之內容？（100司五）
　　A 命相對人遠離被害人之住居所或經常出入之特定場所
　　B 命相對人交付被害人所需之醫療、輔導等費用
　　C 要求相對人交付汽車等生活必需品給被害人使用
　　D 命相對人離職，以免騷擾其他人

B 10.依據我國家庭暴力防治法第 13 條之規定，聲請保護令之程式或要件有欠
　　缺者，法院應：（100司五）
　　A 不論是否可以補正，直接以裁定駁回
　　B 先視其情形是否可補正，可補正應先命其補正，不補正始駁回
　　C 發交檢察官偵查
　　D 將聲請退件給社福機構處理

D 11.請問下列那一組不是家庭暴力防治法所定的家庭成員？（100國安五）
　　A A 與 A 的爺爺　　　　B A 與 A 的姑姑
　　C A 與寄養於 A 家的 B　D A 與借住 A 家一晚的 C

D 12.依家庭暴力防治法第 27 條關於保護令的執行，下列敘述何者錯誤？（100
　　國安五）
　　A 當事人或利害關係人，得於執行程序終結前，向執行機關聲明異議
　　B 執行機關認為聲明異議有理由者，應即停止執行並撤銷或更正已為之執行行為
　　C 執行機關認為聲明異議無理由者，應於十日內加具意見，送原核發保護令之法
　　　院裁定之
　　D 對於上述 C 選項的裁定，得抗告

A 13.甲男與乙女曾為夫妻，甲男經常毆打乙女，乙女以不堪同居之虐待請求
　　法院裁判離婚獲准，兩者在分居以前，因乙女未尋獲新居而暫時與甲男
　　同住，甲男仍不改惡習毆打乙女，請問可否依家庭暴力防治法聲請民事
　　保護令，禁止甲男繼續對她施暴？（100地五行）
　　A 可，因為對於前配偶之暴力侵害可以聲請保護令
　　B 否，因為兩人都還住在同一屋簷下，為有同居關係之男女
　　C 否，因為兩人已經非配偶關係
　　D 否，因為兩人既非夫妻也非家長家屬關係，已非家庭成員

C 14.依家庭暴力防治法之規定，通常保護令之有效期間為多久以下？（100地五
　　行）
　　A 三個月　B 半年　C 一年　D 二年

C 15.下列有關家庭暴力防治法通報的敘述，何者錯誤？（100地五民）

A 通報的人員包括移民業務人員

B 通報人員在知悉有疑似家庭暴力情事者，應在 24 小時內立即通報

C 若被害人不同意，則不需通報

D 通報人的身分，應予保密

C 16. 下列有關家庭暴力防治法刑事程序的敘述，何者錯誤？（100地五民）

A 警察人員發現家庭暴力現行犯時，應逕行逮捕

B 司法警察偵查犯罪時，認犯罪嫌疑人違反保護令罪嫌疑重大，且有繼續侵害家庭成員生命而情況急迫者，得逕行拘提

C 違反保護令罪之被告經檢察官訊問後，認無羈押必要，而命具保、責付、限制住居或釋放者，不得附條件命被告遵守

D 對被害人之訊問，得依聲請或依職權在法庭外為之

第七章　勞動基準法

D 1. 下列何者非主管性別工作平等之機關？（100初）

A 直轄市政府　B 縣（市）政府　C 行政院勞工委員會　D 內政部

C 2. 我國性別工作平等法第 10 條要求雇主對受僱人須符合同工同酬之要求，亦即雇主對於受僱者薪資之給付，工作或工作價值相同者，應給付同等薪資。請問下列何種敘述有違此條之規定？（100初）

A 雇主可因受僱人之年資而給予月薪有多寡之差異

B 雇主可因獎懲受僱人之故而使其年薪有多寡之差異

C 雇主可以受僱人性別之故而使其起薪有多寡之差異

D 雇主可因受僱人績效不同之故而使其每月薪資有差異

D 3. 勞動基準法對於資遣費有許多相關規定，下列敘述，何者為錯誤？（100身障五）

A 定期契約期滿離職者，不得請求雇主發給資遣費

B 勞工自願辭職者，不得請求雇主發給資遣費

C 因勞動基準法第 11 條遭裁員解僱的勞工，得請求資遣費

D 特定性定期契約期限逾三年者，於屆滿三年後，勞工得終止契約，並得請求資遣費

B 4. 關於受僱者之育嬰留職停薪，依據性別工作平等法，下列何者敘述為錯誤？（100身障五）

A 受僱者任職滿一年後，每一子女滿三歲前得申請育嬰留職停薪

B 受僱者之配偶未就業者，依據第 22 條，一概不得申請育嬰留職停薪

C 不論受僱者是父親或母親，只要符合規定均得申請育嬰留職停薪

D 育嬰留職停薪申請復職，除有第 17 條所列之法定情形外，雇主不得拒絕

C 5. 勞工繼續工作滿 1 年以上 3 年未滿者，雇主若要依勞動基準法第 11 條終止與該勞工的勞動契約，須於幾天前予以預告？（100鐵佐）

A 10 天　B 15 天　C 20 天　D 30 天

A 6. 勞動基準法對工時的規定，下列何者為錯誤？（100鐵佐）
  A 周休二日，原則上為星期六及星期日，但勞資有特別約定，不在此限
  B 每日正常工作時間原則上為 8 小時
  C 每兩周原則上不得超過 84 小時
  D 勞工繼續工作 4 小時，至少應有 30 分鐘之休息

C 7. 關於性別工作平等法之申訴制度之描述，下列何者錯誤？（100鐵佐）
  A 雇主為處理受僱者之申訴得設立申訴制度
  B 受僱者發現雇主違反性別工作平等法之規定時，得向地方主管機關申訴
  C 地方主管機關應將申訴案件移送法院調解
  D 雇主若對地方主管機關所為處分有異議，得向中央主管機關性別工作平等會申
    請審議

D 8. 性別工作平等法為促進工作平等而有多種假別的規定，下列何者不屬
    之？（100鐵佐）
  AA 因為生理期身體不舒服，無法工作，向公司請「生理假」（併入病假計算）
  BA 因為媽媽開刀住院，需要親自照顧媽媽，向公司請「家庭照顧假」（併入事
    假計算）
  CB 因為太太生產，而向公司請「陪產假」
  DC 因新婚公司給予員工「蜜月假」

B 9. 以下對勞動基準法所規定的年資規定，何者錯誤？（100司五）
  A 勞雇雙方於定期契約屆滿後，未滿三個月而訂定新約時，勞工前後工作年資，
    應合併計算
  B 勞工工作年資不以服務同一事業單位為限，並自受僱當日起算
  C 勞雇雙方於不定期契約因故停止履行後，未滿三個月而繼續履行原約時，勞工
    前後工作年資，應合併計算
  D 事業單位轉讓時，新舊雇主商定留用的勞工，其年資應由新雇主繼續予以承認

B 10. A受僱於僱用三十人以上的百貨公司，為專櫃的銷售員，排班時間不固
    定，A因恐其未滿三歲小孩B無人照顧，A之下列請求何者不屬於性別工
    作平等法之規定？（100司五）
  A 每天減少工作時間一小時   B 每天減少工作時間三小時
  C 減少之工作時間，不得請求報酬 D 調整工作時間

B 11. 工資之給付，依照勞動基準法的意旨，下列何者為錯誤？（100國安五）
  A 工資在臺灣應以新臺幣給付為原則 B 工資得以全部實物為給付
  C 工資應全額給付勞工   D 工資應以直接給付勞工

C 12. 下列何者符合性別工作平等法及家庭暴力防治法之規定？（100國安五）
  A 外籍配偶及大陸配偶沒有家庭暴力防治法的適用
  B 沒有驗傷單就不能聲請保護令
  C 不只生產可以請產假，流產也可以請產假
  D 性別工作平等法只保障女性

D 13. 有關勞動基準法定期契約及不定期契約規定之描述，下列何者錯誤？（100
地五行）

A 臨時性工作得為定期契約

B 臨時性工作於契約期滿後，雙方另訂新約，而前後契約之工作期間已超過 90
日，中間僅間斷工作 20 日，此時應視為不定期契約

C 有繼續性工作，應為不定期契約

D 季節性工作於契約期滿後，如勞工繼續工作而雇主不即表示反對，即視為不定
期契約

D 14. 甲在公司工作了 7 年，他想到另一家公司發展，如他適用勞動基準法，
他必須在多久以前預告雇主他要辭職？（100 地五行）

A 10 日前　B 14 日前　C 20 日前　D 30 日前

D 15. 下列何者非性別工作平等法所禁止之「差別待遇」？（100 地五行）

A 雇主因女性體力較差，不願意僱用女性求職者擔任貨運工

B 幼稚園因家長無法接受其所僱用之老師是同性戀者，因而解僱男同性戀老師

C 雇主抓到兩個竊取公司機密的員工（一男一女），雇主解僱該男性員工，但未
解僱該女性員工

D 女性內衣專賣店在招募服務人員時，為保護女性顧客之隱私（服務人員有時需
要協助顧客試穿內衣），限求職者必須是女性

A 16. 下列何者為勞動基準法所規定平均工資之定義？（100 地五民）

A 事由發生當日前 6 個月內所得工資總額除以該期間之總日數所得之金額

B 事由發生當日為止，勞工於任職期間所得工資總額除以該期間之總日數所得之
金額

C 事由發生當日前，以任職期間薪資最高之 6 個月的工資總額除以該期間之總日
數所得之金額

D 事由發生當時，依臺灣地區職業類別薪資調查報告，按勞工所從事之職類每人
每月平均經常性薪資額度

B 17. 勞工請假時，下列何種情形雇主無須照給工資？（100 地五民）

A 特別休假　B 事假　C 因職災致傷，為治療休養而請病假 2 個月　D 產假

A 18. A 貿易公司有甲乙兩名男性雇員，同時進公司，甲和乙的起薪為新臺幣 2
萬 5 千元，一個月後 A 公司又聘僱一名女性雇員丙，起薪則為新臺幣 2
萬 1 千元，丙工作一個月後質疑 A 公司的薪資給付有性別歧視，A 公司遂
徵得甲乙之同意將薪資降為新臺幣 2 萬 1 千元，請問 A 公司是否違反性
別工作平等法？（100 地五民）

A 是，A 公司不能以降低其他受僱者薪資之方式規避同工同酬的規定

B 是，就 A 公司將丙之起薪定為新臺幣 2 萬 1 千元的行為有違反同工同酬的規定，
但是將甲乙降薪的規定則不違反規定

C 否，公司是否調升或調降薪資是公司與受僱人的契約自由

D 否，甲乙丙之薪資在調整後已符合同工同酬

A 19.下列有關性別工作平等法之申訴、救濟及處理程序之敘述,何者爲正確?
（100地五民）
A 公務人員之申訴、救濟及處理程序,依各該人事法令之規定
B 教育人員之申訴、救濟及處理程序,依性別平等教育法之規定
C 軍職人員之申訴、救濟及處理程序,依性別工作平等法之規定
D 軍職人員之申訴、救濟及處理程序,依性騷擾防治法之規定

B 20.性別工作平等法規定雇主應防治性騷擾行爲之發生,其僱用受僱者至少
多少人以上時,應訂定性騷擾防治措施、申訴及懲戒辦法?（100初行）
A 20 人　B 30 人　C 40 人　D 50 人

D 21.依性別工作平等法的規定,下列何者違反規定?（100初行）
A 甲保險公司負責人依業務員的績效給付薪資
B 乙印刷廠老闆依員工的年資給付薪資
C 丙碳烤店店長依顧客對外場服務員的評分標準給付服務員獎金
D 丁冷飲店爲吸引男性消費者購買,僅公開招募臉蛋漂亮、身材姣好的國、高中
女工讀生

第八章　智慧財產權

D 1.下列有關著作人格權與著作財產權之敘述,何者錯誤?（100司五）
A 著作人格權有一身專屬性;著作財產權則無
B 原則上,著作人格權存續時間較著作財產權長
C 二者存續期間均及於著作人死後
D 重製權是屬於著作人格權之一種

A 2.下列關於著作權保護期間的敘述,何者錯誤?（100國安五）
A 著作人於著作公開發表時享有著作權
B 著作財產權存續至著作人死亡後五十年
C 著作人格權之保護爲永久
D 共同著作之著作財產權,存續至最後死亡之作者死後五十年

第九章　國際法

B 1.下列那一項是國際法上制裁的最後手段?（100地五行）
A 斷絕外交關係　B 戰爭　C 經濟制裁　D 干涉

第十章　司法訴訟制度

C 1.刑事訴訟程序中,關於偵查之開始應基於何種原因。下列敘述何者錯誤?
（100司五）
A 告訴　B 告發　C 自訴　D 自首

附錄四：

101 年高普特考法學緒論、法學大意測驗題出現率

本書蒐集 101 年高普特考測驗題，共 264 題，分析在各章節中命題之出現情形，讀者當可照命題之出現率，作重點準備。惟如有憲法與法學緒論合併命題者，憲法部分則不列入本書，另列入「中華民國憲法」之專冊中。因民法所佔比率最高，讀者可另外閱讀「民法概論」一書，深入準備。其情形如下表：

章序	總 論 章 名	法緒	大意	章序	各 論 章 名	法緒	大意
一	法律之本質			一	憲法	15	18
二	法律之功能			二	行政法	22	7
三	法律之目的			三	民法	23	37
四	法律之派別			四	商事法	13	20
五	法系			五	刑法	9	19
六	法律與命令之概念	1	4	六	家庭暴力防治法	3	4
七	法律與其他社會規範			七	勞動基準法	7	10
八	法律規範			八	智慧財產權	9	2
九	法律之淵源	3		九	國際法		
十	法律之類別	1	5	十	司法訴訟制度	2	1
十一	法律之制定、修正及廢止	5	1				
十二	法規之效力	2	2				
十三	法律之解釋	3	3				
十四	法規之適用	3	8				
十五	法規之制裁						
十六	權利與義務						
十七	我國法制發展簡史		1				
十八	法律體系		1				
	合　計	18	25		合　計	103	118

總計：法學緒論 121 題；法學大意 143 題，總共 264 題

附錄五：101 年高普特考法學緒論測驗題

公務人員特種考試關務人員、移民行政人員及國軍上校以 簡稱（101關三）
　上軍官轉任公務人員考試（三等關務）

公務人員特種考試關務人員、移民行政人員及國軍上校以 簡稱（101關四）
　上軍官轉任公務人員考試（四等關務）

公務人員特種考試關務人員、移民行政人員及國軍上校以 簡稱（101移三）
　上軍官轉任公務人員考試（三等移民行政人員）

公務人員特種考試關務人員、移民行政人員及國軍上校以 簡稱（101移四）
　上軍官轉任公務人員考試（四等移民行政人員）

公務人員特種考試身心障礙人員考試（三等考試） 簡稱（101身障三）

公務人員特種考試身心障礙人員考試（四等考試） 簡稱（101身障四）

第一編　總論

第六章　法律與命令之概念

A 1.下列何者不是命令的名稱？（101 移四）
　　A 通則　B 規則　C 準則　D 細則

第九章　法律之淵源

C 1.下列何者不屬於法源之一？（101 關三）
　　A 緊急命令　B 職權命令　C 職務命令　D 法規命令
D 2.下列何者不是直接法源？（101 身障三）
　　A 自治法規　B 法律　C 法規命令　D 法理
C 3.舊律中解釋法律使用「舉重以明輕」或「舉輕以明重」的方法，屬於現
　　今法律解釋方法中之何種解釋：（101 身障四）
　　A 文義解釋　B 類推　C 當然解釋　D 反面解釋

第十章　法律之類別

B 1.有關行政訴訟法之敘述，下列何者錯誤？（101 關四）
　　A 屬於國內法而非國際法　B 屬於行政機關發布之命令
　　C 屬於程序法而非實體法　D 屬於公法而非私法

第十一章　法律之制定、修正及廢止

D 1.依中央法規標準法第 5 條規定，應由法律定之者，不包括下列那一項？
　　（101 關三）

A 憲法或法律有明文規定，應以法律定之者　B 關於人民之權利、義務者
C 關於國家各機關之組織者　　　　　　　　D 關於各單位之組織者

D 2.土地徵收條例之施行，係由下列何者所公布？（101 關四）
　　A 行政院　B 司法院　C 內政部　D 總統

C 3.內政部入出國及移民署實施面談辦法之法律性質爲何？（101 移三）
　　A 法律　B 行政規則　C 法規命令　D 職權命令

B 4.依中央法規標準法規定，法律定有施行期限者，期滿當然廢止，後續應
　　如何處理？（101 移三）
　　A 應經立法院通過，總統公布之　B 應由主管機關公告之
　　C 應報請立法院備查　　　　　　D 應逐條公布廢止之條文

C 5.法律的制定過程，除須經立法院通過外，必不可少的程序爲：（101 身障三）
　　A 舉辦立法公聽會　B 預告立法草案　C 總統公布　D 司法院審查

第十二章　法規之效力

B 1.下列敘述，何者錯誤？（101 關三）
　　A 法規得授權以命令規定施行日期
　　B 法規明定自公布日施行者，自公布之隔日起算至第三日起發生效力
　　C 法規得授權以命令規定施行區域
　　D 法規得以命令特定施行日期

C 2.民國 100 年 4 月 27 日總統令制定公布「行政法人法」，其第 42 條規定：
　　「本法自公布日施行。」此法律自何日起發生效力？（101 移三）
　　A 民國 100 年 4 月 27 日　B 民國 100 年 4 月 28 日
　　C 民國 100 年 4 月 29 日　D 民國 100 年 4 月 30 日

第十三章　法律之解釋

B 1.規定「禁止釣魚」，解釋上使其包括「禁止電魚」，係採下列何種解釋
　　方法之結果？（101 關三）
　　A 歷史解釋　B 論理解釋　C 文義解釋　D 類推解釋

B 2.藉由立法或修法的資料、立法理由等，以了解法律用詞或法律條文的意
　　義，稱之爲何種解釋？（101 移四）
　　A 類推解釋　B 歷史解釋　C 體系解釋　D 合憲性解釋

B 3.憲法第 20 條規定：「人民有依法律服兵役之義務。」此所謂人民，如解
　　釋爲男性國民，此爲何種法律解釋方法？（101 身障三）
　　A 擴充解釋　B 限制解釋　C 當然解釋　D 反面解釋

第十四章　法規之適用

D 1.下列敘述，何者與法律保留原則無關？（101 關三）
　　A 規範國家與人民之關係　　B 涉及行政、立法兩權之權限分配
　　C 得授權以命令規範人民權益　D 共和國元首不得世襲

A 2. 下列那一項與法律優位原則無關？（101 關三）

　　A 憲法第 106 條：監察院之組織，以法律定之

　　B 憲法第 116 條：省法規與國家法律牴觸者無效

　　C 憲法第 171 條：法律與憲法牴觸者無效

　　D 憲法第 172 條：命令與憲法或法律牴觸者無效

B 3. 關於法律不溯及既往原則，下列敘述何者錯誤？（101 移三）

　　A 是法律適用的原則，不是立法的原則

　　B 就刑法規定而言，僅刑罰規定有此原則的適用，保安處分規定不適用

　　C 亦適用於民法領域

　　D 法官不得將法律適用於該法律尚未生效前的具體案件上

第二編　各論

第一章　憲法

A 1. 依司法院解釋，憲法上之條約亦包括下列何名稱？（101 關三）

　　A 協定　B 契約　C 合約　D 約定

D 2. 下列有關自治法規之敘述，何者錯誤？（101 關三）

　　A 經地方立法機關通過，並由各該行政機關公布者，稱自治條例

　　B 由地方行政機關訂定，並發布或下達者，稱自治規則

　　C 自治條例在鄉（鎮、市）稱鄉（鎮、市）規約

　　D 自治規則得定名為通則

D 3. 有關法律在國家領土外效力之敘述，下列何者錯誤？（101 關三）

　　A 本國軍艦在公海上適用本國法

　　B 本國商船在公海上適用本國法

　　C 駐在外國之本國使館，不受駐在國法律之管轄

　　D 所有船舶在他國領海均仍適用其本國法

D 4. 立法院職權相關之規定，下列何者是憲法增修條文所增列？（101 關三）

　　A 立法院得設各種委員會。各種委員會得邀請政府人員及社會上有關係人員到會備詢

　　B 立法院對於行政院所提預算案，不得為增加支出之提議

　　C 監察院設審計長，由總統提名，經立法院同意任命之

　　D 立法院於每年集會時，得聽取總統國情報告

C 5. 下列何者屬於憲法基本國策之規定？（101 移三）

　　A 人民有依法律服兵役之義務

　　B 人民除現役軍人外，不受軍事審判

　　C 現役軍人不得兼任文官

　　D 總統統率全國陸海空軍

D 6. 下列何者不屬於司法院大法官之職權？（101 移四）

　　A 解釋憲法　　　　　　　B 統一解釋法律及命令

　　C 政黨違憲解散事項之審理　D 總統副總統之罷免

D 7. 依司法院解釋，各級法院法官審理案件時，如合理確信某法律違憲，得為何種處置？（101 移四）

A 直接拒絕審判該案件　B 逕行宣告該法律無效

C 要求上級法院處理　D 聲請大法官解釋

C 8. 依憲法增修條文規定，下列何者應由總統提名，經立法院同意後任命之？（101 移四）

A 立法院院長　B 法務部部長　C 司法院大法官　D 行政院院長

B 9. 下列何者爲憲法未明文列舉之基本權利？（101 移四）

A 秘密通訊自由　B 一般行爲自由　C 居住及遷徙自由　D 著作及出版自由

B 10. 下列何者爲憲法第 170 條及中央法規標準法第 2 條規定所稱之法律？（101 移四）

A 公務員廉政倫理規範　B 道路交通管理處罰條例

C 勞動基準法施行細則　D 獎勵保護檢舉貪污瀆職辦法

A 11. 制定地方自治條例時應冠上何種名稱？（101 身障三）

A 各該地方自治團體之名稱　B 各該地方立法機關之名稱

C 各該有權核定之中央主管機關名稱　D 各該受理備查之中央主管機關名稱

A 12. 下列何者不得作爲地方自治團體就其自治事項訂定自治規則時之依據？（101 身障三）

A 中央主管機關授權　B 法律授權　C 法定職權　D 自治條例授權

C 13. 下列論述何者錯誤？（101 身障三）

A 縣之自治地位由憲法直接保障

B 直轄市之自治事項由法律定之

C 監察院正副院長及監察委員由省市議員中選出

D 總統任期 4 年，連選得連任一次

A 14. 下列何項屬司法權之範圍？（101 身障四）

A 對違反社會秩序維護法之行爲人，處以拘留

B 對違反道路交通管理處罰條例者，處以罰鍰

C 對欠稅達 50 萬元以上者，限制出境

D 對經裁處罰鍰拒不繳納者，予以強制執行

C 15. 依司法院大法官解釋，立法院審議下列何項議案，須受憲法規定之限制？（101 身障四）

A 法律案　B 法規命令案　C 預算案　D 條約案

第二章　行政法

C 1. 下列有關行政機關行使公權力之敘述，何者錯誤？（101 關三）

A 行政機關實施行政指導時適用行政程序法

B 受託行使公權力之個人或團體，於委託範圍內，視爲行政機關

C 交通部公路總局監理所委託民間業者驗車，係屬私法契約

D 行政機關得對外作成行政處分

D 2. 依據司法院解釋，所得稅法規定夫妻非薪資所得合併計算申報稅額係違反：（101 關三）

　　A 法律保留原則　B 法律優位原則　C 誠實信用原則　D 平等原則

D 3. 下列那個機關之行政行為，不適用行政程序法之程序規定？（101 關三）

　　A 中央銀行　　　　　　　B 行政院金融監督管理委員會

　　C 公務人員保障暨培訓委員會　D 公務員懲戒委員會

D 4. 縣政府核發建造執照後又以錯誤（非可歸責於申請人）為由予以撤銷，申請人如何主張權利？（101 關三）

　　A 主張該撤銷違反法律保留原則　　B 主張該撤銷違反比例原則

　　C 主張該撤銷違反法律明確性原則　D 主張該撤銷違反信賴保護原則

C 5. 甲公務員因有違法的行為而遭「撤職」，此「撤職」屬於下列何種處罰？（101 移三）

　　A 行政刑罰　B 行政秩序罰　C 行政懲戒罰　D 以上皆非

C 6. 司法院釋字第 696 號解釋認定夫妻合併報繳所得稅規定違反平等原則，請問係針對何類所得作成解釋？（101 移三）

　　A 薪資所得　　B 自力耕作、漁、牧、林、礦之所得

　　C 非薪資所得　D 競技、競賽及機會中獎之獎金或給與

B 7. 藉由立法或修法的資料、立法理由等，以了解法律用詞或法律條文的意義，稱之為何種解釋？（101 移四）

　　A 類推解釋　B 歷史解釋　C 體系解釋　D 合憲性解釋

D 8. 法律之修改、廢止若訂有「過渡期間」之條款者，依司法院解釋，主要應屬下列何種原則之表現？（101 移四）

　　A 依法行政原則　B 平等互惠原則　C 法律保留原則　D 信賴保護原則

B 9. 縣政府徵收土地興建市場，徵收範圍遠大於所需時，牴觸何項行政法之原則？（101 身障三）

　　A 經濟性原則　B 必要性原則　C 明確性原則　D 羈束性原則

B 10. 行政機關所為關於行政計畫之何種程序屬於行政程序法所稱之行政程序？（101 身障三）

　　A 擬訂行政計畫　B 確定行政計畫　C 修訂行政計畫　D 廢棄行政計畫

C 11. 下列何者為行政機關？（101 身障三）

　　A 中華民國　B 臺北市　C 花蓮縣政府　D 農田水利會

D 12. 下列何者符合行政機關適用法律的原則？（101 身障三）

　　A 不告不理　　　　　B 僅得適用法律不得發布命令

　　C 無自由裁量之空間　D 本於依法行政原則，主動適用法律

B 13. 下列何項行為應適用行政程序法之程序規定？（101 身障三）

　　A 刑事案件犯罪偵查程序　　B 與公費生締結畢業後服務之契約

　　C 考試院有關考選命題之行為　D 對公務員所為之人事行政行為

B 14.下列何者不是作成行政處分的必要要件？（101 身障三）

　　A 由行政機關所作成　　B 以書面為之

　　C 行使公權力的法律行為　D 基於行政機關的意思表示而對外生效

C 15.對於違反可裁處罰鍰之違章案件，不論情節輕重均一律科處最高額之罰鍰，屬於行政裁量之何種瑕疵？（101 身障三）

　　A 裁量逾越　B 裁量不足　C 裁量怠惰　D 裁量限縮

A 16.下列何項組織，依行政程序法第 2 條第 3 項視為行政機關？（101 身障四）

　　A 汽車修理廠受託辦理汽車檢驗業務

　　B 財團法人工業技術研究院受託辦理專利鑑定

　　C 臺灣銀行受託代收稅款

　　D 財團法人中華民國對外貿易發展協會受託調查海外商品價格

B 17.稅捐稽徵法規定：應給予或取得憑證，未給予或取得者，不問營業總額多寡一律罰其營業額百分之五，違反下列何項法律原則：（101 身障四）

　　A 平等原則　B 比例原則　C 誠信原則　D 信賴保護原則

A 18.人民基於公法關係而生的權利，學說稱之為：（101 身障四）

　　A 公權利　B 私權利　C 物權　D 財產權

B 19.行政院衛生署中央健康保險局與醫療院所約定為特約醫療院所，提供民眾醫療服務，依司法院大法官會議解釋，此項約定屬下列何項法律行為：（101 身障四）

　　A 私法契約　B 行政契約　C 中間契約　D 口頭契約

B 20.甲申請營業執照為期 5 年，於第 3 年屆滿時，新竹縣政府因都市重劃，將甲原營業用地劃為住宅區，並廢止甲之營業執照。則甲可主張下列何項請求權？（101 身障四）

　　A 損害賠償　B 損失補償　C 違約賠償　D 侵權賠償

D 21.下列各類程序，何者屬於行政程序法所稱之行政程序？（101 身障四）

　　A 政府與商人間締結買賣契約之程序

　　B 私人間作成租賃契約之程序

　　C 法院作成裁判之程序

　　D 行政機關訂定法規命令之程序

D 22.下列何項為依法行政之原則？（101 身障四）

　　A 行政一體原則　B 行政保留原則　C 司法優先原則　D 法律優位原則

第三章　民法

B 1.占有物如係盜贓、遺失物或其他非基於原占有人之意思而喪失其占有者，原占有人自喪失占有之時起至遲於幾年以內，得向善意受讓之現占有人請求回復其物？（101 關三）

　　A 一年　B 二年　C 三年　D 五年

D 2.下列有關民法之敘述，何者錯誤？（101 關三）

A 對話為要約者，非立時承諾，即失其拘束力

B 故意或重大過失之責任，不得預先免除

C 在債權人遲延中，債務人僅就故意或重大過失，負其責任

D 訂約當事人之一方，由他方受有定金時，視為其契約成立

B 3. 關於民法親屬編子女從父姓或母姓規定之敘述，下列何者錯誤？（101 關三）

A 父母於子女出生登記前，應以書面約定子女從父姓或母姓

B 未約定或約定不成者，於法院抽籤決定之

C 子女經出生登記後，於未成年前，得由父母以書面約定變更為父姓或母姓

D 子女已成年者，得變更為父姓或母姓

C 4. 依現行民法規定，下列敘述，何者錯誤？（101 關四）

A 男女雙方舉辦婚禮後，未向戶政機關為結婚之登記者，其婚姻無效。女方嗣後雖已懷胎或生子，亦同

B 繼承人拋棄繼承者，雖不負擔被繼承人遺留之債務，但亦不得取得繼承人遺留之財產

C 不動產買賣，非經當事人訂立書面契約，縱當事人已經口頭合意，亦不生效力

D 債務人向債權人借款，得由第三人提供房屋設定抵押權擔保該債權

D 5. 甲生前自己以電腦打字方式製作遺囑，並將其列印出來後親自簽名，密封入一個信封，但並未告知他人。甲死亡後其家人始發現此遺囑。請問此遺囑於法律上屬於何種性質之遺囑？（101 關四）

A 自書遺囑　B 密封遺囑　C 代筆遺囑　D 無效遺囑

B 6. 甲死亡時有配偶乙、母丙、兄丁、妹戊、子A、女B及孫子女C、D，此外別無其他親屬。甲死亡時留下遺產 120 萬元，並未留下遺囑。請問依民法規定，甲之遺產將如何分配？（101 關四）

A A、B 各 60 萬元　　　　　B 乙、A、B 各 40 萬元

C 乙、丙、A、B 各 30 萬元　　D 乙、丙、丁、戊、A、B、C、D 各 15 萬元

C 7. 有關民法第 1 條所稱之「習慣」，下列敘述，何者正確？（101 關四）

A 必須法官對其有相當於法之確信　B 必須以道德規範為基礎

C 必須有反覆慣行之事實　　　　　D 必須立法機關予以承認

B 8. 下列何者不是民法規定對自然人的民事制裁方式？（101 移三）

A 損害賠償責任　B 人格的剝奪

C 權利的剝奪　　D 法律行為的無效或契約的解除

D 9. 依據司法院解釋，下列何種案件屬於私法爭議，應向民事法院請求救濟？（101 移三）

A 人民依國有林地濫墾地補辦清理作業要點申請訂立租地契約，對林區管理處未為准許之決定表示不服

B 學生不服大學對其所為行政處分或其他公權力措施，侵害學生受教育權或其他基本權利者

C 受刑人不服行政機關不予假釋之決定者

D 公營事業與其所屬人員就契約關係已否消滅雙方有爭執者

B 10. 甲夫乙妻結婚多年膝下無子，嗣甲死亡，由甲之二位弟弟A、B與乙同為
繼承人，則乙之應繼分為遺產之多少？（101 移四）
　　A 三分之二　　B 二分之一　　C 三分之一　　D 四分之一

D 11. 下列敘述，何者錯誤？（101 移四）
　　A 權利能力不得拋棄　B 自由不得拋棄　C 行為能力不得拋棄　D 物權不得拋棄

A 12. 乙因受丙之脅迫而將其珍藏之油畫一幅出售於甲，甲不知丙脅迫乙之情
事，則甲、乙間買賣契約之效力為何？（101 移四）
　　A 乙可主張被脅迫，而撤銷其出售之意思表示
　　B 乙可主張此買賣契約效力未定
　　C 甲得主張此買賣契約當然無效
　　D 甲得主張此買賣契約不生效力

C 13. 下列何者與民法無關？（101 移四）
　　A 契約自由　　B 私法自治　　C 權力分立　　D 公序良俗

A 14. 請求權已經時效消滅，債務人若不知時效規定而為履行之給付，依民法
規定應如何處理？（101 身障三）
　　A 不得請求返還　　　　B 得請求返還十分之三
　　C 得請求返還二分之一　D 得請求返還全部

D 15. 甲擅取其父乙所有之名畫一幅，以甲自己的名義為丙設定質權，丙明知
該畫為乙所有。關於當事人間之法律關係何者正確？（101 身障三）
　　A 丙善意取得該畫的質權　B 甲為有權處分
　　C 甲為無權代理　　　　　D 須經乙承認甲之行為，丙始取得該畫的質權

B 16. 下列何者不是現行民法所規定結婚的要件？（101 身障三）
　　A 應以書面為之　　　　　B 應有公開之儀式
　　C 應有 2 人以上證人之簽名　D 應由雙方當事人向戶政機關為結婚之登記

D 17. 甲男現年 18 歲未婚，未經法定代理人允許受僱於某乙，乙並授與甲代理
權，此二法律行為之效力如何？（101 身障三）
　　A 僱傭契約及授權行為均有效　　B 僱傭契約及授權行為均無效
　　C 僱傭契約無效，授權行為有效　D 僱傭契約效力未定，授權行為有效

C 18. 我國民法為防收養遭到濫用，在方式上採用何種制度？（101 身障四）
　　A 契約制　B 戶政機關審查制　C 契約併同法院認可制　D 法院許可制

C 19. 下列權利中，何者為私權？（101 身障四）
　　A 立法權　B 司法權　C 繼承權　D 參政權

B 20. 民法關於退職金的請求權消滅時效期間規定為多久？（101 身障四）
　　A 二年　B 五年　C 十年　D 十五年

B 21. 物權的種類及其內容應依法律規定，此在學說上稱為：（101 身障四）
　　A 契約自由原則　B 物權法定主義原則　C 誠實信用原則　D 信賴保護原則

D 22. 以妨害他人行使請求權為內容的權利，民法上稱之為：（101 身障四）
　　A 形成權　B 支配權　C 用益權　D 抗辯權

B 23.依民法規定，得有效爲遺囑的年齡爲：（101 身障四）

A 滿 7 歲　B 滿 16 歲　C 滿 18 歲　D 滿 20 歲

第四章　商事法

D 1.消費者保護法中有關定型化契約之規定，下列敘述，何者錯誤？（101 關三）

A 定型化契約條款如有疑義時，應爲有利於消費者之解釋

B 企業經營者與消費者訂立定型化契約前，應有三十日以內之合理期間，供消費者審閱全部條款內容

C 定型化契約中之條款違反誠信原則，對消費者顯失公平者，無效

D 定型化契約中之個別磋商條款之約定牴觸定型化契約條款者，其牴觸部分無效

A 2.勞工保險中普通事故保險之給付種類，不包括下列何者？（101 關三）

A 醫療給付　B 失能給付　C 傷害給付　D 老年給付

A 3.甲在乙大賣場購買丙廠商進口之外國原裝除濕機一台，不久，該除濕機在甲正常使用中，突然自行起火燃燒，導致甲之傢俱燒毀。依「消費者保護法」規定，下列敘述，何者正確？（101 關四）

A 甲就其所受損害，雖不能證明乙或丙有過失，亦得請求賠償

B 乙縱然證明其就本件除濕機之起火燃燒無過失，仍不得全部免責

C 丙證明其就本件除濕機之起火燃燒無過失者，即得全部免責

D 甲證明乙或丙就本件除濕機之起火燃燒有過失者，得請求實際損害額 10 倍之賠償

B 4.關於公司，下列敘述，何者錯誤？（101 關四）

A 公司爲以營利爲目的之社團法人

B 有限公司之資產不足以清償其債務時，由股東負連帶清償責任

C 股份有限公司之董事，應經股東會許可，始得爲他人爲屬於公司營業範圍內之行爲

D 公司負責人違反規定以公司名義訂立保證契約時，應自負保證責任

B 5.全民健康保險特約醫事服務機構合約（以下簡稱醫事服務機構合約）之法律救濟途徑，下列何者正確？（101 移三）

A 醫事服務機構合約係全民健保各別醫事服務機構之間所締結之契約

B 醫事服務機構合約所生履約爭議，經全民健康保險爭議審議委員會審議後，得逕向高等行政法院請求救濟

C 醫事服務機構合約之法律性質爲私法契約

D 醫事服務機構合約所生履約爭議，經全民健康保險爭議審議委員會審議後，得向地方法院請求救濟

C 6.依公司法規定，公司有下列何種情事時，主管機關得依職權或利害關係人之申請，命令解散之？（101 移三）

A 公司名稱經法院判決確定不得使用，公司於判決確定後六個月內辦妥名稱變更登記者

  B 公司設立登記後六個月尚未開始營業，但已辦妥延展登記者

  C 未於申請設立登記時或設立登記後三十日內，檢送經會計師查核簽證之文件者

  D 開始營業後自行停止營業六個月以上，但已辦妥停業登記者

B 7. 有關消費者保護法之定義規定，下列何者正確？（101 移三）

  A 消費爭議係指金融消費者與金融服務業間因商品或服務所生之民事爭議

  B 消費者保護團體係指以保護消費者為目的而依法設立登記之法人

  C 消費者係指接受金融服務業提供金融商品或服務者

  D 消費者保護法之主管機關為行政院金融監督管理委員會

B 8. 下列何者不是消費者保護法關於定型化契約之正確規定？（101 身障三）

  A 定型化契約條款有疑義時，應為有利於消費者之解釋

  B 消費者均有 30 日之期間審閱定型化契約全部條款內容

  C 定型化契約條款牴觸個別磋商條款之約定者無效

  D 企業經營者使用定型化契約者，主管機關得隨時派員查核

C 9. 全民健康保險為強制性之社會保險，但下列何項保險事故並不給予保險給付？（101 身障三）

  A 疾病事故　B 傷害事故　C 死亡事故　D 生育事故

A 10. 下列何者得為全民健康保險之被保險人？（101 身障四）

  A 經許可來臺工作領有居留證之外國人

  B 來臺觀光旅遊 30 日之外國人

  C 來臺商務考察 20 日之外國人

  D 來臺在校就讀之美國出生僑生

D 11. 甲為中華民國國民，並參加全民健康保險，嗣因奉派赴美辦事處工作已逾二年，其戶籍經戶政事務所遷出，而不具全民健康保險投保資格。甲奉調返國服務後，須受居留至少滿幾個月之限制，始得參加全民健康保險？（101 身障四）

  A 二個月　B 三個月　C 六個月　D 無期間限制

C 12. 勞工保險被保險人申請勞保職業災害給付，經勞工保險局拒絕及提起訴願未獲救濟時，得向下列何種法院請求救濟？（101 身障四）

  A 地方法院　B 高等法院　C 高等行政法院　D 憲法法院

B 13. 勞工因執行職務而致傷害或職業病不能工作，以致未能取得原有薪資，正在治療中者，依法應自勞工不能工作之第幾日起，發給職業傷害補償費或職業病補償費？（101 身障四）

  A 二日　B 四日　C 五日　D 十日

第五章　刑法

A 1. 下列何者並非刑法上所稱之公務員？（101 關三）

  A 協助員警追捕逃犯者

  B 依法令服務於地方自治團體所屬機關而具有法定職務權限者

C 其他依法令從事於公共事務,而具有法定職務權限者

D 受地方自治團體所屬機關依法委託,從事與委託機關權限有關之公共事務者

C 2. 依刑法規定,下列敘述,何者正確?(101 關四)

A 公務員對於職務上之行為收受賄賂者,不構成犯罪

B 公務員對於職務上之行為收受賄賂後,如於未經發覺前自首,即當然免除其刑

C 對於公務員關於違背職務之行為交付賄賂者,如於審判中自白,得減輕其刑

D 公務員就違背職務之行為收受賄賂者,該公務員得以所收受之賄賂抵銷被併科之罰金

D 3. 依刑法規定,下列敘述,何者正確?(101 關四)

A 我國國民甲如在美國殺人未遂,則不得依據我國刑法處罰甲

B 乙幫助丙犯罪,如丙不知乙幫助之情事,則乙不構成幫助犯

C 丁因細故殺人且分屍,則不論丁隱姓埋名且躲藏多久期間,均難逃刑法制裁

D 戊因犯罪被宣告褫奪公權 5 年,則戊於該期間內既不得擔任公務員,亦不得競選民意代表

A 4. 甲公司與海關人員乙約定,如乙就甲公司進口之物品違法免課關稅,甲公司將先贈送乙「前金」10 萬元,待甲公司出售該物品後,再贈送乙「後酬」20 萬元。乙收受甲公司之 10 萬元後,依照雙方約定,違法免課關稅,甲亦已出售該物品於他人。試問:下列敘述,何者正確?(101 關四)

A 甲、乙關於前金及後酬之約定均無效

B 甲得請求乙返還前金 10 萬元

C 乙得請求甲給付後酬 20 萬元

D 甲得撤銷雙方之約定

B 5. 下列何者非刑法規定的阻卻違法事由?(101 移四)

A 逮捕現行犯　B 遭受家庭暴力　C 業務上正當行為　D 緊急避難

D 6. 17 歲之少年殺死自己的父親,法院應如何科刑?(101 移四)

A 僅得科處死刑　　　　　B 僅得科處無期徒刑

C 得科處死刑或無期徒刑　D 得科處 15 年以上 20 年以下有期徒刑

A 7. 下列關於偽造文書罪之敘述,何者錯誤?(101 身障三)

A 為告訴乃論之罪　　　B 文書分為公文書與私文書

C 須有偽造、變造行為　D 須足以生損害於公眾或他人

B 8. 依政府採購法規定承辦公立學校採購之人員,應屬刑法上何種公務員?

(101 身障四)

A 身分公務員　B 授權公務員　C 委託公務員　D 一般公務員

A 9. 下列敘述,何者錯誤?(101 身障四)

A 褫奪公權者,褫奪行使選舉、罷免、創制、複決四權之資格

B 因犯罪所生或所得之物,以屬於犯罪行為人者為限,得沒收

C 受徒刑之執行完畢後,5 年以內故意再犯有期徒刑以上之罪者,為累犯

D 教唆犯之處罰,依其所教唆之罪處罰

第六章　家庭暴力防治法

B 1. 下列關於家庭暴力防治法規定之敘述，何者錯誤？（101 關三）
　　A 民事保護令分為通常保護令、暫時保護令及緊急保護令
　　B 各類保護令，應於核發後 24 小時內發送當事人、被害人、警察機關及直轄市、縣（市）主管機關
　　C 教育人員在執行職務時知有疑似家庭暴力情事者，應立即通報當地主管機關，至遲不得逾 24 小時
　　D 保護令事件原則上不得進行調解或和解

D 2. 依據家庭暴力防治法規定：家庭暴力指家庭成員間實施身體或精神上不法侵害之行為。下列何者不是本法所稱之家庭成員？（101 身障三）
　　A 前配偶　　　B 曾有同居關係者
　　C 現為直系姻親　D 現為五親等之旁系血親

A 3. 關於家庭暴力防治法規定之民事保護令，下列敘述何者正確？（101 身障三）
　　A 被害人得向法院申請通常保護令、暫時保護令
　　B 保護令事件得進行和解或調解
　　C 命相對人遷出被害人住居所之保護令，因被害人同意相對人不遷出而失其效力
　　D 關於保護令之裁定，除有特別規定者外，不得為抗告

第七章　勞動基準法

B 1. 下列有關性別工作平等法之敘述，那一項是錯誤的？（101 關三）
　　A 本法亦適用於軍職人員
　　B 雇主與受僱者之約定優於本法者，仍應依本法規定
　　C 女性受僱者因生理日致工作有困難者，每月得請生理假一日
　　D 雇主為受僱者舉辦或提供教育、訓練，不得因性別或性傾向而有差別待遇

B 2. 下列關於勞動基準法之敘述，何者錯誤？（101 關三）
　　A 雇主與勞工所訂勞動條件，不得低於勞動基準法所定之最低標準
　　B 勞動基準法適用於一切勞雇關係，沒有例外
　　C 有關勞工退休之規定，勞動基準法是普通法，勞工退休金條例是特別法
　　D 勞動基準法是母法，勞工請假規則是子法

B 3. 依性別工作平等法規定，下列敘述，何者正確？（101 關四）
　　A 雇主與受僱者之約定，比性別工作平等法更有利於受僱者時，雇主得聲請法院撤銷之
　　B 受僱者執行職務時遭受性騷擾而受有損害者，雇主得舉證免責
　　C 雇主對求職者之招募及進用，不論情形為何，一律不得因求職者之性別而有差別待遇
　　D 女性受僱者依規定申請育嬰留職停薪時，如其配偶未就業，則雇主得一律予以拒絕

B 4.依據性別工作平等法關於陪產假之規定，下列何者錯誤？（101 身障三）

　　A 陪產假適用於受僱者於其配偶分娩時

　　B 僱主應給予陪產假 5 日

　　C 陪產假期間工資照給

　　D 陪產假如遇例假日，均包括在內，不另給假

D 5.下列何項非屬勞動基準法所定之工資：（101 身障四）

　　A 年節獎金　B 加班費　C 伙食津貼　D 出差旅費

A 6.下列何項行為違反勞動基準法？（101 身障四）

　　A 雇主與員工約定延長工時不加給工資

　　B 雇主與員工約定休無薪假

　　C 雇主與員工約定休假期間不得出國

　　D 雇主與員工約定休假期間應隨時待命

A 7.下列何項雇主與勞工間之約定違反勞動基準法？（101 身障四）

　　A 預扣薪資半個月作為賠償準備金　B 薪資給付時得扣除損害賠償金

　　C 薪資給付應先扣除勞保保費　　　D 薪資給付得先扣繳所得稅

第八章　智慧財產權

C 1.甲作家對著作權有如下之認識，何者錯誤？（101 關三）

　　A 著作人專有公開口述其語文著作之權利

　　B 著作人格權專屬於著作人本身，不得讓與或繼承

　　C 甲認為應向經濟部智慧財產局登記，始取得小說之著作權

　　D 著作人死亡或消滅者，關於其著作人格權之保護，視同生存或存續

B 2.著作人原則上何時起得享有著作權？（101 身障三）

　　A 著作構思開始時　　　　B 於著作完成時

　　C 提出著作權許可申請時　D 著作權許可證核發時

C 3.各種智慧財產權的取得採取不同的保護主義，下列何者錯誤？（101 身障三）

　　A 商標權採註冊主義　　B 專利權採註冊主義

　　C 營業秘密採登記主義　D 積體電路布局權採登記主義

第十章　司法訴訟制度

D 1.原則上我國各種類訴訟的法院審級制度設計為：（101 移三）

　　A 民事及刑事訴訟採三級二審制

　　B 刑事及行政訴訟採三級二審制

　　C 民事及行政訴訟採二級二審制

　　D 民事及刑事訴訟採三級三審制

A 2.下列何者並非我國現行法院？（101 移三）

　　A 勞工法院　B 智慧財產法院　C 最高行政法院　D 臺灣高等法院

附錄六：101 年高普特考法學大意測驗題

公務人員初等考試（一般行政）　　　　　　　　簡稱（101 初一）

公務人員初等考試（人事行政、勞工行政、經建行政、政風）　簡稱（101 初人）

公務人員特種考試身心障礙人員考試（五等考試）　簡稱（101 身障五）

第一編　總論

第六章　法律與命令之概念

C 1.有關我國憲法所稱之「法律」，下列敘述何者錯誤？（101 初一）

A 應經立法院三讀通過　B 應由總統公布

C 得定名為規則　　　　D 與憲法牴觸者無效

B 2.下列何者非屬由機關所發布命令之名稱？（101 初一）

A 規則　B 通則　C 標準　D 規程

D 3.行政機關基於法律授權，對多數不特定人民就一般事項所作抽象之對外發生法律效果之規定，稱為：（101 初一）

A 行政處分　B 行政契約　C 行政規則　D 法規命令

B 4.下列何者不是憲法第 170 條所稱之法律？（101 初人）

A 貪污治罪條例　　　　B 國防大學組織規程

C 軍事審判法施行法　　D 陸海空軍刑法

第十章　法律之類別

C 1.有關特別法與普通法之關係的敘述，下列何者正確？（101 初一）

A 民法是土地法的特別法

B 刑事訴訟法是少年事件處理法的特別法

C 陸海空軍刑法是刑法的特別法

D 訴願法是行政訴訟法的特別法

C 2.法律發生的文化背景，如係發源於本國文化者，則可以將之歸類為：（101 初一）

A 繼受法　B 國際法　C 固有法　D 實體法

C 3.依中央法規標準法，法規對其他法規所規定之同一事項而為特別之規定者，應優先適用之。其他法規修正後，為特別規定之法規應如何適用？（101 初人）

A 優先適用其他新修正之法規

B 視修正後之其他法規是否較有利於當事人，若較有利，則適用修正後之其他法規

C 仍應優先適用

D 聲請大法官解釋後方得適用

C 4.有關「公法」與「私法」區分之敘述，下列何者錯誤？（101 身障五）

　　A 民法屬於私法　　　　　　　B 票據法屬於私法

　　C 道路交通管理處罰條例屬於私法　D 國家安全法屬於公法

A 5.特別法與普通法發生牴觸時，應如何適用各該法律？（101 身障五）

　　A 優先適用特別法　B 優先適用普通法

　　C 擇一適用　　　　D 應聲請司法院解釋

第十一章　法律之制定、修正及廢止

C 1.關於法律之廢止，下列何者正確？（101 身障五）

　　A 法律之廢止，應經立法院發布

　　B 命令之廢止，由立法院為之

　　C 法律之廢止，應經立法院通過

　　D 命令之廢止，自發布之次日起失效

第十二章　法規之效力

B 1.法規特定有施行日期者，該法規自何日起發生效力？（101 身障五）

　　A 自該特定之日起算至第 3 日起

　　B 自該特定之日起

　　C 自該法規公（發）布之日起

　　D 自該特定之日起算至第 7 日起

D 2.若桃園縣政府辦理交通部之委辦事項，並依其法定職權訂定委辦規則，
　　但該委辦規則與中央法令牴觸者，應如何處理？（101 身障五）

　　A 由交通部報行政院予以撤銷、變更、廢止或停止其執行

　　B 由交通部予以撤銷、變更、廢止或停止其執行

　　C 由交通部報行政院予以函告無效

　　D 由交通部予以函告無效

第十三章　法律之解釋

A 1.法律解釋之結果有多種可能，但只有一種解釋結果與憲法之意旨相符
　　時，即須採行該相符之解釋，此種解釋方法稱為：（101 初一）

　　A 合憲解釋　B 目的解釋　C 體系解釋　D 歷史解釋

A 2.下列何者不屬於法律解釋的目的？（101 初人）

　　A 以利於刪除不合時宜的法律規定

　　B 解決法文本身之疑義，補足法律規定之不周

　　C 解決法律與法律間之疑義

　　D 適應社會現象之多變性

C 3.對於法律所未規定之事項，以其他類似的法律規定，解釋該未規定事項並適用該類似的法律規定，此種解釋方法稱為：（101 初人）

A 限縮解釋　B 擴張解釋　C 類推解釋　D 反對解釋

第十四章　法規之適用

C 1.法律只適用於施行後所發生的事件，此一原則稱為：（101 初一）

A 最佳利益原則　　　　B 法律保留原則
C 法律不溯及既往原則　D 依法行政原則

B 2.法條中有「視為」字樣者，為法律對於事實所為之何種處理？（101 初一）

A 推定　B 擬制　C 證明　D 裁定

B 3.下列何者非比例原則之內容？（101 初一）

A 行政機關採取之方法應有助於目的之達成
B 行政行為，應以誠實信用之方法為之
C 有多種同樣能達成目的之方法時，行政機關應選擇對人民權益損害最少者
D 行政機關採取之方法所造成之損害不得與欲達成目的之利益顯失均衡

D 4.下列何者不是法院適用法律之原則？（101 初人）

A 不告不理　B 一事不再理　C 不得拒絕審判　D 不受法律拘束

C 5.法律不溯及既往的原則主要與下列法律的何種效力有關？（101 初人）

A 對人的效力　B 對地的效力　C 對時的效力　D 對物的效力

D 6.法律優越原則要求行政行為不得牴觸下列何者？（101 初人）

A 職權命令　B 行政規則　C 長官指令　D 一般法律原則

B 7.法律對於事實之有無，無顯明之證據，參考周圍之情事，或已知之事理，而推論該事實存在或不存在，但得以反證推翻之。此種法律適用之方式，稱為：（101 初人）

A 擬制　B 推定　C 解釋　D 比附援引

A 8.法律用語使用「視為」一詞時，其意義屬於下列何者？（101 身障五）

A 擬制　B 推定　C 準用　D 類推

第十七章　我國法制發展簡史

C 1. 1902 年，清末為實施法制變革，曾經指派沈家本、伍廷芳擔任何種職務？
（101 身障五）

A 憲政籌備大臣　B 廢除領事裁判大臣
C 修訂法律大臣　D 翻譯法律大臣

第十八章　法律體系

C 1.法規命令不得牴觸下列何者？（101 初人）

A 自治條例　B 職權命令　C 法律　D 委辦規則

第二編　各論

第一章　憲法

A 1.地方制度法第 31 條有關「自律規則」的規定，下列敘述何者錯誤？（101 初一）

　A 由地方行政機關自行訂定

　B 除法律或自治條例另有規定外，由各該立法機關發布之

　C 自律規則發布後，應報各該上級政府備查

　D 不得與憲法、法律、中央法規或上級自治法規有所牴觸

C 2.地方制度法第 32 條第 1 項規定，自治條例經地方立法機關議決後，函送各該地方行政機關，除法律另有規定或有其他例外情形外，後者應於收到後 30 日內公布。下列何者不屬於地方制度法第 32 條規定之例外情形？（101 初一）

　A 提起覆議　　　B 經報請上級政府予以函告無效

　C 送請立法院審查　D 聲請司法院解釋

C 3.中華民國憲法第 23 條規定：「以上各條列舉之自由權利，除為防止妨礙他人自由……所必要者外，不得以法律限制之。」此一規定中「所必要者」，依司法院大法官之解釋，屬下列那一項一般行政法原則之憲法上依據？（101 初一）

　A 明確性原則　B 平等原則　C 比例原則　D 信賴保護原則

A 4.依據地方制度法第 25 條規定，自治法規經地方立法機關通過，並由各該行政機關公布者，稱為：（101 初人）

　A 自治條例　B 自治規則　C 自治規約　D 自律規則

A 5.依地方制度法，除法律或縣（市）規章另有規定外，縣（市）規章發布後，應報中央各該主管機關：（101 初人）

　A 備查　B 核定　C 核備　D 查照

D 6.依照地方制度法之規定，地方自治團體依憲法或該法之規定，得自為立法並執行之事項。此乃所謂：（101 初人）

　A 獨立事項　B 委辦事項　C 委託事項　D 自治事項

C 7.依地方制度法，縣（市）議會之組織，由何機關擬訂準則？（101 初人）

　A 行政院　B 立法院　C 內政部　D 縣（市）政府

C 8.憲法明文規定擁有調查權者，為下列何機關？（101 初人）

　A 國家安全會議　B 總統　C 監察院　D 考試院

D 9.司法院大法官統一解釋法律時之效力為何？（101 身障五）

　A 低於法律　B 等於判例　C 高於法律　D 等於法律

C 10.各縣（市）議會依縣（市）議會組織準則擬訂組織自治條例後，應由何機關核定？（101 身障五）

　　A 行政院　B 立法院　C 內政部　D 縣（市）政府

A 11.地方法規就違反地方自治事項之行政義務者，對之課處罰鍰時，得為如何之規定？（101 身障五）

　　A 罰鍰之處罰，最高以新臺幣 10 萬元為限

　　B 皆不得處以罰鍰

　　C 罰鍰無上限

　　D 處以罰鍰，最高以新臺幣 10 萬元為限，但不得處以其他種類之行政罰

B 12.地方自治團體為辦理上級機關委辦事項，得依其法定職權或基於法律、中央法規之授權，訂定委辦規則，其名稱準用何者之規定？（101 身障五）

　　A 自治條例　B 自治規則　C 自律規則　D 自治規範

B 13.有關自治規則之敘述，下列何者正確？（101 身障五）

　　A 地方自治規則如係法律授權訂定者，應函報各該法律所定中央主管機關核定

　　B 地方自治規則如係依自治條例授權訂定者，應函送各該地方立法機關查照

　　C 地方自治規則如係法律授權訂定者，應函報各該法律所定中央主管機關核備

　　D 地方自治規則如係依自治條例授權訂定者，應函送各該地方立法機關核定

A 14.關於「自治規則之位階」，下列何者錯誤？（101 身障五）

　　A 與行政規則牴觸者無效

　　B 與憲法、法律、基於法律授權之法規牴觸者無效

　　C 與上級自治團體自治條例牴觸者無效

　　D 與該自治團體自治條例牴觸者無效

B 15.縣（市）與其他縣（市）合併改制為直轄市，原縣（市）自治法規有繼續適用之必要者，得經改制後之直轄市政府核定公告後，最長繼續適用多久？（101 身障五）

　　A 1 年　B 2 年　C 3 年　D 由直轄市政府決定

A 16.下列何機關為憲法規定解釋憲法的權責機關？（101 身障五）

　　A 司法院　B 行政院　C 考試院　D 監察院

A 17.下列有關憲法保障人民基本權利之敘述，何者正確？（101 身障五）

　　A 在符合一定要件下，國家仍然可以限制人權

　　B 國家絕對不得限制人權

　　C 憲法只保障其所列舉之自由權利

　　D 憲法對於授權限制人權之法律並沒有任何內容上的要求

D 18.縣（市）改制為直轄市，原縣（市）及鄉（鎮、市）自治法規除有繼續適用之必要外，應如何處理？（101 身障五）

　　A 由中央各該主管機關廢止之

　　B 由原縣（市）及鄉（鎮、市）政府於改制時各自廢止之

C 由原縣（市）政府於改制時一併廢止之

D 由改制後之直轄市政府廢止之

第二章 行政法

B 1.桃園縣政府辦理交通部之委辦事項，如違背中央法令，交通部應如何處理？（101 初一）

A 報行政院予以撤銷、變更、廢止或停止其執行

B 予以撤銷、變更、廢止或停止其執行

C 報行政院予以函告無效

D 予以函告無效

A 2.行政行為不得與法律牴觸之原則稱為：（101 初一）

A 法律優越原則　B 法律保留原則　C 誠實信用原則　D 明確性原則

D 3.須由法院作成之公權力決定，不包括下列何者？（101 初一）

A 刑事被告之羈押　B 電話監聽之核發　C 刑罰之宣告　D 罰鍰之科處

C 4.有關依法行政原則之敘述，下列何者錯誤？（101 初一）

A 法律優越原則為消極的依法行政

B 法律保留原則為積極的依法行政

C 行政行為應受法律拘束，一般法律原則多屬參考

D 依法行政乃法治國家的基本原則

C 5.「行政行為，非有正當理由，不得為差別待遇」，為憲法中何種法律原則之表現？（101 初人）

A 誠實信用原則　B 比例原則　C 平等原則　D 民主原則

C 6.下列有關行政機關管轄權之敘述，何者錯誤？（101 身障五）

A 行政機關之管轄權，依其組織法規或其他行政法規定之

B 管轄權非依法規不得設定或變更

C 行政機關之管轄權應由上級行政機關指定之

D 行政機關經裁併者應公告之，原則上自公告之日起算至第 3 日起發生移轉管轄權之效力

B 7.法律得限定內容、目的及其範圍授權行政機關發布法規命令之原則，稱為何種法律原則？（101 身障五）

A 法律安定性原則　B 法律授權明確性原則

C 法律優位原則　　D 法律禁止溯及既往原則

第三章 民法

C 1.夫妻之一方收養他方之子女時，其與被收養人之年齡差距應至少為幾歲？（101 初一）

A12 歲　B14 歲　C16 歲　D18 歲

D 2. 為擔保甲對乙之 1000 萬元債權，丙、丁各自以價值 400 萬元、1000 萬元之不動產供甲分別設定限定擔保金額為 600 萬元及 400 萬元之第一次序抵押權。甲實行抵押權時，丙、丁之分擔額為何？（101 初一）
　　A 丙 600 萬元、丁 400 萬元　B 丙 400 萬元、丁 600 萬元
　　C 丙 500 萬元、丁 500 萬元　D 丙 400 萬元、丁 400 萬元

B 3. 甲男與乙女未為婚姻登記而共同生活時，乙女懷有胎兒丙。就三者之法律關係，下列敘述，何者正確？（101 初一）
　　A 丙出生後，乙須為認領，丙始成為乙之婚生子女
　　B 丙出生後，甲於認領前死亡，丙得向甲之繼承人提起認領之訴
　　C 丙出生後，甲認領丙之效力，於甲為認領時起生效
　　D 丙出生後，經甲認領，乙、丙皆不得否認之

C 4. 下列有關意思表示之敘述，何者正確？（101 初一）
　　A 意思表示不是法律行為之要素　B 意思表示不須有效果意思
　　C 意思表示不以明示為限　　　　D 單純之沈默即為意思表示

A 5. 下列何種契約不是要式契約？（101 初一）
　　A 一般保證　B 人事保證　C 終身定期金　D 合會

A 6. 婚約是否可以強迫履行？（101 初一）
　　A 不可以　B 可以　C 視個案情形而定　D 婚約經公證後才可以

B 7. 下列有關行為能力的敘述，何者正確？（101 初一）
　　A 無行為能力人為意思表示及受意思表示，應得法定代理人之允許
　　B 限制行為能力人未得法定代理人之允許，所為之單獨行為，無效
　　C 民法對於無行為能力人純獲法律上之利益，或依其年齡及身分、日常生活所必需之法律行為，已設有明文規定
　　D 限制行為能力人之法定代理人，不得代受意思表示，但得代為意思表示

C 8. 甲向乙租用基地建築房屋，甲蓋了 A 屋後，下列敘述何者錯誤？（101 初一）
　　A 甲要將該 A 屋出賣時，乙有優先購買權
　　B 乙要賣基地時，甲有優先購買之權
　　C 甲將 A 屋出賣而未通知乙時，其買賣契約無效
　　D 甲乙間之租約得以逾 20 年

D 9. 下列有關權利行使之敘述，何者錯誤？（101 初一）
　　A 行使權利，應依誠實及信用方法
　　B 對於緊急避難行為之防禦，得主張緊急避難
　　C 對於自助行為之防禦，不得主張正當防衛
　　D 對於正當防衛行為之防禦，得主張正當防衛

C 10. 下列之物，何者非為孳息？（101 初一）
　　A 蘋果　B 雞蛋　C 牛肉　D 利息

D 11. 關於指示證券之性質，下列何者錯誤？（101 初一）
　　A 債權證券　B 記名證券　C 有價證券　D 自付證券

B 12. 下列何者為以買受人之承認標的物為停止條件而訂立之契約？（101 初一）

A 貨樣買賣　B 試驗買賣　C 買回　D 拍賣

C 13. 下列何者為民法所稱獨立之物？（101 初一）

A 埋在地底之煤礦

B 剛種在農地上的一棵椰子樹

C 一棟沒有建照和使用執照的違章別墅

D 裝置在人體上的義肢

A 14. 甲住某大廈社區 11 樓，該社區與乙公司簽訂契約，約定由乙公司負責管理社區。某日，鄰居丙發現 2 名可疑男子潛入，立即至系爭社區中控室通報，請乙派人查看，不獲置理，丙轉向側門駐衛管理哨通報，也不予處理，致該 2 名可疑男子得以破壞甲家門鎖入內行竊，下列何者正確？（101 初一）

A 乙應負服務責任

B 契約約定乙受委任管理維護之標的物，限於社區之共有及約定共有部分，私人領域被竊與其無關

C 甲門鎖過於簡陋，與有過失，不得主張賠償

D 乙以提供公寓大廈管理服務為營業，與甲無消費關係，無責任

B 15. 下列對民法第 1 條法理的說明，何者錯誤？（101 初人）

A 無法律，無習慣時，法官可以援用法理作為判決的依據

B 法理屬於民法的直接法源

C 民事裁判上允許法官援用法理是基於立法者的授權

D 援用法理須以法律有漏洞為前提

A 16. 乙擅自以甲之代理人的名義，與丙締結買賣甲所有之古董花瓶的契約。該契約之效力如何？（101 初人）

A 效力未定　B 無效　C 甲得撤銷之　D 甲得解除之

D 17. 下列何種法律行為不得作為遺囑之內容？（101 初人）

A 遺產分割方法之指定　B 認領非婚生子女　C 遺贈　D 收養

C 18. 下列何種行為不得代理？（101 初人）

A 買賣契約之訂立　B 簽發票據之行為　C 遺囑之訂立　D 所有權之移轉登記

D 19. 下列行為，何者為意思表示？（101 初人）

A 對債務人之請求　B 宥恕　C 社團總會之開會通知　D 買賣契約之承諾

D 20. 甲乙丙 3 人共同出資經營咖啡廳，關於甲乙丙 3 人間所成立之合夥關係，下列敘述何者錯誤？（101 初人）

A 合夥為有償契約　　　　B 合夥為一非法人團體

C 合夥財產為合夥人公同共有　D 合夥人對於合夥債務平均分擔

D 21. 下列何者不具團體性契約之性質？（101 初人）

A 合夥　B 隱名合夥　C 合會　D 和解

A 22. 動產質權人係經許可以受質爲營業者，如出質人未於取贖期間屆滿後幾日內取贖其質物時，質權人取得質物之所有權？（101 初人）

　　A5 日　B10 日　C15 日　D30 日

A 23. 契約當事人一方，約定由第三人對於他方爲給付者，於第三人不爲給付時，其法律效力爲何？（101 初人）

　　A 該契約當事人之一方應負損害賠償責任

　　B 契約爲無效

　　C 契約爲效力未定

　　D 該契約當事人之一方應依契約約定爲給付

B 24. 受輔助宣告之人，爲下列行爲時，何者無須輔助人之同意？（101 初人）

　　A 信託　B 僱傭　C 土地抵押權之設定　D 遺贈

D 25. 口授遺囑應於遺囑人死亡後多久期間內，提經親屬會議認定真偽？（101 初人）

　　A6 個月內　B5 個月內　C4 個月內　D3 個月內

D 26. 民法上的一般請求權，因幾年間不行使而消滅？（101 初人）

　　A5 年　B10 年　C12 年　D15 年

C 27. 社團及財團法人的共同解散事由，不包含下列那一項？（101 初人）

　　A 章程或捐助章程所定解散事由發生　B 因主管機關之請求宣告解散

　　C 社員總會解散之決議　　　　　　　D 許可或登記之撤銷

C 28. 依民法第 12 條規定，滿幾歲爲成年？（101 身障五）

　　A18 歲　B19 歲　C20 歲　D21 歲

B 29. 下列關於雙方代理的敘述，何者正確？（101 身障五）

　　A 雙方代理就是複代理

　　B 代理人如經本人之許諾，就可以爲雙方代理

　　C 雙方代理不能履行債務

　　D 民法對於雙方代理和自己代理，各設有單獨的條文予以規定

A 30. 關於債權讓與，下列敘述，何者正確？（101 身障五）

　　A 債權讓與以移轉特定債權爲標的

　　B 債權讓與不是準處分行爲

　　C 債權讓與，其債權之從權利並不移轉於受讓人

　　D 債務人享有之抗辯權，不得對抗新債權人

D 31. 甲欲向乙承租A屋，下列敘述，何者正確？（101 身障五）

　　A 乙需爲房屋所有權人，方有出租之權

　　B 甲乙間意思表示一致，並使甲取得占有 A 屋時，租約方爲成立

　　C 租約可能無償也可能有償

　　D 甲乙間租約不得逾 20 年

C 32. 關於人事保證契約之性質，下列敘述，何者錯誤？（101 身障五）

　　A 無償契約　B 單務契約　C 諾成契約　D 要式契約

C 33.甲以其土地供乙設定抵押權以擔保乙對甲之債權，雙方約定清償期屆至而未爲清償時，抵押物之所有權移屬於乙，下列敘述，何者正確？（101 身障五）

A 該約定屬不動產物權變動事項，非經登記不生效力

B 該約定有不利於甲之虞，違反公序良俗，無效

C 該約定有效，但非經登記，不得對抗不動產受讓人

D 該土地價值不足清償債務時，乙亦不得再請求甲清償

A 34.甲爲A地及A地上B屋之所有人，因甲於清償期屆至時無力清償對乙所負之債務，經乙向法院聲請拍賣A地及B屋，並分別由丙拍定A地、丁拍定B屋，下列敘述，何者正確？（101 身障五）

A 丙與丁間就 B 屋與 A 地視爲已有地上權之設定

B 推定拍定人丙與丁間有租賃關係

C 由丙、丁協議，協議不成時，丙得請求丁拆屋還地

D 因造成法律關係複雜，法院應重行拍賣

C 35.甲死亡而無遺囑，繼承人爲其配偶乙及子丙時，下列敘述，何者正確？（101 身障五）

A 丙拋棄繼承時，丙之子丁得爲代位繼承

B 乙、丙之拋棄繼承，應於繼承開始時起 3 個月內爲之

C 於分割遺產前，乙、丙對於遺產全部爲公同共有

D 乙之應繼分爲遺產三分之二，丙爲遺產三分之一

D 36.繼承人之連帶責任，原則自遺產分割時起經過多久而免除？（101 身障五）

A 2 年　B 3 年　C 4 年　D 5 年

B 37.離婚後按月給付之贍養費請求權，其消滅時效期間爲何？（101 身障五）

A 15 年　B 5 年　C 2 年　D 1 年

第四章　商事法

B 1.下列有關有限公司意義之敘述，何者正確？（101 初一）

A 由 1 人以上股東所組織，就其所認股份爲限，對公司負其責任之公司

B 由 1 人以上股東所組織，就其出資額爲限，對公司負其責任之公司

C 由 2 人以上股東所組織，就其出資額爲限，對公司負其責任之公司

D 由 2 人以上股東所組織，就其所認股份爲限，對公司負其責任之公司

A 2.公司法中有關股份有限公司之敘述，以下何者正確？（101 初一）

A 股東常會之召集應於 20 日前通知各股東，對於持有無記名股票者，應於 30 日前公告之

B 股東常會之召集應於 15 日前通知各股東，對於持有無記名股票者，應於 30 日前公告之

C 公開發行股票之公司股東常會之召集應於 30 日前通知各股東，對於持有無記名股票者，應於 40 日前公告之

D 公開發行股票之公司股東常會之召集應於 20 日前通知各股東，對於持有無記名股票者，應於 40 日前公告之

D 3.公司資產顯有不足抵償其所負債務時，除得依法辦理重整者外，董事會應為下列何何行為？（101 初一）

A 聲請和解　B 聲請清算　C 聲請仲裁　D 聲請宣告破產

D 4.董事會開會時，下列有關董事出席之敘述，何者錯誤？（101 初一）

A 董事會開會時，董事應親自出席。但公司章程訂定得由其他董事代理者，不在此限

B 董事會開會時，如以視訊會議為之，其董事以視訊參與會議者，視為親自出席

C 董事委託其他董事代理出席董事會時，應於每次出具委託書，並列舉召集事由之授權範圍

D 董事會開會時，董事以電話參與會議者，視為親自出席

C 5.勞工保險所提供之各項給付中，何種給付未採「年金」之給付方式？（101 初一）

A 失能給付　B 老年給付　C 生育給付　D 遺屬給付

B 6.股份有限公司股東會中某一議案其決議方法違法，股東得如何主張其權利？（101 初人）

A 主張股東會決議無效　B 主張撤銷股東會決議
C 主張重新召集股東會　D 主張股東會決議不存在

C 7.定型化契約應記載及不得記載事項，經過機關邀請學者、業者及消費者團體等事先審查後，定型化契約訂立前，是否仍需要審閱期間？（101 初人）

A 既然已經產官學及消費者團體溝通過，只要全文引用就不需要

B 如果有消費者保護法第 19 條的鑑賞期就不需要

C 仍然需要審閱期間

D 只要說清楚講明白就不需要

C 8.控制公司持有從屬公司 90%以上已發行股份時，控制公司若欲與從屬公司合併，得經下列何種程序？（101 初人）

A 控制公司與從屬公司股東會普通決議

B 控制公司與從屬公司股東會特別決議

C 控制公司與從屬公司董事會特別決議

D 監察人同意

D 9.在公司法學理上，公司之資本總額一旦經公司章程確定後，即應保持不動，若欲變動資本，須踐行嚴格的增資、減資程序，稱為：（101 初人）

A 資本確定原則　B 資本維持原則　C 資本充實原則　D 資本不變原則

C 10.股份有限公司之股東出資，除現金外，得以對公司之貨幣債權或技術抵充，惟抵充之數額應經過何種程序決定？（101 初人）

A 股東會普通決議　B 股東會特別決議　C 董事會普通決議　D 監察人同意

B 11.全民健康保險實施後，下列何種勞工保險之給付停止適用？（101 初人）

A 普通事故保險之老年給付　　B 普通事故保險之醫療給付

C 職業災害保險之失能給付　　D 普通傷病補助費

C 12.有關勞工保險「普通傷病補助費」之發放規定，下列敘述何者錯誤？（101 初人）

A 按被保險人平均月投保薪資之半數發給

B 每半個月給付一次

C 傷病給付一般以 3 個月為限

D 事故發生前之保險年資滿 1 年者，可增加 6 個月之給付

C 13.股份有限公司欲實施庫藏股時，須經下列何種程序？（101 身障五）

A 股東會普通決議　B 股東會特別決議　C 董事會特別決議　D 監察人同意

D 14.下列有關股份有限公司意義之敘述，何者正確？（101 身障五）

A 指 1 人以上股東或政府、法人股東 1 人所組織，全部資本分為股份；股東就其所認股份，對公司負其責任之公司

B 指 1 人以上股東或政府、法人股東 2 人所組織，全部資本分為股份；股東就其所認股份，對公司負其責任之公司

C 指 2 人以上股東或政府、法人股東至少 2 人以上所組織，全部資本分為股份；股東就其所認股份，對公司負其責任之公司

D 指 2 人以上股東或政府、法人股東 1 人所組織，全部資本分為股份；股東就其所認股份，對公司負其責任之公司

D 15.業者在契約書中，納入「但買方已充分瞭解本要約書內容，並自願放棄 3 天之審閱權利者，不在此限。」，此條款之效力：（101 身障五）

A 說清楚講明白，當然有效

B 自願就不構成違法，有效

C 本條款效力未定

D 本條款也是定型化契約條款，因違法而無效

D 16.甲在乙所經營之餐廳消費用餐時，因乙之過失，未保持餐廳地面之乾燥而有濕滑情形，致甲滑倒，而受有左側內外踝關節骨折並移位之傷害，甲是否可以向乙主張權利？（101 身障五）

A 甲可依據不當得利主張　　B 甲可依據無因管理主張

C 甲不可以主張　　　　　　D 甲可依據服務責任主張

B 17.甲受僱於乙股份有限公司，董事長丙指示甲應該完成一份關於乙公司的簡介，倘若甲、乙、丙間均未約定著作財產權之歸屬，何人得享有該簡介之著作財產權？（101 身障五）

A 甲　B 乙股份有限公司　C 董事長丙　D 甲、乙、丙共有

A 18.勞工保險被保險人死亡，其遺屬具有受領 2 個以上遺屬年金給付之資格時，應如何請領？（101 身障五）

A 擇一請領　B 合併請領　C 請領發生在前者　D 請領發生在後者

C 19. 下列有關勞保失能給付之敘述，何者正確？（101 身障五）
　　A 依勞工保險條例之規定，失能給付僅採「年金」給付方式，取消一次性給付
　　B 普通傷病保險不提供失能給付，須因遭遇職業傷害或罹患職業病以致失去工作
　　　能力者，才得請領失能給付
　　C 若因遭遇職業傷害，經治療後症狀固定，還須經過職業輔導評估達到終身無工
　　　作能力，才能領取失能年金
　　D 失能年金之給付額度，僅考慮被保險人保險年資及其平均月投保薪資，不考慮
　　　其眷屬是否有謀生能力
C 20. 民國 100 年 1 月立法院修正通過之全民健康保險法第 5 條規定，下列何
　　　者不屬於全民健康保險會之任務？（101 身障五）
　　A 保險費率之審議
　　B 保險給付範圍之審議
　　C 醫療服務給付項目及支付標準之擬定
　　D 保險醫療給付費用總額之對等協議及分配

第五章　刑法

D 1. 下列阻卻違法事由，何者刑法未明文規定？（101 初一）
　　A 正當防衛　B 依法令之行為　C 業務上之正當行為　D 得被害人承諾之行為
B 2. 刑法第 320 條第 1 項規定：「意圖為自己或第三人不法之所有，而竊取
　　　他人之動產者，為竊盜罪，處五年以下有期徒刑、拘役或五百元以下罰
　　　金。」以下有關本項規定之敘述，何者正確？（101 初一）
　　A 將他人遺忘在自己家中之物品，據為己有，構成竊盜罪
　　B 竊取刑法禁止私人持有之毒品，構成竊盜罪
　　C 下雨天誤認在店家門口之他人雨傘為自己的雨傘而取走，構成竊盜罪
　　D 隨手拿起別人的筆，於使用後再行歸還，構成竊盜罪
C 3. 公務員甲利用職務上之機會，向廠商要求賄款後，再利用不知情的妻子
　　　乙前往廠商處收取賄款，以下有關甲、乙 2 人刑事責任之敘述，何者正
　　　確？（101 初一）
　　A 甲成立「公務員收受賄賂罪」之正犯，乙成立「公務員收受賄賂罪」之幫助犯
　　B 甲、乙成立「公務員收受賄賂罪」之共同正犯
　　C 甲成立「公務員收受賄賂罪」之正犯，乙不成立犯罪
　　D 甲成立「公務員收受賄賂罪」之教唆犯，乙不成立犯罪
D 4. 甲將竊得的機車藏匿於隱蔽的倉庫內，再將該機車以低廉的價格轉賣給
　　　知情的乙。以下有關甲、乙 2 人刑事責任之敘述，何者正確？（101 初一）
　　A 甲成立「竊盜罪」及「寄藏贓物罪」；乙成立「收受贓物罪」
　　B 甲成立「竊盜罪」及「寄藏贓物罪」；乙成立「故買贓物罪」
　　C 甲成立「竊盜罪」；乙成立「收受贓物罪」
　　D 甲成立「竊盜罪」；乙成立「故買贓物罪」

B 5. 下列何者非屬刑法所定之從刑種類？（101 初一）

　　A 褫奪公權　B 吊銷駕駛執照　C 沒收　D 追徵、追繳或抵償

C 6. 依刑法關於「緩刑」的規定，下列敘述何者錯誤？（101 初一）

　　A 行為人之犯行受 2 年以下有期徒刑、拘役或罰金之宣告，法院始得宣告緩刑

　　B 行為人受緩刑宣告時，法院仍得附帶命行為人履行一定之義務

　　C 若行為人於緩刑期間內，因故意犯他罪而受逾 6 月有期徒刑宣告確定，法院得撤銷其緩刑

　　D 行為人緩刑期滿，而其緩刑宣告未遭撤銷者，其法律效果為「刑之宣告失其效力」

B 7. 在稅務機關服務的公務員甲，未經同意擅自將富豪乙的納稅資料交付給友人丙觀看。甲之行為，應負何刑事責任？（101 初一）

　　A 甲成立刑法第 109 條「洩漏國防秘密罪」

　　B 甲成立刑法第 132 條「洩漏國防以外其他秘密罪」

　　C 甲成立刑法第 315 條「妨害書信秘密罪」

　　D 甲成立刑法第 316 條「洩漏業務秘密罪」

C 8. 依刑法「自首」的規定，下列敘述何者正確？（101 初人）

　　A 即使犯行已遭刑事追訴機關查明，若行為人仍主動申告其犯行，亦屬自首

　　B 若行為人係委請他人向刑事追訴機關申告犯行，則不符自首之規定

　　C 行為人向刑事追訴機關申告犯行後，仍須主動接受裁判，始能適用自首之規定

　　D 若行為人之犯行符合自首之規定時，其法律效果為「必減輕刑罰」

D 9. 下列何者並非正犯？（101 初人）

　　A 出於自己犯罪之意思，參與構成要件行為者

　　B 出於自己犯罪之意思，參與構成要件行為以外之行為者

　　C 出於幫助他人犯罪之意思，參與構成要件行為者

　　D 出於幫助他人犯罪之意思，參與構成要件行為以外之行為者

A 10. 甲在餐廳用餐時，利用鄰座客人乙至洗手間如廁之際，將乙放置在椅子上的皮包取走，隨即快速離開餐廳。甲之行為，應論以何罪？（101 初人）

　　A 刑法第 320 條「竊盜罪」

　　B 刑法第 325 條「搶奪罪」

　　C 刑法第 335 條「侵占罪」

　　D 刑法第 337 條「侵占遺失物罪」

C 11. 甲唆使乙去竊取乙之父親A所收藏的字畫，乙因而萌生行竊之意，並順利行竊得手。以下有關甲、乙 2 人刑事責任之敘述，何者正確？（101 初人）

　　A 甲成立「普通竊盜罪」之教唆犯，乙成立「普通竊盜罪」之正犯

　　B 甲成立「親屬間竊盜罪」之教唆犯，乙成立「親屬間竊盜罪」之正犯

　　C 甲成立「普通竊盜罪」之教唆犯，乙成立「親屬間竊盜罪」之正犯

　　D 甲、乙 2 人成立「親屬間竊盜罪」之共同正犯

B 12. 以下何種犯罪人，不得處死刑或無期徒刑，本刑爲死刑或無期徒刑者，減輕其刑？（101 初人）

A 10 歲之犯罪人　B 17 歲之犯罪人　C 20 歲之犯罪人　D 65 歲之犯罪人

D 13. 以下有關我國刑法適用之敘述，何者正確？（101 初人）

A 我國航空機於公海上空飛行時，機內之犯罪無我國刑法之適用

B 我國國民於我國領土外，僞造新臺幣之行爲，無我國刑法之適用

C 外國人於我國領土外之海盜行爲，無我國刑法之適用

D 外國人於我國領土外之竊盜行爲，無我國刑法之適用

B 14. 下列關於刑法第 21 條第 2 項「依上級公務員命令之行爲」此一阻卻違法事由之敘述，何者錯誤？（101 身障五）

A 執行命令者必須具備公務員之身分

B 上級與下級公務員間，不以具有直接隸屬、監督關係爲必要

C 命令之內容均須在上級與下級公務員之職權範圍內

D 下級公務員所執行之命令係違法時，若其非明知該命令爲違法，則其行爲仍得阻卻違法

C 15. 下列有關犯罪成立要件之敘述，何者錯誤？（101 身障五）

A 要有符合構成要件之行爲　B 要有故意或過失

C 要有阻卻違法事由　　　　D 要有責任能力

B 16. 下列有關教唆犯之敘述，何者錯誤？（101 身障五）

A 教唆他人使之實行犯罪行爲者，爲教唆犯

B 被教唆人雖未至犯罪，教唆犯仍以未遂犯論

C 共同教唆不適用刑法共同正犯之規定

D 教唆犯之處罰，依其所教唆之罪處罰之

B 17. 公務員甲將自己職務上所保管的款項，擅自挪作購買股票之用，甲在尚未被機關察覺前，又將該款項返還補齊數額，甲之行爲，依刑法應負何刑事責任？（101 身障五）

A 甲成立刑法第 320 條「竊盜罪」

B 甲成立刑法第 336 條「公務侵占罪」

C 甲成立刑法第 339 條「詐欺取財罪」

D 由於甲事後有返還足額款項，故不成立犯罪

D 18. 甲與乙因故爭吵而被乙痛毆，甲對乙放話「有膽別走」，立刻邀集數人前來共同圍毆乙，甲邀人圍毆乙，屬於下列何種行爲？（101 身障五）

A 原因自由行爲　B 防衛行爲　C 自助行爲　D 犯罪行爲

C 19. 下列關於刑法第 131 條「圖利罪」之敘述，何者正確？（101 身障五）

A 公務員必須利用自己主管之事務圖利，不包括監督之事務在內

B 公務員對於其所從事之事務違背法令，在主觀上出於直接或間接故意皆可

C 公務員除得爲第三人圖得不法利益外，亦得爲自己圖得不法利益

D 圖利罪在成立上，須以被圖利者已知悉圖利之情事爲要件

第六章　家庭暴力防治法

D 1.關於保護令的規定，下列敘述何者錯誤？（101 初一）

　A 保護令之聲請，由被害人之住居所地、相對人之住居所地或家庭暴力發生地之法院管轄

　B 保護令之聲請，原則上應以書面為之

　C 保護令延長之期間為 1 年以下，並以 1 次為限

　D 法院核發暫時保護令與緊急保護令，均應經審理程序

C 2.下列有關家庭暴力防治法保護令的敘述，何者錯誤？（101 初人）

　A 保護令之核發屬民事事件

　B 保護令分為通常保護令、暫時保護令及緊急保護令

　C 法院核發暫時保護令，必須經審理的程序

　D 法官命相對人遷出被害人住居所，不因被害人同意相對人不遷出，而失其效力

C 3.在家庭暴力事件中對於未成年子女的保護和處置是很重要的一環。家庭暴力事件中，對於未成年子女的處置規定，下列敘述，何者錯誤？（101 身障五）

　A 法院在民事保護令中，得定暫時對未成年子女權利義務之行使和負擔，必要時得命交付子女

　B 法院在民事保護令中，得定相對人對未成年子女會面之時間、地點及方式，必要時得禁止會面交往

　C 法院為保障父母親的親權，得命機關公開子女住居所資訊

　D 法院在交往會面的命令中，得命在第三人或機關團體監督下，始讓加害人和子女進行會面交往

D 4.甲男與乙女為夫妻，為照顧母親丙，乙女徵得甲男之同意讓丙與甲乙同住，然共同生活常有嫌隙，甲亦因此多次毆打丙女，依照家庭暴力防治法，對於甲男毆打丙女，丙女可否聲請民事保護令，禁止甲男繼續對她施暴？（101 身障五）

　A 否，家庭暴力防治法所規範者僅及於夫妻或父母對子女的家庭暴力

　B 可，只要是親屬，不論親等血緣上的親疏遠近，皆可為保護對象

　C 否，僅有直系血親始為保護對象，不包含直系姻親

　D 可，直系血親和直系姻親都在本法所適用的範圍內

第七章　勞動基準法

D 1.下列有關性別工作平等法「性騷擾認定」規定之敘述，何者為錯誤？（101 初一）

　A 性騷擾之認定應就個案審酌之事件發生之背景與工作環境等具體事實為之

　B 性騷擾之認定應就個案審酌之事件當事人之關係與行為人之言詞等具體事實為之

　C 性騷擾之認定應就個案審酌之事件行為人之行為及相對人之認知等具體事實為之

D 性騷擾之認定應以性騷擾申訴人之主觀感受為認定標準，只要性騷擾申訴人覺得不舒服，即應被認定為性騷擾

D 2. 下列有關定期勞動契約的敘述，何者為錯誤？（101 初一）

A 臨時性定期勞動契約屆滿後，勞工繼續工作而雇主不即表示反對意思者，視為不定期勞動契約

B 有繼續性工作不得為定期勞動契約

C 特定性工作得為定期勞動契約

D 短期性工作是指可預期 1 年內完成之非繼續性工作

D 3. 雇主因歇業、清算或宣告破產，本於勞動契約所積欠之工資未滿幾個月部分，有最優先受清償之權？（101 初一）

A 一個月　B 二個月　C 三個月　D 六個月

C 4. 下列有關性別工作平等法「家庭照顧假」規定之敘述，何者為正確？（101 初一）

A「家庭照顧假」是有給假

B 僱用人數 5 人以上之事業單位，雇主方有責任給予員工「家庭照顧假」

C「家庭照顧假」併入事假計算

D「家庭照顧假」全年以 14 日為限

A 5. 根據性別工作平等法之規定，女工懷孕 2 個月以上未滿 3 個月流產，雇主應給予產假幾天？（101 初人）

A 1 個星期　B 2 個星期　C 3 個星期　D 1 個月

D 6. 關於性別工作平等法上的育嬰假保障，下列敘述何者錯誤？（101 初人）

A 受僱者任職滿 1 年後，於每一子女滿 3 歲前，得申請育嬰假

B 受僱者於育嬰假期間為留職停薪

C 育嬰假最長為 2 年

D 請育嬰假者不能加入勞健保

D 7. 某一勞工因洩漏公司重要機密而被解僱，依勞動基準法有關預告期間及資遣費的規定，下列敘述何者正確？（101 初人）

A 雇主應給予預告期間；應給予資遣費

B 雇主不須給予預告期間；應給予資遣費

C 雇主應給予預告期間；不須給予資遣費

D 雇主不須給予預告期間；不須給予資遣費

C 8. 依性別工作平等法之規定，受僱者於育嬰假期滿後，申請復職時，在下列何種情形下，雇主得拒絕受僱者之復職？（101 初人）

A 受僱者原先之工作已由其他員工取代

B 雇主因違反勞工安全衛生法令被勒令停工 3 個月

C 雇主因為景氣因素，業務緊縮，並經主管機關同意

D 雇主之業務性質變更，有減少受僱者之必要，又無適當工作可安置請育嬰假之受僱者

C 9.依照勞動基準法第 32 條第 2 項規定，雇主延長勞工之工作時間連同正常
　　工作時間，1 日不得超過幾個小時？（101 身障五）
　　A10 小時　B11 小時　C12 小時　D13 小時
D 10.下列有關性別工作平等法「產假」規定之敘述，何者正確？（101 身障五）
　　A 懷孕才 1 個月就流產之女性受僱人，沒有請產假之權利
　　B 懷孕 3 個月以上流產，且年資滿 6 個月者之女性受僱人方有權請產假
　　C 懷孕 3 個月以上流產之女性受僱人方有權請產假
　　D 只要有懷孕事實，不論懷孕多久流產，皆可請產假

第八章　智慧財產權

A 1.下列何者爲著作財產權消滅之原因？（101 身障五）
　　A 存續期間屆滿　　　　B 同時受商標權之保護
　　C 專屬授權他人使用　D 著作人死亡超過 5 年
D 2.下列何者不受著作權法之保護？（101 身障五）
　　A 國立大學出版之期刊　B 幼稚園兒童之繪畫
　　C 小學生之月考考卷　　D 司法官特考題目之備用試題

第十章　司法訴訟制度

C 1.下列何人非枉法裁判罪的法定行爲主體？（101 初一）
　　A 最高法院刑事庭法官
　　B 高等法院民事庭法官
　　C 臺北地方法院檢察署主任檢察官
　　D 仲裁人

索引－人名部分

索引－名詞部分

法律叢書

法學概論（增修三版）

著作者◆謝瑞智

發行人◆施嘉明

總編輯◆方鵬程

主編◆葉幗英

文字編校◆黃素珠

美術設計◆吳郁婷

出版發行：臺灣商務印書館股份有限公司

臺北市重慶南路一段三十七號

電話：（02）2371-3712

讀者服務專線：0800056196

郵撥：0000165-1

網路書店：www.cptw.com.tw

E-mail：ecptw@cptw.com.tw

網址：www.cptw.com.tw

局版北市業字第 993 號

初版一刷：2009 年 5 月

增修一版一刷：2010 年 4 月

增修二版一刷：2010 年 11 月

增修三版二刷：2013 年 10 月

定價：新台幣 360 元

法學概論／謝瑞智著. --增修三版. -- 臺北市：
臺灣商務, 2012. 07
面 ； 公分. --（法律叢書）
含索引
ISBN 978-957-05-2730-8(平裝)

1. 法學

580   101012453

謝瑞智

維也納大學法政學博士、早稻田大學法學碩士、明治大學法學士、日本警察大學本科&律師及公務人員甲等考試及格。日本文化獎章，教育部技術名人獎章，警察大學傑出校友

經歷：中央警察大學校長、國民大會代表，國家安全會議及監察院諮詢委員，銓敘部政務次長，台灣師範大學公訓系主任、訓導長，台大國家發展研究所兼任講座教授，政治、中興、東吳大學教授，實踐大學、致遠管理學院、稻江科技暨管理學院講座教授

現任：中華學術文教基金會董事長、日本研究學會副理事長

著作：單行本

百科全書：法律百科全書 (10 卷,2008)，警察百科全書 (12 卷,2000)。

辭典：世界憲法事典 (2001)，活用憲法大辭典 (2000)，警察大辭典 (1976)。

一般法學類：法學概論(2010,增修 2 版)，日常生活與法律(2008)，法學概要(2012,3版)，法學入門 (2007,3 版)，法學緒論 (2006,17 版)，法學大意 (2004)，公正的審判 (1995,2 版)，公法上之理念與現實 (1982)，法學論叢 (1981)，法律之價值考察及其界限 (1972)。

憲法類：中華民國憲法 (2011,2 版)，憲法概要 (2012,16 版)，民主與法治 (2012,3版)，憲政體制與民主政治 (2010,7 版)，中華民國憲法精義與立國精神 (2007,25版)，政治變遷與國家發展 (2010,2 版)，理念與現實－憲政與生活 (2005)，憲法新視界 (2001)，憲法新論 (2000,2 版)，憲政改革 (1998)，邁向 21 世紀的憲法 (1996)，中華民國憲法 (1995)，修憲春秋 (1994,2 版)，比較憲法 (1995,3 版)。

行政法類：行政法概論 (2009)。

選罷法類：民主政治與選舉罷免法 (1989)，我國選舉罷免與外國法制之比較 (1987)，選舉罷免法論 (1981)，選戰標竿 (1980)。

民法類：民法概論 (2011,增修2 版)，民法總則 (2001,3 版)，民法親屬 (2001,4 版)，自力救濟問題之探討 (1989)。

商事法類：商事法概論 (2010)。

刑法類：刑法概論 I 刑法總則 (2011)，刑法概論 II 刑法分則 (2011)，刑法總論 (2006,4 版)，醫療紛爭與法律 (2005)，中國歷代刑法志 (2002)，犯罪學與刑事政策 (2002)，晉書刑法志 (1995)，漢書刑法志 (1993,3 版)，犯罪徵候 (1987,2 版)，中外刑事政策之比較研究 (1987)，刑事政策原論 (1978,2 版)。

教育法類：教育法學 (1996,2 版)，加強各級學校民主法治教育 (任總主持人－五卷,1992)，我國憲法上教育之規定與各國法制之比較 (1991)。

社會類：翹翹板上的台灣(2012,3 版)，法律與社會(2001)，警政改革建議書(1999)，社會變遷與法律 (1990)，社會人 (1989)，飆車處理問題之研究 (1987)，現代社會與法 (1984,2 版)，社會學概要 (1977)。

語文類：大學實用日語 (2003)，德語入門 (1995,6 版)，德國童話精選 (1993,2 版)。

心靈重建類：當孔子遇上當代－為《論語》作見證 (2012,增修 1 版)，道德經·清靜經釋義 (2009)，藥師經·觀音經釋義 (2008)，般若心經的澈悟 (2010,修訂 5 版)，平凡中的睿智(2000)，善惡之間(1997)，少年知識手冊(1985)，少女知識手冊(1985)。

臺灣商務印書館出版